"十三五"国家重点图书出版规划项目
媒介融合与传媒转型丛书／钱晓文　孙宝国◎主编

媒介融合与出版转型发展

周伟良　著

中山大学出版社
·广州·

版权所有　翻印必究

图书在版编目（CIP）数据

媒介融合与出版转型发展/周伟良著. —广州：中山大学出版社，2022.9
（媒介融合与传媒转型丛书/钱晓文，孙宝国主编）
ISBN 978－7－306－07546－8

Ⅰ.①媒… Ⅱ.①周… Ⅲ.①传播媒介—研究—中国 ②出版工作—研究—中国　Ⅳ.①G219.2 ②G239.2

中国版本图书馆CIP数据核字（2022）第088808号

出 版 人：	王天琪
策划编辑：	邹岚萍
责任编辑：	靳晓虹
封面设计：	曾　斌
责任校对：	林　峥
责任技编：	靳晓虹
出版发行：	中山大学出版社
电　　话：	编辑部 020－84110283，84113349，84111997，84110779，84110776
	发行部 020－84111998，84111981，84111160
地　　址：	广州市新港西路135号
邮　　编：	510275　传　真：020－84036565
网　　址：	http://www.zsup.com.cn　E-mail：zdcbs@mail.sysu.edu.cn
印 刷 者：	佛山市浩文彩色印刷有限公司
规　　格：	787mm×1092mm　1/16　22.125印张　422千字
版次印次：	2022年9月第1版　2022年9月第1次印刷
定　　价：	69.00元

如发现本书因印装质量影响阅读，请与出版社发行部联系调换

作者简介

周伟良，上海师范大学影视传媒学院副教授，新闻学硕士点研究生导师，数字新闻出版实验室主任，现代出版研究中心成员。具有20多年的业界实战工作经验，曾主持2009年版《辞海》语词部分的修订工作，担任中国出版物流通监测系统顾问。著有《书稿审校实务教程》，参与写作图书17部；承担了"中国网络辞书出版现状与发展探究"等课题的研究工作；在新闻传播学、出版学、语言学、辞书学及计算机教学等领域发表数十篇学术论文，包括近20篇C刊论文；指导学生参加第二届两岸电子书创作大赛、第五届中国大学生新媒体创意大赛、第三届"智慧杯"征文活动等全国性比赛，并获得首届全国图书编辑出版能力大赛（学生组）优秀组织奖、电子书比赛一等奖、纸质书比赛二等奖和个人知识竞赛二等奖在内的十几项大奖。

内 容 简 介

本书以媒介（体）融合、出版融合转型为研究对象，对诸多相关的基础性、根本性问题进行了探究，如分层次对媒介（体）融合的本质、定义及其言论的分期等进行了考察与分析。参考西方学说，对相关理论及言论从历史、文化、学理、语用、语义、实操、常识等层面进行反观、评判与学问角度的提升。并分别对媒融（即媒介融合与媒体融合的合称）、出版融合转型的驱动力及提倡媒体融合、出版融合转型的适切性，从市场、技术、政策与思想文化、经济等角度进行了阐述。

本书还从学理、实操、语用、语义四方面探讨了媒融与出版转型的关系，厘清彼此性质的异同以及前者相关理论、言论及实践对后者的适用程度。基于一般的讨论，站位于国有媒体、国有出版，得以在混沌话语中突围，有的放矢地探讨媒融、出版融合转型的发展状况及彼此同中有异的发展策略，针对大众出版、教育出版、专业出版各自的特性，在分析中对其各别的融合转型的尺度有较为鞭辟入里的把握。

本书适合传播学、新闻学、出版学、编辑学等学科教研人员、大学生与传媒业界人士、政府相关部门管理人员及其他对传媒感兴趣的读者阅读或参考。

总　序

党的十八大以来，以习近平同志为核心的党中央着眼于党和国家事业的长远发展，高度重视传统媒体与新兴媒体的融合发展，作出了一系列重要的论述和部署。2014年8月18日，习近平总书记主持中央全面深化改革领导小组第四次会议，审议通过了《关于推动传统媒体和新兴媒体融合发展的指导意见》，首次将媒介融合提升为国家战略。2019年1月25日，中共中央政治局就全媒体时代和媒体融合发展举行第十二次集体学习，习近平总书记在主持学习时强调，推动媒体融合发展、建设全媒体成为我们面临的一项紧迫课题；推动媒体融合向纵深发展，做大做强主流舆论，巩固全党全国人民团结奋斗的共同思想基础，为实现"两个一百年"奋斗目标、实现中华民族伟大复兴的中国梦提供强大精神力量和舆论支持。党的十九届四中全会提出构建以内容建设为根本、先进技术为支撑、创新管理为保障的全媒体传播体系。媒介（体）融合是现代化进程的典型表征，不但是国家的发展战略和中国特色社会主义制度的有机组成部分，而且媒介融合与传媒转型已然成为传媒业发展的战略选择和必由之路。当下，我国传媒融合转型已进入县级融媒体建设的新阶段，媒体融合发展在取得显著成效的同时，面临的挑战和问题也不少，因而成为新闻传播业界和学界共同关注和探讨的热点与重心所在。

为贯彻落实党的十九届四中全会精神和国家发展战略，适应媒介融合与传媒转型实践的需求，促进学界相关研究的深入，推动新闻传播学科建设，上海师范大学新闻学学科点、上海师范大学广播电视与媒介融合发展研究中心和中山大学出版社，联合江苏淮阴师范学院传媒学院、东方网等单位，共同策划、组织和实施了"媒介融合与传媒转型丛书"项目。经中山大学出版社推荐申报和国家新闻出版署集中评审，2018年7月，本丛书被列入"'十三五'国家重点图书、音像、电子出版物出版规划"增补项目（《国家新闻出版署关于公布国家重点出版物出版规划调整情况的通知》，国新出发〔2018〕7号）。本丛书定位于原创性学术研究，项目设计为：①理论专著。以党的十九大精神为指导，结合国家的政策发布以及新闻传播学等理论，将理论研究融入政策的宏大叙事，从跨学科的视角加强对媒体融合转型的理论探讨。②实践研究。着重研究报刊、广播电视、图书、新媒体等融合转型发展的过程、特点、战略与策略、经验与教训等，为传媒融合转型实践提供镜鉴与启示。③专题研究。针对媒体融合转型中的传媒监管、电视信息服务、对外传播等进行专门研究。总体而言，本丛书主要有以下几个特点。

第一，从丛书内容来看，它系统研究传统媒体融合转型，选题主要涉及报纸、杂志、图书、广播电视等不同介质的融合转型研究。有人可能会提出这样的疑问：媒介融合不是打破了不同媒介之间的界限而融为一体吗，为什么还要做报刊、广播电视、互联网这样的区分，难道不同媒介的融合并不相同？麦克卢汉认为，"媒介是人体的延伸"[①]，也就是说，媒介是人的感觉能力的复制和外化，比如，文字和印刷媒介是人的视觉能力的延伸，广播是人的听觉能力的延伸，电视是人的视觉、听觉和触觉能力的延伸，互联网则是人的中枢神经系统的延伸。就像人的视觉、听觉、嗅觉、触觉等不同感官难以相互取代一样，作为人的感官延伸的不同媒介也难以相互取代。不同媒介有不同的媒介文化，比如，图书和报刊属于以读写文化为特征的印刷文化，广播属于声音文化，电视属于图像视觉文化，而互联网则是交互文化。图书、报刊、广播、电视等不同的媒介形态形成了不同的媒介文化、发展路径，不同媒介各有优势和特长，对应不同的细分市场和受众群，其融合逻辑和实现路径虽有相同之处，却不可能完全相同。就媒介融合而言，适合《纽约时报》的未必适合CNN，适合《人民日报》的也未必适合中央电视台，通往罗马的道路并非只有一条，说的正是这个道理。媒介融合在技术上表现为"多功能一体化"，并不意味着不同媒介之间的相互取代，反而是不同媒介文化的相互补充与协同发展，包括不同媒介背后的权力关系的重新调整与重塑，更重要的是，媒介融合在消融旧的边界的同时，也会形成新的边界。如果从媒介生态学来看，不同媒介各有自己的"生态位"（niche），不同媒介在长期发展过程中形成了不同的路径依赖，新技术及其范式的引入可能会打破既有媒介之间相互依赖又相互制衡的媒介生态平衡，但必须重新建立新的媒介生态平衡，否则会造成难以预料的媒介生态灾难。媒介融合（media convergence）之"融合"对应的英文是"convergence"而非"integration"，或许能够从中得出这样的启示，即媒介融合既要尊重互联网思维和新闻传播的规律，更要尊重不同媒介的内在逻辑与发展规律，如此，媒体方能找到属于自己的融合转型之路。

第二，从研究性质来看，伴随着媒介融合的是社会媒介化程度越来越深，媒介研究已成为一门显学，媒介融合与传媒转型研究作为学界和业界关注的焦点与热点，属于应用型学术研究。理论研究包括基础理论研究和应用型理论研究，这两大领域各有自己的特点与价值，不存在高低优劣之分。换言之，彼此

[①] ［加拿大］马歇尔·麦克卢汉：《理解媒介——论人的延伸》，何道宽译，译林出版社2019年版，第78页。

是相辅相成而不是相互取代的关系，不应厚此薄彼。如同新闻传播学一样，传媒融合转型研究具有很强的实践性特点，正在如火如荼开展的融合传播实践是理论研究的源头活水，学理研究不能脱离传媒业实践。本丛书并非纯理论研究，而是理论与实践相结合的应用型学术研究，或者说它是应用型理论创新亦可，其特色在于"道"与"术"兼顾，既有对传媒融合转型的特点、动因和规律等的理论探讨，又有对当下媒介生态环境中报刊、广播电视、图书出版、新媒体等融合转型的特点、问题、成因与策略等的深度分析。与此同时，媒介融合与传媒转型作为独立的研究对象，需要在马克思主义思想的指导下，从新闻传播学、政治经济学、文化研究、社会学等多学科进行深入研究，因为传媒融合转型融入政治、经济、社会文化、技术等整体发展之中，不是单一学科就能够窥其全貌揭其真谛的。

第三，从研究队伍来看，本丛书是由不同单位的学者主要是高校教师撰写而成的，作者队伍具有老中青相结合、业界与学界相结合等特点，其中，既有资深教授、高级编辑，也有年富力强的副教授、讲师等青年学者，绝大多数作者都有丰富的业界经验和丰厚的学养或理论素养，用现在的流行语来表达，属于双栖型或专业化复合型人才，而且都有相当的前期成果积累。由于丛书作者来自不同单位，跨地区、跨部门、跨行业，并且项目持续时间较长，为了保障丛书的质量，协调并推动项目的顺利开展，我们举办过多次小型专题研讨会，以及通过微信群等非正式的沟通渠道，就丛书的框架结构、内容编写、市场定位等相关问题进行深入研讨，对提高丛书的质量和水平颇有裨益。

感谢中山大学出版社的大力支持和帮助，特别是邹岚萍编审玉成此事，从选题策划、"十三五"国家重点图书出版规划项目的申报，一直到编辑出版，她都亲自指导、统筹和把关，做了大量的工作，功不可没。感谢兄弟单位特别是江苏淮阴师范学院传媒学院史晖院长的鼎力支持和帮助。媒介融合时代是合作与共赢的时代，独木不成林，没有学术共同体的支撑就没有这套丛书的出版。感谢为各分册撰写序言的各位专家学者，他们从专业角度对书稿进行把关，有助于提高书稿的学术质量和水平。感谢各位作者在繁忙的工作之余的辛勤努力和付出，一分耕耘一分收获，这才有了这套国家级丛书的面世。感谢读者的厚爱和不吝赐教，服务读者，满足读者和市场的深层次需求，将是我们继续前进的方向和不竭动力。

钱晓文　孙宝国
2020 年 2 月

自 序

媒介融合是一个新的概念，但对应的事实早已存在。这个概念以及从这一概念扩展出去的很多言论甚至理论建构了一系列拟态事实，仿佛这类事实在21世纪才开始发生。

学者总是喜欢标新立异，或者说，在学术上有所创新本就是他们追求的目标。他们营造了一个个新的概念，并基于所谓的新概念构建理论世界、拟态世界。他们穷其一生，努力挖掘真实世界的真相，特别是其中的规律，尽量将更逼近真实的研究成果奉献给社会，精神可嘉。

改革开放伊始，传媒业焕发了生机。于图书出版而言，遭逢了书荒阶段，于广电传播、报刊出版而言，也迎来了观众、读者如饥似渴的阶段，传媒业整体处于从供给短缺转向恢复供应的黄金时段，产品供不应求，很多问题都被掩盖或者刚刚萌芽，包括分与合的问题。到了20世纪90年代中期，传媒业的供给有了较大增长，局部甚至显现出过头的趋势。

1994年，全国出版图书首次超过10万种，图书出版业初现滞涨的苗头。当时的新闻出版署经中央批准，开始实施从以扩大规模为主向以提高质量为主的阶段性战略转移，提倡向市场化转变。市场化之初，必定会有激烈的竞争，特别是数量的竞争，所以后来全国历年的出书品种数量仍大幅增长，至2018年达到了创纪录的51.9万种。在战略转移过程中，新闻出版（总）署始终重视质量，直到21世纪的前10年，仍不断地强调专业分工，传媒业界、学界及管理学界、其他业界也在不断提倡向欧美学习，不断强调差异化竞争的合理性与科学性。数字化兴起之前，尽管各地纷纷成立外"合"内"分"的出版集团，尽管在实际生产中不断有冲击、弱化分工的情况出现，在出版等业务上强调、提倡"分"仍一直是主流。

分与合，在不同的历史阶段，颇有些"你方唱罢我登场"的况味。随着计算机与网络的普及，各行各业逐渐向数字化转型。数字技术打通了所有生产要素之间的时空阻隔，更多地使"合"变得势所必然、理所当然，而"分"虽然仍在发挥巨大作用，但在话语中逐渐往暗处隐退。倒不是因为"分"不重要，而是"合"在数字技术等因素的驱动下，如沉寂万年的火山正在渐次喷发，明显有推动小到传媒发展、大至社会发展的巨大能量，现阶段重视、提倡"合"，更有利，更能出成效，其中自有一种适切性与必然性。

本书的撰写，需要庄敬，先应在这里用后视镜看一下以前开过的路，以为前车之鉴。本书的撰写，也需要实诚，应对媒介（体）融合、出版融合转型的学术研究与实际发展等进行客观、真实的评析，对两者存在的问题与发展的策略等作出有深度、有厚度的探究，并且应正本清源，努力从切中媒介（体）融合的本质开始。

本书在正文中，时常将多数情形下分不清或不必分清的媒介融合、媒体融合合称为"媒融"，以便周全表达，并节省篇幅。希望笔者所提出的"媒融"这个说法能够在正文相关具体分析的基础上，为大家所接受。

媒融与出版有着密不可分的关联，应先了解媒融的成败得失，将其研究透彻，才能知悉在媒融这个大背景下，出版该如何借鉴媒融经验，避免陷入误区，扬长避短，抓住机遇转型发展；如何与这个大背景若即若离，走出有特色的发展之路，有所为而有所不为——这个问题也十分重要。所以首先将媒融说明白，具有很大的必要性与重大的意义。

笔者对西方理论平等视之，直指其短处而不盲从。更觉不宜多引他人观点，包括西人观点，以显示所谓的学术厚度与国际视野，因为诸多学者与业界人士对媒融概念的内涵或外延都有不同看法，也即他们的行文基础特别是观点的预设前提往往并不相同。

笔者不揣浅陋，提出媒介（体）和合说、媒体融合政府因势利导说、全要素配比决定论、事物发展利弊消长论、技术进化与思维解放互相成全论、生态（环境）成全论、体制机制类型说、自然生长说、研究站位说、概念–容器（或旋涡、战旗）说、内容等媒介各要素"液化"论、媒介要素适配–契合说、思维配套建构说、各方需求–利益博弈说、层级追赶策略说、国有传媒领域内部（某类媒介或跨媒介、跨地域）充分竞争说、二八比例主动投放资源说、大众媒体内容低高两头延展说、言论数量走势定分期说等见解，作为本书相关分析的内在支撑。

本书能稍发前人所未发，创些许特有之言语，是有所凭借的。鉴于人是局限于话语系统的生物，语义系统对人们的思维系统、言行系统有着很大的影响，而传统的抽样调查往往因样本太少而不足为据或依据不够充实有力，笔者引入了大数据语义研究方法，进行了较多基于智能算法等的语义分析工作，主要基于中国知网–中国期刊网、百链云图书馆、Web of Science 三大数据库（前两者只检索中文文章）与刘启元的 SATI、沈阳的清博词频、张华平的 Nlpir 三大语义分析平台以及 SPSS、ROST CM6、UCINet 6、NetDraw 等软件开展词频、关键词、情感、语义网络图、多维尺度图谱、战略坐标图等纵横向的比较分析研究工作，希望尽量以大数据告知读者真相。这些工作非常费时费力，仅凭笔者一己之力，时间、精力十分有限，所作的大量的统计分析难免有粗浅之处，得出的结论也难免有欠缺，但即便这样，也比人云亦云好得多。毕竟在媒融这个有些混沌的学术境地厘清思路，并在如今不甚理想的学术氛围与强大的学术惯性中独出机杼是比较困难的。

提倡媒融是一种巧思，抓住了数字技术给予传媒的发展契机，顺应了传统出版的发展状况与发展需要，而且可以广泛调动业界、学界的研究力量与工作热情。但媒融也会带来迷思，各家定义差别大，有文章说是伪命题，而且许多关于媒融的文章表述不够精当，容易令人在阅读时感到晃悠而不踏实。发展媒融更需要深思，怎样真正地纵深发展，取得双效益，仍是一道难题。

2014年后针对媒融的探讨和发文量井喷，看法混杂而又丰富，难免泥沙俱下。其中关于媒融的某些言论实际上对发展不利，起到了误导或混淆视听的作用。话语系统及话语本身，在合理性上也有差别。具体的理论话语可用常识去考察，若偏离或违背常识就须酌改，其实这本身就是一种常识。比如不讲预设前提，将2014年称为媒介融合元年或者全球传统媒体与新兴媒体融合年就违背常识，不大妥当。

写作的过程也是与自己交谈的过程，把这一切写成书呈现给读者，等于开启了与读者交流的通道。读者有建议、意见和想法的，可发邮件至笔者的邮箱2606579121@qq.com。

著者
2021年8月22日

目　录

第一章　媒介（体）融合本质的考察 … 1
　　一、从历史层面助力媒介（体）融合本质属性的考察 … 2
　　二、从语用、语义层面助力媒介（体）融合本质属性的考察 … 7
　　三、从学理层面助力媒介（体）融合本质属性的考察 … 11
　　四、从常识层面助力媒介（体）融合本质属性的考察 … 14

第二章　媒介（体）融合的定义 … 18
　　一、"媒介融合""媒体融合"的比较分析 … 18
　　二、西方对媒介（体）融合的定义 … 21
　　三、中国学者对媒介（体）融合的定义 … 24
　　四、本书对媒融定义的界定 … 28
　　五、实际应用层面的媒融概念、定义分析 … 30

第三章　媒融各种分期及言论数量 … 38
　　一、学术期刊媒融言论的数量与分期 … 38
　　二、报纸媒融言论的数量与分期 … 39
　　三、各界言论总的数量与分期 … 40
　　四、媒融实践的分期 … 42

第四章　媒融的驱动力与提倡媒体融合的适切性 … 44
　　一、媒融的驱动力 … 44
　　二、提倡媒体融合的适切性 … 56

第五章　国有媒体融合发展状况 … 73
　　一、央媒融合发展状况 … 73
　　二、表现比较突出地区媒体融合发展状况 … 81
　　三、国有媒体总体融合发展格局与水平 … 94

第六章 国有媒体融合发展的策略 ·············· 102
    一、媒融认知层面：确保观念的进化与持正 ·············· 103
    二、媒融环境层面：优化媒体融合发展的基础条件 ·············· 114
    三、媒融实务层面：理性推进媒体融合发展 ·············· 124
    四、媒融研究层面：改进与优化媒融研究 ·············· 190
    五、媒融协和层面：加强各界和合 ·············· 200

第七章 媒融与出版融合、出版转型的关联和区别 ·············· 207
    一、学理层面考察媒融与版融、版转的关联和区别 ·············· 208
    二、实操层面考察媒融与版融、版转的关联和区别 ·············· 210
    三、语用层面考察媒融与版融、版转的关联和区别 ·············· 213
    四、语义层面考察媒融与版融、版转的关联和区别 ·············· 214

第八章 出版融合转型状况与发展策略 ·············· 218
    一、出版融合转型状况探析 ·············· 219
    二、国有出版企业融合转型发展的策略 ·············· 256

结　语 ·············· 331
参考书目 ·············· 336

第一章　媒介（体）融合本质的考察

　　哲学争论往往归结为对概念的探讨。概念太重要了，它是思维或思考的原点，也是观察世界、了解事实、陈述观点的基点。如果概念本身从一开始被定义时就离真相有一定的距离，那么到后来就会应了古人的一句话：差之毫厘，谬以千里。

　　概念本就是基于事实的人为的分割，现实中各事物之间往往原来就是有纠葛的，只是当纠葛程度很低时，即面的区别远远大于个别点的交汇时，分割可以让人们以一个比较"理性"的视角观察世界，能够有层次、有差别地看待同一类或不同类的事物。

　　人类信息传播载体历经龟甲、竹简、绢帛到纸张的演变，然后蝶变至数字技术唱主角的新时代。诸多概念的边界开始模糊，有些局部领域甚至开始进入混沌状态，这在一定程度上已成为一种新常态。

　　语言是丰富多彩的，但有时又是有点贫乏的，特别是社会发生巨变或某一学科领域发生剧变时，语言甚至有些苍白，"指鹿为马"的事常有发生，传媒领域也有这种情况。一方面，语言暂时还未跟上事物快速前行的脚步，仍需要沿用、借用、延续旧时的说法，类型化新事物，这是一种无奈；另一方面，一些原有的领域总是有意无意地在新时代使用原来的说法，以延展自己传统的地位和影响力。

　　媒介（体）融合的概念是否有说不清道不明的地方呢？或者学者对媒介（体）融合下的定义是否有些失之偏颇呢？媒介（体）融合概念的影响力特别大，但有几成是概念旋涡、概念战旗？其巨大的吸附与归集作用之下，又有几成是上佳概念？是否可以作为融合求变、转型求好的起点呢？要想清楚地知道答案，还需要运用一些方法。我们可以先考察一下此概念的本质，以便接下来尝试为这方面的传媒研究作出比较正确的、比较有意义的指引。

　　本质观源自真相，真相各有特性，只有发现真相，才能找到媒介（体）融合的本质。我们需要回顾相关的历史情况，对相关的语用进行分析，凭借学理进行对应的考察，依靠常识直抵媒介（体）融合的本质。

一、从历史层面助力媒介（体）融合本质属性的考察

有一种观点认为媒介融合概念取自西方，进而便以西方认识作为相应事实的起点，认为媒介（体）融合随新媒体的兴盛而出现，这显然不大确切。概念世界与真实世界不同，媒介（体）融合的事实在人为的概念之前早已发生，说与不说，媒介（体）融合都在那里，或大或小或少或多，而媒介（体）融合的概念只是对以前发生的、现在正在发生的相关事实的概括，它只是一种强调而已，不能受后起概念拘囿，以概念代替以往清晰明确的事实。自古以来，就有媒介（体）融合的事实，媒介发展的过程就是一部媒介（体）融合发展的历史。在媒介发展初期，媒介（体）融合处于局部、暂时、孤立、偶发的状态，后来才逐渐增多，但也基本不为人注意。融合是在数字传播兴起之后才普遍展开的，才有了报网互动、刊网互动、台网互动、影游互动等多种融合方式，汇合成一股潮流。融合的量一大、面一广、速度一快，便从散点现象上升为普遍的群体现象，发生了极大的近乎质的变化，才得以显明，才有了巨大的作用与影响力，因此需要统一用一个概念来概括、来称呼，如此也便于将它作为研究与实践的汇聚点和着力点。确切地讲，媒介（体）融合的概念应该是随新媒体的兴盛而出现的，或者是随新媒体的出现而兴盛的。1919年11月17日，蔡元培先生为徐宝璜所著《新闻学》写下一篇序言，说得比较通透："凡学之起，常在其对象特别发展以后。"

媒介（体）融合，是所有相关的各种因素共同作用造就的，是一种历史的必然，它贯穿于人类文明的始终。相对而言，新老媒体处于发展的不同层级，除各自不断新陈代谢之外，彼此之间又多处于新老交替、交迭、交汇、交融，互相渗透的状态。

简单一点，从"刻"这个媒介行为来考察，即可见其一斑。中国古人一开始在甲骨上刻字成文，后来在铜器上铸字，当然也有在铜器上刻字的，只不过比较少见，但这足以说明"刻"这种书写手段得以从甲骨融合至铜器，何况"铸"本就是"刻"的批量化；随后是在竹木简、丝织品上用毛笔写字，发展到在纸上用毛笔写字，与此同时又有很多字被刻在木头上，然后印在纸上成书，是为雕版印刷；再后来字又被刻在泥块、铅块上，成就了活字印刷。"刻"应用于不同的场合，融入不断变化的载体及工艺手段中，成为不断进阶的各种书写手段之间融合的一种基础媒介要素。

可以上一个层面来说明，人们通常将媒介分为语言、文字、印刷、电子和网络；也有五种媒介的说法，即报纸、广播、电视、PC互联网和移动互联网。这五个媒介迭代发展，而且新老媒介之间在逐渐互相弥补、融合、重塑。第一

媒介的报纸，通过文字的形式广泛传播信息，延伸了人们"看"的信息；第二媒介的广播，使信息不只以单一的文字形式呈现，丰富了人们的听觉感受，填补了报纸的不足，即延伸了人们"听"的信息；第三媒介的电视，使信息内容更加立体，统合了人的视、听感受；第四媒介的PC互联网，极大地拓宽了人们获取信息的渠道，使人类进入信息爆炸的时代；第五媒介的移动互联网，极大地增强了用户获取信息的便捷性，使信息唾手可得，无所不在。如果说，电视实现视觉与听觉的协同，那么PC互联网、移动互联网则统合了报纸、广播、电影、电视的所有功能。换一个角度来讲：从文字传播到广播是人身体看和听功能各自在时空中的延伸，两者区隔得比较清楚；发展到电影，一开始是默片，有图像、文字等，后来融入了声音，相对于前两者，电影就是融媒体；再到电视，电视开始播放自制的节目，也可以播放电影，于是又有了渠道的融合；后来互联网出现，它在时空上不受限制，数以万计的读者很快扩大成数以亿计的用户，而且彼此相融、传授交融，因此互联网就是最大的融合媒介。互联网为世界带来第三次工业革命、第四次传播革命，成为整个文明世界的底层架构和先进的标配，于是媒介（体）融合便经历了报网互动、"两微一端"、"中央厨房"等阶段。

就网站而言，网站即数字化时代媒介（体）融合的先行者，它包括各媒介内容的聚合，也包括各渠道的功能，相对于电影、电视融媒体，其容纳性更强，融合的层次更高，融合的深度与广度较以往任何媒体都大，因而网站本身甫一出现，就是天生的超级融媒体产品。1995年，中国最早的媒体网站——中国日报网建立，从此传媒产业便开始向内容多媒体形式融合、生产全媒体融合进发。网站融合的层次、范围与门类也在不断进化或扩展，逐渐从传统媒体附属品向融合更加多样媒体形式的独立网站发展，包括传统媒体网站、合作型新闻网站、聚合型新闻网站、原生网站等发展模式。现在互联网从PC端迭代发展到移动端，各种各样的新兴媒体，比如App、微信公众号等，说穿了就是适应自身传播需要，在融合程度、广度上大小不一的变形"网站"而已。PC互联网一直存在，内容渐多地由更为先进的移动互联网来展现，而主要在移动互联网运营的媒体正在对传媒发挥更大的融合作用。进而言之，网站以及所有数字化新兴媒体都是融媒体，有的还是全媒体。从内容与载体的关系上考量，什么样的内容适合什么样的媒体，有什么样的载体就有什么样的内容格式与样貌，包括文风。孔子编《春秋》，乱子贼臣惧，惧竹简上的春秋笔法、微言大义，孔子惜字如金，很多字眼都很有表现力或杀伤力，这些都与购置成本较高的竹简这个载体有着莫大的关系。网站之所以是天生的超级融媒体产品，就是其载体特性造就的。

就内容融合来考察。内容天生具有流动的属性，从报纸到图书，这种内容流动、融合早就发生了,再到广播、电影、戏曲、音像出版,再到网络出版、网络游戏,内容的流动性不断加大,自然也引起了相关要素越来越多的融合。如报纸的文章有精选出书的;图书的内容有节选入报纸刊载的;图书有改编成电视剧、电影的,也有改编成广播故事、动漫、游戏、戏曲、评书的。如《三国演义》这本书,它曾被改编拍成电视剧,改编成长篇评书,其中有部分内容被改编成戏曲(《曹操与杨修》)和游戏(《华容道》)等;图书《夜光杯》收集的是《新民晚报》副刊上的文章;古龙的小说《萧十一郎》是先有剧本后有小说的;《黑猫警长》先有动画后有电影、图书(连环画、漫画)、玩具;《步步惊心》《后宫甄嬛传》等小说先在网络上取得成功之后才拍成电视剧;《生化危机》《古墓丽影》《寂静岭》《变形金刚》等先有游戏再有电影;《魔兽争霸》《仙剑奇侠传》《刺客信条》等先有游戏再有图书。还比如MOOK(杂志书)是Magazine(杂志)和Book(书)的融合,兼具杂志与书籍的双重特性,同期刊一样定期出版,以独立书号发行。这种以内容流动到不同载体为特征的媒介(体)融合,随着媒介的数字化、网络化、智能化、自动化、信息化、实时化、场景化或可视化等,正在不断地扩大范围。早在20世纪50年代,美国一些报社就已拥有电视台,并且共享部分信息资源。随着时间的推移,国内外内容融合的深度、广度、黏度、频度及媒介各要素的"液化"程度越来越大。

亦可就人才的融合来考察。到了数字时代,就人才流动而言,明里、暗里的媒介(体)融合开始变得非常普遍。传统媒体往往在实现个人价值方面有不尽如人意之处,造成其所培养的本就不多的优秀人才及复合型人才较多地流动到新媒体。然而,人才的融合其实是媒介(体)融合的重中之重,却长期未被足够重视。这样的融合,使国有媒体不断被釜底抽薪,以致发展流失元气。

还可就组织融合来考察。20世纪90年代以后,中国媒体集团化作为组织融合的尝试,始于报纸,渐次于广播、电视,最后是电影与出版。尽管融合得不够理想,出现一些融而不合的情况,但也可算是媒介(体)融合的初级阶段。欧美国家的媒介(体)融合实践主要体现在持续不断地收购兼并上,这种做法历时久远,比较有实质性意义。媒体融合可发生在传统媒体或新老媒体之间。2000年3月,美国佛罗里达州的坦帕市媒介总公司的三个媒体,即《坦帕论坛报》、WFA电视台和TBO.com网站一同迁入占地12.1万平方英尺、造价4000万美元的新的新闻中心。这三个媒体新闻编辑部的员工从此不再只为各自的媒体服务,而是通过媒体平台同步发布"消息"。① 2008 年,中国日报社为推进报网融合,建立新型的新闻中心,将报纸、网站、音视频以及其他内容资源集合在一个工作平台上,共同处理相关新闻事件,以报纸的深度和信息整合能力应对网络信息的海量及传播速度。从运作上,整合线上和线下的运作,告别传统编辑部,建立一个由全能型记者和编辑团队组成的内部"通讯社",实行 7×24 小时新闻不间断产出的流程,为读者提供精心制作的新闻和服务。从观念上,抛弃单一截稿日期所产生的惰性,建立滚动截稿机制。具体操作:记者在前方不间断发稿,提供素材和初级内容,大报、各子报、网站、手机报等集团下属媒体的编辑根据各自媒介特点对所提供素材和初级内容进行深度加工,搜集相关资料,重新包装并发布,实现内容一次采集、多次生成、多次发布和多元发布。② 新媒体之间也曾发生过无数的融合事件,如 2018 年 4 月 19 日,百度和梨视频举办战略合作启动仪式,梨视频将内容向百家号同步开放。百度和梨视频共同孵化内容,深化商业化探索,携手共建开放、共赢的内容生态。③ 又如 2018 年 7 月 26 日,百家号与 MCN 机构 Zoomin. TV 达成战略合作。Zoomin. TV 将旗下优质视频内容驻入百家号,双方共同出品《Amazing 中国故事》系列视频并进行 IP 打造,由百度旗下"好看视频"App 进行独家播放。④ 可见媒介(体)融合是个外延广泛的概念,既适用于传统媒体,也适用于新媒体。新媒体可以反向融合传统媒体,其自身也存在进一步融合进化的问题。新媒体当中较资深的比如搜狐、中文在线也要去追赶最先进的,以及更新的媒体与之融合。这种多类型、多方向的融合对媒介(体)融合而言才是比较全面的实际情况。

最后,可就言语层面来考察。早在 2001 年,中共中央办公厅、国务院办公厅《关于转发〈中央宣传部、国家广电总局、新闻出版总署关于深化新闻出版广播影视业改革的若干意见〉的通知》(中办发〔2001〕17 号)实际已对传媒业跨媒体、跨地区融合发展提出过相关要求。该文件提出文化体制改革要以发展为主题,以结构调整为主线,以集团化建设为重点和突破口,着重在宏观管理体制、微观运行机制、政策法律体系、市场环境、开放格局五个方面积

---

① 参见南长森、石义彬《媒介融合的中国释义及其本土化致思与评骘》,《陕西师范大学学报(哲学社会科学版)》2012 年第 3 期。

② 参见丁亚韬、耿瑞林《中国媒体融合发展报告(2010)》,《新闻与写作》编辑部 2010 年版,第 223 页。

③ 参见北京市新闻出版工作者协会编《中国媒体融合发展报告(2019)》,社会科学文献出版社 2019 年版,第 352 页。

④ 参见北京市新闻出版工作者协会编《中国媒体融合发展报告(2019)》,社会科学文献出版社 2019 年版,第 359 页。

极进行探索创新，以进一步壮大实力，增强活力，提高竞争力。进一步明确了要积极推进媒体集团化改革，组建跨地区、多媒体大型传媒集团的目标，对比较敏感的传媒业融资、媒体与外资合作、跨媒体发展等问题都做了积极、具体的回应；在集团化建设、多媒体兼营、跨地区经营、拓宽融资渠道等问题上都给予了一定的解答。所以，从国家管理层面的事实角度来看，媒体融合也不是一项新课题，只是名滞后于实，相关部门起初并没有直接从融合角度言说而已。与国有媒体不同，新兴商业媒体之间融合的情况较少有文章谈及，这与数字新媒体工作人员比较实干、比较低调、言论较少有关。国有媒体工作人员基于自己的立场与责任，发表了较多的言论。因此，话语权主要还是掌握在国有媒体手中。

综上所述，可以明确数字化前后都或多或少有媒介（体）融合的事实，不管各媒体与相关各方自身意愿如何，其都早已置身于媒介（体）融合的小溪、洪流或汪洋之中。媒介（体）融合在各个层面都会出现，大都不会发生非本质意义上的变化，与之相关的史实始终是考察其本质的基础，即使以后不讨论了，它们也会永远存在。

媒介（体）融合作为一种新的概念，本身确是媒介、媒体数字化发展的产物，但它本身并非媒介本质层面的组成部分，它只是代表一种外显或发生在内部的现象。二进制为媒介整体和各个媒介要素及相关方面彼此融合提供了可能性。所以，只要转向数字媒介，只要利用二进制组织内容的生产、营销、传播各环节，数字化时代的媒介（体）融合就开始了，只不过是融合的成分和融合的程度与以往不同而已。进入数字时代，在最新的技术条件下，诸多事物、事项的表象区别被逐渐消弭，这才使得媒介（体）融合的深度、广度远非往昔可比。

媒介（体）融合的范围由小到广，由浅入深，不同的发展阶段有不同的面貌，它是一个发展的、动态的概念。数字时代的媒介（体）融合则是逐渐走向基因改变的创新，它大致经历了三个阶段：第一阶段是全媒体建设，这是"物理"层面的融合；第二阶段是融媒体建设，传统媒体整体转型为新兴媒体，这是"化学"层面的融合；第三阶段是数智媒体建设，以人工智能技术为内核，是"基因"变革层面的融合，此阶段正在推动媒介（体）融合向纵深发展。

一切都在快速变化，诸多概念液化如水，流动不居，传统意义上的媒介、媒体基本上已不复存在。事实情况是新媒介、媒体（数字化媒体）与老媒介、媒体（数字化转型中的媒体）之间的合，显著表现为新媒介（体）对老媒介（体）的冲击、吸收和消解与老媒介（体）对新媒介（体）的建设、追赶和依托。老媒介（体）在技术上、传播先进性上并不具备优势，但因其长期积累的内容优势与制度保障、政策扶持等优势，在今后较长的时段内仍具有实践意义上的较强的主动性。新媒介（体）一开始就是融媒介（体），它们也是媒介（体）融合的重要力量，它们走媒介（体）融合的道路，不但走得不错，而且也已经走了很久。

事实催生了媒介（体）融合的概念，而概念反过来可被用来标举事实。因此，肯定媒介（体）融合的事实一直都存在，对其本质的判断、适用范畴及时空范围的划定有一定的作用。

二、从语用、语义层面助力媒介（体）融合本质属性的考察

理解媒介（体）融合除了要掌握其学术的特定意义，还应从语词的本义入手，从根本上助力理解其特点、表现，以及定义分歧、理论与实际差异的缘由。将词语放到语言环境中考察，可以更加深入地从其本义等基本因素出发推断、把握其本质。所以，有必要基于文章篇名中"媒介（体）融合"的紧跟之词进行比较分析，并对"合"的语义场及相关近义词群的语用进行探究。

（一）基于篇名中"媒介（体）融合"紧跟之词的比较分析

考察"媒介融合""媒体融合"这两个词在使用中与其他词的搭配情况，可以大致了解人们对它们的一些看法以及这些看法的分布情况，也可大致了解它们在人们心目中的某些含义、作用以及特征。

查阅实为大数据富矿的中国知网文章（皆取中文文章，以下皆同），以"媒介融合"或"媒体融合"为篇名检索词，精准匹配；检索范围限于新闻与传媒、出版。结果显示，至2019年，期刊共发表相关文章12487篇（篇名为媒介融合、媒体融合各占4732、7755篇）。其中，篇名中"媒介融合"或"媒体融合"后紧跟"背景"的有2533篇，紧跟"时代"的有1129篇，紧跟"下"的有523篇，紧跟"环境"的有431篇，紧跟"趋势"的有272篇，紧跟"中"的有251篇，紧跟"语境"的有190篇，紧跟"视域""视角""视野""视阈"的共有420篇，紧跟"发展中"的有85篇，紧跟"形势"的有51篇，以上这些合计5885篇；紧跟"条件""生态""态势""大势""新常态""格局""新格局""情境""前景""进程""过程""发展背景下""浪潮""潮流""机遇""范式"的共有228篇，更加零碎的类似的还有几十篇，占比近1/2。这就意味着直接研究媒介融合或媒体融合本身的论文数量占1/2强，而近1/2的论文只是将它们作为一种衬托或依托，有的与它们的关系不直接，但还是起到标明大致研究范围的作用，有的与它们的关系比较松散，其中

不乏一些仅将它们拉来做旗帜，但实际上与它们的关系若有若无的文章。

上述情况反映了近半数的研究人员对媒介（体）融合的看法，也可以看出哪一种看法较为普遍：篇名中有"时代"一词的众多作者将它视为时代级别重大而广泛的存在，有"背景"或"语境"一词的众多作者将它看作研究探讨的一种场景，有"趋势"一词的较多作者将它看作传媒的一种发展趋势，有"视域""视角""视野""视阈"等词的较多作者将它看作研究分析相关问题的一个重要角度，有"格局""新格局"两词的作者将它看作传媒发展的一种格局，有"浪潮""潮流""大潮"等词的较少作者将它视为变动向前的宏大力量，有"机遇"一词的甚少作者将它看作发展良机，有"困境"一词的甚少作者认为它的发展遭遇了不利的情形，紧跟"条件""生态""范式""大势""前景"乃至出现频率更少的"理念""模式""冲击""前提""实战"等词的也可以此类推。其中，紧跟"变革、改革、转型、路径、道路、创新、实践、技术、发展模式、现状、战略、平台、挑战、思路"这些反映媒体融合思潮热点的词语作为篇名一部分的文章，依此处词语排列顺序，由多到少，多的有100余篇，少的也有十几篇。凡此种种，可见研究者们对媒介（体）融合的看法甚多，亦可见人们探究媒介（体）融合特别聚焦的点，还可见人们对媒介（体）融合的一些误解。

（二）融合相关近义词语的语用、语义比较分析

"融合"这个词语的使用是很广泛的，但我们不必进一步考察"融合"的使用范围，我们关心的焦点主要是媒介融合、媒体融合等说法中"融合"一词的取用是否恰如其分，是否在意思表达上臻于完美。为此有必要先探讨一下"合流""结合""整合"这三个在传媒领域出现频率较高的近义词。

"合流"这个词，大多用的都是其本义。其引申义比起融合、整合的引申义，使用都要少得多。但以前有些人文研究与实践应用中在紧密相"合"的意义上，却不说或较少说融合，一般更多地说成合流，比如三教合流*、禅净合流、玄佛合流、儒法合流*、儒墨合流、兵儒合流、易儒合流、阴阳五行合流、神政合流、礼法合流、巫武合流、士僧合流、士商合流、"汉""土"合流、朱陆合流、胡汉文化合流*、"汉宋合流"、诗画合流、仙妓合流、姓氏合流等。其中个别打星号的可将合流表述成融合，但数量甚少。

"结合"一词，多用于传媒学界、业界。比如电视与新媒体结合，传统媒体与新媒体结合、新媒体与传统媒体结合、融媒体结合、科技期刊与新媒体结合、VR技术与出版结合、4K技术与广电行业结合、传统综艺节目与新媒体平台结合、新媒体与数据库结合、广播与新媒体结合、电子商务与新闻媒介结合、传统广播节目与新媒体有机结合、线上线下结合、手机出版与传统出版结

合、广播与电视结合、手机短信与广播结合、广播与互联网络结合、互联网络出版与传统出版结合、互联网络与电视结合、新闻报刊与互联网络结合、星网结合等。可见结合在传媒方面的使用是比较多的。早在新旧世纪之交，很多文章都在使用融合来表述三网之合时，仍有少数文章坚持使用"结合"一词；甚至在2014年之后直至现在，大多数文章都盛行用"媒介融合""媒体融合"这两个热词时，仍然有少量文章坚持对应地使用"结合"这个词，可能是文章作者跟不上形势了，也可能是文章作者对媒介（体）融合有不同的看法。这些都值得深思。

"整合"一词，与传媒相关度高的，只有互联网络反向整合传统媒体、数字媒体与传统媒体整合、网络媒体与传统媒体整合、整合成出版集团等说法。

下面对"合"语义场中的词，即合流、融合、整合、结合、联合、混合、配合这几个关联近义词的语用实际进行整体性的比较分析。

（1）从两个或几个施事主体的主动程度而言，比较积极的是整合、结合、联合、混合、配合。或从人为程度看，上述5个词均凸显了人的作用。

（2）合流、融合指的是比较自然发生的过程与结果，其中或有人力作用，但并不强调、突出这一点。

（3）从追求合的深入程度以及效果的规整程度而言，混合是最差的，它不求"合"得好或规整，允许合的状态比较散乱；配合、联合、结合在这方面没有明显表示出期许。融合、合流则希望"合"的程度很高，合得很紧，甚至合一；整合则显露出主体强势，对合的整齐、规范等方面的效果有要求，而对合的深入程度的要求中等。

（4）从表义的明晰程度而言，相对于"融合"，整合、结合、联合、混合、配合更能让人明白将"合"到什么程度，或者说人们比较容易把握这几种"合"的意思，而且这几种"合"，不强调进展到怎样的深入程度。但是合流一般就强调合一，融合的目的一般是"合"的要素尽量达到和合无间的程度。

（5）实际上，合流、融合也有一个过程，合流一般指两个相对应的要素原来是分开的，在某一点上开始"合"在一起，其后便合二为一，它比融合更强调合的结果是合一；融合则有一个互相渗透、逐渐合一的过程，所以可以有初步的融合、进一步的融合、深入的融合等区别，允许差等的程度较高，涵盖范围可以较广，这其实就是后来学界、业界将融合作为一个超大的"容器"，将媒介中所有合的或所有数字化转型的事项一股脑儿往里装，将整合、结合、联合、混合、配合等各种情形都归入其中的基本原因。还有些文章将很多不能算"合"甚至只能算"分"的内容（包括事项、行动等）也都归入媒介（体）融合之中，导致媒介（体）融合概念及相关研究从一开始的夸张、蔓延，走向了一定程度的众声喧哗。

（6）从"合"的紧密程度看，合流最高，融合次之，整合再次之，联合、结合、配合不强调这一点，可以合得比较松散，混合对合的程度是有要求的，但对是否紧密也没有高的要求。

（7）从和谐程度看，融合最高，合流次之，其中整合、混合显得尤其勉强。

（8）从对等程度看，结合、联合、配合是对应的两个或多个主体，彼此之间采取合的行动，混合可以是对等的双方或多方，也可是不对等的双方或多方，整合则一般是一个主体系统内部对等或不对等的双方或多方的合，融合与合流则往往是对等的双方或多方之间的合。

（9）总体上，融合、结合的表述比较多，合流的表述少但自有其表述范围与较强的力度，而整合在传媒领域的表述范围就比较窄，表述数量也特别少，只是一个较小的视角，说明整合本身在国内传媒界并没有较多话语的支撑。"融合"这个词被广泛用在文化融合、民族融合方面，与它最接近的是合流，"合流"这个词较多用在人文思想成果、节日等与前人关系紧密的方面，也可直接用在具有大势力、大影响的两个人或两群人身上。两者有时可混用，但可混用时"融合"一词的使用一般较少见。

（10）合流的说法比较形象，从本义上讲，合流从汇合到合为一体有一个不可避免的过程，而且就其源头的各条河流而言，原本是分开的，但合流之后，它们始终存在，生生不息，也始终在变化，并不断地给汇合的流水补充新的水源，甚至不断改变汇流发生处的水域的状貌与水量，各条源流与汇合的水流皆处于一个变动不居、日日发生新变化的动态的过程。若从这些方面加以考虑，那么当初取名为媒介（体）合流是否比媒介（体）融合更好呢？融合与合流一样，也居于动态之中。融合可分为三个阶段，即初步渗透融合、全面交相融合和纵向横向深度融合，从语义上看，可以比较舒缓、从容、和谐地进行。但合流可以更加具体形象地表达"合"的初始过程与状态，也利于加快达成合一的结果，采用"媒介合流""媒体合流"这两个词，必然可以影响人们的思维与行动，或许还能够为传媒领域"合"的研究与实践奠定一个别样的基础，它更加明确了"合"的方向与较快的节奏要求，从而有助于新老媒体快速变革，努力加快合一的进程。仅从这一点讲，媒介合流、媒体合流的说法显然比媒介融合、媒体融合的说法要理想一些。

探讨上述这些近义词的语用情况，有利于从语言影响人的思维、构建人文世界以及某一研究领域总体研究框架、研究风格这个最基础的角度看待一些媒介（体）融合研究与实践的情况，也可增强笔者判断或评价的能力，比如有助于笔者在下文指出认知与实践方面的误区，等等。

名称会影响人们对其本质的认识、对其所指称事物的看法、管理者对其的态度以及这个名称本身在概念系统中所占据的位置。从上述分析可以看出，选择"融合"这个词来表述媒介领域紧密的合，并不算完美，与"合流"相比，各有特点，但与其他近义词相比较，已经是最好的了，但其中稍存的弊端也导致了后来研究、实践中一些不如意的情况的发生。

三、从学理层面助力媒介（体）融合本质属性的考察

我们可以从表象出发，在学理上探究媒介（体）融合比较深层的内容，一是从媒介作为中介的角度考察，二是从技术与事物真相的关系角度考察，三是从技术与社会、文化、人的关系角度考察。

（一）从媒介作为中介的角度考察媒介（体）融合的本质属性

媒介、媒体的本质是中介，万物皆有中介的属性。就万物个体而言，都是因其发生关系的事物的中介，是为"万物皆媒"，本该如此。传播媒介则是定位于传播人们所思所想所言的媒介，因其发生传播关系的事物而称其为媒介，即实为传播意义上的媒介。

在传统媒介时代，万物的中介作用比较原始、比较有限，长期以来未受到人们的重视，或者是人们熟视无睹而一般不在知识层面上、概念创立中加以标识和显扬，虽然万物原有的中介作用或多或少地在发挥，但在人们的意识、观念上处于被遮蔽的境遇之中。首先，数字技术基于底层通用的二进制混同了在数字层面表达各种事物外形、功能与属性的手段与方法，使各种事物可以在线上有彼此之间进行融合的巨大的可能性与潜力。其次，数字技术又可凭借摄像头、传感器拓展现实中真实存在的万物的功能与作用，等于将视觉、听觉、触觉等附加到万物身上，使其中介作用拟人化，并得以凸显，使"万物皆媒"得到巨大的升华。

人们基于物联网提出"万物皆媒"的说法，与原始本真意义上的"万物皆媒"不同，前者是就其一般的中介作用而言，后者是就其传播的中介作用而言。所以，基于物联网的"万物皆媒"，说的是万物除了自身的功能，还被附加了传播人们所思所想的作用，是万物皆为传播媒介，甚至为传播主体的意思。

媒介（体）融合正在向更大范围、更多场景更加深入地扩展。媒介之间融合在媒介本质上是要发挥一定作用的，这关乎媒介融合的程度。中介作用必定排在前面，以中介作用为基础，又可发挥重构社会交往方式与社会结构的作用等。将媒介融合与媒介本质相关联，从传媒的角度看，有助于各媒介中介作

用相综合并取长补短的努力，此种努力还将大刀阔斧地进行。媒介融合催生新媒介，在本质上是人身体、感官、大脑的延伸、综合与交织。人们在工作时或劳动时希望有单一媒介比如广播的陪伴，而且不耽误做事情。在更多情形下，倾向于在娱乐与学习时综合延伸自己身体的各种功能，这是媒介融合产生并发挥作用的内在机理。

（二）从技术与事物真相的关系角度考察媒介（体）融合的本质属性

表象容易感知，本质较难领悟。本质可以设法靠近，但仅靠归纳总结概括或者演绎皆无法完全获知本质。我们了解的世界多半只是我们所感知和能感知的世界，并非完全真实的世界。但技术可以帮助我们向真实挺进。计算机底层技术明示我们，在网上我们能感知的的确是表象，我们看到的文图、动画、视频，听到的音乐，其深层内容可以归一，就是0和1，而且只是0和1及其封装包的不同组合造就了它们。

虚拟世界告诉我们，正因为种种表象的内在实质归一并在底层得以融通，所以诸多表象自然也就互相可以融合。那么，现实世界呢？似乎也没法避开这一规律，人各长各样，但实质组成要素及成分也可以归一，所以就有了身体器官的移植。

真相就是返璞归真，有时就是各种事物归一的图景，所以媒介（体）融合在本质上就是传媒突破技术限制，在技术的除弊作用之下恢复到泯灭各种不必要区隔的比较真实的面貌的一种状态。

（三）从技术与社会、文化、人的关系角度考察媒介（体）融合的本质属性

媒介（体）融合与映射人之身心脑的媒介技术的剧变确有莫大关系，技术是人之身心脑的外现，也是媒介（体）融合的前提以及本质得以塑造的重大力量。不仅如此，技术框架的改变还引发一系列相关事物结构化、系统性的改变，改变了人们的工作方式、交往方式、娱乐方式，从而重构了社会、社会关系与文明世界。

那么，是技术推动了媒介（体）融合的发展吗？往深里讲，应该是与社会、文化、人契合的技术推动了以人为中心的社会、文化以及媒介（体）融合的发展，技术要符合人类的要求才会被允许存在，技术只有顺应人类的要求，只有符合以人为中心的社会发展的需要，包括文化发展以及政局稳定的需要等，才能得到顺利发展。

从媒介（体）融合的目的性趋向上探究，还是与人的关系最为重要。为人服务，为人造福，这是媒介（体）融合的根本目的，所以群策相应，百舸

争流，媒介（体）融合遂成为潮流。如果你编写过计算机程序，就会发现所有计算机程序都依照人类的身体与心灵、智慧与情感、欲望与梦想、价值观与使命感，以及基于这些因素的构想力、创造力等来复现与超越现实世界，并可以对万物予以无阻隔的连接与穿透性的交缠式的呈现。其目的是在虚拟世界实现人的无数愿望，无比巧妙地自由延展人的精神与身体功能，将虚拟世界人化、理想化，使人得以在其中不受时空约束来去自如，更不受各媒介以及相关方面的原有区隔的约束，以此来充分满足人类各方面的需要，即便在现实世界实现不了，在虚拟世界也可以很好地实现。比如具有超链接功能的超文本等延伸了人类的能力，将理想变为现实，让联想的东西即刻来到眼前。

就技术与人的身体的关系角度而言，现在较多强调的是肉身，其实人身体中的灵与肉都在延伸，灵包括智慧、情感与欲望，人的智慧迁移、延伸、融合到技术装备上就有了人工智能、机器人等，人的理想或欲望是成为虚拟世界无所不能的自由人，成为基于技术服务连接万物与无边现实世界的主动者、享受者、融合者，将这些说成线性的"延伸"是不到位的，说成宽大幅度的立体"延展"明显要好得多。

技术与人思维方面的进化需要也有很大的关系。人们的头脑原来饱受分隔思维、线性思维的压制。人们明知事物之间其实是互相纠缠的，但在分隔思维的驱使下，仍孜孜以求地勉力区分各种事物、概念、名词。人们不但用线性思维来看待世界以及现实生活中的各种对象，而且往往只取线的两端作比较简单机械的辩证对比，而不顾及两端之间的过渡状态。数字技术的发明，打破了分隔思维、线性思维。具体的媒介（体）融合实践好比是处于纷繁网络中的一个个节点被主动或被动地唤醒、激发而采取的行动，这种行动可以随需要融合一方或多方与它连接的力量，但并不需要固定融合的对象，可以多线路随机而变。思维方式的进步必定引发更多的媒介（体）融合，事实上，有了网络，计算机程序设计人员就逐渐从旧时代的思维方式中解脱出来，变线性思维为非线性的网状思维、"集成电路板"思维等，设计的数字产品包括软件、平台、两微一端等都是媒介（体）融合的温床，于是媒介及相关方面之间融合的众发、频发、普遍、兴盛就成了必然的结果。媒介（体）融合反过来也很好地满足了人们发散思维方式、自由践行多样思维的需要。两者相辅相成，互相促进。

因而，媒介（体）融合在本质上就是基于计算机技术的媒介进一步人化与人性化。人所到之处，无论用何种接收方式，皆可接收到丰富的信息服务，并可主动参与其中，而不受拘束。一切阻隔仿佛不存在，分叉歧出之处皆成传播、互动之通途。媒介（体）融合实质上也是思维方式演进的成果，将线性的、机械的对立变为非线性、有机的融合，不再生硬、简单地"做加法或减法",其传播方式必然向立体、多元化转变,将报刊、广播、电视、网络等各种表现方式融于一体,多次采集,多元发布,这些必定成为其中的一种表现。

四、从常识层面助力媒介(体)融合本质属性的考察

再怎么讲,理论最终还得由常识来检验,还得经得起常识的考验。理论高于常识,但不符合常识的理论往往是靠不住的,常识是理论及学理层面各种说法正确与否的裁判。

媒介(体)融合的本质到底是什么?可基于常识,透过话语迷雾,加以澄清。

相对来说,"合"在事物自然的发展过程中发生得较多,经常无法避免,以前在探讨时一般会将其放在比较次要的位置;"分"不一样,"分"比"合"往往更难,更具主动性、创造性,更有难度,也往往更有效果,这是以前的发展逻辑。业务上分隔后各做一摊,往往能做得比较深入,比较权威。斗转星移,时代变了,发展逻辑也变了,但"合"对于"分",应该不是替代而是共存。

其实要明了媒介(体)融合概念的本质,就先要了解变化的实质,并且明白变、新、合、分的关系,并确定"融合"在这个世界上特有的定位和独占的那一份。

"分"与"合"与"新"的关系问题看似小问题,其实是个关乎怎样看待世界、怎样发展社会各项事业的大问题。

变化是怎么来的?有哪几种情形?"合"能引起变化,"分"也能引起变化,还有突然涌现的"新"直接就是一种变化。从这一角度来说,变化就是基于现状,事物之间或各自内部的"合或分""合+分"引发的"变"与涌现的"新"。前一种"变",包括"合"中的"分"与"分"中的"合",可能会催生出"新",也可能是复旧。后一种变就是"新",包括"合"与"分"引发的"新"与涌现的"新";"合"与"分"则处于一种辩证的关系中,"合"中可能有"分","分"中可能有"合",将它们说成是一个硬币的两面,只是一种形象的描述,并不确切,大多数的情形应该是事物内部的一部分被"取用",与其他部分"分",却与另一事物"合",也有与这边合而引起那边分的情况等。这样一来,"合"与"分"与"新"就是互相交叉、互为补充的三个部分,这三个部分完足地组成"变"这个系统,如图1-1所示。

说明以上这些关系,并非要轻看融合,而是要警醒大家,在融合的大局下注意"分"与"新",处理好"合"与"分""新"的关系,使融合更顺利、更成功、更有力度、更有深度。

第一章 媒介（体）融合本质的考察

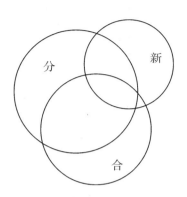

图1-1 事物变化的三种方式

究竟怎样精确、完整地来理解媒介（体）融合的本质？将其放到变化的关系系统中去考察，就能看得比较清楚。媒介（体）融合的本质初步来讲应该是一种特殊的变化，就是媒介领域的一种变，是合之一种，是中介因素及作用基于紧密之合的一种变化，就是合在传媒领域一种比较典型的情形，其本质就是一种合，但不是一般的合。

要合到什么程度才算融合，是接下来应该探讨的问题。探讨清楚了，融合的本质也就更清楚了。要点如下：

（1）这种"合"由"分"到"合"，即原来两相分隔或几个相分隔的媒介要素凑到一处。

（2）这种"合"的常态应是比较紧密的"合"。媒介不具有化学属性，说它融合，其实是一种比喻，并不严谨。它要表达的就是紧密的"合"：紧密地整合在一起，紧密地组合在一起、紧密地配合在一起，如此等等。初期阶段常常是逐渐走向"合"，进而走向"融合"的，可以有融合的初级阶段，合得不够紧密，但接下来的常态应该是比较紧密的"合"，甚至到最后泯灭合的痕迹，成为新的单一主体、新生事物，达成融合追求的终极状态。如果只追求"合"而不区分发展的层次，是不合适的。

（3）这种"合"不能是无谓的"合"，合在一起的目的是合力发挥作用，促成媒介的新变化，或是合成新的媒介或媒体。融合就是各环节操作模式的流动重组，物质资源（原材料、机器、生产场地等）、生产者（传媒单位与作者）、产品、读者或用户（部分也是生产者）各自内部以及他们之间关联方式的流动重组。总之就是各个传媒要素之间流动重组，一起来发挥作用。

媒介（体）融合的本质也就是重构之变，转型的内核也是重构，但范围比前者广，融只是变或转的一个既内在又外显的方面。媒介（体）融合实在是一动态变化的概念,现在随着传媒数字化、政府传媒化、生活数字化、工作评价数字化、娱乐数字化、学习数字化,其外延势必不断扩大。智能化是数字化的升级,升级中必然又有高一层次新老要素的融合,媒介(体)融合的内涵又要有所补充。发展总要融入新东西,或是不新但对自己而言是新的东西,也总要舍去些东西,才叫更新。所以融合的关键就是取舍交合重构,有的融入得多,舍去得少,有的则恰恰相反,说成媒介(体)融合,大家都体面。进而言之,从媒介要素留长去短、断舍离的角度讲,融合意味着吸收异己并消解自我,有舍才有得。可以说是永久或暂时地采纳原先自己没有的东西,扬弃原先伴随自己较长时间的东西。前者是合,后者是分,整体是分合同在,只言融合,只是一种话语的偏向。如果仅仅以融合概括之,或许对人们有一定的误导作用,如果只追求"合",将这个实现目的的手段或状态直接当成目的,那就更不妥当了。如果说明媒介(体)融合只是目前的一种强调,以便现阶段通过这种强调来发挥好的作用,比如更好地推进传统媒体的转型,那就比较合适了。

从上述媒介(体)融合的各个本质方面的探讨中,可以看出媒介(体)融合的部分真相,因为长期以来,有些真相被较多地遮蔽了。其实媒介(体)融合由来已久,即"合"在媒介(体)领域的一种表现。它既新又老,自PC机进入传媒生产领域之后,新的媒介(体)融合就处于启动阶段,接着便在业务领域、生产领域采用了很多趋向新媒体的数字化手段。自移动终端出现之后,更加宏阔而又细微的媒介(体)融合在更高的层次上得以更多地展开;它不仅包括传统媒介(体)与新媒介(体)的融合,也包括新媒体领域内部相对低端媒介对高阶媒介、新创媒介的模仿及追赶式融合;它可双向融合,既包括传统媒介(体)面向新媒介(体)的融合,也包括新媒介(体)面向传统媒介(体)的"逆融合"与新媒介(体)之间的"合"。

深入一层讲,"合"是一种思维,即多媒体技术、平台上多种媒介共存的背后都是"合"的思维,合的思维有比较多的生产者思维、大众化生产思维、让读者逛大商店的思维、让读者各取所需的仓储式思维,甚至是商场售卖的思维。各终端多元发布、精准投放的思维有较多的用户思维、个性化思维、引用户进入专卖店的思维,这是"分"的思维。

传媒发展史就是一部媒介要素不断"新""分""合"(包括融合)的历史。媒介(体)融合是新时代技术进步、社会发展变化的一种标志。技术的飞速发展使媒介(体)融合成为常态,渐至普遍,变成一种环境、一种时代的标志,几成媒介赖以生存的空气。突飞猛进的数字技术使万物的中介本质得以强化与凸显,使万物之结合、融合势不可当。数字技术不断弱化社会对事物的限制,破除万物之间的界限,使万事万物呈现融合的态势;数字技术的价值观及商业创新逻辑不断唤醒芸芸众生的自由精神与万物的中介属性。如今自媒体铺天盖地，软硬件就是视觉、触觉、听觉、思维的蔓延，万物皆媒的传播时代即将到来。从某种程度上讲，整个媒介、传播正在螺旋式上升的同时也正在部分回归传播的原貌，媒介（体）融合就是在互联网上部分回归混沌世界本来的面目，部分回归世界的真实。

第二章 媒介（体）融合的定义

研究一定要从实际出发，但要具体展开，难免要基于概念、定义。定义关乎价值观的站位、业务与管理的边界，是奠定一个研究领域的理论基础。如果定义不符合实际，被操作成脱离实际的游戏规则，那么接下来所有的研究都会成为可笑的"话剧表演"。传媒问题诉诸法律，常须基于相关的概念、定义，但也有因概念、定义确定不下来而搁浅司法判决的先例，可见概念、定义的重要性。

概念随着事物的产生而产生，但往往滞后。滞后产生的"媒介融合""媒体融合"这两个概念有差异，但差距越来越小，以至于长期并存、混用，这是一个比较尴尬的情况。媒介融合的定义，说法各一，至今未有定论。自开始谈论媒介融合以来，因为定义不清等原因，从业界到学界多少有点陷入集体性的思维混乱，部分传媒管理者也开始疑惑自己的管理边界到底该划在哪里。

事物的概念与事物的发展势必永久缠斗，必须不断更新概念系统，并使其具备历史的可追溯性，才适合展开进一步的研究与论述。如果概念模糊，则会导致论述不清晰等问题。

一、"媒介融合""媒体融合"的比较分析

（一）学理层面的考察

要明白"媒介融合""媒体融合"的初始区别，就要先明确"媒介"与"媒体"这两个概念的初始区别，因为媒介（体）融合的本质要服从媒介、媒体的本质。媒介与媒体兼具两义：第一义是信息的中介，包括传播渠道、载体等；第二义是信息采编、制作与传播的机构。兼具两义可视为广义。媒体更多地侧重于第二义，主要指称报社、广播电台、网站、通讯社等从事新闻传播活动的组织机构，若专指第二义则为狭义。媒介也包含第二义，但更多地侧重于第一义，若专指第一义则为狭义。

弄清了媒介与媒体的含义，媒介融合与媒体融合的初始含义也就开始变得清晰。融合主要包含两个义源：一是渠道、载体或介质融合，二是组织或机构融合。媒介融合与媒体融合的初始区别因而得以明朗。称媒介融合更多着眼于

传播中介，称媒体融合更多着眼于新闻组织。总体上讲，媒体融合的外延不如媒介融合宽泛。这是两者在学理上的主要区别。然而在具体使用中，往往并非如此简单。比如上升为国家战略的"媒体融合"，原本是要着重传统媒体与新兴媒体组织、机构间的融合，但事实上更多谈论与实践的却是技术、终端、平台融合等介质范围的融合。原先偏重、推重狭义的媒体融合，但目前在媒体内部大多施行广义的媒介融合，在外部大多施行狭义的媒介融合。

不少人认为"媒介融合""媒体融合"基本等同，这是承认后来在政界、学界、业界逐渐混用概念的情况，但却无视两者曾经有过或本该有的并多少得以延续的区别。因此，这两者在后来相关的议论中处于交叉混杂的状态。如果只称媒介融合或媒体融合，实际上都撇不清彼此，采用一种表述就会置另一种表述于被遮蔽、有缺失的境地，所以有必要研究一下这两者是否可以分清，是否可以用一个统称来概括它们。

（二）语用层面的区别

1. "媒介融合""媒体融合"使用及意指方面的趋同

经查中国知网，至2020年，以媒介融合为主题（指中国知网中输入的检索主题，下同）的中文论文总数为11831篇，以媒体融合为主题的中文论文总数为25945篇。2014年是一个分水岭：在此之前，以媒介融合为主题的中文论文总数为3404篇，以媒体融合为主题的中文论文总数为2293篇。而在此后，以媒体融合为主题的研究热度上升，中文论文数量也持续飙升，远超以媒介融合为主题的研究。虽然只是两个主题论文数量比重的变化，但从中我们却可看到了政治议程对学术研究的影响。在数字化升级的时代，以服务国家治理和社会建设为核心的"媒体融合"的使用频次超过技术和产业等驱动下使用频次渐多的"媒介融合"。这不是简单的用词偏向，而是隐喻着我国媒体融合转型发展中体用关系的策略性转变——融合为全面深化改革、遵从以人民为中心的发展策略所聚焦，是解决新时代社会主要矛盾的重要抓手，不仅为"用"，更是要优化、强健"体"，解决"体"存在的问题，以响应我国国家治理体系和治理能力现代化的迫切要求。

政界、业界比较一致，主要用"媒体融合"一词，一向较多承袭重在媒体重整的传媒、出版集团化改革思路，较多沿用行业、单位层面的三网融合的话语偏向。虽然业界对"媒介融合""媒体融合"二词的使用量都在逐年增加，但后者使用的增长幅度明显要大得多。学界原来大多使用"媒介融合"一词，增长幅度要比"媒体融合"多得多，后逐渐被政界、业界带了节奏，2014年开始较多地使用"媒体融合"一词，并逐渐反超了对"媒介融合"一词的使用。即使仍使用"媒介融合"一词，在含义与思想上也逐渐向"媒体融合"一词靠拢,越到后来,区别它们越显得不再必要。

2. 两者紧跟词语的混同

查阅中国知网,设搜索条件:篇名为"媒介融合"或"媒体融合",精准匹配;检索范围限于新闻与传媒、出版,时间限于2019年之前。在检索结果中统计篇名中"媒介融合""媒体融合"后紧跟词语,主要聚焦于"媒介融合或媒体融合" + 名词(+ 上、中或下)和"媒介融合或媒体融合" + 名词两种情况,两者反映议论中的思潮及强调的重点,前者更多标举了谈论的时空场景,前者与后者中的名词其实反映了人们对媒融的看法、想法或着重的方面。比如紧跟词是机遇,或是转型、变革、改革甚至革命,即作者大致认为媒融是机遇,或是转型、变革、改革甚至革命(见表2-1、表2-2)。

表2-1 "媒介融合""媒体融合"两词后紧跟词语及出现次数标示(类组1)

举例	紧跟词语
1	背景(1876+934)、下(360+207)、之下(1+1)、发展下(4+20)、发展之下(0+4)、发展背景下(1+22)、大背景下(2+4)
2	时代(注:含时代下、时代背景、时代中,说明是时代级别重大而广泛的存在,642+577)
3	环境下(279+168)、环境中(8+4)、语境下(142+48)、新语境下(0+1)、语境中(13+0)、传播语境中(0+2)、情境下(12+3)、生态下(5+1)、生态中(0+1)、生态环境中(0+2)
4	(看问题的)视域(124+67)、视阈(52+16)、视野(32+61)、视角(83+38)、角度(5+0)

注:括注中"+"前的数字是媒介融合后紧跟词语在篇名中出现的数量,"+"后的数字则是媒体融合后紧跟词语在篇名中出现的数量。

表2-2 "媒介融合""媒体融合"两词后紧跟词语及出现次数标示(类组2)

举例	紧跟词语	举例	紧跟词语
1	变革(3+4)、改革(1+11)、转型(6+120)	5	技术(4+46)
2	路径(18+95)、道路(1+2)	6	现状(11+35)
3	创新(5+103)	7	困境(说明有困境,3+7)
4	实践(15+76)	8	影响(3+3)

注:括注中"+"前的数字是媒介融合后紧跟词语在篇名中出现的数量,"+"后的数字则是媒体融合后紧跟词语在篇名中出现的数量。

限于篇幅，表 2-1、表 2-2 所示数据并不完整，仅展现了主要部分，但从中足以看出哪些方面是特别强调的，哪些强调得还不够。总之，"媒介融合""媒体融合"两词在搭配等语用方面，在讨论场景、重点上大致相同，一般只是出现次数的多少，在实质上并没有明显的重大的区隔与差异。

"媒介融合"与"媒体融合"在初始使用时，是有区别的，后来才渐渐趋同。笔者认为不妨在需要强调媒介融合、媒体融合区别的语境中将两者分开来指称；在不需要强调媒介融合、媒体融合区别的语境中将两者合称为媒融。

下文除了在引述中尊重原作者用语保留原样外，直接基于媒介而言的用"媒介融合"一词；与西方对应，大多用"媒介融合"一词；与国内政界或媒体单位直接对应，特别是前有"提倡""推进"等词时或直接对应国有媒体相关状况时，一般用"媒体融合"一词；需要对举分述时，自然也不用合称。其他情形，则一般合称"媒融"。

二、西方对媒介（体）融合的定义

"媒介融合"作为学术概念，起始于美国。我国有学者专门从词根、词源的层面，探析"媒介"和"融合"两词的本义，发现"融合"一词来源于拉丁语 convergere，意为 coming together，即走到一起。[①] 直到 20 世纪 70 年代中后期，随着计算机及互联网技术的发展，"convergence"一词才真正进入传播研究领域。

1978 年，在美国麻省理工学院媒介实验室的筹建演讲中，尼古拉斯·尼葛洛庞帝（Nicholas Negroponte）率先提出"广播电视业、计算机业和印刷出版业将在数字化浪潮下呈现交叠重合的发展趋势"的观点，并用"三个重叠的圆圈"来描述计算机、印刷和广播这三者的技术边界，认为这三个圆圈的交叉处将成为成长最快、创新最多的领域。其"传播与资讯通讯科技终将汇聚合一"的思想可以说是媒介融合思想的真正萌芽。[②] 1983 年，美国麻省理工学院教授伊锡尔·索勒·浦尔（Ithiel de Sola Pool）在其所著的 *Technologies of Freedom: On Free Speech in an Electronic Age* 一书中，首次提出了"模式融合"（convergence of modes）的概念："一种'模式融合'的过程模糊了媒介之间的界限，甚至连邮件、电话、电报这些点对点传播以及报纸、广播、电视这些大众传播之间的界限也被模糊了。任何一种物理方式，不论是电话线、电视线还是无线电波，都能传输过去需要以不同方式才能传输的各种服务。反过来，过

[①②] 参见陈映《媒介融合概念的解析与层次》，《北京邮电大学学报（社会科学版）》2014 年第 1 期。

去由任何一种媒介，不论是广播、报纸还是电话提供的某种服务，现在都能通过不同的物理方式予以提供。"① 意谓数字技术的发展促使报纸、广播电视与电信业的边界消融，各种媒体呈现出多功能一体化、一功能多媒介化的趋势；还指出多种技术融合会产生新的传播方式，数码电子科技的发展是引发历来泾渭分明的传播形态聚合的原因。浦尔之言被视作"媒介融合"的最早界定，继尼葛洛庞帝，从技术融合的角度奠定了"媒介融合"概念的学理基础，其背景是广播电视媒体的崛起、媒体大众化趋势的显现、跨国媒体集团的形成，因而最初关于媒介融合的想象更多集中于广播、电视、报刊等传统媒介。1994年，《纽约时报》在报道《圣荷塞水星报》与美国在线共同推出名为《水星中心新闻》电子报服务时，用了一个小标题"A Media Convergence"，第一次直接标举"Media Convergence"媒介融合。② 2001年，美国南加州大学教授詹金斯（Henry Jenkins）将媒体融合定义为"跨越多个媒介平台的内容流动，多种媒介产业之间的合作，以及受众行为的转移"，还详细阐述了媒介融合的五种形式：技术融合、经济融合、社会或组织融合、文化融合和全球融合。③ 2002年，英国学者道尔（Doyle）认为，媒介融合是指电子通信技术、计算机技术与媒体的融合。④ 同年，在美国南卡罗来纳州召开的一次会议上，就"媒介融合"概念西方学者们开始了一场争议。两年后，南卡罗来纳大学大众传播学院主任查尔斯·比尔鲍尔（Charles Bierbauer）回忆当时那场争论时指出，"大家观点不同反映了这样一个事实：在不同的国家、不同的媒介组织、不同的媒介文化环境下，媒介融合有着不同的表现"⑤。2003年，美国西北大学教授李奇·戈登（Rich Gordon）从融合新闻角度提出，媒介融合在不同传播语境下的五种类型：所有权融合、策略性融合、结构性融合、信息采集融合、新闻表达融合，认为在大多数的市场，推进合作关系成为不同媒体公司融合实践的最主要动机和最初的结果。⑥

除了上述观点，其他各种观点层出不穷，且各有侧重。美国新媒介研究者

---

① Pool, I. S. (1983). Technologies of Freedom: On Free Speech in an Electronic Age. Cambridge, MA: Harvard University Press, p. 23.

② 参见宋昭勋《新闻传播学中 Convergence 溯源及内涵》，《现代传播（中国传媒大学学报）》2006 年第 1 期。

③ Jenkins, H. (2008). Convergence Culture: Where Old and New Media Collide. New York, NY: New York UP (revised edition).

④ 参见时静、王俊义《媒介融合的内涵、典范及意义——以 2015 年央视春晚为例》，《科技世界》2015 年第 25 期。

⑤ 蔡雯：《融合：新闻传播正在发生重大变革》，《新闻战线》2009 年第 6 期。

⑥ 参见刘冰《媒介融合背景下区域媒体的合作》，《中国出版》2013 年第 12 期。

博尔特和格鲁辛从再媒介化角度出发，认为媒介融合是"至少三种重要技术——电话、电视和电脑——的互相再媒介化，它们中的每一个都是各种技术、社会和经济实践的杂合"①。美国新闻学会媒介研究中心主任安德鲁·纳齐森（Andrew Nachison）将"融合媒介"定义为"印刷的、音频的、视频的、互动性数字媒体组织之间战略的、操作的、文化的联盟"②。密苏里大学新闻学院副院长布莱恩·布鲁克斯（Brian Brooks）认为"媒介融合是一个新闻学上的假设"③。美国南卡罗来纳大学的华人学者魏然则将"媒体融合"定义为"在内容（包括新闻、信息、娱乐节目和数据）的制作、播出和传播上传统媒体与具有互动性的新媒体相结合"④。澳大利亚籍教授 Stephen Quinn 认为媒介融合对媒介组织的内部运作尤其是记者间的合作产生了根本性影响⑤，并且指出向 100 人询问"融合"的定义，会得到 100 种不同的答案。⑥ 此言不虚，西方学者还有很多种看法，譬如 Flynn 认为媒介融合包括终端、网络和内容三个层次的融合，Picard 认为媒介融合包括技术、服务和市场三个层面的融合，Meikle 认为媒介融合可以从技术、产业、社会以及文本四个层面来理解，瑞典创新局认为媒介融合包括服务融合、电子设备融合、网络融合和市场融合。⑦ 2012 年 5 月 13 日，中国年度传媒致敬活动与第三届媒介融合转型论坛在南京召开，美国密苏里大学新闻学院国际交流中心中国项目主任章于炎博士在会上讲："我认为媒介融合是一种战略，它强调把各种媒体平台融合在一起，对我们记者，尤其是纸媒记者辛辛苦苦采访来的原创内容进行一次、二次、三次，甚至多次利用，每次利用都试图产生新的商机，产生新的用户，这是媒介融合的一个基本定义。主要的领域，一个是网上，另一个是移动。"

曾有学者认为："到目前（2011 年）为止，媒介融合在国内外仍是一个认识不一、含混不清的概念，各种媒介融合实践仍处于不成熟的探索阶段，有关

---

① Bolter, J. D., Grusin, R. (2000). Remediation. Understanding New Media. Cambridge, MA: MIT Press, p.224.
② 蔡雯：《媒介融合前景下的新闻传播变革——试论"融合新闻"及其挑战》，《国际新闻界》2006 年第 5 期。
③ 高钢、陈绚：《关于媒体融合的几点思索》，《国际新闻界》2006 年第 9 期。
④ 魏然、黄冠雄：《美英媒体融合现状与评析》，《华中师范大学学报（人文社会科学版）》2015 年第 6 期。
⑤ 参见刘颖悟、汪丽《媒介融合的概念界定与内涵解析》，《传媒》2012 年第 1 期。
⑥ 参见蔡雯《融合：新闻传播正在发生重大变革》，《新闻战线》2009 年第 6 期。
⑦ 参见陈映《媒介融合概念的解析与层次》，《北京邮电大学学报（社会科学版）》2014 年第 1 期。

媒介融合的种种论断都未形成科学的理论。"[1] 这话有一定道理。细察西方都是在作归纳性的阐述、描述性的定义,算不上是很严格、严密的定义,至少不是科学性的定义。定义应该基于本质与特性作出。西方媒介融合定义的成色如何,可看它涵盖媒融事实的广度。上述西人的定义严格来讲,颇多摸象之见,看问题、涵盖事实不全面,对我国学者有较大的影响。

而在实际使用中,西人的"媒介融合"一词也用在医学、化学、气象学、生理学等领域,以 Media Convergence 为主题词查检 Web of Science,就能检出这些方面的少量文章,与中国将"媒介融合"专用于传媒领域不同。

三、中国学者对媒介(体)融合的定义

无论中西,媒介(体)融合从根本上说都是媒体通过信息、技术手段进行自我更新、自我扩张的有机表现。国人善于借鉴西方学说,部分国内学者也有自己的学术特长,与善于细分辨析的西人相比,善于从宏观上、整体上把握事物及其概念。

在我国学术界,Media Convergence 通常被译为"媒介融合"。中西意识形态、国情等方面不同,媒介融合的外在表现也不一致。西方媒介融合定义所述,大多可视为具体表现。

那么,在我国又是谁先提"媒介融合"的呢?学界普遍认为在我国最早进行"媒介融合"研究的学者是蔡雯教授,而且大多数学者认为媒介融合的概念是她 2005 年从美国引进的,但这并不符合客观实际。在她之前,国内有学者非但引进了这一概念,而且比她整整早了 6 年。1999 年,南京师范大学副教授崔保国在《当代传播》第 6 期发表《技术创新与媒介变革》一文,在《新闻与传播研究》第 4 期上发表《媒介变革的冲击》一文,都提到了美国麻省理工学院教授浦尔的观点:"浦尔认为媒介融合就是各种媒介呈现多功能一体化的发展趋势。"都进而认为从本质上或根本上讲,融合是不同技术的结合,是两种或更多种技术融合后形成的某种新传播技术,由融合产生的新传播技术和新媒介的功能大于原先各部分的总和。

在我国又是谁先提"媒体融合"的?陆群先生作为特约撰稿人在《今日电子》1998 年第 6 期上发表了《ISP 观察:网络媒体发展走向》一文,其中第一部分的标题是"未来传播的大趋势——媒体融合";他又在《中国青年科技》1998 年第 7 期上发表了《媒体融合——未来传播的大趋势》一文。陆先生不仅是最早提出、使用"媒体融合"一词的,而且比学界首次提出"媒介

---

[1] 赵星辉:《认知媒介融合的既有理念与实践》,《国际新闻界》2011 年第 3 期。

融合"的概念早了整整一年,陆先生认定媒体融合是未来传播的大趋势。尽管在前文中,陆先生谈及麦克卢汉,而且分别引述了美国著名的《编辑与出版家》杂志与尼葛洛庞蒂的一段话,但与 Media Convergence 无关,由此基本可以推断"媒体融合"应该是陆先生自出机杼的说法,也印证后来诸多文章只将视角对准西方、一定要从西方找媒介融合理论根源的行为确有不妥之处。陆先生之后,记者蒋湘辉先生在《每周电脑报》(2000年第9期)上发表了报道——《媒体融合成趋势 千龙新闻网启动》,在此全文引述,让大家明了媒体融合在业界早就如火如荼的真相,明了1999年媒体融合的发展程度以及国有媒体的努力程度,有助于考察学界的媒融定义:"从4月中旬开始,北京市9大传统新闻媒体每天所有的新闻资源,经过'网上包装'将以全新的形式出现在同一个平台上,这就是由北京市委与国务院新闻办正式批准的'千龙新闻网'。目前,千龙新闻网的基本框架已构筑完成,它由《北京日报》《北京晚报》《北京青年报》《北京晨报》《北京经济报》《北京广播电视报》、北京人民广播电台、北京电视台、北京有线电视台9家北京市属媒体无偿提供第一手的新闻素材和传播内容,北京实华开公司和四海华仁传播中心提供技术支持和网页设计,该网的物理网的搭建工作正在进行,它在起步阶段就将使用100M的宽频传输。传统媒体与网络媒体的融合目前已成为一种趋势,传统的报纸、电台、电视与网络的整合,将实现资源共享、优势互补,即能保证新媒体的迅速成长又能维持传统媒体的生命力。据悉,截至1999年6月,中国内地报纸273家上网,占全国报纸总数的13.2%,《人民日报》、新华社、中央电视台等国内重要媒体都已纷纷上网。"

相比业界的实践,学界的研究则比较迟缓,而且目光主要落在国际新闻界而不是国内业界。蔡雯教授认为,李奇·戈登教授的研究在一定程度上描绘了融合新闻在美国当时条件下的真实状态,但其对融合的分类缺乏一个统一的标准,前三种类型是基于媒介组织行为的一种划分,而后两种类型则是基于新闻采编技巧的划分。她在介绍美国媒介融合理论时也注意到语词本义,认为"convergence"原义是"集中","Media Convergence",顾名思义就是将各种不同类型的媒介集中在一起;进而认为媒介融合包括渠道融合、内容融合和终端融合,还限于新闻领域定义了"媒体融合":媒体融合不仅是指各种媒介(组织)之间的合作模式,还是各类型媒介通过新介质真正实现聚合和融合形成的一种独立运行、流程完整、操作规范的新闻生产模式。[①] 石磊认为:"作为一种媒体发展的现状和趋势,媒介融合是国际化、全球化浪潮下传媒求得生存

[①] 参见王喜涛、李永华《从媒介融合到媒体融合的认知演进及其概念辨析》,《中国传媒科技》2017年第4期。

的新产物,是历来泾渭分明的几种不同传播技术为了实现传播一体化、多功能的新手段,是促成报纸、广播、电视、互联网和手机等的采编作业有效结合以实现资源共享、集中处理,进而达成节约生产成本、实现规模效应目标的新模式。"① 董年初认为,媒介融合主要包括技术、网络、业务和终端的融合。喻国明认为,媒介融合其实就是在资源互换、功能互补的情况之下形成的,所以我们必须要看到不同媒介的特性,善加利用和组合来实现媒介融合。② 黄健友认为,媒介融合这一概念最根本的含义是以数字为基础的各种介质的整合,正是因为数字技术可以将文字、图片、音频、视频统一转化为比特,才使得媒介融合有了技术基础。③ 刘鹏指出,所谓融合,意味着边际界限的模糊、交叉、突破、浸润,媒体融合不仅仅是媒介介质的融合,更是移动互联网环境下产品形态的融合、经营模式的融合、产业发展的融合。④ 宋建武则认为,"媒体融合最初是一个技术概念,之后发展为业务概念。针对媒体业务而言,刚开始,融合指的是内容生产和产品的多格式化。再之后,媒体融合延伸至建设融合型媒体组织,即一个媒体同时运营多种媒体。而今天,对媒体融合概念的理解已经发展到更本质的阶段——基于平台化的媒体融合,即建设融合型的媒体运营与分发平台……媒体融合的过程,实际上是持续发展的互联网技术及其应用迫使传统媒体从过去单一的传播渠道、内容和方式向平台化方向发展的过程"⑤。陈映认为,媒介融合是一个笼统且富有张力的概念,在不同维度、不同语境下,其内涵和外延都不尽相同。⑥

除了上述的各家定义或看法,国内学界还有很多不同的意见。有的学者认为,媒介融合包括技术融合、业务融合、平台融合、市场融合、机构融合及产业融合等不同层面。⑦ 有的学者认为,媒介融合就是数字技术为信息传播提供

---

① 石磊:《分散与融合:数字报业研究》,中国社会科学出版社2010年版,第1~2页。
② 参见黄楚新《媒介融合背景下的新闻报道》,浙江大学出版社2010年版,第18页。
③ 参见黄健友《论媒介融合的内涵及演进过程》,《当代传播》2009年第5期。
④ 参见刘鹏《传统媒体融合转型的若干趋势》,《新闻记者》2015年第4期。
⑤ 高海珍、黄淼:《"中国的媒体融合在全球处于领先地位"——专访中国人民大学新闻学院教授宋建武》,《新闻与写作》2016年第2期。
⑥ 参见陈映《媒体融合概念的解析与层次》,《北京邮电大学学报(社会科学版)》2014年第1期。
⑦ 参见柏倩《市州级电视台媒介融合进程中的新困境及路径探析——基于对陇南电视台工作者的深度访谈》,《西部广播电视》2020年第17期。

了统一的标准，各种媒体把采集到的信息生成为0与1并在多种媒介终端上复原。① 有的学者认为，自21世纪以来，媒介融合的多元层次和相应形态日趋成熟，逐步显现出融合的特征和内在规律——立体化和多元性，主要包括传媒技术、内容、行业、组织、文化、政策等方面的融合，本质是生产形态的融合，技术融合是起点，内容融合、行业融合和管理融合则是终极指向。② 有的学者认为，媒体融合是基于数字技术，发展数字报纸杂志、数字广播、移动电视、触摸媒体、手机网络等多种媒体形式，加强纸质、音频、视频等各媒体形式之间的合作。③ 或者认为，媒体融合不仅是媒体组织、新闻生产模式、资源和流程重整或再造，而且是从思维理念到体制机制、从组织机构到产品生产、从品牌推广到运营管理，都根据市场和用户需求进行资源重组、深度转型从而实现的融合。④ 也有学者认为可以将媒介融合理解为物质层面（即工具层面）、操作层面（即传播业务和经营业务层面）、理念层面（即意识层面）的融合。⑤ 还有学者认为，媒介融合包括传播介质和符号的融合、传播媒体形态的融合、传播组织的融合与传媒产业的融合等。⑥ 另有学者认为，媒介融合是指资本、市场双重驱动下经济与产业的融合（经济的视角）。⑦ 还有少数学者指出媒介融合是一种化学反应，外延包括介质、业务与产业三个层面的融合；认为产业融合是指基于数字技术与网络技术，报纸、广播、电视等由于技术发展原因而形成的不同类型的媒介行业最终融合成大媒介业，而且技术与经济的发展，还将推动大媒介业与其他产业的融合；指出媒介融合可定义为基于技术，媒介相关的各事物无缝聚合成一体，以铸就更大生产力的一个过程。⑧（按，我们要基于媒融的进化大力促进更加广阔的产业大融合，但要注意在谈论时将跨界的产业融合与媒融区隔开。）有个别学者对"媒介融合"概念无限泛化提出批

---

① 参见梁小建《媒介融合中提升主流媒体舆论引导能力的思考》，《中国出版》2011年第16期。
② 参见田欣欣《数字媒体时代媒介融合现象研究》，《中国出版》2012年第16期。
③ 参见姜军《媒体融合环境下的图书出版行业现状分析》，《新媒体研究》2016年第1期。
④ 参见邹妍艳《西方国家媒体融合的战略与启示——以BBC和〈华尔街日报为例〉》，《国际传播》2018年第6期。
⑤ 参见丁柏铨《媒介融合：概念、动因及利弊》，《南京社会科学》2011年第11期。
⑥ 参见吕铠、钱广贵《媒介融合的多元解读、经济本质和研究路径依赖反思》，《湖北社会科学》2016年第2期。
⑦ 参见胡靖、胡加加《溯源与考辨：媒介融合的多维视角和研究路向》，《中国出版》2019年第12期。
⑧ 参见刘建华、张名章《媒介融合下的广电新闻传播力提升》，《中国出版》2011年第11期。

评，认为媒介融合已偏离本义，误入歧途，指出将媒介融合扩大化、神圣化和万能化不妥当，应将其限定在新闻业务聚合上才符合事物发展的内在规律。[1]（按，这是在"高山前只看见山"，过于偏重于新闻媒介、新闻媒体，包括融合新闻，看法过窄，殊不知新闻媒介融合只是媒融的一种情况，根本无法作为主要的情况来看待，新闻作用虽大，但仅仅是媒介、媒体领域中一个规模并不太大的一个组成部分而已，其他类型的媒介、媒体多的是。）还有极个别学者认为"媒介融合"这个词本身存在很大问题，甚至可以说根本就是一个伪概念；认为传统媒介之间不可能融合，传统媒介更不可能融合互联网媒介，而互联网媒介对传统媒介是完全替代，也不存在融合问题，而只有整合问题。[2]（按，所持观点极端，不能成立。）

浙江大学传媒与国际文化学院的韦路教授在中外学者宝贵探索的基础上，将媒体融合定义为人类传播活动诸要素内部界限模糊的一种状态，这些要素包括技术、经济、主体、内容、规范等。这一定义具有较为周全的涵盖作用，且强调了媒体融合的若干基本特征，显然在媒体融合概念定义上有较大的进步。[3]

四、本书对媒融定义的界定

很少有其他概念，能像媒介（体）融合那样引发学者那么多不同的看法：一是因为媒介（体）融合在最初的概念构建上没有较多地从自身的发展去归纳和总结，而是较多地引进了西方的见解。但中国媒融自有与西方不同的环境及自身的特点，于是又有了很多的调整和自己的看法。二是因为政府的提倡。媒体融合成为学界、业界言论的漩涡与共聚其下的集结号，对概念的讨论十分广泛，参与的人也是非常之多，说得过头、正确、不到位的言论以及明显有偏差甚至错误的言论都有。三是因为媒介融合这一概念的定义太多，差别太大，基于定义的各种看法与分歧自然呈倍数增加。

通信汇流、三网融合、全媒体等，其实都是媒融在不同阶段、不同场域的不同表现，即媒融不断螺旋上升到更高层次的表现。比起以前的媒融，如今数字化推进过程中的媒融令人更有升级换代的观感。下定义，先要符合当下情况，再看看能否回溯、涵盖过往。

精确、完整的媒融的概念内涵与外延该是什么样的呢？媒融的内涵其实就

---

[1] 参见南长森《媒介融合本土化反思与评骘》，《编辑之友》2012年第8期。
[2] 参见郭全中《互联网思维与传统媒体转型》，《出版广角》2014年第13期。
[3] 参见韦路《媒体融合的定义、层面与研究议题》，《新闻记者》2019年第3期。

是各种形式、各种层面上的或不同层面不同的媒介要素的聚合，聚合的目的就是要在一起发挥作用。从其外延来看，融合与结合、整合、混合等不同，应该只有比较紧密的聚合才能归进来，不紧密的融合，严格来讲，只能看作融合的初始或者萌芽。媒融过程中，大小各种媒介因素都得以趋优相合，媒融就是媒介间在诸多方面相交融的状态，以便万物互相效力，让用户乃至产业、社会受福，得到益处。

媒融可以贯穿媒介的所有活动，涵盖面广，从整体到局部，从局部到细节，从内部调整，再到与外界关联，都可以发生或拓展媒融。传统媒体内部各传统部门可以融合，成立的新媒体部门或独设的新媒体公司，既要与本单位或其传统部门融合，还要与外界的新兴媒体进行融合。新兴媒体内部可以融合；新兴媒体也可与正在更新的媒体融合，向更有效率的新兴媒体靠拢；新兴媒体还可以反过来与传统媒体融合，比如吸收传统媒体的人力资源（包括作者与编辑等）与内容资源——这两方面的吸收实质上是最重大的融合。

媒融是传媒自然演化的一种形态，是传媒转型发展的一种方式，是传媒的一种互相渗透的传播行为（比如多媒介的叙事方法），是传媒经济的一种商业策略及行为。可见媒融涉及的范围非常广，层次性也非常强，可以从不同层次呈现不同的表象。融合可包含的表象扩大了，有时就具体融合情形，只能以是否典型加以区别。主要有三个判断标准：一是融合双方是否对等，二是融合是否密切，三是融合是否取长补短形成合力。

媒融的表象集中显现在七个层面。组织层面：外部收购、兼并、重组，内部组织结构扁平化，部门之间开放合作等；业务层面：项目驱动，合作共济等；管理层面：体制机制放开、趋于灵活，以业务为中心融通管理；渠道层面：组合营销，多渠道通力协作；内容层面：多学科知识相连，多媒体内容多媒介呈现；经营层面：汇聚各方面优势，统筹经营，发挥合力；平台层面：汇聚很多种媒介、信息与呈现手段，可达到"内容一次生成，多点落地，立体传播"的集群效应。

媒融是媒介要素区别性特征的消弭状态。数字化自然带来各种区隔的消除，各种藩篱垮塌或易于被跨越、绕开、取消，于是从媒介相关概念开始到各种组成要素、各种行动、各种结构等或多或少，或此或彼都发生了区别性特征上的融合与混同，至少会在媒介形态和呈现方式上趋同。数字化成就了新兴媒体，是新兴媒体融合的一大特征；融合在新兴媒体领域首先得到凸显，新兴媒体"桃李不言，下自成蹊"，媒融是它天生就有的特征。

数字时代的媒融是数字化或"互联网+"催生出来的新状态，是新兴媒体迭代传统媒体的必经阶段，是不以人的意志为转移的历史使然。传统媒体正逐渐增加数字新媒体的要素，灌注自身原有的优势，正在经历媒融的发展阶段，量变到一定程度，大多数传统媒体就会质变成新兴媒体。当然传统媒体也不会完全消亡，有些传统门类适合走小众的精品化道路，还是可以长远地存在的。

传统媒体不像新兴媒体一上来就是数字化的，而是逐渐加大数字化的成分，其与新兴媒体的融合有一个比较缓慢渐进的过程。媒融不仅要新老媒体合并在一起，而且也要新老媒体媒介要素之间互相吸收。单方面说传统媒体向新兴媒体转型是不完整的，是站位于传统媒体的各界人士一厢情愿的想法或实操时便于聚力的说法。

西方与媒介（体）融合概念相关的见解可以参考，但整体已明显被对过"焦距"的、更加直接、完善的中方见解所反超。中方有些相对全面的说法因为抓住了重点，甚至可作为思维、实践及文章的框架，比如媒融包括技术融合、业务融合、平台融合、市场融合、机构融合及产业融合等不同层面的描述性说法与"内容融合→平台融合→渠道融合→经营融合→管理融合"媒融流程的框架虽然仍不是非常精确全面，但也概括了比较主要的方面，可以有力地辅助说明媒介（体）融合的定义，也可以作为思维和行动的初步指引。

韦路教授的定义尤其科学合理，但他只是静态地、被动地看待媒体融合，遮蔽了媒体融合这个概念一个重要的实际意义——那种主动的动态的意义。我们现在不仅仅是把媒融看作一种状态——业务流程中靠后环节的状态，也可以前置为一个主动的动态的动作，在某些情况下来引导或主导传媒的转型，及时抓住融合之时代优势，催生融合之花、融合之创新、融合之新事物、融合之好效果。

因此笔者认为从定义角度言，媒融还有另一层意思——原本彼此之间有边界或阻隔的媒介要素合在一起发挥作用，这与"传播各要素边界模糊的一种状态"算是比较接近的两种看法，前一种是笔者新归纳总结的，后一种是浙江大学韦路教授提出来的。两者是有区别的，前者表述一种行为动作，具有主动性，后者表达一种状态，是名词性的，相对比较被动。两者因有所区别而可互补，再弥补一下缺漏，就可以比较完整地表述媒融本质意义上的定义：媒融是媒介要素在边界模糊或者被跨越、绕开、取消等状况下渐趋紧密地合在一起发挥作用的状态与行为。这就是本书对媒融定义的界定。

五、实际应用层面的媒融概念、定义分析

传媒各界正在实操中进一步促进媒介的中介功能，使各媒介取长补短，相互融合，发挥更大更好的作用；正顺应数字化时代的发展特点和传媒发展的需要，有意无意调节着理论上媒融的外延、内涵与定义表述，吸引各方关注，汇聚

各方力量,与时俱进,共谋传媒业的进步,使传统媒体的发展前景更加广阔。

(一) 实操话语中媒融概念外延的扩大

其实在人们心目中、实操中融合只是被看作合而已,各种合都是融合,这明显是媒融外延的扩大(见表2-3、表2-4)。

表2-3 15种C刊、13家报纸媒融主题文章篇名中带有"合"字的动词词频

带有"合"字的动词	2014年之前出现次数	2015—2019年出现次数
融合	501	1065
整合	12	7
复合	7	—
合作	5	7
结合	3	1
综合	3	—
黏合	1	—
合并	1	1
合一	1	—
凑合	1	—
聚合	1	3
耦合	—	1

注:调查范围限于南京大学中国社会科学研究评价中心发布的(2019—2020年)CSSCI来源期刊、扩展版期刊目录,其中新闻学与传播学15种C刊以及关联新闻与传播的13家中央级报纸。15种C刊:《编辑学报》《编辑之友》《出版发行研究》《出版科学》《当代传播》《国际新闻界》《科技与出版》《现代出版》《现代传播(中国传媒大学学报)》《新闻大学》《新闻记者》《新闻界》《新闻与传播研究》《中国出版》《中国科技期刊研究》;13家中央级报纸:《光明日报》《国际出版周报》《人民日报》《人民日报海外版》《新华每日电讯》《新华书目报》《学习时报》《中国出版传媒商报》《中国青年报》《中国社会科学报》《中国新闻出版报》《中国新闻出版广电报》《中华读书报》(下文凡提及15种C刊、13家报纸,皆同此)。检索主题:媒介融合或媒体融合。基于清博词频统计(http://www.nlp.newmin.cn)结果制成此表。

表2-4 对15种C刊、13家报纸媒融主题文章中带有"合"字的篇名分析

带有"合"字的词	篇名	语义分析
合作	《媒介融合下出版影视业合作趋向》	意味着合作也是媒融途径
	《竞争催生合作　合作促进融合》	说明合作是融合的一种促进方式
	《媒体融合时代的出版合作与创新》	说明融合当中要讲合作与创新
	《把握融合发展新态势　开启合作共赢新局面》	把握融合可开启合作
结合	《媒介融合下编辑出版专业产学研结合人才培养模式探析》	需将产学研结合,以培养融合人才
	《变凑合综合结合为深度融合》	潜台词:凑合综合结合不是深度融合,但似乎也算融合
综合	《全媒体时代新闻人才的综合素养分析与对策》	综合为全媒体融合作准备
黏合	《融合是为了更好地黏合》	融合比不上黏合?
整合	《文化界面的传媒形态整合之道——新闻出版与广播电视产业融合的方式》	融合的方式是整合之道?
聚合	《融合新路径：聚合+算法》	聚合是融合新路径的组成部分

进而可在权威性、总体把握能力较强的《中国媒体融合发展报告》(2015年起由中国铁道出版社转为由社会科学文献出版社发布、出版,始冠以"媒体融合蓝皮书"字样)、《中国新兴媒体融合发展报告》(新华出版社2012起发布、出版)中可以得到印证。这两本书的《大事记》中,凡涉及新媒体、数字化、新技术的合或变的较大的事项均得到了比较充分的罗列,将所有的新老媒体间的联合、合作、配合或传统媒体方面新媒体要素的增加或传统媒体的数字化举措都归入媒融,甚至包括跨界做电商、搞数字化金融信息服务等。也就是说,凡涉及新媒体、数字化的业内转型或跨界举措及数字新技术主导的各种合或变,都被归至媒融,这样一来媒融的外延就变得非常广大。这是学界、业界认识中的普遍情况,在学术论文、传媒报道以及其他媒融言论中也能找到十分充分的证据。大家在实操中对媒融外延的把握出现了特别的情况,似乎多多少少、有意无意都处于边界较为模糊的、一片混沌的媒融概念之中。

图2-1是基于2010—2020年期间先后出版的《中国媒体融合发展报告》中的《媒体融合大事记》所载（1995—2019年）的所有媒融史实制作的语义网络图。

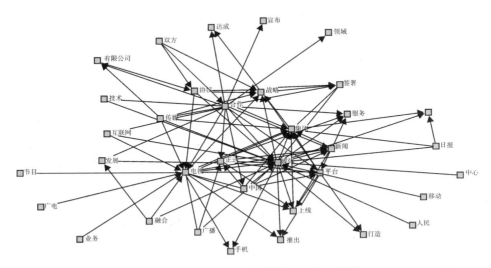

图2-1　1995—2019年媒融史实语义网络

由图2-1可见，媒体、电视与集团是最多发、最核心的焦点事件类型，平台、上线、新闻、服务在彼此共现关系中处于比较核心的地位。合作也处于核心位置，从它出发，箭头指向四面八方，这说明四面八方的合作盛行，并多以签署战略协议的方式进行合作，从而构成了融合极重要的方面。相应的词频表中，"合作"作为向外发散的核心焦点热词出现了711次，排名第3位，其重大性、重要作用、出现频率与其他对象的关联度远甚于出现了303次、排名13位的"融合"。"联合"出现了181次，排名31位；"整合"出现了79次，排名75位；"联盟"出现了72次，排名82位；"携手"出现了45次，排名140位；"聚合"出现了23次，排名292位。所以理论上说一千道一万，说媒融是什么、定义是什么、内涵外延是什么，在实际工作中都不一定顶用。在实际工作中，媒融有各种情形，包括上述的这些合的形式，其相应实际事件的发生之比重大小也接近上述的顺序。

在学界的具体、实际的研究中，融合也是包括"合"的各种情形，除了上述的几种"合"，还包括配合、组合、结合等多种情形。

话说回来，在事物发展过程中，存在各种发展阶段的"合"、各种层次的"合"、各种角度的"合"、各种方向的"合"、各种目的的"合"、各种趋向的"合"，百花齐放，各自开放，本身完全都是正常情况，都符合自然之理。

不必要求千篇一律，适合才的是最好的，适合追求比较完全的"合"就追求，不宜、不该的就不要强求，须知只有丰富多彩的"合"，才能构建出媒介各要素自由流动的良好生态。我们可以在理论上探讨哪些"合"适合归入融合，哪些不适合归入。但在实际工作中，该怎么"合"的就怎么"合"，不可拘泥于媒融概念所指，不能让词语来束缚住我们行动的手脚。

业界有对赌协议、战略合作意向、战略合作框架协议、购并协议，这些说明了什么？就是说明应视发展事业的需要，斟酌、掌握合的程度，可以具体操作成上述保障收购事项的协议、初步的宏观的合作协议、一体化协议等，不必也不能只有一种"合"的程度，更不能只有严格意义上的融合。

媒融应该是比较紧密直至一体化的状态，但实际工作中，有时双方合作需要保持距离，只有保持适当距离才是最好的，即使停止合作，损失也会较小。要提倡、鼓励、促成、实施各种类型、各种层次、各种时空、各种场景的"合"，只要在一定阶段更有利于事业发展即可。只强调严格的融合是不合理的，如果思维受到限制，会不利于事业的发展。在实操中，媒介（体）和合的说法应该比媒介（体）融合的定名合理，一则媒介（体）和合强调"和"，强调融合各方彼此的契合与协和，强调相互之间自然和谐的合；二则媒介（体）和合更能名正言顺地兼容并包括各种"合"，只要"合"的各方彼此适合"合"即可，比较符合传媒事业发展中实操的需要。若媒介（体）和合的说法能为大家所接受，就能从定名这个根本的影响深远的事项上克服现时融合观念、思想、实践、拓展上的一些弊端。

以上所述，直接反映了学界、业界对媒融定义在实操中的理解、把握与运用的情况，可见其外延较诸多原有的定义有所扩大。相较内涵，外延对实际工作的影响更大，外延更加广远，在实操中自有其很好的全局统摄作用与动员作用，更能够让业界人士放开手脚实施媒融或与媒融相关的举措。媒融概念在实操中外延扩大并非始于政界提倡媒体融合时，以前一直如此，只是政界提倡后，在实际工作中又进一步被扩大了。

（二）倡导的话语层面媒融概念内涵的扩大

提倡媒体融合，既是应时之需，也是命脉所系；或为一时强调，实为发展之要；或有跟风之举，但是长远之实。西方说媒介融合，独多媒体兼并融合之事；中国倡导媒体融合后，却独多媒介要素整合之事及单位内部新旧媒体融合之事。2016年在深圳举办的媒体融合发展论坛中有这样的言论：从近年来的实践看，媒体融合大致经历了三个阶段，即传统媒体建设新兴媒体、传统媒体与新兴媒体互动发展、传统媒体与新兴媒体充分融合，这是一个"先做加法再做减法"的过程。言下之意，就是近年来的媒体融合主要不是与外在的原无关联的新兴媒体去融合，而是在内部融合。媒体融合的概念界定，若考虑这个因素，外延缩小，内涵则会有所扩大。

用了"融合"一词，自然就以其中文含义为主，在一定的语境中出现多了，自然就会衍生出附加意义，若还想完全将其限制在西方含义之内，在实践中几无可能。按"Media Convergence"一词的原意，可译为"媒介聚合"，"聚合"就是和而不同，任何形态的各种媒介可各有其位，互不湮灭，只是传播力不同而已，在互联网平台上也都能各有其位，都能存生。但中文"融合"一词中有"融化""消融"之意，不限于聚合之义，在内涵上有更多要求，且在倡导的话语层面强调化学反应的"合成一体"之义，而且只提传统媒体与新兴媒体的融合，外延缩小，内涵则自然有所扩大，这与上述实操话语中外延的扩大形成鲜明对比。实操中在一个层面铺开，倡导中在另一个层面收拢，一放一收尽显引导之深意。

（三）实操层面媒融概念的实质

概念其实是人与研究对象之间的中介，唯有设此中介，学者才能定位其所指称的对象，从而研究它、认识它。将观察期拉得很长的话，不难发觉，相对于流动不居的事物而言，概念只是一种权宜之计、一种变通处理方法，但在当时当地一般都是非常必要和非常有价值的存在。概念的树立，有推进研究、达成共识、凝聚力量之效。

实操中，媒体融合实质上就是指传统媒体数字化、新媒体化及往新媒体转型的举措等，包括观念、技术、内容、渠道、人才、产品、服务、营销模式等方面相融的情形。更多的传统媒体将逐渐被消解、消融，局部、表面较容易融，总的方向是新的成分越来越多，新取代老。

实操中，媒融是一个动态的概念，自中国加入世贸组织后受各地纷纷组建集团的影响，政界、业界大多沿用"媒体融合"一词，初衷大抵是希望传统媒体单位与新兴媒体单位融合，就如以前整合报社、出版社、广播电视台那样。以前可以说，媒体融合的实质是要解决内容与读者如何对接的问题。如今再说就不合适了，因为要解决如何与用户共建共生共成长的问题。

实操中，要树立传统媒体与新兴媒体一体化发展理念，实现各种媒介资源、生产要素的有效配置与整合，实现信息内容、技术应用、人才队伍、平台终端的共享融通，形成一体化的传播体系、组织结构和管理体制，做到你中有我、我中有你，最后你就是我、我就是你。"你就是我、我就是你"只是打一个比方，只是强调双方或多方融合得越来越紧密，到最后紧密无间而已。发展到最后，融合双方或各方都会失去自我，成就一个全新的他。从这个角度讲，媒融的实质就是吸收异己，消融自我。

（四）实操层面媒体融合的狭义定义及其现实意义

在实际工作中起主要作用的是人们心目中的定义，它处于变化之中，也可能会与原来纸面上的定义逾行愈远。

从西方引进的媒融定义不大周全，所以在启发初涉者的同时，是可能会误导或束缚他的思维的。人们心目中的定义或实操中就是将融看作"合"，操作成了"合"。相加就是融合的开始形态，形成整合媒介，发展得好，到后来就能成为数字融合新媒体，澎湃新闻即是如此。

2014年9月19日，中共中央办公厅、国务院办公厅印发了《关于推动传统媒体与新兴媒体融合发展的指导意见》（以下简称《意见》），指出融合发展要发挥市场机制作用，要建立由党委宣传部门牵头，网信、发展改革、财政、新闻出版广电、工业和信息化等部门和主要新闻单位参加的联席会议制度，形成工作合力。好多学者与业界人士对《意见》进行了解读或对媒体融合的定义有意无意地做了特别的理解，一致认为《意见》对新形势下如何推动媒体融合发展提出了明确要求，作出了具体部署。此处所言媒体融合实是站位于传统媒体，指传统媒体与新兴媒体的融合，这是在传统媒体受到新兴媒体冲击及彼此依存的背景下提出来的，为了代表着主流价值观的传统媒体的发展大局计，不妨将这种理解看作媒融狭义上的定义。这个定义，后来成了很多人特别理解的、在心目中起实际作用的媒融定义。人们说2014年是"媒体融合元年"，实质上只是基于这个狭义定义，这种说法在实操层面具有比较突出的意义，是话语求简省、顺时势、应政策变化的表现，只是表达一种新的开始、新的面貌，表达振作传统媒体的信心，并对前景寄予了殷切的期望而已。虽然这并不是很客观的表述，是基于自我站位的一种带有感性色彩的表述，但也自有其比较充分的合理合情的特点。

说传统媒体怎么样，也只是相对而言，各媒体都早已多少带有数字媒体的因子。虽然也有民营的偏传统的媒体，但这里所说的传统媒体其实主要指的是国有媒体中的传统媒体，这里所说的媒体融合的核心是国有媒体的融合发展。自2013年习近平总书记"8·19"讲话至今的这场上升为强大国家意志行为的媒体融合，执行的对象与主体是国有媒体，因而就实际情况而言，基本上是指国有传统媒体迭代升级为新兴媒体的融合，这既是国有传媒的一种政治与商业策略，也是国有传媒的一种组合传播方式。

放眼世界，从20世纪70年代开始，以技术革命、资本聚合、组织重构和政府规制放松为特征的"媒介融合"逐渐成为全球传媒发展的一种偏向及常规的事务。但2014年至今，中国的"媒体融合"却呈现出丰富的政治、历史逻辑及本土特色，与国家治理和社会稳定都保持着紧密的互动关系。因而理解媒体融合，把握其发展的分寸，既需要内部的专业视角，也需要外部脚踏实地的国家和社会的视角，如此才能较好解读其在新时代中国特色社会主义建设中的重要价值和意义。

就媒介发展的历史来看，新媒介的崛起和老媒介的变革，主要不是依照新老媒介之间转型的轨迹，而是不同媒介自成一型，从而成就一个新老媒体共存的富有张力的格局。偏传统的国有媒体与商业新媒体处在不同的场域，彼此更难一体化发展，所以国有媒体单位实质上大多是在内部将媒体融合操作成了广义的媒介融合，在外部大多将媒体融合操作成了狭义的媒介融合。

实际上，媒体融合的狭义定义是指传统国有媒体充分发挥原有专业、权威、内容挖掘深度方面的优势，与新兴媒体相互学习、模仿、交流、融合、互补发展的过程，是传媒存量的博弈与竞合，是追赶的策略，是在传媒发展形势下的一种谋划，是国有传媒转型发展的新空间与新方式。

自政界提倡后，有些学者将媒体融合实际定义为传统媒体与新兴媒体的融合，在外延层面作了狭义的把握，虽然有失偏颇但确有实际的意义。在当今数字时代，融合可以比以往更容易、更合适地转化为生产力，将媒体融合作狭义定义，属于最广泛地提升国有传媒力量参与性与积极性的一种提法，可作为一种凝聚人心、增强人心、发展国有传媒的抓手，很有现实价值。

实操中，狭义的媒体融合定义是社会、政治、传媒发展到一定历史时期的特殊产物，主流学术思想及官方倾向性的提倡调小了视域，人为地限定了一块区域，具有明显的人为树立定义的痕迹。2014年以后，大有盖过学理中媒融概念的势头，而且业界、学界较以往都开始有了大张旗鼓地大动作以及推向全国的融合行动。

世上有些道理，有时只是一种区分。立场与所处环境、生态对观点影响很大，很多情况下决定着言行，甚至对学术概念的内涵与外延产生深刻的影响。政界对传媒业务市场占比有所下降的国有媒体的发展有较高的期望，必须大力推动其发展壮大，提倡媒体融合便是其中的要义。

实操中，狭义的媒体融合定义，理论色彩不浓重，但实践功能较强，实际有效是诸多务实言论的立脚点，在具有中国特色的发展环境中，符合传媒治理与发展的需要，关乎政府的话语权与国家发展的走向，其地位很重要，大家自当使之显扬。

第三章 媒融各种分期及言论数量

分期是人为的，只是服务于研究。分期比较理想、比较简而有效的方法就是按照结果来分，因为结果是所有要素共同作用的一种必然。我们可以基于中国知网大数据得出这种结果，并基于这种结果来分期。如果一定要刻板地分析所有的要素，一是非常烦琐，二是无法将所有的要素都列举出来并对其在分期方面的作用加以剖析。笔者认为，事物发展都是由全要素共同决定的，是为全要素决定论。基于此，根据发文量走势来为媒融言论分期相对比较客观，因为所有因素的作用都会汇合到发文量走势上，所以发文量走势能反映一切。以前惯以时事来分期，一般只是基于比较重大的事件来分，未必妥当。重大的事件于分期固然非常重要，但只是分期的一个指标。若据以分期的事件不够重大，难说是标志性事件，因此也会带有较大的主观性而难以保证客观性。

一、学术期刊媒融言论的数量与分期

在中国知网-中国期刊网中检索学术期刊。

检索时间范围：2020年之前；学科范围：新闻与传媒、出版。本章下同。

（一）主题：媒介融合

中文文献总数为10695篇，发文量趋势如图3-1所示。

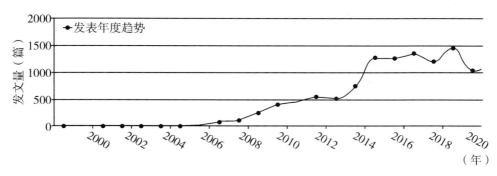

图3-1 以媒介融合为主题，中文文献发文量趋势

（二）主题：媒体融合

中文文献总数为 23755 篇，发文量趋势如图 3-2 所示。

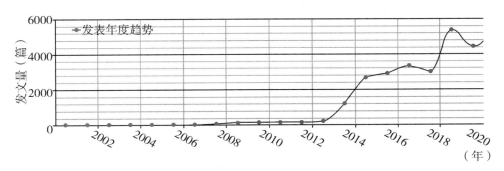

图 3-2　以媒体融合为主题，中文文献发文量趋势

学术期刊中的媒融言论，大多为学界所阐发。可基于图 3-1、图 3-2，从 2019 年倒过来分期。2015 年学术期刊的发文量较 2014 年剧增，开始上升到新高平台，至 2019 年顺势暴增。因此，先取 2015—2019 年这 5 年进行比较分析。继 2013 年党的层面上的导引之后，2014 年政府正式在全国范围内倡导媒体融合，但学界研究、业界行动有滞后性，2014 年和 2015 年的发文量都大增，后者增加幅度很大。因此，笔者认为，将 2015—2019 年作为一个时段较妥。2010—2014 年与 2015—2019 年一样，发文量趋势也是先上平台后从低平到高昂，2009 年之前也是从低平到开始明显翘升，皆是从平滑向上升过渡保持了差不多的节奏与整体趋势结构。因而笔者斟酌再三，认为还是分成 2009 年之前、2010—2014 年、2015—2019 年这三个时段相对比较合适、合理。

二、报纸媒融言论的数量与分期

在中国知网 - 中国期刊网中检索报纸。

（一）主题：媒介融合

中文文献总数为 232 篇，发文量趋势如图 3-3 所示。

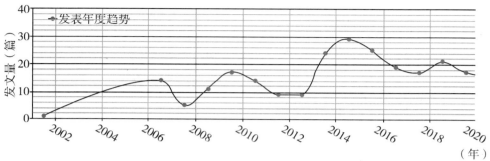

图 3-3 以媒介融合为主题，中文文献发文量趋势

（二）主题：媒体融合

中文文献总数为 3679 篇，发文量趋势如图 3-4 所示。

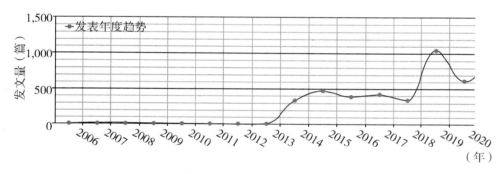

图 3-4 以媒体融合为主题，中文文献发文量趋势

媒融方面，学界、政界在报纸上的发文量少，图 3-3、图 3-4 可以基本反映媒融业界的发文量变化。因为以媒介融合为主题的发文量甚少，所以主要依据以媒体融合为主题的发文量趋势分期。2014 年之后，报纸发文量趋势与学术期刊发文量趋势大致相同如图 3-4 所示，即 2014 年之前几无波澜，且发文甚少。按发文量趋势的形状与结构，可分为 2014 年之前和 2015—2019 年两个时段。如此可以推断，报纸言论的分期仍可服从上述时段的划分。

三、各界言论总的数量与分期

在中国知网-中国期刊网（2020 年的检索版本界面与 2021 年的检索新版界面以及选项有所不同）中检索文献。

（一）主题：媒介融合

中文文献总数为 13849 篇，发文量趋势如图 3-5 所示。

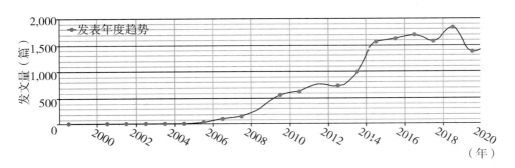

图 3-5　以媒介融合为主题，中文文献发文量趋势

（二）主题：媒体融合

中文文献总数为 28800 篇，发文量趋势如图 3-6 所示。

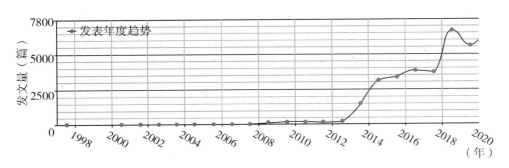

图 3-6　以媒体融合为主题，中文文献发文量趋势

（三）主题：媒体融合或媒介融合

中文文献总数为 40284 篇，发文量趋势如图 3-7 所示。

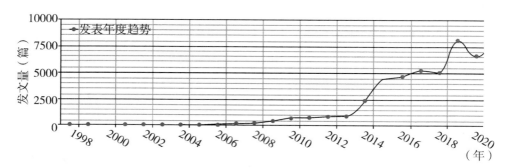

图 3-7　以媒体融合或媒介融合为主题，中文文献发文量趋势

以上三图与学术期刊发文量趋势也基本一致，这更加肯定了上述分期的合理性与可靠性。即2009年之前作为媒融言论萌芽破土期；2010—2014年作为媒融言论逐渐上升期；2015—2019年作为媒融言论井喷期。2010年11月25日至26日，首届"中国媒体融合与发展论坛"在北京举行，并发布了《中国媒体融合发展报告（2010）》，是媒融进入新阶段的一种表征。2016年6月20日，人民日报社副总编辑卢新宁在《融合坐标——中国媒体融合发展年度报告（2015）》出版发布会上称："媒体融合在2015年进入了一个新阶段，一个从形式上'合'，转入全方位'融'的时代。"① 皆可作为本书媒融分期的支持因素。

2020年情况比较特殊，新型冠状病毒肺炎疫情对各行各业包括传媒业均产生了深远影响，而且世界百年未有之大变局与新型冠状病毒肺炎疫情交织在一起。因此，在各行各业发展分期中，2020年是一个绕不过去的重大节点，必定是传媒业分期中新时段的开始。

四、媒融实践的分期

政界发表媒融言论往往是因势利导，在业界言论、实际媒融行动及学界媒融研究对应的方面是滞后于学界和业界的，但其所强调、突出的关键点与新的想法、提法又在指导业界实践、学界研究过程中走在了前面，而业界在有所准备后会在行动、言论上予以响应，学界进一步研究后也会较快发表相应言论或有所行动。从三界自身的情况看，言行本是盘根错节，互相纠缠的，或者说是交替领先、递相促发、始终伴随的。同样，各界内部的言行也难分先后。因

---

① 《点亮融合坐标：人民日报全网发布融合年度报告》，http://media.people.com.cn/n1/2016/0621/c192372-28467061.html（人民网），2016年6月21日。

此，可以将上述言论的分期作为实际行动的分期。

2009 年，芒果 TV 启用独立域名，开始独立运作，与盛大合作成立盛视影业，又与淘宝合作成立"快乐淘宝"公司。2010 年，湖南广播影视集团更名为湖南广播电视台，同时芒果传媒股份有限公司成立，集团计划将湖南广播电视台经营性资源、资产全部注入其中，进行市场化运作。2014 年，芒果 TV 启动独播战略，至 2015 年首开芒果 TV inside 互联网电视家族产品旗舰店。2015 年，湖南广播电视台完成转企改制，组建新的湖南广播影视集团，湖南广播电视台仍为事业单位，湖南广播影视集团则成为企业单位。湖南广电的融合发展在全国很有代表性，其媒融实践完全契合上述的分期。

以上讲的都是现在意义上即进入数字时代之后的媒融发展的分期。

第四章　媒融的驱动力与提倡媒体融合的适切性

在数字媒体技术迅猛发展的当下，媒融是大趋势，其扩展蔓延自有必然性。新盛老衰是自然规律，传统媒体必须求新求变，与新兴媒体融合，大部分将逐渐发展成为融入传统媒体优势的新兴媒体，少部分将成为融入新兴媒体优势的偏传统的媒体。这种媒融的变化，其背后的驱动力，是由政府适切提倡的。

一、媒融的驱动力

媒融就是使媒介要素为人所综合。人们取各生产要素优势，用先进的数字手段将媒介要素聚合在一起，增强传播效率、效用与效果，以利于国家与社会发展——这就是媒融总体而言的驱动力。媒融的机理是比较复杂的，单一归因论绝对是线性思维。媒融驱动力基本上可分为各方需求、数字技术、市场竞争、国家政策四个维度来考察。

（一）各方需求

不断沿着满足社会中各方面需求的方向前进，传播事业产生和发展的一般规律。各界需求一起推动媒融不断发生并向纵深发展。

传媒，自身不断进化其中介能力，并逐渐摆脱时空的限制。限制越少，融合越多，人类就能不断通过发展媒介（体）而更好地满足自身各方面的需求。马斯洛所说的人的各种需求，人们一直通过各种传播方式或多或少地得以满足，而趋势是将越来越多地得到满足。

政界，本身有维持社会长治久安的需求和引领社会发展的责任，需对应业界、学界需求等作出政策指引，包括内容、技术等方面的规制。政界推动传统媒体融合发展意义重大。传统媒体若能融合新老媒体的优势，则能更好地对接、执行政界对媒体传播功能的期待。

学界，需要新事物、新概念，包括政策的改进、管理的优化、技术的革新等，需要就媒融，就政界、业界以及用户的相关需求进行研究并推动政界、业界及用户的进步。

业界，产业化需求是媒融重大的驱动力。产业化催生的技术革新，将原有的、彼此分离的报业、广电业、出版业、网络业融合发展的新空间打开，成为传媒业新的传播空间与可望增值的空间。业界盈利需求主推技术等的进步，技术使受众变成用户。满足用户的需求，是传媒产品价值实现的重要途径，所达到的境界在较大程度上决定着媒体的生存发展状况。受众本就有转变成用户的需求，在转变过程中又反推技术等的进步与业界的融合发展。用户有突破时空限制、方便快捷接收信息并加以反馈等的内在需求，是媒融的一种根本性动力。

媒融，是传统媒体革新图存、发展壮大、履行使命的必由之路。传统媒体须抱着亡羊补牢的心态，在自己的业务范围内培育更多的新媒体，以应对数字转型时代必须经历的沟沟坎坎。新兴媒体的发展不能脱离传统媒体及规制体系，在价值观及社会效益、经济效益等追求上，都不应与传统媒体有大的差异；国有媒体的话语权被不断削弱，需要加以稳固，这是关乎社会协同发展的重大命题。从政治上讲，新兴媒体、新兴技术必须合规，而且应该与传统媒体在融合中协同发展，共同进化。

（二）数字技术

数字技术造就了虚拟世界以及无数的虚拟形象。这些在电子设备上呈现的文字、图像、视频、音乐、电影、动漫、游戏、广告等以及相关的一切看起来彼此不同，纷繁复杂，光怪陆离，究其底层其实皆是由0与1组成，本无差别。就像以《周易》为代表的中国古代哲学认为，世界及万事万物全是由阴和阳组成的，本无差别；人与世界万物本可融通，天道对应象数，进而可明人事。其阴阳生成八卦、生成六十四卦很像细胞分裂，而在莱布尼茨眼中，《周易》的六十四卦的推演与其二进制新算法一致，其中阴就是0，阳就是1。二进制在计算机底层动摇了现实中人们几千年来致力于构建的诸多概念系统，从而触发了世界的新规则、新逻辑，催生了无数条事业发展的新途径，其中很重要的一条就是融合发展的途径。基于二进制的数字技术，就是在底层统一虚拟的"万物"的构成成分因而能在表层融通一切表象的技术。它融通各种媒介形式，并且在融通中打破万事万物原有的阻隔，打破时空的限制。连接是融合的前提，融通一切就能连接一切，底层技术的统一性决定了媒融的可能性与必然性。底层被打通了，只要条件允许各种相关要素就会自然而然地走在一起，传媒的发展逻辑也因此发生了变化。以往在强调差异化发展的传媒产业中不大有地位的"合"变成了一种不可阻挡的趋势，从而焕发出其促进生产力的巨大作用。

以二进制与"比特"为标志的数字技术，就是数字融合技术。辅以通信协议等，使终端与终端、渠道与渠道、平台与平台、媒体与媒体得以互相联结和融合。互联互通是数字化和网络化的本质，开放、兼容、共享成为时代精神，技术把传媒事业推到业界参与者都必须适应数字化变革并携手发展的新阶段，于是数字化的新型媒融应运而生。数字时代也因信息底层的打通，成了一个开放、合作、共赢的时代。在传播活动中，人的自主性被满足、唤醒和激发，人的心智随之提升，人的创造性也被普遍激发。人们的思维被重构，人类的生存方式、交往方式被重构，整个世界也被重构。数字技术有着融合时代最基本的物理结构，全方位引领着传媒发展，是媒融的发动机和加速器，更是基础条件。数字时代，媒融、媒介演化以及传媒教育、版权保护、新媒体内容建设、国家传媒政策规制等皆与数字技术有着很紧密的关系。万物走向连接，走向信息化、智能化、虚拟化，彼此融合在更深层的离世界本质与真相更近的层次中。人本身也正在被信息化、智能化、虚拟化，人将不再是完全生物学意义上的人，人将为微型智能机器赋能，甚至与它们融合。交互应用的高级阶段，就是将人类与信息完全融为一体。

综观历史，从"口与耳"到"铅与火"，再到"光与电""数与网"，信息技术的每一次重大进步，无不引致传播途径、形态与方法的重大跃升。但数字时代之前，媒介自身处于被切割的状态，且融合能力有限。划时代的数字技术出现后，许多事物随之发生了根本性的变化。进入数字时代后，媒体从内核到表象的重大提升、媒介的诸多变革和发展都由各种各样的数字技术相互融合、不断创新而促成。数字技术的快速发展、积淀深厚是媒介再造的动因和前提。Web 1.0时代，传统媒介与数字化、网络化新媒介结合出现了手机报、音频、视频网站等新形式；Web 2.0时代，社会化融媒体在移动化传播、大数据分析以及云计算等的推动下快速崛起；Web 3.0时代，万物联网，5G普及，智能化融媒体、人与场景融合的服务兴起。

计算机的出现与发展为数字时代媒融的开启与兴盛奠定了第一个极为重要的物理基础。互联网改变了传媒的内容生产方式、管理组织架构、传播手段与途径等，开启了人的连接，并逐渐加强了人们之间的交互与共享活动。互联网的产生与发展为数字时代媒融的大量发生、发展奠定了第二个极为重要的物理基础。电子光盘只是标志着小型融合媒介的产生，数字化网站则标志着数字时代大型融媒体的横空出世，数字通信等技术的进步又为数字时代媒融的发展与壮大提供了第三个极为重要的物理基础。正是在各种数字技术的关键性驱动作用以及互联网协议等的确立与硬软件设备等的配套之下，PC、移动网络得以普及，连接、交互、共享、自创造、自传播得以可能，媒融才得以普及，"遍地开花"。数字技术的这种融通能力使数字技术本身势必成为媒融、跨界融合的巨大驱动力。

数字技术通过进化，不断改变媒体乃至社会生活、文明世界存在的方式。

在计算机中，数字技术虚拟现实世界的一切，而且不断地以无数新的事物、新的场景超越现实世界。麦克卢汉说，一旦一种新技术进入一种社会环境，在这一环境中它不会停止渗透，除非它在每一种制度中都达到了饱和。① 如表4-1所示的诸多类型的数字技术及设备正在不断进化，不断地加宽、加深、加厚、加细媒融的空间。

表4-1　与媒融相关的各类数字技术、设备及其融合作用

技术类型	具体技术与设备	媒融方面的作用
通信技术	GPS定位技术、LBS技术、微电子技术、量子通信技术、移动通信技术4G与5G	保证媒融新方式，比如场景融合的实现等
互联网技术	人联网、P2P（Peer to Peer）、动态重组技术、即时通信技术（即聊天评论交互分享技术，配置于博客、微博、微信、BBS和SNS等）、弹幕技术	促进交互、共享等，促进人与人、媒介与媒介的融合
计算机技术	流媒体技术、非线性技术、语音助手、超级计算机、量子计算机、叙事学软件、3D打印技术	提升多媒体制播、媒融、产业融合的速度与效用等
人工智能	机器学习、联邦学习（既利用大数据又保护隐私）、机器人新闻制作及媒体服务、"机器人记者"与"机器人主播"、智能客厅、智能家居、智能电视、互联网电视、智能音响、智能汽车、深度神经网络芯片、类脑芯片、量子芯片、智慧城市传感网、物联网及背后基于大数据与云计算的智联网、可穿戴设备、无人机、智能手机中的感应和操控的内置设备（方向传感器、加速传感器、重力感应器、震动感应器、环境光感应器、距离感应器等。已开发出多屏互动、屏幕指纹识别、话筒感应吹气、陀螺仪全景等内容特效）、人机交互技术（笔式MPR、听觉、视觉、空中打字、虚拟键盘虚实互动、媒体指纹提取与检索）、人机合成技术（美国已有"超级缝纫机"，将产生真正意义上的赛博人）	变革媒融及人机交互的方式、效果等。比如基于智能手机内置设备，可以以H5等融媒体产品丰富传媒的表现手段，提升影响力与变现能力。加拿大GestureTek公司研发的GestTrack3D SDK技术令用户可通过身体姿势和手势来控制屏幕，实现互动，已为诸多新媒体带来新的生机和活力

---

① ［加拿大］马歇尔·麦克卢汉：《理解媒介——论人的延伸》，何道宽译，商务印书馆2000年版，第226页。

续表 4-1

技术类型	具体技术与设备	媒融方面的作用
分布式账本技术	区块链	保护媒融内容创新等
分布式计算技术	云计算、边缘计算	储存大数据、建物联网等，促进更大规模的媒融
算法技术	数据挖掘技术、大数据分析技术、用户画像、精准推送技术、网络安全技术	保障、扩大数据融合，精准分别、服务用户等
视觉技术	幻觉技术VR，增强现实技术AR，混合现实技术MR→SR→5G+AR、VR、MR，3D呈现技术（裸眼3D、3D全息投影）、光场技术（发展过程为裸眼3D→光场技术→全息演示）、超大屏幕与超高清4K→8K	媒融场景将越来越丰富多彩，现实、虚拟世界的融合发展将更加纵深地次第展开

数字技术推动媒融的作用愈益凸显，并倒逼媒融落到实处，而且势必带动传媒不断迎新弃旧，持续促进媒融与出版融合转型的实践，催生全程媒体、全息媒体、全员媒体、全效媒体，重塑媒体格局、舆论生态、传播方式，赋予媒体新的时代内涵和人的言行新的挥斥空间，促进媒融向更大范围、更多变化、更深层次的境地发展。数字技术正在催生新的内容服务模式，诸如知识服务、智能服务等。相关研究也必定丰富多彩，而且高频度地发生变化。目前必须特别重视技术革命之下的媒融这条路，因为这是可望收获数字技术的红利之路。

上述各种技术与设备正在不断进化，其内在运算能力将不断增强，智能化程度将不断提高，势必带动全球范围各领域巨大的技术进步与生产变革，进而引发越来越深刻的社会变革，推动现实世界不断进步，并另造了一个映射、超越现实世界且不断升级的虚拟世界。这个数字化的虚拟世界，还将与现实世界互通、彼此交融。人类文明世界的融合，不限于传媒领域，将更加纷繁复杂，并发生巨大的发展与进化，生机无限。

（三）市场竞争

目前，全国报纸约有2000家、杂志约有10000家。但近些年，新媒体、自媒体一直处于海量增长状态。仅略举新媒体一隅而言，截至2015年底，微信公众号数量已超过1000万个。公众号500强近九成属于个人和公司创业者，全年推送的图文量及所获阅读量、点赞量，均远超国有专业媒体。2016年，百度每天要响应来自138个国家或地区60亿次的搜索请求。至2017年12月，微信公众号的数量更是猛增到2000万个以上，足见竞争之激烈及国有媒体受包围的情势。

市场竞争对所有媒体都具有无可回避的催逼作用，任何一家媒体对媒融趋势都无法视而不见，这是一个关系自身在未来市场上能否站稳脚跟、安身立命、稳健发展的重大问题。

当初，体制内外最早的一批新兴网络媒体皆在20世纪90年代成立，体制内的中国日报网居于领先位置（见表4-2）。

表4-2 体制内外最早的一批新兴网络媒体及其成立时间

体制内新兴媒体	成立时间	体制外新兴媒体	成立时间
中国日报网	1995年	网易	1997年
人民网	1997年	搜狐	1998年
新华网	1997年	新浪	1998年
中新网	1999年	腾讯	1998年
光明网	2000年	淘宝	1999年
央视网	2000年	百度	2000年

后来，体制外的搜狐逐渐屈居二线；网易凭借游戏、有道、云音乐等叱咤风云；新浪凭借一枝独秀的微博宝刀未老、尚有余威；BAT（B指百度、A指阿里巴巴、T指腾讯）则成了中国最大的三家互联网公司，但如今随着字节跳动、B站（哔哩哔哩）等媒体公司及自媒体群蚁的兴起，BAT也正面临着巨大的挑战。而体制内的网络媒体除人民网表现尚可外，总体运营不佳。在新兴商业媒体冲击下，国有媒体由于投入不足、效益滑坡、人才流失等原因，内容生产竞争力下降，而新兴商业媒体凭借体制、机制、资金、技术、用户等优势，得益于国家监管政策的滞后，迅速地融合发展，在较大程度上改变了媒体格局和舆论生态。

新商业媒体的出现和迅猛发展不但从根本上颠覆了以往传受双方之间的关系，而且大大削弱了国有媒体对舆论、渠道的控制力。当前，国有媒体最普遍的融合模式是拥有自己的微博、微信公众号和客户端，充当新兴商业媒体的内容提供商，而所在平台的规则制定者是拥有者——新兴商业媒体。新兴商业媒体将传统媒体作为内容、人才的资源库，确实在融合中获益良多，成长迅猛。如依靠即时通信软件服务发家的腾讯公司先后涉足了门户网站、电子邮箱、游戏、微博、视频等领域，目前在这些领域都是头部竞争者。

传统媒体和新兴媒体出于各自发展的需要，一直推动着市场上的融合竞争，经过激荡共生的磨炼，一批新型的主流媒体正在形成。一个全新的市场竞争格局已清晰呈现。2011年，平面、广电、互联网、移动互联网"四分天下"是一道分水岭，新兴媒体的市场份额开始超过传统媒体，此后传媒市场结构调整的速度越来越快。2012年起，传统新闻、广电媒体步入产业发展的"寒冬"。至2013年，演变成传统媒体、互联网和移动互联网"三足鼎立"的局面。国外的发展情势大致相同。2014年，谷歌凭借无可比拟的用户访问量，占有全球每年线上广告收入的1/3，Facebook每个月也依靠高达14.4亿的活跃用户和超过12亿的移动端活跃用户，坐收10多亿美元的广告收入。同年，国内互联网和移动端市场份额首次超越传统媒体。2012—2016年，仅上海，就有《新闻晚报》《文汇读书周刊》《上海商报》《外滩画报》等15种报纸休刊。2017年，国内传媒市场转向"一超多强"的局面——移动互联网占有接近一半的市场份额，传统媒体总体仅占1/5，其中报纸、杂志、图书等平面媒体占有的市场份额不到6%。仅2019年元旦，全国就有《新商报》《新知讯报》《黑龙江晨报》等10余家报纸宣布休刊。至2019年上半年，根据CTR媒介智讯的数据显示，报纸广告在各类媒介广告中下降幅度较大，刊例收入下滑了30.6%。2019年前三季度主要互联网公司的广告收入大多增加，排在前9名的公司字节跳动、阿里巴巴、百度、腾讯、京东、拼多多、美团点评、快手、新浪的广告收入全部在120亿元以上，而排在前两位的字节跳动、阿里巴巴的广告收入分别高达1400亿元、1133.73亿元。① 无论国内还是国外，这些新兴媒体已经成为民意、民声、民情重要的观察站和舆论的集散地，其传播力和影响力不容小觑（如图4-1、图4-2、图4-3所示）。上述种种严峻的市场竞争局面，驱动着传统媒体不断以革新的姿态加入媒融之中。特别是对国有媒体造成了较大生存与发展的压力，驱动着国有媒体更大范围、更深层次走向媒融、激扬媒融。

---

① 参见唐绪军、黄楚新《中国新媒体发展报告 No.11（2020）》，社会科学文献出版社2020年版，第356页。

第四章　媒融的驱动力与提倡媒体融合的适切性

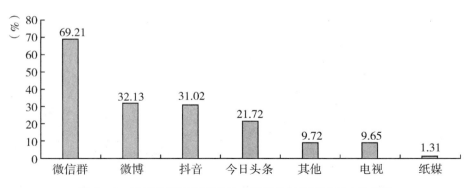

图 4-1　网民选择了解新闻热点的媒体以及网民所占比例①

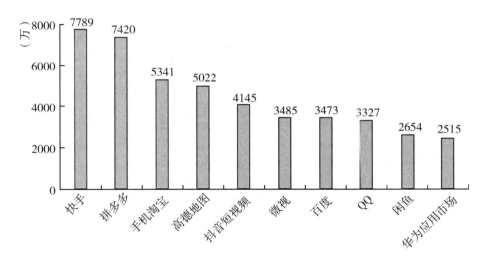

图 4-2　2019 年 12 月，中国移动互联网典型 App 下沉市场用户规模同比增量 TOP10②

---

①　参见唐绪军、黄楚新《中国新媒体发展报告 No.11（2020）》，社会科学文献出版社 2020 年版，第 110 页。
②　参见唐绪军、黄楚新《中国新媒体发展报告 No.11（2020）》，社会科学文献出版社 2020 年版，第 188 页。

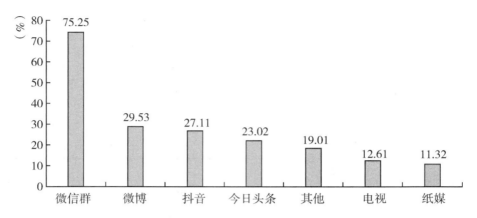

图 4-3 网民信任度高的新闻媒体以及网民所占比例①

媒介要素的边界因数字技术的发展变得不复存在、不被理会，或不再坚牢、不堪一击，而海纳百川的互联网这个载体的出现，互联网媒体公司就基本绕开了传统各媒介的边界，在墙外铺天盖地以开放姿态容纳了所有的媒介表现形态，如 Flash 动画、3D 动画等，近几年还多了 AR、VR、全息等。这就意味着新兴媒体从一开始就开辟了新的发展道路，与传统媒体的发展道路是并行的，但瓜分的却是同一个市场。因此，传统媒体只有鼓足干劲，往新兴媒体方向融合发展，参与到被重新构建的市场及市场竞争当中，否则就是故步自封。

传统媒体在移动端自建的 App 或在抖音、快手、微视等 App 上，加快布局发展客户端业务，是一种"追随"战略，追随也未必一定造成后发劣势，但新媒体市场已进入垄断时代——赢家通吃、寡头独占，追随是极难反超的。因此，传统媒体需要基于自身原有的优势，依靠媒融等手段来创新，在内容生产、技术支撑、用户洞察等方面营造优势，而不应是一味地追随。这是当今时代市场竞争驱动媒融发展的新逻辑。

传统媒体要壮大起来实属不易。如今装备升级、竞争升级，大数据、云计算画像精准投放，使得竞争上了档次。搞平台，就有平台级别的竞争与淘汰。还可以到人工智能、物联网的层面。换一个角度，还可以发展成生态级的竞争与淘汰。市场竞争最后或将更加波澜壮阔、触目惊心，各类媒体必须抓紧时间进行有效融合。

---

① 参见唐绪军、黄楚新《中国新媒体发展报告 No.11（2020）》，社会科学文献出版社 2020 年版，第 110 页。

(四) 国家政策

20世纪90年代开始，美国、英国、日本等国相继放松了对传媒业、电信业的管制，促成了媒融的兴盛，并带动了产业融合的长足发展。中国则在2001年开始推进电信网、广播电视网、互联网三网融合，也取得了显著的成绩。

党办媒体、媒体国有化曾是中国较长一段时间所坚持的定位。互联网兴起后，体制外新兴媒体长期被归于信息技术条口，媒体属性未被充分重视，反而促使其迅速壮大，逐步在新兴媒体市场占据了绝对优势。这种局面的出现，不仅使国有的新兴媒体被边缘化，而且极大地挤压了国有传统媒体的生存与发展空间。因此，需要由国家制定政策，来调整国有媒体的生存环境，并推动媒融的发展。

数字融合技术代表着新的生产方式，代表着全新的游戏规则和价值标准，需要配套的融合观念和运作模式。这对媒融政策及媒融规制的制定而言是一个比较大的挑战。

党的十八大以来，以习近平同志为核心的党中央作出推动传统媒体与新兴媒体融合发展等的战略决策与战略部署。国家颁布了《关于培育和践行社会主义核心价值观的意见》《关于印发三网融合推广方案的通知》《关于推动国有文化企业把社会效益放在首位、实现社会效益和经济效益相统一的指导意见》《中华人民共和国公共文化服务保障法》《关于促进移动互联网健康有序发展的意见》《网络出版服务管理规定》《关于深化中央主要新闻单位采编播管岗位人事管理制度改革的试行意见》《国家信息化战略发展纲要》《国家"十三五"时期文化发展改革规划纲要》《新闻出版广播影视"十三五"发展规划》等十几项传媒业新政及相应的规划、指导文件。与媒融发展直接相关的如《关于推动传统媒体和新兴媒体融合发展的指导意见》《关于推动传统出版和新兴出版融合发展的指导意见》《关于加快推进媒体深度融合发展的意见》等，其中《关于进一步加快广播电视媒体与新兴媒体融合发展的意见》于2016年7月2日由原国家新闻出版广电总局印发，布置了树立深度融合发展理念、加快融合型节目体系建设、加快融合型制播体系建设、加快融合型传播体系建设、加快融合型服务体系建设、加快融合型技术体系建设、加快融合型经营体系建设、加快融合型运行机制建设、加快融合型人才队伍建设9项重点任务。

中央媒融政策的迭代更新与中央领导的阐释逐步明确了媒融的重大意义和新的行进方向。2013年8月19日，习近平总书记在全国宣传思想工作会议上第一次公开谈及媒体融合，指出："特别要适应社会信息化持续推进的新情况，加快传统媒体与新兴媒体融合发展，充分运用新技术和新应用创新媒体传播方式，占领信息传播制高点。"① 2013 年 11 月，党的十八届三中全会通过的《中共中央关于全面深化改革若干重大问题的决定》提出："整合新闻媒体资源，推动传统媒体和新兴媒体融合发展。"这是"媒体融合"首次成为党中央重大决议的重要内容，表明推动媒体融合发展已成为全党的共识。2014 年 8 月 18 日，习近平总书记主持召开中央深改组第四次会议，就媒体融合发表重要讲话，明确指出："推动传统媒体和新兴媒体融合发展，要遵循新闻传播规律和新兴媒体发展规律，强化互联网思维，坚持传统媒体和新兴媒体优势互补、一体发展，坚持先进技术为支撑、内容建设为根本，推动传统媒体和新兴媒体在内容、渠道、平台、经营、管理等方面的深度融合，着力打造一批形态多样、手段先进、具有竞争力的新型主流媒体，建成几家拥有强大实力和传播力、公信力、影响力的新型媒体集团，形成立体多样、融合发展的现代传播体系。"② 会议审议通过了《关于推动传统媒体和新兴媒体融合发展的指导意见》。这是中国关于媒体融合发展的顶层设计，是指导媒体融合实践的纲领性文件，表明"媒体融合"从党的意志变成了关涉整个国家发展大局的国家战略。同月，中共中央宣传部召开专题会议，刘奇葆同志针对媒体融合发展工作发表讲话。2014 年 9 月，中共中央、国务院办公厅下发了《关于推动传统媒体与新兴媒体融合发展的指导意见》，对媒体融合发展的战略意义、原则要求、工作目标、新技术运用、内容创新生产和信息服务、体制机制和政策保障等作出全面部署。全国各地各媒体集团纷纷响应，陆续出台推动媒体融合的实施方案，传统媒体纷纷开辟自己的新媒体渠道，媒体融合的可操作性不断增强，新媒体产品在数量上有了很大突破。2015 年 12 月 25 日，习近平总书记视察解放军报社时指出："要研究把握现代新闻传播规律和新兴媒体发展规律，强化互联网思维和一体化发展理念，推动各种媒介资源、生产要素有效整合，推动信息内容、技术应用、平台终端、人才队伍共享融通。"③ 2016 年 2 月 19 日，习近平总书记在人民日报社、新华社、中央电视台调研，在党的新闻舆论工作座谈会上强调："党的新闻舆论工作必须创新理念、内容、体裁、形式、方法、手段、业态、体制、机制，增强针对性和实效性。"④ 同时指出："近几年，新闻媒体在融合发展方面做了大量工作，取得令人可喜的成绩。但是，从总体上看，发展还很不平衡，有的是'+互联网'，而不是'互联网+'，只

---

①② 习近平系列重要讲话数据库，http://jhsjk.people.cn/article/25493994。
③ 习近平系列重要讲话数据库，http://jhsjk.people.cn/article/27981000。
④ 习近平系列重要讲话数据库，http://jhsjk.people.cn/article/28147896。

是将传统媒体与新媒体作简单嫁接。"① 2019年1月25日，习近平总书记在十九届中共中央政治局就全媒体时代和媒体融合发展举行第十二次集体学习时强调："推动媒体融合发展、建设全媒体成为我们面临的一项紧迫课题……宣传思想工作要把握大势，做到因势而谋、应势而动、顺势而为。我们要加快推动媒体融合发展，使主流媒体具有强大传播力、引导力、影响力、公信力，形成网上网下同心圆，使全体人民在理想信念、价值理念、道德观念上紧紧团结在一起，让正能量更强劲、主旋律更高昂……党的十八大以来，我们坚持导向为魂、移动为先、内容为王、创新为要，在体制机制、政策措施、流程管理、人才技术等方面加快融合步伐，建立融合传播矩阵，打造融合产品，取得了积极成效……我们要运用信息革命成果，加快构建融为一体、合而为一的全媒体传播格局。"② 这些重要指示为我们做好新时代宣传思想工作、推进媒体深度融合指明了前进方向，提供了根本遵循。毫无疑问，从当前国家对媒体融合的战略定位看，媒体融合已不是需不需要推进的问题，而是必须推进且必须取得成功的事业。

上述政策的颁布，中央领导的阐释、指导以及国家的资助驱动媒融言论如井喷一般，大量而又迅速增加；驱动媒融实践在全国范围内铺开，声势浩大，一浪高过一浪。2020年9月，中共中央、国务院办公厅又印发了《关于加快推进媒体深度融合发展的意见》，指出要推动主力军全面挺进主战场，以互联网思维优化资源配置，把更多优质内容、先进技术、专业人才、项目资金向互联网主阵地汇集、向移动端倾斜，让分散在网下的力量尽快进军网上、深入网上，做大、做强网络平台，占领新兴传播阵地；强调走好全媒体时代群众路线，坚持以人民为中心的工作导向，坚持贴近群众服务群众，创新实践党的群众路线，大兴"开门办报"之风，把党的优良传统和新技术新手段结合起来，强化媒体与受众的连接，以开放平台吸引广大用户参与信息生产传播，生产群众更喜爱的内容，建构群众离不开的渠道。该意见给予媒体融合新的推动力，对业界、学界给予更加深入的指导。

政府善于因势利导，后发规制，在数字时代更是如此。因此，政府往往是推动某产业深入发展的驱动力而不一定是初始动力。新产业的兴起与进一步发展是政策制定的动因与动力，而产业发展与政策制定两者互相驱动，始终相互伴随，彼此应时而变，不断进化。在历史的高度放长视线，可见国家政策要求的范围大小、宽严等，一直在与时俱进。一般来说，国家政策是战略决策，媒融政策具体对应的传媒业务，就是市场风口所在。媒体融合受政策驱动，只要

---

① 习近平系列重要讲话数据库，http://jhsjk.people.cn/article/30440485。
② 习近平系列重要讲话数据库，http://jhsjk.people.cn/article/30978511。

发展方向不发生偏差，自会取得长足的进展。

二、提倡媒体融合的适切性

之所以会有多方面的驱动力，说明媒体融合是众心所向，适逢其会，大势所趋，不但本身具有适切性，而且对它的提倡也具有适切性。提倡媒体融合的适切性，具体可以从以下七个角度来阐述。

（一）思想文化的角度

从哲学角度讲，融合是矛盾的解决方法，而新兴媒体传播过程中主客已然融合，不再对立，传播者与接受者之间、专业制作与民间自发制作等都发生了融合。肉身哲学在这方面对应的观点是，传媒从原先的与人对立走向与人同构，技术成为身心合一的中介，成为人身体的一部分。从离身的身体技术化，到具身的技术身体化，技术必然走向浑然一体的综合运用。这一观点适用于互联网思维下的媒体融合发展。

中国文化具有强大的融合力，儒、释、道可以在思想方面融合，民族可以在地域上大融合。中国的和合思想源远流长，它是中国传统思想文化中最富生命力的文化内核和因子。

甲骨文和金文中就有"和""合"二字。"和"的本义是声音协和相应，后来演化为和谐、和平、和睦、和善、和平、祥和等；"合"的本义是上下唇的合拢，后来演化为汇合、结合、融合、合作、凝聚等。中国古代先哲们对自然界、人类社会普遍存在的和合现象作了大量观察和探索，从而提出"和合"的概念，对和合现象作了本质的概括。和、合连起来，是在承认不同事物矛盾、差异的前提下，把不同事物统一于一个相互依存的和合体中，并在不同事物和合的过程中，吸取各个事物的长处，通过互补克服各自的短处，使彼此合成的整体达到最佳组合，由此促进新事物的产生，推动事物的发展。

自古以来，宗教文化与儒家文化都讲和合，在保持各自特色的同时，相互融合，相互吸取，由此促进了中国文化的持续发展。和合贯通中国文化思想领域，成为中国文化的精髓和被普遍认同的人文精神。《周易·乾·象辞》首先提出重大的太和观念："乾道变化，各正性命，保合太和，乃利贞。"突出"合"与"和"的价值，认为天道的大化流行，万物遂各得其正；保持完满的和谐，万物才能顺利发展。《尚书》中的"和"指对诸多社会、人际关系冲突的处理。《论语·学而》中说："礼之用，和为贵。""合"指符合、相合。春秋时期，"和""合"二字联用并举，构成和合的语义范畴。《国语·郑语》："商契能和合五教，以保于百姓者也。"韦昭注："五教，父义、母慈、兄友、弟恭、子孝。"意思是说商契能和合五教，使百姓据以安身立命。此中的和合，即融合的意思。《管子·兵法》将和合并举，指出："畜之以道，则民和；养之以德，则民合。和合故能习，习故能偕，偕习以悉，莫之能伤也。"认为养兵以道以德，军人之间就会和合，和合便能顺利进行操练，能顺利操练彼此相处就和谐，全流程和谐地操练就不会受到伤害，给予和合高度的重视。墨子认为和合是处理人与社会关系的根本原理，指出天下不安定的原因在于父子兄弟结怨仇，而有离散之心，所以《墨子间诂》卷三曰"离散不能相和合"。《韩诗外传》卷三有"天施地化，阴阳和合"等话语，此处和合也连用，表达的是混合交感而调和的意思。

中国古人崇尚和合，比较显著的方面是"天人合一"，在看待和处理人与自然关系方面的智慧远超西方。在中国，和合思想早已植根于人们的潜意识之中，在日常生活中比比皆是。中医、京剧、国画，它们各自要和合多少关联的要素才能达到中国文化国粹的地位。国外也讲和平、和谐、联合、合作，但把"和"与"合"两个概念联用，是中华民族的创造。

由此可见，虽然以前在产业层面、经济发展中一般讲求分，但融合在中国的文化与思想基础深厚，媒融研究与实践之所以在中国成为关注的热点，与中国特有的文化基础也有内在和外显的关系。钱穆认为，西方文化似乎冲突性更大，而中国文化则调和力量更强，中国文化的伟大之处，乃在最能调和，使冲突之各方兼容并包，共存并处，相互调剂。钱穆以他的眼光考察了历史与现实的中西方文化性格和国民性格，指出：西方人好分，是近他的性之所欲；中国人好合，亦是近他的性之所欲。今天我们不喜分而喜合。大陆喜欢合，台湾亦喜欢合，乃至全世界的中国人都喜欢合。[①] 这些观点是很有道理的，说明提倡媒体融合，在中国有深厚的文化基础，适切性比较明显。

在媒融方面，中国实际已取得很多成功，但大多集中在畅行和合的新兴媒体上，国有媒体却在合的道路上显得步履有点沉重，因此提倡传统媒体与新兴媒体的融合就更加适切了。

（二）维护国家、社会稳定发展的角度

互联网尤其是移动互联网分流了社会大众的注意力，新兴商业媒体公司往往基于流量经济模式最大化娱乐内容，同时也创新各种吸引用户、增强平台黏性的技术应用。互联网带来的离心力已在较大程度上将媒介化传播从中心化的集体行为转化为个体行为，大量的注意力和向心力从国有传统媒体主导的舆论

---

① 参见钱穆《从中国历史来看中国国民性及中国文化》，香港中文大学出版社1982年再版本，第27页。

场中被抽走。

自网站开建以后,新兴媒体之间的竞争日渐加剧,其中的胜出者如BAT等早已是互联网巨头,其实力非常强劲。它们不断进军媒体行业,成为日渐壮大的一股新生力量,与国有媒体展开了竞争。2014年,政府倡导媒体融合,让国有传统媒体将自身原有优势与新兴媒体结合起来,顺应时势,正当其时。

2014年3月26日,阿里巴巴数字娱乐事业群宣布,推出理财与增值服务平台"娱乐宝",网民可众筹投资热门影视作品,预期年化收益率为7%。"互联网+"元年(2015年)之后,国内互联网巨头纷纷高调宣布介入内容生产,如京东收购了社交阅读应用"拇指阅读"。阿里巴巴集团全现金收购优酷土豆,投资36氪、虎嗅网、《第一财经》、《北青社区报》、《商业评论》杂志、二十一世纪传媒,与四川日报报业集团合力创办《封面传媒》等。它们还投入巨资收购海外的媒体公司,动作频频,试图在技术、市场数据、用户、资金等层面掌握融合主动权。2015年12月11日,阿里巴巴集团以20亿港元首次收购海外资产——《南华早报》及南华早报集团旗下其他媒体资产。2017年11月11日,今日头条正式与北美知名短视频社交产品Musical.ly签署全资收购后者的协议,交易总价近10亿美元。仅2019年,腾讯在新媒体领域投资额较大的就有21宗——投资快手10亿~15亿美元、投资有赞近10亿港元、投资VIPKID1.5亿美元、投资快看漫画1.25亿美元、投资销售易1.2亿美元、投资瑞典的Fatshark 5630万美元、投资挪威的Funcom 3886万美元、投资印度的Share Chat 2亿美元等。① 仅2019年,字节跳动就投资虎扑12.6亿元,收购互动百科22.2%的股份,投资北京多氪信息2400万美元……同年,阿里巴巴投资趣头条1.71亿美元,与关联方一起收购分众传媒7.99%的股份,与云峰基金一起投资网易云音乐7亿美元,还收购了B站2400万的股份……国有媒体中出手不凡的,仅中国移动投资国资控股的芒果超媒16亿元,中文传媒投资慈文传媒9.29亿元,浙数文化分别投资四川迅游网络、羚萌直播5亿元、2.32亿元。② 国有媒体总体向外的投资力度与范围较新兴商业媒体小得多。这些动向说明,媒体融合已经不单是传统媒体的战略选择,而是一种影响国有媒体生存发展的现实环境了。如果国有媒体不在媒体融合中占据主导地位,就会大大影响其发挥稳定社会及倡导主流价值观的中流砥柱的作用。

新兴媒体之间的竞争也早已白热化。比如有程序员基因的快手虽然厉害,

---

① 参见唐绪军、黄楚新《中国新媒体发展报告 No.11 (2020)》,社会科学文献出版社2020年版,第369页。

② 参见唐绪军、黄楚新《中国新媒体发展报告 No.11 (2020)》,社会科学文献出版社2020年版,第364~365页。

但是强敌环伺。直接竞争对手有抖音、淘宝直播、斗鱼、虎牙等。2020年11月，抖音公布最新数据，日活跃用户数量超6亿。快手倚仗风投托底，从"佛系"状态进入"战斗模式""砸钱模式"，日活跃用户数量才从2019年的1.76亿直接跃升至2020年上半年的2.58亿。新兴媒体的阵容非同一般，今日头条、BAT、美团、京东等都体量庞大、实力雄厚。国有媒体再不抓住时机有效地推动融合发展，与它们的差距将越来越大，稳定社会的公共功能难免也会逐渐变弱。

在这种情形下，需要从社会良性发展角度掌控新兴媒体发展的方向与突破传统规制的节奏。新兴媒体在技术创造与应用上纵马突进，有利有弊，需要参照传统媒体的世界观、道德观、伦理观、价值观及其社会责任意识、把关意识等调适新兴媒体与新兴技术的融合发展速度、发展途径与发展方向。

中国媒融发展走在世界前列，整体进化程度处于全球媒体"第一方阵"。如今提倡媒体融合，是为了传统媒体的发展能够进入良性的轨道，更是为了维护国家、社会的稳定发展，在宏观、中观、微观上达成良性的社会治理的效果。仅仅认为政治是媒融的驱动力之一或认为提倡媒体融合是出于政治的目的，是片面的，需要多多地转到为人民造福，为社会持续稳定发展，为国家安全、强大、兴盛等视角，才比较合适。

习近平总书记在党的十九大报告中指出："社会矛盾和问题交织叠加，全面依法治国任务依然繁重，国家治理体系和治理能力有待加强。"① 在这方面，国有媒体需要做的，就是在占领舆论场和提高治国家治理能力两个方面形成融合之力。2019年1月25日，在十九届中央政治局第十二次集体学习时习近平总书记再次强调："我们推动媒体融合发展，是要做大做强主流舆论，巩固全党全国人民团结奋斗的共同思想基础，为实现'两个一百年'奋斗目标、实现中华民族伟大复兴的中国梦提供强大精神力量和舆论支持。"② 提倡传统媒体与新兴媒体融合，是政界的巧思，是国家的政策告知。这个国家战略有较强的政治性与社会意义，既能够促进传统媒体、出版业者多行媒体融合，反过来也能促进新兴媒体多多投入与传统媒体的合作。所以不能局限于传播的范围来看待媒体融合，它有深远的意义与重大的社会价值，需要大家来好好把握与力行善为。

数字时代，媒融已成为一种发展的趋势，党和国家的重要决策信息不能仅仅靠传统媒体渠道进行传播，因为绝大多数受众主要是靠互联网和移动互联网来获取信息的。2019年8月30日，中国互联网络信息中心（CNNIC）发布的

---

① 习近平系列重要讲话数据库，http://jhsjk.people.cn/article/29613660。
② 习近平系列重要讲话数据库，http://jhsjk.people.cn/article/30978511。

《第44次中国互联网络发展状况统计报告》显示，截至2019年6月，中国网民规模达8.54亿，较2018年增长2598万，互联网普及率达到61.2%，比2018年提升了1.6个百分点；中国网络新闻用户规模为6.86亿，较2018年增长1114万，占网民整体的80.3%；手机网络新闻用户规模达6.60亿，较2018年增长734万，占手机网民的78.0%。国有媒体比较传统，在传统领域有长期的耕耘与积累，但主战场已快速转向新兴媒体长期开拓的PC网络和近些年重点开拓的移动网络，国有媒体必须通过融合发展加速度地进入新闻出版传播主战场，尽快占领、主导主战场，大步流星地走媒体融合的道路。

21世纪前后几年出生的"数字原住民"现已长大成人，他们的数字化生存早已从迷恋变成日常生活，开始通过家庭交流等方式反哺老一辈并影响下一代，其高度互联和快速移动的网络化传播行为正在不断压缩传统的舆论场，还另造了一个更具活力的同时充满不确定性的新舆论场。而媒体融合的战略任务之一就是打通两个舆论场，占领新的舆论场。因而扶持传统媒体升级转型为数字化的新兴媒体有利于传媒领域的稳定，这对处在社会转型关键期的中国而言非常重要。面对国有传统媒体的大幅萎缩，倘若国家不助其顺利融合转型升级，不但会带来整个国有媒体巨大的不稳定性，还会导致社会不稳定因子的蓄积。美国应用数学家、控制论创立者维纳说："传播是使社会得以黏结在一起的黏合剂。"这一看法是片面的，但从这一角度讲，若媒体融合顺利发展的话，也正可以促进社会的稳定与团结。

如果自然而然地发展，媒体融合更像是结果而不是开端，近些年大力提倡，实际上是将其改造为转型变革的引擎。媒体融合涵盖广远，与所有各项工作和生产要素都能关联起来，比较容易取得共识，适合成为对传统媒体照顾面甚广的手段；适合升格为社会稳定发展的抓手；适合成为比较合适的调配资源的由头，便于各级政府跟上，做好自我改进及支持、扶助等配套工作，实现比较有效的资源配置。提倡媒体融合，可以在技术红利的基础上，乘势叠加政策红利，壮大国有媒体；提倡媒体融合，就是要抓住发展的轨迹趋势与进步的要素，使国有媒体发挥更多的正面作用；提倡媒体融合，可以对国有媒体的组织结构、业务管理、生产流程、生产力、传播队伍建设、传播效果等各方面都有所促进，使锐意改革者总有可为之处；提倡媒体融合，更大的好处在于可以击中体制机制方面的不利之处，有望逐步突破条块管理等的约束，稳妥地推进国家政治体制与单位管理机制的改良、优化与创新，逐渐突破原先难以突破的发展瓶颈。如果融合确是结果，那现在反过来，提倡媒体融合就是倒推社会改革，对于国家的前途与命运而言，就是有利于保持党的新闻舆论工作的影响力与号召力的举措。因此提倡、推动媒体融合发展，不但十分适切，而且是传媒业长期的重大政治使命和历史使命。

（三）产业经济学的角度

媒体融合所动员的经济活动也适用经济学的规律，这也从一个侧面说明了媒体融合的合理性、可操作性以及提倡媒体融合的适切性。

就生产、经营而言，传媒单位可以在实行媒体融合的同时，实现资源、生产、流通、消费等的大整合，从而有更大的发展平台。提倡并实施融合发展模式，可以有助于将一切媒介形式集聚起来，合成为一种渠道或一个平台，为己所用或供他人使用。如果融合措施得当，配套能跟上，就可以实现规模经济与范围经济，节约信息内容生产成本，减少资源损耗，增加边际效益。在相应的业务层面，具体的信息采集者与生产者可进行团队协作，实现一次生产多平台传播等功能。

当一种产品对用户的价值随着相同产品或可兼容产品的用户数量增加而增大时，就具备了网络外部性。也就是说，由于用户数量新增，在网络外部性的作用下，原用户得到了产品中所蕴含的新增价值而无须提供相应的补偿。网络外部性，即需求方规模经济，一种产品的价值和需求方数量的平方成正比。在广播电视时代，电视屏的受众构成电视台实现盈利和价值增值的来源，而在互联网时代，用户被分散到手机屏、平板屏、电脑屏等多个终端，电视台再要实现盈利和价值增值，仅围绕着电视屏下功夫显然不够，应该在保证内容质量的前提下，大力发展媒融，努力用内容吸引用户，用多终端壮大用户基础，发挥网络外部性效应，从而促使广告主自愿为用户的注意力买单。

规模经济强调的是企业生产和用户的规模，而范围经济强调的则是企业所经营的业务范围。当同时生产两种产品的费用低于分别生产每种产品所需总成本时，就达成了范围经济。范围经济的本质是共享与协同，如共享设备、技术、后勤服务，共同采购，共用渠道等。如湖南广播电视台在媒融的进程中，强调要牢牢把握IP权，共享知识版权从而实现二次甚至多次开发，播出真人秀节目《爸爸去哪儿》之后，又推出了《爸爸去哪儿》的周边项目，如手游、电影、书籍、主题动漫城等，有效实现了人力、物力等资源的共享，从而使范围经济得以实现。

媒体融合注重用户数量，讲究共享，讲究一次采集、多次制作、多元发布，提倡媒体融合，有利于实现规模经济与范围经济。早在1978年，美国的尼葛洛庞蒂演示了计算机工业、出版印刷工业、广播电影工业趋于重叠的聚合过程，并且预见交叉部分将成为成长最快、创新最多的领域，提倡媒体融合在某种程度上就是加大交叉部分的开发力度，有利于降低成本、增产增效、提升其营销力，壮大文化产品的价值，降低竞争风险。

（四）数字技术、传媒、人三者关系的角度

数字技术催生新媒介、新媒体及新概念，重新构建了人的生活与媒体的传播方式。提倡媒体融合可以促进数字技术、传媒与人三者的和谐发展。

1. 提倡媒体融合可以促进技术、传媒与人的进化

数字技术作用巨大，已完全超越原来的传媒技术，早已不是工具。在媒融深入推进的过程中，数字媒介技术体现了人的肢体和神经系统功能的延伸，表现为新的尺度——人们彼此看待与看待世界的新尺度及定义网络社会中诸多对象的尺度，正造就一种新的思维、组织与交往方式而影响人们的世界观，进而成为人人依赖，不可或缺，缺则惶然如空气一般的存在。

数字技术对人类的学习活动、生产活动和社会活动的进化产生了渐趋重大的作用和影响，在一定程度上对各行各业包括传媒业的发展产生了不可遏制的决定性作用。数字技术的崛起引发网络社会的兴起，为社会政治、权力、经济、文化、社会关系结构和秩序注入了全新因素。数字技术的进一步发展，要改变或重塑原来的社会关系结构与秩序，修正组织与制度，甚至要改变人们的思维以及价值观。媒体融合基于技术的融合基因，技术使媒体成为突破各种藩篱和界限的实践对象。媒体为技术所驱动，与媒体相关的人与万事万物皆受技术影响或渗透，从更多的分别走向更多的融合，尤其在虚拟世界里。提倡媒体融合又能反过来促进技术的进化，进而增强人的能力。

对用户来说，媒体融合提供其接触媒体、使用媒体更大更广的机会与更综合的场景。用户既是内容消费者又是内容生产者。作为内容消费者，用户对信息的展现方式与风格等有了空前的选择机会，获取信息的便捷性也发生革命性的突破，对碎片化、差异化内容的需求随时随地可以满足，数字融合技术与网络技术明显让用户获益良多。

提倡媒体融合，暗合了人们深层次摆脱单调生活的心理需求。网上视频是网络与电视的融合体，是通过网络传播本来由电视台传播的节目；手机原先的功能是通话及传递短信，后来被普遍用来作为终端接收各种信息，从而成为新的媒介形态；微博、微信、App等，也可说是新的媒介形态。提倡媒体融合，可使当下的多元融合媒介形态较之以往更趋丰富、立体、生动，也将更有利于人类多彩生活的多媒体表达。

"主体性"的回归是人们内心深处久远的渴望，也是互联网等新媒介所带来的一个最为直接的改变。媒融也是在技术推动下，以信息消费需求为导向、传受双方相融的一种媒介形态。它通过媒体的数字化、平台化、集群化来满足人们随时随地的信息需求与传播需求，最大化地让每一个社会成员参与到信息传播中，实现用户数量的最大化，并通过技术手段和内容资源的全面开发与多

第四章 媒融的驱动力与提倡媒体融合的适切性

层级组合应用，使传媒功能与服务效果最优化。于是受众变成了用户，用户开始互相交互，并自主地成为信息的传播者、分享者与内容的创造者、发布者。提倡媒体融合顺应了人们的渴望，有利于传受双方进一步交融，进一步发挥其自身的人本价值，发挥人的"主体性"。媒介是能扩大人类交流能力的一种存在，数字技术与媒体融合的合力大大释放了媒介的能力，又进一步在人与人之间释放了所思所想，释放了言行与情怀。

人们依靠自己的思维能力，处理各种信息，从而认识自己的处境、周遭的事物乃至整个世界。纸上文字因文字本身所限，只有将事物变形或规整化才能编排出来，对事实的歪曲、对真相的过滤或屏蔽时有发生。信息多媒体融合呈现，则由一维平面到多维立体，与以往纸质单线条、图表平面化不同，有更好呈现真相的基础条件，传媒自然也随之升级换代。由于技术的演进，呈现信息的载体和方式发生了巨变，人的思维方式也就跟着发生了很大的变化；畅通思维的信息技术基础变得更加扎实全面，思维的结果也会跟着改变。以后还要发展到物联网，万物皆媒；发展到 MR，打通现实世界与虚拟世界，信息无限，融通无限，有关思维的一切，有关生活的一切，会再一次发生巨变。提倡媒体融合，将加速这一天的到来。

现代科学表明，人类的思维结构本就是一个多维网状结构空间，适合通过媒融、人工智能等手段，对应非线性多媒体集成空间及传播方式。数字技术使传播摆脱了单向因果思维及线性表达的束缚，重现、激发、解放了人类的思维，使传播达到该有的状态，文字、语音、图像、视频、动画等皆可在传播中自由地交融呈现。提倡媒体融合，可以在高一层次上进化，还原信息多维状态的本来面目。

由于生产力的发展、人类视野的拓宽、人类文明纷繁复杂程度的提高，人们获取的信息量不断增大，但行业管理、组织管理、知识关联、信息处理的手段远远滞后。人们不但对传媒行业及组织实行地域性的条块管理，而且分门别类将自然科学、社会科学知识分割成许多条条块块。人们长期被迫接受这些变形的平面二维的信息而无可逃脱，一旦出现了融媒体，自然会马上被吸引过去，被席卷进去。融媒体配套了信息交互，交互可以同时采用文字、动画等多种媒体进行，而且读者可以加入媒介的传播，从而进化为用户，自发地控制和干预信息，通过交互产生新的信息，并增强对信息的注意力和理解力。如此，人类的思维会变，行为模式也会变，对电子设备的依赖性将日益加强，生活也会越来越数字化。

信息由媒体来承载，有各种各样的承载信息的形式，现在的形式更多、更高级、更智能。信息与媒体本身都应该是动态的、多维化的，人类的思维也是多维的，它们之间在彼此融合时应该有一个很好的匹配，如果达到较佳的匹配，就能达成较佳的传播效果。在以往传媒线性操作之下，人的思维也被压缩到逼仄的线性的通道而难以融通地发挥。

数字融合技术与人已不可分割，不可强分为主客体，"使用与满足"理论已不能完全适用于新的传媒生活。数字技术有极强的时空偏向，新的媒融技术大大改变了时空。时空是对人世间、人事最具根本性、决定性的因素，一旦改变，许多事情的变化便会无可阻挡而又自然而然地发生，人在其中的自由度得到极大提升，但同样无可逃脱。

如上所述，顺其自然，不推动或不追求的话，只要实际上是把这个工作往共通方向上做，就会发生媒体融合，并带来诸多有利于人与技术、传媒的情形。提倡、推动或追求的话，可以加快进度、加大力度与实施的广度与深度，加速技术、传媒与人的共同进化，加快三者的共同成长与互相成全。

2. 提倡媒体融合可以促进新旧媒体优势互补

各媒体是各具特定传播优势与价值的载体，媒体融合就是融其各自的传播价值，发挥其组合优势。媒介好比生物，媒体好比不断成长的生命。相对于进化稍慢的传媒规制而言，新兴商业媒体发展过快，传统媒体发展过慢，需要适当纠偏。传统媒体要加快向新媒体转型的进度，不断加大数字化、互动化、智能化的程度，新兴商业媒体则可吸取传统媒体的长处，发展得更加稳健。

当下，新兴商业媒体虽然开拓了新的自有领地，除吸收传统媒体工作人员与内容资源外，很少来抢夺传统媒体原有的地盘，但在客观上却大幅挤压了传统媒体的发展空间，大大改变了传媒业的生存模式与游戏规则。传统媒体不仅要直面新兴商业媒体带来的冲击，更要看到技术创新给传媒业带来的新的发展空间。融合发展的时代是相互促进、补充、配合的互联网时代，一方面，新兴商业媒体的新闻大多仍来自传统媒体的报道；另一方面，传统媒体也越来越多地通过新兴商业媒体挖掘、传播新闻信息。提倡新旧媒体的有机融合，将使用户在获取新闻的速度、数量上享受到更多的便利与实惠。

新旧媒体有互补、替代、迭代、博弈等关系。常规的优势互补互融，可以是有组织的积极行为，也可在一部分事项（如人才流动）上由人们自发进行。国有媒体长期在国家的支持下努力发展，除了政务资源、牌照资源等方面优势，还铸就了一些需要长期积累才能具备的优势。基于专业传播者成套的专业理念及专业"操作系统"等，国有媒体的优势集中在公信力、权威性、专业性及行政资源垄断、内容资源长期优势铸造等方面，公信力是其中很重要的方面，决定了社会对媒体地位的认可与肯定程度的大小。而新兴网络媒体的优势在于技术先进与信息传播的速度、覆盖面、触达率与互动性。国有媒体受体制、机制、时间、空间限制，交互性较差，传播方向单一，同时也遇到了一些问题，但自身仍是强大的。以电视台为例，其人才储备、制作能力、盈利能力

第四章 媒融的驱动力与提倡媒体融合的适切性

尚强，不少新媒体都希望电视台成为它们的股东。

新旧媒体通过优势互补，彼此皆可创造价值增量。比如 2019 年，作为超级 IP 的央视春晚与百度合作，不仅使春晚红包在金额上创造历史新高，还引入了人工智能体验的红包互动方式。在春晚直播期间，全球观众参与百度 App 红包互动活动次数达 209 亿次，借全民除夕夜习惯于收看春晚的东风，让百度 App 的日活跃用户数量从 1.6 亿直接冲上了 3 亿关口。① 提倡媒体融合，可以推动国有媒体与新兴媒体在内容、渠道、平台、经营、管理等方面的优势互补向纵深发展。放眼未来，传媒机构在类型上将不再有较多的分立与林立，大多数报纸、广播、电视等媒体将更多地归属到移动互联网的大势之下，变成新兴媒体。

《娱乐至死：童年的消逝》的作者波兹曼认为，技术变化不是简单的工具变革，而是整体的人类"生态性"变革；基于技术发展的媒介决定了整个社会文化。② 媒介的重要性正在不断上升，媒介伴随着我们的生活，我们对世界、社会、文化包括对人自身的认识在很大程度上由媒介提供。技术在哪条道路上前行，怎么前行，是关系所有媒体未来发展及人类福祉的时代命题。

是否可以扬数字融通技术之长，避数字融通技术之短，也是考察提倡媒体融合之适切性的一个重要方面。如今的数字技术具有政治属性，比如计算机程序设计都要先定整体的功能框架，而这个框架就可以决定赋予使用者多少权限，带给他们多少自由度，留给他们多少隐私，带给社会多少民主的可能。数字技术又将我们带进微时代……数字技术的不断进步给了媒融绵绵不尽的支撑与驱动，提倡传统媒体与新兴媒体相融合，其实也隐含了追赶、借助新兴媒体的数字技术以及传播手段，发挥数字技术正面作用为人们造福的意思。

人类学理论表明，媒介倾向于复制前技术的世界。其实媒介还倾向于综合前技术世界的媒介形式，因为人类既想听，又想看，更想说。只有随时随地都能被畅快地满足才会甘心，否则总会不断努力，以图达成。人们也总是喜欢传播为他们而集成，并让他们能方便自主地满足需要，包括阅听各种内容，包括随心分享、交互、创造内容，包括"一机在手，万事亨通"等便利。内容组合从单媒体到多媒体再到可以互动的融媒体，也是顺应了人们这方面的需求。事实上，人们还有一个潜在的传播愿望，就是心灵相通、心领神会，不借助任何外在显眼的媒介与人体感觉器官，只借助隐形的媒介与大脑脉冲就能交流沟

---

① 参见缪婧瑛《大众与分众——传统电视媒体融合转型的新课题》，《声屏世界》2019 年第 3 期。

② 参见［美］尼尔·波兹曼《娱乐至死：童年的消逝》，章艳等译，广西师范大学出版社 2009 年版，第 25 页。

通，这是人类增强自身神化感的要求，得寄希望于人工智能的高度发展，目前已露端倪，已让人们看到曙光——美国的大脑缝纫机实验已然出现，人类正在心灵交会的道路上跋涉前进。提倡媒体融合，可以有助于人们寄予传媒的这些愿望渐次得到实现，得享往昔人们不曾有过的福祉。

媒体融合本身会自然地发生，是因为在二进制一统"江湖"之后，媒体融合有巨大的内在适切性，所以才会巨量地发生。如此说来，提倡媒体融合就是顺应内因的外力，意在促进融合发展，核心内容是促进国有传统媒体发展，加快它与新兴媒体的融合。基于媒体融合巨大的内在适切性，在外部推动是非常准确的，只要适度，是可以起到明显的促进作用的。国家倡导媒体融合并非空穴来风，其实在学界特别是在业界的研究与实践的基础上进行的，属于因势利导，而且是一种很有现实价值、社会意义的引导，可以增进人们的福祉。所以习近平总书记明确倡导媒体融合后，局面喜人，相关言论勃兴，学者专家云集，四海普遍以行动相应，盛况空前。

（五）认知进步的角度

思考产业的发展及需要采取的措施，从融合的角度在以前是比较少的，但现在应该可以比较多地运用：使各类媒介都有所获益、如虎添翼，使新的媒介形态随之产生；使传媒业及其从业者的潜在能量得到更大程度的释放；使媒体创新和传播创新空间有所拓展，得以突破以往阅读纸媒所遭遇的时空阻隔，并在数量及多元性方面超越以往的言论。

言论反映言者的认知。在中国知网文献检索篇名中有"融合"一词的文章，1989 年之前有 953 条结果、1999 年之前有 4807 条结果、2001 年之前有 7092 条结果、2009 年之前有 38711 条结果、2019 年之前有 188186 条结果；篇名中有"分化"两字的各时段文章则分别有 1969 篇、5675 篇、7017 篇、23495 篇、53994 篇，由此可以看出，"融合"的出现频次只是从 21 世纪的第二年才开始反超"分化"的，世界从此开始在分合上被颠倒，正值 21 世纪初计算机技术开始对中国各行各业发生巨大影响之时。传媒业也从此由更加重视分化快速变为更加重视融合，特别是自 2010 年开始到 2019 年，传媒人士对融合的重视程度远超分化。这些情况说明，媒体融合实乃大势所趋，融合是媒体发展的必经之路，提倡媒体融合也就必然有很大的适切性。

还可以看看用 ROST CM6 统计的媒融文章各时段篇名用词的词频（见表 4-3）。

表4-3　15种C刊、13家报纸主题媒融文章篇名用词词频TOP 20

序号	2009年之前	词频	2010—2014年	词频	2015—2019年	词频	2020年	词频
1	融合	80	融合	418	融合	1061	媒体	154
2	媒介	55	媒体	244	媒体	875	融合	147
3	媒体	40	媒介	206	发展	395	发展	77
4	新闻	22	发展	110	媒介	212	期刊	44
5	传媒	17	新闻	85	时代	167	传播	43
6	时代	14	时代	83	新闻	166	研究	37
7	研究	13	研究	58	创新	161	融媒体	37
8	背景	11	传播	54	期刊	149	时代	34
9	传播	10	中国	50	中国	143	出版	33
10	趋势	9	出版	48	出版	137	中国	32
11	电视	8	背景	44	传播	129	创新	28
12	数字化	8	传媒	42	研究	127	新闻	26
13	管理	7	传统	37	转型	97	媒介	22
14	中国	7	教育	32	背景	96	实践	20
15	教育	6	创新	31	路径	89	科技	20
16	报业	6	转型	30	传统	88	路径	19
17	广播	6	分析	25	传媒	84	传媒	18
18	创新	6	电视	24	科技	69	深度	18
19	发展	6	中国	22	电视	69	中心	16
20	数字	5	策略	21	学术	63	策略	16

如表4-3所示，2009年之前TOP 20词频变化范围为5～80不等，而2010—2014年却上升为21～418不等，2015—2019年更是剧增为68～1061不等，说明这三个时段对媒融及其相关方面的关注程度从低到高大相径庭，明显是低、中、高三个不同层次，说明在实践与研究上掀起了一轮又一轮高潮。"传统"一词在三个时段递进中受关注对象持续大增的情况，居然排名不断提升，从第一时段的第45位上升到第二时段的第13位，又在第三时段排第16位，说明传统媒体（其实主要指国有传统媒体）虽然在衰退，但其受关注、被关照的程度总体处于上升状态，传统媒体越来越成为媒融认知的重要立足点

与观察、研究视角。媒介、媒体、融合出现的频次很高,而且从第二时段开始,媒体融合已经领先媒介融合成为更主要的议题,可见政界在 2014 年正式提倡媒体融合得到了很好的回应,具有明显的适切性。

(六)情感认同的角度

NLPIR 情感分析是常见的自然语言处理方法的一种应用,以提取文本的情感内容为目标,可被视为利用一些情感得分指标来量化定性数据的方法。最简单的情感分析方法是利用词语的正负属性来判定。文本中的每个单词都有一个得分,乐观的得分为 +1,悲观的则为 -1。然后加总文本中所有单词的得分,得到一个最终的情感总分;并且按正负两个方向分别加总。

NLPIR 情感分析提供了两种模式,即全文情感判别与指定对象情感判别。情感分析主要采用了两种技术:①情感词的自动识别与权重的自动计算,利用共现关系,采用 Bootstrapping 策略,反复迭代,生成新的情感词及权重;②基于深度神经网络对情感词进行扩展计算,综合为最终结果。

NLPIR 基于深度神经网络的文本情感分析是比较重要的。其意义就在于可以通过大数据情感分析技术来分析特定对象对特定事物的情感变化及与情感相关的各种特征,来判断情感认同度及发展趋势等。

在此,我们基于中科院 NLPIR 大数据语义分析平台的搜索与挖掘共享软件对媒融主题文章话语情感做比较分析。知网新闻与传媒类报纸、期刊(核心期刊 + C 刊)媒体融合主题文章题录的情感分析结果(见表 4 - 4、表 4 - 5、表 4 - 6、表 4 - 7)。

表 4 - 4　知网新闻与传媒类报纸媒体融合主题文章题录情感得分

时段	文章篇数	情感得分	正面得分	负面得分	负面得分所占比例
2009 年 12 月 31 日之前	32	8	10	-2	-20.00%
2010 年 1 月 1 日至 2014 年 12 月 31 日	335	253	278	-25	-8.99%
2015 年 1 月 1 日至 2019 年 12 月 31 日	2515	1498.5	1616.5	-118	-7.30%
2019 年 12 月 31 日之前	2882	1759.5	1904.5	-145	-7.61%

注:报纸主要登载业界的媒融言论;学术期刊中的媒融言论,则大多为学界所阐发。

自政界明确提倡媒体融合之后,媒体融合的提法和做法,逐渐得到了业界人士更多的响应、认同和附和，正面看法、评价占比明显升高，负面看法、评价占比明显减少。这一方面反映了政界的政治影响力与经济作用力，同时也反映了传媒发展顺势而变的需要与适切性。第二时段情感正面得分占比较第一时段有大幅度的增加，说明政界后来的提倡，不属于新的创建，而是对传媒事业发展因势利导的适切的指引与助推。

表4-5　对应表4-4 2015—2019年题录情感得分逐年细分情况

时段	文章篇数	情感得分	正面得分	负面得分	负面得分所占比例
2015年	435	272	298	-26	-8.72%
2016年	355	160	186	-26	-13.98%
2017年	399	192	202	-10	-4.95%
2018年	328	132	144	-12	-8.33%
2019年	998	742.5	786.5	-44	-5.59%

2015—2019年，报纸的言论较多地与政界保持一致，逐年负面得分占比也有波动，2016年甚至有显著反弹，但总体保持较低的水平，至2017年达到了最低值4.95%，这个值是极低的，说明对媒体融合已很少有质疑、担心的声音，至2018年环比在最低值的基础上有所反弹，至2019年1月政界在《人民日报》进一步提倡媒体融合之后，负面占比又直线降低，说明政界的进一步提倡与强调有显著的作用与明显的适切性，得到业界等较大程度的响应。

表4-6　知网新闻与传媒类C刊+核心期刊媒体融合主题文章题录情感得分

时段	文章篇数	情感得分	正面得分	负面得分	负面得分所占比例
2009年12月31日之前	93	153.5	203	-49.5	-24.38%
2010年1月1日至2014年12月31日	537	3233.5	3810.5	-577	-15.14%
2015年1月1日至2019年12月31日	3739	21009.5	24443	-3433.5	-14.05%
2019年12月31日之前	4369	24396.5	28456.5	-4060	-14.27%

表4-7 对应表4-6 2015—2019年题录情感得分逐年细分情况

时段	文章篇数	情感得分	正面得分	负面得分	负面得分所占比例
2015年	852	5485.5	6388.5	-903	-14.13%
2016年	851	4387	5122.5	-735.5	-14.36%
2017年	808	3957.5	4592.5	-635	-13.83%
2018年	424	2356.5	2784.5	-428	-15.37%
2019年	804	4823	5555	-732	-13.18%

媒体融合的提法和做法，也逐渐得到了学界人士的响应、认同和附和。但学界与业界不同，受政界的影响没有业界那么明显，与业界相比，响应、认同和附和的程度明显要低一些，不过对媒体融合的肯定也一直呈压倒性优势，除2009年之前负面占比超过20%外，其余各时段正负面占比一直比较稳定，大致分别在86%、14%左右。这一方面说明，随着技术的演进、时势的变化、传媒发展的需要，学界对媒体融合的认识有所提高，至第二时段开始认同度就已显著提升，政界提倡媒体融合对学界而言也是一种因势利导；另一方面又说明，学界人士对媒体融合相对有比较独立的判断，情感认同度长期保持比较稳定。尽管如此，第三时段负面占比较第二时段还是要低一点，说明提倡媒体融合于学界而言仍有一定的适切性。

以上分析，可与下面基于ROST CM6的分析结果（见表4-8）相佐证。

表4-8 中国知网所收15种C刊、13家报纸媒融主题文章篇名三界情感状况

三界情感分析结果	学界		业界		政界	
	文章篇数	正面情感得分占比	文章篇数	正面情感得分占比	文章篇数	正面情感得分占比
积极情绪	400	38.91%	589	41.60%	62	66.67%
中性情绪	582	56.61%	754	53.25%	26	27.96%
消极情绪	46	4.48%	73	5.16%	5	5.38%

三界的相同之处在于，消极情绪主要体现在有些质疑、担心、忧虑而已，否定意见甚少。三界总体上都是积极情绪与中性情绪占到95%左右，说明媒融的情感认同度很高，提倡了之后，得到了很多的响应或容易得到进一步很好

的响应,大家的情感与认知状况充分说明了提倡媒体融合具有很好的适切性。

(七) 传媒实践发展趋势的角度

历年《中国媒体融合发展报告》(2010 年起出版,2015 年起升格为媒体融合蓝皮书)中均列有《媒体融合大事记》,笔者结合 ROST CM6 制作了三张分时段高频词语义网络图,如图 4-4、图 4-5、图 4-6 所示。

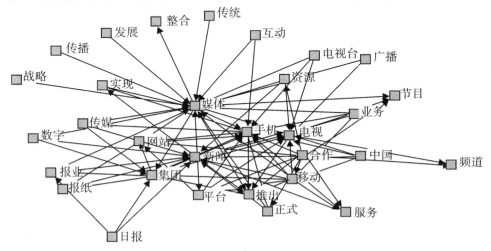

图 4-4 1995—2009 年媒体融合大事语义网络

图 4-4 中尚未有"融合",彼时主要讲"媒体合作""集团""整合",突出"手机""电视""新闻""网站"。当时已强调"平台""移动""服务","互动"也已出现。

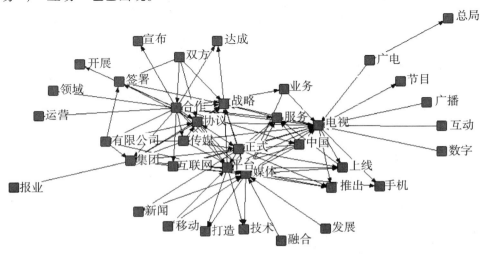

图 4-5 2010—2014 年媒体融合大事语义网络

如图4-5所示,"平台"地位明显上升,已占据中心位置,"融合"出现,地位上虽未居核心,但说明"融合"已露头角。后来提倡媒体融合适切,与媒融实践发展的趋势与需要合拍在此已现端倪。更加强调"服务",仍很突出"电视","集团"重要性弱化。更多讲"合作""协议","整合"反而不见,这反映了传媒集团化举措主要集中在上一时段,国有媒体整体从更多的狭义媒体融合走向了更多的狭义媒介融合。

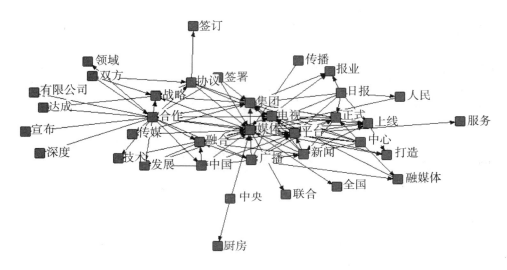

图4-6 2015—2019年媒体融合大事语义网络

如图4-6所示,"媒体""融合"占据了中心位置,是政界适切提倡、因势利导的结果。"平台"中心地位更显著,"合作""电视"仍很重要,"战略""协议"也较重要,"集团"关注度较第二时段有所上升。新增了"联合""融媒体""中心""中央""厨房""深度"等词,说明在政界适切的提倡下,媒体融合正在走向深入,有了一些新的情况,出现了一些新的事物。

第五章 国有媒体融合发展状况[①]

凡人之言论，必须站位：有立场，才能见分晓；无立场，只能是混沌一团，或只能泛泛而谈。国有媒体与民营媒体差异大，与民营新媒体差异更大，各自处于媒融的不同发展阶段，所面临的问题与可采取的发展策略等必不一样，彼此或有矛盾，甚至对立。故而从本章开始，笔者明确站位于国有媒体，先将国有媒体融合发展状况讲清楚，唯其如此，才有望使阐述与议论清晰、明确、细致、深入，有较强的针对性与实际应用价值。

媒体融合在实操中的狭义定义，指传统媒体与新兴媒体的融合，自有内在的站位，其中的传统媒体实际主要就是指国有的传统媒体。近年来，国有媒体融合发展的势头很猛，上至中央级、省市级媒体，下至地区级、县级媒体，都积极参与，各种举措如排山倒海一般，波澜壮阔，同时也取得大量不俗的成效，原有的传播面貌发生了很大的改变，现代主流传播体系和舆论新格局正在逐渐形成，国有媒体正在其中努力，以图始终发挥主导的作用。

一、央媒融合发展状况

（一）三大央媒融合发展状况

2014年6月中旬，人民日报社建立"融合发展办公会制度"，2014年新华社、《求是》杂志社分别成立由社长任组长的"媒体融合发展工作领导小组"，2014年中央人民广播电台、中央电视台、中国国际广播电台分别成立由台长任组长的"台网融合发展领导小组"。2014年10月30日，中宣部组织媒体融

[①] 本章文字，除了另行注明或说明的情形外，皆基于《新闻与写作》编辑部、中国铁道出版社、社会科学文献出版社接力出版的历年的《中国媒体融合发展报告》，人民日报社历年所编的《中国媒体融合发展年度报告》，新华社新媒体中心历年所编的《中国新兴媒体融合发展报告》，中共中央宣传部新闻局所编的《中国媒体融合发展的实践与探索》，历年在深圳举办的媒体融合发展论坛与会者的演讲，2019年2月《网络传播》杂志传播君对诸多媒体老总的访谈，2019年、2020年多家央媒的《社会责任报告》，中国书籍出版社2019年、2020年出版的《中国传媒融合创新研究报告》这八种材料，经比对、研判、删补、纠偏、订误、归纳、糅合、提炼、整理、改写而成。

合专家委员会，对中央三大新闻单位人民日报社、新华社、中央广播电视总台申报的九项媒体融合项目进行评审。根据中央对媒体融合的要求，能够聚合社会用户、整合资源的市场推广力度大的媒体融合项目，就能得到重点支持。之后人民日报社、新华社、中央广播电视总台的媒体融合动作最大，表现亮眼，尤其令人关注。三者的综合实力，传播力、公信力、影响力卓著，在媒体融合上动作频频，发展并形成了各自的媒体方阵，旗下新媒体迅速壮大，智能化程度不断提高，塑造了头部国有媒体的优势，给国有媒体树立了标杆，它们各自的融合模式、理念、思路、战略与发展特色，引领着整个国有传媒业转型创新的步伐。根据艾媒咨询发布的《2017—2018年度中国手机新闻客户端专题报告》显示，2017年中国手机新闻客户端活跃用户排名前10位，都是像今日头条、腾讯新闻这样的民企，但手机客户端中高端用户黏性前3位、满意度前3位、月收入10000元以上用户占比前3位、24岁以上用户群体占比前3位，全都是人民日报社、新华社、中央广播电视总台三大央媒。2019年，为庆祝新中国成立70周年，三大央媒的官方公众号发布多篇文章，阅读量几乎全部达到"10万+"，累计阅读超过17亿次。

1. 人民日报社发展状况

《人民日报》是中国最大的党媒融合创新平台与内容聚合型媒体平台的典型代表，其建设的重点或发展特色落实在全媒体传播上，在国内外全媒体传播的广度、深度、力度上有较大的开拓，还通过自主研发的媒体融合云2.0版帮助各省区市构建融媒云平台，推进融媒体中心建设。《人民日报》肩负着核心党报的责任，在坚持正确舆论导向的同时坚持以内容优势赢得发展优势。2019年1月25日，习近平总书记在十九届中央政治局第十二次集体学习时讲道："《人民日报》是党中央的机关报。一张报纸，上连党心，下接民心。要把《人民日报》办得更好，扩大地域覆盖面、扩大人群覆盖面、扩大内容覆盖面，充分发挥在舆论上的导向作用、旗帜作用、引领作用。"[①] 至2019年，人民日报社的全媒体形态的"人民媒体方阵"，已拥有报、刊、网、端、微、屏等十几种载体，综合覆盖受众超过9亿人次。客户端累计下载量达2.56亿，在主流媒体新闻客户端中位居第一；微博总粉丝数达9800万，粉丝总量和活跃度高居中国媒体微博榜首；微信关注人数达2885万人，海外社交媒体上形成的多语种账号群粉丝总数超过2600万人。近些年，人民日报社发展媒体融合多点发力，全面开花：成立媒体技术公司，上线移动新媒体聚合平台"人民号"，不断扩充最新功能的"中央厨房"，搭建"全国党媒信息公共平台"，推出"人民日报创作大脑"，成立人民日报智慧媒体研究院，编创人员紧盯各

---

① 习近平系列重要讲话数据库，http://jhsjk.people.cn/article/30590946。

类最新媒体技术,创新呈现方式,拓展传播样式,主动探索将 VR、无人机、视频直播、大数据等运用到内容生产中,努力适应用户阅听场景的新转换,努力适应移动传播社交化、个性化、视频化的新趋势,促使自身在技术驱动下不断地内生成长。通过自身的整合力,与各类资讯平台及腾讯等互联网企业开展合作。注重用户的需求,以固有品牌为依托,通过有品质的新闻和有特色的服务来赢得用户、发展用户、集聚用户,重构互联网时代的用户连接,努力构建完整的移动传播体系,打通社交平台和自有平台,在生产有品质的新闻基础上,积极推动信息的分发与转发,以尽量多的渠道、尽量多的载体实现观点的分享与传播,扩大本报的覆盖面、影响力,进而实现用户规模的扩大与黏性的增强。人民日报社之所以能够引领媒体融合,很重要的一点是仍在出精品。该社在碎片化、浅阅读的时代除了适当顺应形势,还提供完整的资讯,提供深层次的思考,在充分满足用户快餐阅读的同时,以其强大的洞察力引领思想潮流,以其内生外联的强大技术能力激发新闻的生产力与创造力,陆续推出"中国一点都不能少"图解新闻、"军装照"H5、"两会夜归人"短视频、"中国很赞"手指舞等一批广泛传播的现象级、标杆性产品。2020 年,人民日报社推出 116 篇"钟声"文章,驳斥西方反华势力对我国"污名""甩锅"的谎言谬论。围绕涉港议题,人民日报社推出 3000 余件新媒体产品和 100 余篇"人民锐评"文章,揭批西方反华势力插手香港问题、干涉中国内政的丑恶行径;推出抗疫主题微视频《热血出征》,播放量近 10 亿次;推出纪录片《生死金银潭》,播放量近 1 亿次;还推出直播节目《人民战疫》,持续播出 64 期,观看量超过 8 亿次。

2017 年在党的十九大期间,由人民日报社旗下的人民网出品的《56 个民族儿女寄语十九大》系列微视频,全网总访问量达到 5 亿。2018 年,人民网等投资成立了人民视听公司,上线人民视频客户端,发力短视频和移动直播。

人民日报社的融合发展,整体已经渐入佳境,堪为全国表率。但个性化、精准化服务功能尚待加强,其爆款作品往往适合中低端广大用户需求,有一定因互动、共感、共情、分享生出的趣味性,但雅俗共赏的较少,也很少在一个主题上推出系列爆款。H5 新闻可视化呈现,自 2015 年起成为媒体行业重要特征之一。2014 年之后人民日报社推出的爆款作品多为专业级 H5 作品,易于在移动端与用户互动,也十分便于用户分享。2018 年,人民网舆情数据中心推出"人民云"大数据开放共享平台;后续由该平台培育出来的大数据管理平台、大数据服务平台和大数据创业平台三个业务平台,阵容也比较庞大。

2. 新华社发展状况

围绕建设"国际一流的新型世界性通讯社"的目标,新华社致力于打造具有"通讯社"特点的智能型全媒体融合发展新模式。"创新兴社",是新华社的三大治社原则之一。新华社将技术与内容的深度融合视作媒体发展的必由之路，以"先进技术"为引领，花了大气力，在融合发展中植入技术基因。写稿机器人、虚拟现实、无人机，这些备受关注的前沿技术，新华社都比较早地追踪、介入并加以运用。在第十二届中国传媒年会上，新华社以"现场新闻"标准化工程及"现场云"媒体聚合平台获媒体融合特别奖；至2018年，该平台入驻机构用户达2700家，累计发起直播7.8万场，成为国内最大的原创直播新闻在线生产平台。近年来，新华社与阿里巴巴联手成立了新华智云公司，打造基于大数据和人工智能技术的"媒体大脑"。"媒体大脑"作为中国首个媒体人工智能平台，在新闻生产过程中，充当着新闻内容生产的基础设施角色，综合运用大数据、AI、云计算、物联网等高新技术，使信息生产更加智能化。"媒体大脑"改变了媒体行业的生产模式，是媒体深度融合、跨界融合的一个典范。"媒体大脑"现已配备赋能媒体的25款机器人，扮演着智能时代新闻生产基础设施的角色，开启了一个新的概念：MGC（Machine Generated Content），即机器生产内容。"媒体大脑"重构媒体业务流程，为各类媒体机构提供"大数据+人工智能"的新闻生产、分发和监测能力，即提供线索发现、素材采集、编辑生产、分发传播、反馈监测等全链路的服务和支持，助力其实现智能化新闻报道。近年来，新华社推出诸如《习近平关心的六件事》《领航》《梁家河的新生活》《礼物》《我梦想，我奋斗，我奔向》《红色气质》《大道之行》《无悔的誓言》《祝你生日快乐》等的以微电影、短视频、H5、乐曲等运用多种融媒呈现形式的现象级作品，在全国引起了强烈的反响。新华社的海外传播也可圈可点：2016年之前，即组织专门团队，建立Twitter、Facebook、YouTube等社交平台协同发稿机制，用19个语种向全球用户推送中国和世界重大新闻，日均发稿900条，粉丝总量超过1500万。后台数据显示，粉丝主要来自美国、英国、加拿大等西方国家及周边国家。

2019年，新华社旗下新华网打造了"Xi's Time"（习近平时间）外文重点栏目；推出150个大型多语种融媒体专题、230个多语种融媒体产品，外宣栏目和系列报道形成规模；全年发布视频条数超过16万，推出传播量过亿的"现象级"视频11个。2020年，新华网全力以赴投入抗疫战争，跨终端多语种专题总访问量超78亿；精心组织涉美和涉港舆论斗争，策划制作评论、海报、图解、微视频等原创产品150多个；着力打造移动视频直播平台"新华云直播"，总浏览量超过5亿，月直播量达到200场；社交媒体账号粉丝量达到1.2亿，微信发力原创栏目，"10万+"稿件数量近2000篇；微博加强议题设置，登上热搜榜话题超500次。

总体上，新华社在媒体融合发展上既有明显的特色，又有突出的表现。其投入巨资研制且不断升级的"媒体大脑"，截至2019年10月，已助力上百家传统媒体进行短视频分发,已帮助机构用户处理媒资超 1000 万条,生产短视频 30 余万条。可望进一步支持其他国有媒体不断拓展、丰富应用场景,发挥更大的作用。

3. 中央广播电视总台发展状况

2018 年 3 月 21 日,中央广播电视总台在中央电视台、中央人民广播电台、中国国际广播电台的基础上组建而成,改变了原先中央三台旗下"两微一端"账号众多,管理分散的情况,集中设立 25 个中心,其中有 3 个新媒体中心,分别是融合发展中心、新闻新媒体中心、视听新媒体中心。后续总台按照"台网并重、先网后台"的思路,持续推动"三台三网"加速融合。总台与阿里巴巴等互联网企业合作,构建了数据管理体系,逐步在信息内容、技术应用、平台终端、管理服务等方面实现共享融通,在理念、内容、形式、方法、手段上大胆突破,打造载体多样、渠道丰富、覆盖广泛的移动传播矩阵。进一步积极构建"5G + 4K/8G + AI"的全新战略格局,融合发展逐步深入,国际传播能力不断提升。紧紧围绕建设国际一流的国家级现代传媒航母的战略目标,坚持前瞻性谋划,创新式发展。加强精品内容创新,打造网络传播品牌。全力打造总台"头条工程",精心培育领袖宣传品牌,创新阐释解读习近平新时代中国特色社会主义思想的方式,形成"天天见、天天新、天天深"的生动局面。先后推出了一批有深度、有力度、反响好的新媒体作品,如文物纪录片《如果国宝会说话》、纪实广播文学《梁家河》等;在短时间内打造出"央视快评""时政微视频""国际锐评"等一批知名网络传播品牌。

至 2020 年,央视频客户端累计下载量 2.5 亿次,单日活跃用户数最高近千万;央视新闻注册用户 1.25 亿,全年日均新增用户数 3 万。

2020 年,新型冠状病毒肺炎疫情爆发后,总台前、后方共投入 5500 多人的采编播力量,先后派出 216 人,组成多个报道团队深入湖北防控一线。抗疫报道中,总台的"云直播""云招聘"等产品全网刷屏,连续 73 天推出直播节目《共同战"疫"》,全网累计观看量达 74.75 亿,微博话题#共同战疫#阅读量达 108 亿。2020 年两会期间,央视新闻客户端相关产品全网点击量达 6 亿。面对西方反华势力就涉香港、涉新冠肺炎疫情、涉新疆等问题的无端指责和造谣抹黑,鲜明阐释中国立场,有力有效传播中国声音,积极营造于我国有利的国际舆论氛围。《国际锐评》2020 年全年发布评论 400 多篇,聚焦国内外热点议题,主动出击、敢于亮剑。"纪念中国人民志愿军抗美援朝出国作战 70 周年大会"直播在总台自有平台跨媒体传播总触达 6.5 亿人次,习近平总书记重要讲话微视频总阅读量超 20 亿。

总台已成为数据化生态级媒体平台,其突出的发展基础、实力与表现有目共睹,但与人民日报社、新华社相比,在融合发展中稍逊一筹。特别是在微电影、短视频等方面没有充分利用自己的优势予以大力拓展。

（二）其他代表性央媒融合发展状况

《求是》、中新社、中国青年报社、经济日报社、工人日报社、农民日报社、科技日报社等18家央媒，另外还有光明日报社、解放军报社、中国日报社这3家副部级央媒的媒体融合表现比较突出，比较有代表性，在此也简要地加以述评，以便读者对央媒媒体融合的成效有一个比较全面的了解。

1. 光明日报社发展状况

2014年10月，光明日报社成立融媒体中心，以中心为依托，逐步建立包括报纸、网站、移动互联网产品、社交媒体平台、楼宇信息屏在内的多载体、多层次传播报道体系。与融媒体中心同时成立的还有报纸的融媒体版，除了每周出版一期，反映各新闻单位在媒体融合工作中的最新做法和经验，为推动形成立体多样、融合发展的现代传播体系提供参照，还专门组成媒体融合发展专题调研组，对各媒体在融合发展中的理念、做法、难点和未来趋势进行调研。2015年6月起，融媒体版连续整版推出媒体融合发展系列调研报告。

光明日报社基于近70年积累的内容优势、人才优势以及宝贵的受众群体优势，积极推进全媒体传播格局建设。旗下的光明都市传媒，采用全新的组网技术，通过后台可以远程精确控制每一块屏幕的播放内容，在此基础上，推出全新的广告方式，叫作广告零售，广告可选择的最小活动单元是一个屏幕，有效拓展了潜在的客户群。近年来，光明日报社发力手机直播，成为创新的重要方面。2017年，光明日报社首次举办"高校招办主任光明大直播"，让高校招生信息"零距离"呈现在考生和家长面前，点赞的人数有400多万。2018年的大直播覆盖120所高校，观看人数超过1.3亿，立体化的传播策略效果良好，商业直播平台包括Facebook等主动参与合作传播、联动推广，实现境内外多平台、多语种的交叉传播，后来观看"2019高校招生服务光明大直播"的人数达到1.85亿。2018年1月，今日头条发布媒体榜，光明网在头条发文量、阅读量等各项指标中上升至前列，一周总阅读量近亿。2018年纸质版《光明日报》的发行量突破百万大关，不降反增，比较出奇。2018年全国两会召开前，光明日报融媒体中心成立重大题材工作室，并在召开之际推出"光明的故事"系列微视频作品，引发"刷屏式"传播，短时间达到10.4亿的触达量和1.4亿的浏览量。光明日报社在全媒体传播格局中有着自己的特色定位，"量身订制"与"精准推送"的分众化传播瞄准的新闻服务重点对象是广大知识界受众群体。党的十九大召开当天推出"十九大报告解读"大学生版，一经推出就产生刷屏效应。

近年来，光明日报社没有没追过的热点，没有没交叉运用的新技术，进而瞄准智能化传播，力争让新闻服务更加智能化。2018年，光明日报社在全国两会期间推出"小明AI两会"人工智能新闻信息服务，融合了人脸识别、图片识别、数据挖掘等技术，通过"小明AI两会"查询两会信息达到1800万人次，被查询的代表委员超过2900人；专门成立了人工智能新闻应用实验室，对技术发展、优质内容的传播智能手段进行提前布局。总体来看，移动化、视频化、分众化、智能化成为光明日报社推进融合发展中把握的重点和关键。2018年12月18日，光明日报社和科大讯飞共同宣布，双方联合研发的第一张智能化"有声报"于2019年1月1日正式上线"发声"，成为媒体深度融合中"主力军上主战场"的新探索。

2019年全国两会期间，光明日报社旗下的光明网推出基于核心创新技术的"光明政论·小明说两会"、"钢铁侠三代——光明网多信道移动直播云台"、两会图片征集活动、融媒体深度产品《两会会客厅》、有声漫画《我是部长》，以及动画、视频、直播、图解、VR、H5、评论解读文章等多形式融媒体报道精品400余篇；网站新闻阅读量达7249万次。

光明日报社注重调研和创新的风格、借新趋势同进的敏感、基于优势长期为重点对象服务的执着以及对用户体验为王、分众化服务为上的认同和实践，值得我们充分肯定。

2. 解放军报社发展状况

2015年12月25日，中央军委主席习近平视察解放军报社并作出"三个坚持""三个更强"的重要指示。解放军报社党委将2016年确定为"融合发展突破年"，巩固老阵地、抢滩移动端、搭建新平台，形成了拥有一张主报，多种子报、子刊以及包括中国军网、国防部网、八一网络电视、军报记者微博微信、3个客户端和新媒体发布平台等在内的中国最大的官方军事传媒集团，构建了跨媒介、跨形态的军事新闻传播体系。2016年8月1日，面向军用智能手机用户研发的解放军报客户端军内版和"蓝信"订阅号上线运行，标志着军报新媒体形成了兼顾内网与外网、覆盖军营与社会的移动传播新格局。继2016年底，国内第一个军事新闻VR频道在中国军网和解放军报客户端上线运行后，"中国军网VR平台建设"和"聊天机器人项目"相继获中国报业协会传媒创新合作项目大奖。2018年，中国军网以军事短视频生产建设为牵引，盘活各类新闻资源，把生产链向全军部队延伸，推出一批网红短视频佳作，打造了国内首个军事VR频道，利用前沿技术生动形象地讲好中国军人故事，传播中国军队好声音；解放军新闻传播中心正式成立，中心涵盖报纸、通讯社、电台、电视、网络、出版等板块，共推出100多种新闻产品，从而在体制编制上把军队媒体所有平台集合在一起。2016—2018年，征兵宣传短片《战斗宣言》、微博话题"我和军队的不解之缘"、H5作品《习主席点兵我练兵》的阅读量、参与人数皆以亿计,成为现象级产品。近年来,解放军报社正以建设"中央厨房"为抓手,整合信息数据、生产要素和运维保障,重组编制体制结构,重构新闻采编流程,推动信息内容、技术应用、平台终端、人才队伍共享融通,打造融合文字、图片、视频、音频、动漫、虚拟现实等多样化产品的融媒体传播平台,进行一次性采集、全媒体呈现、多渠道发布,努力实现以"新质传播力"为标志的深度转型。新冠肺炎疫情发生后,开设《人民军队支援地方疫情防控的文化思考》专栏,推出《为了人民勇往直前》系列文章。

人民日报社、新华社和解放军报社,是代表中国党、政、军声音的"三驾马车"。解放军报限于报道内容、传播范围的规制,其生产力并没有完全释放出来,虽然因其军人的气质及相关的特殊情况,更强调传播的主动位置与庄重的引导,没有过多地以用户为中心,但其不凡的实力与潜力,已经扑面而来。

3. 中国日报社发展状况

1995年,中国日报社网站建立。如今流行的一些媒融做法,早在2008年中国日报社推进报网融合时就已经实践过,具体细节与内核与现在提倡的基本一致。《中国日报》从创办之初发行20000多份报纸,到2017年拥有中国版及9个海外版,总发行量90余万份,覆盖了全球的主要国家,还形成了由纸媒、网络、移动客户端和社交媒体构成的全媒体国际传播平台。中国日报社长期坚持以渠道拓展为引领,实现了由一份发行量70万份的英文报纸,向全球全媒体用户数超过1.5亿的媒体集团的转变,其英文客户端成为中国首款下载量超过千万级的英语新闻客户端,用户涵盖140余个国度和地区,其Facebook粉丝数量突破5300万,位列全球主流媒体第二位。2017—2018年,中国日报网短视频不论是在内容数量上还是在用户规模上,都出现了爆发式的增长。2018年,中国日报网成立专门的视频工作室,立足自身特色,打造"爱豆诗集""梦想青春语"等系列双语短视频,向海内外社会讲述中国青年一代的奋斗追梦故事,视频全球传播总量超过1.25亿;《中国日报》抖音号、TikTok号等平台账号的视频观看量也突破1亿人次。中国日报网紧跟移动互联网发展大势,不断推进客户端内容创新、形式创新、体制创新、技术创新,拓展传播渠道,至2018年,客户端全球下载用户累计1800万,用户覆盖超过140个国家和地区,成为海外用户了解中国的第一移动窗口。其后,中国日报网不断完善体制机制建设,"中央厨房"运行日益成熟,以全媒体指挥部的形态实现新闻一次采集、多种生成、多元传播、全方位立体化呈现的传播格局。此外,网站还形成"迎着太阳走"全球24小时的新闻报道格局,实现与全球重大新闻无缝对接的零时差报道。

近年来,中国日报社坚持以技术创新为动力,创办了"好运中国""解码中国"等一系列品牌栏目，涌现出了如"英国小哥"方丹、"美国小哥"艾瑞克等外籍"网红"记者。继2017年3月推出"英国小哥再次穿越侃两会"，实现5000多万浏览量后，配合"一带一路"高峰论坛，由"美国小哥"主持的5集微视频系列"艾瑞克讲睡前故事"，吸引2000多万网友观看，美联社、BBC、《纽约时报》、《时代》周刊、《卫报》、彭博社、半岛电视台等全球主流媒体纷纷报道，称之为报道形式的颠覆性创新。同年，《中国日报》的"新媒体实验室"作为监测媒体融合发展效果的技术平台，充分运用数据分析研究媒体发展趋势，不断探索大数据时代的精确新闻之路。2018年以来，中国日报网持续完善新媒体智能生产系统，与科研院所合作，加快人工智能在新闻传播领域的应用，在网站和英文客户端推出英文智能机器人"端端"，并在两会期间正式投入使用。2019年1月，中国日报社整合推出《中国日报国际版》，在"报、网、端、微"、海外社交媒体、国际合作传播等领域形成了拉网式传播矩阵，覆盖用户总数超过2亿。中国日报社高度重视短视频生产，不断进行内容呈现形式的创新，在2019年的全国两会报道中，创造性地将VLOG（视频日志）引进时政新闻报道，受到年轻受众的追捧。目前，《中国日报》全球合作媒体数量达到40余家，覆盖40多个国家，包括美国《华盛顿邮报》、英国《每日电讯报》、法国《费加罗报》。《中国日报》的"新时代大讲堂"举办多期，在海内外引发热烈反响。

自改革开放之初创建以来，中国日报社始终致力于发挥"让世界了解中国"和"让中国走向世界"的窗口与桥梁作用。在综合国力日益强大的背景下，中国媒体在全球的影响实现了历史性飞跃，中国日报社顺应传播介质的演化潮流，尽量使用各种传播方法，在对外传播中发挥了颇为积极而又非常重大的作用。

二、表现比较突出地区媒体融合发展状况

全国范围内，已形成以央媒新媒体为龙头、地方新媒体为骨干的传播新格局。其中湖南、北京、广东、上海、四川、浙江6个地区的媒体融合发展比较突出。

（一）湖南省发展状况

2001年，红网成立，是湖南省委宣传部一手打造的"党网"平台。2018年，"红网云"平台正式上线，实现了电视台、网站、"两微一端"、报纸等媒体的全面融合；研发了融媒体云平台十大子系统，建设"中央厨房"，实现红网内部全平台联动，实现了采编流程的再造。2019年开始，红网全面推进视

频化转型，围绕"视频报道主阵地""红色文化新高地""视频制作大基地"三大方向进行重点布局，引进一批视频专业人才，推动全员视频化转型。打造富有特色的"中央厨房"调度指挥中心与精品生产融媒体创意中心。全力推进红网分站集群融合发展战略。形成具有独特认知的"县级融媒体中心建设"解决方案，进一步帮助地方推进县级融媒体中心建设。

2006年，湖南广电快乐购成立，经济效益显著。2010年，湖南广播影视集团更名为湖南广播电视台，同时芒果传媒股份有限公司成立。之后湖南广播电视台又将经营性资源、资产全部注入芒果传媒，进行市场化运作。2013年推出芒果派、芒果嗨Q等互联网电视盒子。2014年4月，湖南广电正式启动"一云多屏"全媒体战略，从此湖南广电与芒果生态圈开始在全国声名鹊起。湖南广电的媒体融合路径是打造"IP知识产权+一云多屏"的全产业链媒体生态圈。2014年上半年，湖南卫视以118.9亿次的视频点击量居省级卫视之首，并启动独播战略，宣布其拥有完整知识产权的自制节目由芒果TV独播。2015年，芒果TV携手湖南卫视共同出品后者的所有节目，其中喜剧《懂小姐》有较好的社会反响；芒果TV还与内容生产商积极合作，引进外部优质资源。第十届金鹰节晚会直播上，芒果TV率先引入"电视弹幕"。2016年3月31日，芒果TV与百度签订战略合作协议，让用户在百度平台能够更好地搜寻优质娱乐内容。2017年3月10日，芒果TV与今日头条正式达成平台级战略合作，拟开放自己旗下所有综艺节目的短视频内容，通过入驻头条号的形式对节目内容进行分发；今日头条则为芒果TV提供算法分发、大数据分析以及推广资源上的支持，与芒果TV共同对综艺IP进行打造及孵化。2017年12月18日，湖南广电广播传媒中心与科大讯飞股份有限公司携手共建"AI+广播新技术"研发应用平台，其自有终端和平台也有了大幅度的增长，2018年6月成立的芒果超媒在体制内广电自有平台中比较有代表性，更是让芒果TV从"新媒体"迭代升级到"全媒体"，成为互联网内容生态平台。2019年，芒果TV创立了"创新研究院"，积极研究AI、VR及与5G等相关的前沿技术，并分步对文学、游戏、金融等不同领域进行开拓，最大限度创造高价值的生态矩阵。截至2019年5月，"芒果TV"手机App下载安装激活量超7.35亿，全平台日活量突破6800万，互联网电视终端激活用户数达1.37亿，运营商业务全国覆盖用户数达1.47亿。湖南"快乐阳光"互动娱乐传媒有限公司作为湖南广播电视台全力发展网络视频业务的新媒体机构，2019年员工平均年龄仅26岁。2019年5月，中国移动入股，成为芒果超媒第二大股东。2019年前三季，芒果超媒净利润超9.5亿元。2019年8月14日，芒果TV在中国互联网企业100强中跃升至第20位，排名国有控股企业第一。2019年8月24日，继浙江平湖市林埭镇文旅综合项目开发计划，芒果TV"大芒计划"发布，与海南省海口市合作塑造"网红经济"。2019年9月,融合之作《功夫学徒》先后在芒果TV与合力制作方Discovery亚太电视网播出,覆盖海外观众超4亿。同年,芒果TV有效会员超1800万,整体业务同比增长100%。2020年底,阿里入股芒果超媒,获得5.26%股权。

2015年8月15日,湖南日报社上线了"移动新媒体——新湖南"客户端,标志着湖南日报社移动优先战略的确立。至2016年,湖南日报社已拥有10家PC端网站、100个移动端新媒体,至2017年"新湖南"累计下载量达到1760万,并实现"由端到云"的战略升级。历时3年多,全力将新湖南客户端打造成了报社旗下所有媒体参与融合发展的操作平台和驱动引擎。2018年,客户端累计下载量超过1900万,日发稿量800条以上,日活率160万,初步实现了建设"湖南新闻第一端"的目标。2018年开始对"湖南云"新技术平台进行多次升级,8月15日推出7.0版,后建设成为拥有70多个频道、8大功能服务模块,集新闻、生活服务、政务服务、电商服务于一体的超级区域性新媒体平台。"新湖南"机器人可抓取权威媒体内容,辅之以人工干预的方式,实现个性化推送。基于"新湖南云"构建的省市县三级政务机构的新媒体生态圈,实现了同步发声。至2018年8月,"新湖南云"已完成区县、省直、高校类签约项目总计达102个,并以"中央厨房"投用为契机,建设"湖南省县级融媒体中心"。这一年,《湖南日报》旗下有10家纸媒、2家新闻门户网站及60多个移动互联网媒体(微博、微信、客户端),总覆盖用户超过3000万人,新型传播体系初步建成。2018年全国两会期间,中宣部先后10次对湖南日报社融媒体关于两会报道给予表扬。人民网发布的《2018全国党报融合传播指数报告》中,《湖南日报》融合传播力综合排名在全国377家党报中位居第10位,在地方党报中排名第5位。目前,其"中央厨房"处于国内领先水平,可容纳500个县级中央厨房和5000个媒体终端同时进场。

2017年,马栏山视频文创产业园正式挂牌。2018年5月,经原国家新闻出版广电总局批复升级为中国(长沙)马栏山视频文创产业园,有望打造成中国V谷。由华为、腾讯提供"5G+4K+AI"等技术支持。信息领域第一个国家工程实验室"下一代互联网宽带业务应用国家工程实验室"宣布成立马栏山研究院。

2019年底,湖南各县已实现融媒体全覆盖,践行"媒体+服务"模式,较有代表性的是浏阳融媒体中心,2019年8月获"指尖融媒榜"最具影响力县级融媒体大奖。

不难发现,湖南在媒体融合的创新上是比较突出的。如芒果TV基于优质内容的独播也算是版权保护的强有力手段。通过不断创新,湖南媒体保持并加强了活力、竞争力与影响力。说明在媒体融合进程中,内容、形式与技术的创新及内容创作、技术更新能力的不断进化，是极其重要的。从芒果 TV 到芒果超媒，我们看到了地方国有媒体融合转型的榜样，它们给予用户较多的乐趣、精神层面等的利益与生活服务，且有跨业界、跨国界融合的大手笔。由此获得可持续发展的盈利能力，树立了较强的品牌力与盈利能力，着实不易。不过，湖南媒体中最强的芒果超媒与互联网商业龙头媒体腾讯视频等相比，其实力与市场表现尚处在第二方阵之中，这说明湖南媒体整体尚需努力。

（二）北京市发展状况

2014 年，京报集团投资 890 万元，建设"北京报刊信息全媒体数据库"。截至 2015 年 11 月，《新京报》的用户群已达到 2000 万人；微信公众号增长到 26 个，粉丝总量超过 200 万人，日均阅读量超过 30 万，新浪微博粉丝量达到 1981 万人。至 2018 年，新京报官方微博粉丝数已达到 2600 万人，与腾讯合作的"我们视频"，在全国时政资讯视频领域排进前 3 位，每日视频产量约 80 条。2018 年，《新京报》整体撤销原全媒体中心，全员转至新媒体重点业务。后又与《北京晨报》、千龙网一起推动优质媒体资源聚合与转型升级。

2014—2016 年，《北京日报》积极推进"基于大数据的纸媒和新媒体融合采编经营一体化云服务平台"建设，投入资金约 1500 万元；北京日报报业集团与百度百家号达成战略合作，在内容、技术、价值观、产品等层面共同探索媒体新生态。2016 年 7 月 5 日，《北京晚报》携手"我买网"打造的"北晚优品"报商平台正式上线。2016 年底，《京华时报》官方微博粉丝超过千万人。2017 年 1 月 1 日，具有广泛影响力的《京华时报》休刊，所属公众号由《北京日报》微信公众号"长安街知事"接手。至 2017 年 1 月，北京日报社新媒体公号已达到 129 个，总订阅量近 1000 万人次，官方微博粉丝超过 2400 万人。2017 年上半年，北京市新闻出版广电局确定了北京日报报业集团等 20 个媒体融合发展重点实验室，8 月又与北京银行达成了支持北京市新闻出版广播影视产业发展全面战略合作协议，在未来 5 年提供 500 亿元人民币的意向性表内外授信额度。2017 年，《北京青年报》微信公众号"政知道"在今日头条平台获 12.8 亿次阅读量，在企鹅号获 3.8 亿次，在搜狐号上获 6 亿次；"教育圆桌"公众号的粉丝约 30 万人，年收益近 500 万元。《北京青年报》整合北青系媒体的内容资源，集中注入"北京头条"App。至 2018 年，"长安街知事"粉丝数已有 1600 万人左右。

2014 年 12 月，由北京电台采用云计算、云储存服务器的互联网音频产品"听听 FM"正式发布。2015 年 10 月，北京电台正式推出新媒体平台客户端"听听 Radio"。2015 年春晚期间，北京电视台微博直播总转发量超过百万条，总覆盖人数达到 4.3 亿人。2016 年，国内电视首次出现负增长。2016 年 4 月，北京新媒体集团揭牌，同时与奇虎360合资的新闻视频直播平台"北京时间"正式上线，有7个频道，至2017年日均页面浏览量和访问用户分别达到1.6亿次、2200万人，频道增至41个；2017—2018年探索短视频生产，代表性短视频"时间视频"年均点击量达到100亿次。同时段，北京电视台运营官方微信号81个、微博账号50个，2018年二季度点击量合计达到1.5亿次。

2018年6月16日，在人民日报媒体技术公司的技术支持下，北京市延庆区融媒体中心成立，成为国内首家"广电+报业"模式的"中央厨房"，打造集报纸、电视、广播和新媒体于一身的全媒体发展平台。北京市顺义区完成了区属主流媒体深度融合，建成了"中央厨房"，构建了由电视、广播、报纸3家传统媒体及8家新媒体组成的传播体系，实现了主流媒体的"大合唱"。2018—2019年，北京市全面推进区级融媒体建设，已建成16个区的融媒体中心。

北京地方媒体虽然没有央媒那么强势，但仍基于原先较强的影响力做了一些媒体融合的拓展实践，比如2017年，《北京青年报》在探索建设独立App的过程中认识到海量内容类App是无法与商业聚合资讯类App竞争的，及时转向，避免了许多无谓的损失。2018年《新京报》《北京青年报》能及时收缩战场，退出全媒体布局，全力投入重点领域，也难能可贵，体现了对市场现状与发展的洞察力。北京媒体照顾了读者的需求与利益，但在精准化、个性化等方面尚有发展的空间。

（三）广东省发展状况

1999年，广州日报报业集团创办大洋网。2014年，继上海市政府之后，广东省委给予南方日报社、羊城晚报社、广东广播电视台总计1.5亿元的财政扶持。2014年7月9日，改版后的南方网上线，与《南方日报》逐渐走向深度融合。2014年12月1日，广报集团全媒体出版编辑部正式运行。同年，羊城晚报集团基于微传播矩阵搭建新媒体产品线。2015年3月，广报集团控股的粤传媒与阿里创投、上海万象合作，力推"物流配送+本地生活"服务。2015年10月，《南方农村报》与深圳芭田生态工程有限公司合作，搭建全国农业大数据平台。2015—2016年，各媒体集团推出"南方+"、羊城派、广州参考等客户端，其中并读客户端是全球首家"读者获利"的新闻平台，定位指向"有趣有用有钱赚"，除了人性化的阅读体验与快人一步的资讯内容，还将新闻嵌入社交场景，具有"阅读即享现金收益"等创新元素，至2017年8月安装量已超8800万，月均活跃用户已达1000万，同月全省超过1600家家政新媒体和机构新媒体入驻"南方+"所推"南方号"发布平台。2016年8月，南方报业传媒集团正式启动289艺术园区。2016年10月，南方报业启动

"南方名记"培育工程,选出40位记者,催生了点击量过亿的现象级节目《武松来了》和一批单篇阅读量"100万+"的融媒体产品。为突破资金瓶颈,广东延续"媒体+金融"战略。2016年11月,广东省委宣传部与浦发银行签署500亿投融资额度的"文化+金融"战略合作协议。至2016年12月,广州日报社旗下的《信息时报》与广州市各街道共建媒融平台"微社区e家通"已开通100条街道,微信公众号矩阵拥有近100万用户,直接传播约230万人。人民网研究院发布的《2016年中国媒体融合传播指数报告》中,《南方日报》《羊城晚报》《广州日报》《南方都市报》进入报纸媒体融合传播前10名,广东广播电视台进入电视媒体融合传播前10名。至2017年,"南方+"客户端实现下载量和营业收入为"两个1000万";南方财经全媒体集团所属21财经App下载量超过4000万,稳居全国财经媒体客户端首位。2018年10月,羊城晚报报业集团以"互联网+平台"及相关技术进军健康垂直领域。同月,羊城文化创意产业暨原创时尚品牌设计孵化中心成立,可集聚2000家以上创意工作室及服务机构。2018年12月,广州参考客户端升级为广州日报客户端,装机总量超2800万。同月,面积2800平方米的广州日报融媒采编中心正式启用。《2018年中国媒体融合传播指数报告》显示,广东的媒体传播力突出,仅次于北京。广州日报社媒体融合平台获2019年度"王选新闻科学技术奖"一等奖。2018年11月15日,《南方周末》成为国内首家设立计量式软性付费墙的报纸,2019年1—5月,积累11.27万用户,自主开发的第一个知识付费产品《故宫·皇帝的一天》在全网销售近2万份。2019年,南方报业传媒集团的全媒体传播体系已覆盖用户超过2亿,主报经营收入预计突破2亿元。2019年7—10月,南方报业传媒集团与中国移动广东公司、华为分别签约,在移动云计算、新媒体业务的5G联合创新等方面深入合作。2019年8月,南方报业传媒集团智媒产业园落户黄埔,携手越秀集团创建南方智媒大厦,集聚全媒体产业中心、文化金融投资中心、"传媒+"、文创产业中心等七大产业板块,打造粤港澳大湾区新型文化创意产业新地标。2019年10月23日,全面升级的"南方智媒广场"开园,引入麻省理工中国未来城市实验室及腾讯、英国科控下属企业。

2010年,南方新媒体成立,以IPTV为基础多元演进。2016年,广东广播电视台与扎客(ZAKER)合作打造的"触电频道"在全国两会期间正式推出,传播影响范围覆盖1.7亿扎客用户。至2019年,广东广播电视台触电新闻App累计下载用户6150万。2019年9月,广东广播电视台与省教育厅等联合推出《我为祖国升红旗》全媒体跨屏互动报道,融电视新闻、网络直播、短视频、微电影MV、微博话题于一体,全网点击量超过4800万。同年,广东广播电视台发力4K视频,引领广电下一轮技术创新浪潮。

2016年3—7月，在广东省委宣传部指导与推动下，广东南方媒体融合发展投资基金、广东省新媒体产业基金得以成立，融资规模分别达百亿元、超百亿元；珠江电影集团与越秀集团联合发起的"珠影越秀影视文化产业发展投资基金"得以设立，融资目标总规模50亿元。

深圳是中国信息产业发展的重镇，拥有华为、中兴、腾讯等一批网络信息领军企业，被评为"最互联网城市"。2015年之前，深圳几大主报陆续推出了100多个公众号，发展势头良好，深圳报业集团的新媒体用户超过1000万。截至2015年7月底，ZAKER已累积超1.4亿用户。2015年8月21日，由《深圳晚报》和ZAKER移动客户端合作共同开发运营的深圳版ZAKER上线。2017年，深圳报业集团成立了媒体科技公司——深圳市创意智慧港科技公司。深圳坚持把互联网基因注入媒体，认真学习借鉴人民日报社"中央厨房"工作机制，重点打造"读特""读创""壹深圳""全民阅读"等新媒体，2016—2017年用户数量增长50%，累计超过1亿。2018年，形成以深圳特区报、深圳新闻网、读特、读创客户端领衔，"纸媒+网站+客户端+官微+自媒体+代运营"全覆盖的融媒体矩阵，总用户数（含粉丝数）1.1亿。读特于2017年香港回归祖国20周年之际推出《你们可以下岗，我们上岗》，由亲历者揭秘当年中英防务交接仪式内幕，全网传播量超1.5亿次。《晶报》在2018年的护士节推出《戏精女护士爆笑吐槽，看完眼泪都笑出来了》，全网播放量6000多万次。自2017年下半年以来，深圳报业集团几乎每月都会产生播放量上百万的短视频产品。读创的《这头抹香鲸，留给人类许多第一次》，对营救搁浅抹香鲸的全程及后续进展进行100小时直播，夺得2017年广东新闻奖一等奖。

2019年，广东实现全省57个县（市）融媒体中心挂牌运作，广州市11个区级融媒体中心均完成挂牌并入驻市级技术平台。10月22日，标志性成果"新花城"客户端正式上线运行，融媒体中心建设迈出了坚实步伐。

广州与深圳为广东的媒体融合做出了很大贡献。广东媒体总体上市场化程度较高，开放程度较高。创新其实也挺多，视野、思路比较开阔；积极内融外拓，业务布局比较宏大，范围也比较广，下沉等工作也分层次做得比较细致，在要求资金支持方面也比较直率。原本报纸就办得好，媒体融合转型也算是有声有色。除了尽量满足用户利益需求、与用户共同成长，还基于"传媒+"的思路，不断提升内外部资源整合能力，联结诸多行业，互相支持、共同进化，不断合力拓展政务、商业与社会服务，共同构建融合娱乐、旅游、艺术、物流、电商、园区开发运营商等在内的"1+N"新型产业格局。可惜在传媒主业方面，虽然建成了"中央厨房"并开展常规化运营，各种表现也不错，但就是没有出现现象级的媒体平台，说明广东媒体仍停留在地方级别，想要在全国乃至全世界发挥较大影响力、整合力,还有很长的路要走。

(四) 上海市发展状况

2000年5月28日,东方网正式上线。历时19年发展,东方网建立并完善新媒体传播体系、政务服务体系、社区分送传播体系和安全运维服务体系,发力移动端"中央厨房",全面启动智慧社区项目,启动"北美网络文化中心",拓展海外的布局,其传播力、影响力始终位居全国新闻网站前列。2018年5月27日,东方网旗下的短视频公司打造的短视频产品"1站视频"正式上线。试运行期间,"1站视频"与新浪微博联合直播哈里王子婚礼,累计获得阅读量1380万,成为新浪微博该话题访问量居全网第一的媒体。其后通过不到1年的建设,短视频业务已全面融入东方网"中央厨房"。

2013年10月,由解放日报报业集团与文汇新民联合报业集团合并而成的上海报业集团正式挂牌成立,旗下有20多个报刊、2家出版社、10家网站、18个App应用、50多个微信公众号。2014年1月1日,《新闻晚报》正式停刊。其后上海近1/3传统报刊陆续休刊。2014年末至2015年9月,上海报业集团相继推出3个重点新媒体项目"上海观察""澎湃新闻""界面新闻"。初时,上海观察即带有较多传统体制媒体痕迹,采取内容收费模式效果欠佳;澎湃则设置了较多社交互动功能,重视与用户互动,鼓励用户生产内容,且实行核心团队集资持股制度;界面也与澎湃一样,采取"PGC + UGC"相结合的模式,但主打PC端,与后者主打手机端不同。发展至今,澎湃表现相对稳定。2018年2月28日,上海报业集团宣布界面新闻与蓝鲸、财联社完成合并。

2016年3月,解放日报社在全国党报和上海媒体中先行一步,把全部采编力量转入新媒体产品"解放日报·上观新闻",一支队伍服务网、报两个平台。2016年12月8日,6家国有独资或全资企业入股澎湃新闻,增资总额6.1亿元。同年创设的外宣新媒体第六声(Sixth Tone)是国内首个全数字化英文新媒体,立足于向海外受众讲述日常中国、讲述普通中国人"小而美"的故事,经过3年的发展,已被外媒誉为中国资讯"优秀线上来源"。2017年元旦,《东方早报》的新闻报道、舆论引导功能全部移至澎湃新闻,实现全员整体融合转型。截至2018年8月底,上海报业集团、上海广播电视台和东方网旗下的移动客户端总下载量已达2.8亿,其中亿级平台1家、千万级平台5家、百万级平台6家。这些移动客户端的总日活量达1600万,结合其他内容分发渠道,每日可覆盖用户达4.9亿。

近年来,上海报业集团形成"3 + 2 + 4"的业务布局,"3"指上观新闻、文汇、新民,"2"指澎湃和界面,"4"指国际传播媒体、信息产品、财经服务、综合服务四大细分领域。2018年7月,澎湃新闻推出新媒体整体解决方案"澎π系统",推出全球专业创作者开放平台"湃客"。2018年两会期间,上海全市主流新媒体刊发报道3262篇,图片1700余张,音视频500余条,澎湃新闻使用了"人脸3D彩绘技术"的H5作品《快来为祖国打call,要幸福就要奋斗!》、以符号化的流行MV形式传播主流价值观的晋江版《爱拼才会赢》等频频形成刷屏效应。截至2019年7月,澎湃新闻客户端用户数已达1.53亿,在全网50余个渠道进行分发,官方微博粉丝数达1731万人,秒拍号粉丝数1938万人,头条号粉丝数1212万人,同时拥有几十个子账号,形成了强大的矩阵传播网络,社交媒体日均点击量累计超1亿次。澎湃新闻始终坚持内容为王,原创内容传播力、影响力全国领先,成为各大商业门户和新闻客户端最重要的内容供应商之一。2019年7月17日,澎湃新闻推出五周年新版本客户端7.0.0,更新了新功能"澎湃号"和"澎友圈"。"澎湃号"是一个融媒内容聚合开放平台,汇聚了政务号、媒体号和湃客号三大领域的优秀创作者,批量生产丰富的优质内容。"澎友圈"则是集评论分享、关注"澎友"、热点追踪等社区功能为一体的高质量用户互动社区。澎湃新闻还在当今较为前沿的新媒体技术领域(如人工智能、大数据等方面)积极探索,推出AI助手、AI主播小菲、基于大数据和人工智能基础上的个性化推荐功能、以价值观深度引领的"澎湃算法"等,正积极筹备建立澎湃全媒体实验室和5G智能媒体应用实验室。

2014年3月31日,SMG在重组融合上海广播电视台等单位后成立,有内容、平台与"渠道+服务"3个板块,内容板块盈利的主要是电影宣传品。一般由前者吸引用户、创建品牌,靠后二者积累的利润及资本市场支持前者发展。2014年6月9日,东方广播中心也通过组织融合得以成立,中心的阿基米德音频客户端重视技术创新,构建起基于自身的跨平台、跨地域、跨介质的广播生态圈。2015年,SMG与阿里巴巴合作推出第一财经新媒体公司,打造前沿的数据新闻。2015年,百视通合并东方明珠后,成为SMG统一的新媒体平台、产业平台和资本平台,采取"内容+渠道"垂直一体化的策略,发展"娱乐+生态"系统;SMG成立"互联网节目中心",2016年制作出的VR直播网综产品《国民美少女》累计播放量突破4.3亿次。2016年6月,上海广播电视台电视新闻中心迈出整体转型关键一步,成立融媒体中心,打造以"原创+视频聚合"为特性的新闻客户端"看看新闻Knews"和24小时互联网视频新闻流"Knews 24"。2017年3月17日,SMG成立全国首个传媒科创中心。近年来,SMG形成以BestTV为渠道平台,看看新闻、阿基米德、第一财经为垂直产品的"1+3"布局。SMG深耕"智造"的内容产品战略体系与市场运营体系,已基于机器深度学习和大数据分析技术推送个性化新闻,并已成立"智慧媒体制播应用国家广播电视总局重点实验室"。SMG搭建的云平台于

2019年6月基本完成，成为"互联网+"与媒体融合发展的技术引擎。

2019年，上海区级融媒体中心建设全面启动，16个区融媒体中心分为两批挂牌。上海媒体融合发展的成效，在巩固壮大主流舆论上得到充分体现。上海媒体业务布局清晰，内外部整合动作频频，多方出击，大多有所作为。如何在尽引导责任的同时以用户为中心？如何在技术应用上有适度的前瞻眼光，在内容探究与表述上具有较强的洞察力呢？这几个问题值得上海媒体思考琢磨。上海媒体还是缺少能真正对标优秀商业性新闻客户端的平台级媒体，更缺乏具有全球号召力的媒体品牌。上海国有媒体对内容都比较重视，但除少数产品外，大部分产品无法给予用户趣味、社交或其他利益方面的较多满足，在个性化与精准化方面仍需努力。还有些产品，同质化情况或多或少存在，需要今后在"合"的同时注重"分"。澎湃新闻作为比较成功的样板，也存在定位不明、缺少资金、人才流失、体制不顺、技术瓶颈较难突破等问题，但澎湃新闻分阶段挺进，最终整体纳入《东方早报》工作人员、内容等资源的兴起模式值得推广。

（五）浙江省发展状况

2009年，浙江日报报业集团确定"全国化全媒体"之路，整合优势资源，发展新媒体。2011年9月，浙报传媒上市。2013年，以31.9亿元并购边锋、浩方，开启"新闻+娱乐+社区化"的内容框架策略。2014年，浙报集团大力发展以浙江新闻等为核心圈，边锋网、钱报网等为紧密层，200多个微博、微信及专业App为协同圈的"三圈环流"新闻矩阵，实施纸媒端、PC端、移动端"三端贯通"战术，就资本运作、跨界并购、聚合用户三点发力，至2015年已拥有4000多万活跃用户；开展新媒体创新大赛，集团内50多个项目上台PK，200多名采编人员参与，最后有20多个优秀项目获选，集团投入2000多万元进行发展扶持。2016年春节期间，浙报集团旗下《钱江晚报》官方微信公众号在春节红包战中获得佳绩，共吸引超过970万人参与互动，新增用户12万。2016年是媒体电商新元年，《钱江晚报》的"钱江有礼"电子商务平台取得较好业绩。2017年1月1日，浙报集团的"中央厨房"开始正式运行，坚持一个标准："中央厨房"常态化运行，365天一个厨房生火做饭。《浙江日报》《浙江在线》"浙江新闻"融合重构一个中心八个部门，采用云计算、大数据等最新技术，自主研发了支撑媒体深度融合的平台级产品"媒立方"，成为国内首家集新闻报道、舆情研判引导、智能策划、统一指挥、统一采集、集中共享、融合编审、多种生成、多元分发、个性推荐、效果评估、科学评价于一体，统筹采访、编辑、审核、传播、评估的跨媒体、跨业务的统一平台。通过校园招聘、从知名互联网公司定向吸纳、猎头公司推荐等多种方式引进相关高端人才，形成具有较强战斗力的"技术部队"。技术人才进大于出，人员流动率大大低于一般的互联网公司。2017年3月20日，浙报集团与阿里巴巴文化娱乐集团优视科技在杭州合作举办"与媒共舞——融媒发展战略发布会"，探索"内容+平台+大数据+商业化"的融合媒体发展模式。2017年，上市公司浙报传媒剥离全部新闻传媒类资产，4月14日起更名为浙数文化，全面向互联网数字文化产业进发。2017年省级两会、全国两会、省党代会期间，浙报集团推出《来自省政府的大礼包》《你有一张新浙江号的幸福车票》《最多跑一次之新白娘子传奇》等形式新颖的H5作品，获得广泛好评。2017年5月，全国出版融合发展重点实验室开始运行，200多名计算机工程师在那里开发数据挖掘与智能采编技术。至2017年，《浙江日报》各类新媒体矩阵已集聚互联网注册用户6.6亿，活跃用户5000万，浙江新闻客户端用户已突破1300万。近年来，浙报集团在浙江省委宣传部的指导下开发"浙江媒体云"，目前已形成聚合政务服务、O2O（线上与线下融合）电子商务、网络医院、养老服务、区域门户集群等多种综合服务功能，承载超过2000万的本地网络用户，获得了丰富的用户资源，形成了基于政务云大数据的智慧服务新平台。浙报集团还自主研发了"天目云"融媒体智能传播服务平台，在推进县级融媒体建设方面也发挥了较大的作用。

2015年1月，杭州日报报业集团下属华媒控股上市，全力打造以现代传媒集群为核心的城市生活平台。同年，《杭州日报》的官方微信公众号名列全国综合性日报十强。2016年，整个杭报集团，平面媒体、网站加起来用户突破1个亿，官微排名仅次于《人民日报》。近年来，杭报集团确定"大文创生态运营商"战略，打造传媒加教育、金融、园区、会展的融合生态圈。以智媒体"中央厨房"工程、外宣"中央厨房"工程、舆论引导工程、品牌建设工程为媒体融合工作主要着力点，有一定特色。

2009年底，浙江广电集团组建成立新蓝网。至2017年，浙江广电集团各类新媒体产品吸引活跃用户3400万。"浙视频"共生产原创视频1868条，全网总播放量超过5亿次；8月2日至10日，短视频《她的手移动幅度只有5 cm，她的画却惊艳了全国》全网观看量超过6691万次，同题图片总点击量超过4000万次。近年来，浙江广电集团集"采、编、发、管、存、用"等融媒体服务特质的"中国蓝云"，与"大数据中心"项目一起，在为县级媒体融合发展提供支持及为用户精准推送个性化产品与服务方面发挥了较大的作用。

2013年，温州日报报业集团以《温州都市报》为融合转型试点单位，并提出理念、渠道、流程再造的发展模式。2014年，其运营的区域性生活网购平台"温都猫"，上线以来辐射用户40万，获得良好的经济效益。截至2018年，《温州都市报》受众人数从起初的30万人跃升至690万人，其"中央厨房"面积从起初的 200 平方扩充为 3700 多平方，同时在功能上也有了全面提升。

近年来，浙江加快推进县级融媒体中心建设，标志着中国已经进入全面构建融合体系的重要阶段。浙江长兴传媒集团和瑞安日报社形成了比较成熟的县级融媒体发展模式。长兴传媒集团对原有架构进行优化，打通集团旗下 10 部室 11 个媒体平台，不断拓展媒体业务范畴，成为整合广播、电视、报纸、杂志、网站、"两微一端"、大数据业务的县域全媒体。瑞安日报社在构建"新闻+服务"区域中心的战略目标下，从报纸业务范畴拓展到城市生活服务和产业服务，经营收入和营收能力大幅度增长，激发了媒体融合向纵深发展的动力与活力。

浙江媒体融合发展起步较早，借助资本运营、多元经营，逐渐形成了自己的模式与比较强大的新媒体矩阵。省内众媒体全面积极落实媒体融合，形成了齐头并进的面貌。浙报集团以"新闻+服务"为核心，打造一个基于互联网的枢纽型媒体集团，有较强的号召力，使用媒立方后效率提升，但记者编辑的自由状态和个人发挥空间遭到挤压，使用媒立方进行全媒体运营，与经济效益指标或商业价值也尚未紧密勾连。县级融媒体建设有声有色，建设经验值得其他地方借鉴。与别的地区的媒体融合相比，浙江具有较强的精明勤勉务实的商人色彩与市场气息。与以前相比，浙江地区传媒影响力增加，与头部国有媒体及商业媒体比，也有可比肩的局部特殊优势及发挥上佳的时候，但终因技术、人才、资金等方面或多或少的发展障碍，总体上差距还是较大。在满足用户的兴趣、利益要求与提升自身洞察力、为用户提供多样交互功能及个性化优质精准服务等方面尚有一些进化的空间。

（六）四川省发展状况

2014 年 9 月 18 日，以《四川日报》为龙头的川报全媒体集群推出"四川在线""川报观察"等首批 6 个新媒体。2014 年 12 月 8 日，《华西都市报》正式提出 i 战略，大力打造 i-Media、i-Link 等多层次、细分化的移动互联网产品，主打资讯、社交、电商、互联网金融。2016 年 10 月前，川报集团融合实践收获了"中国报业融合发展奖"、"中国报业融合发展创新奖 10 强"、中国报纸"两微一端"融合传播百强榜第 2 名等奖项。2016 年 10 月 31 日，四川全媒体云传播平台正式上线，将省内广电系统全部纳入进来。2017 年 2 月，四川新闻传媒集团与经济日报社签约探索"央地合作模式"。至 2017 年 6 月，成都传媒集团成功构建了以时政新闻、财经资讯、生活服务、数字娱乐四大矩阵为核心的新媒体集群。

2015 年 10 月 28 日，川报集团与阿里巴巴联手推出后来在技术上敢为天下先、以原创为显著特征、以用户为动力源泉、以资本为强大支撑、以分享为价值基点的"封面传媒",由华西都市报负责具体运营。其核心产品"封面新闻"(App)2016年5月4日正式上线,主打年轻用户,以智能推送、专业生产、用户聚合为内容特色,依托数据挖掘、机器学习与写作、兴趣推荐算法等技术实现因人而异的传播,在大数据、人工智能、虚拟现实多个方面进行尝试、探索,构建全新视域。"封面新闻"被誉为"技术+内容"的新生代客户端,多次获全国传媒融合发展方面的奖项,入驻企鹅号3个月即拿下月度互动指数冠军。"封面新闻"还高度重视视频内容生产和创新,确立了"移动优先、视频优先、故事优先"的策略,并以"正能量、年轻态、视频化"为内容定位,要求所有原创稿件都要尽量配备短视频,并加强直播产品打造。与腾讯、新浪、今日头条、UC等商业互联网平台开展了视频内容定制生产的合作,直播常居全国直播榜前列。2016年,封面新闻相继推出"封面VR""封面智库""封面号""封面舆情"。其中的封面号采用IP运营机制,基于"网红培养+政务发声",后引来"二更""36氪"等大号入驻。至2016年,川报集团的融合已从以传统媒体为主转向以网络为主,而且改变了依赖他方平台的被动局面。2017年5月,封面新闻直播视频团队对"川藏第一桥"开启首次专题直播,直播阅读量超千万。封面新闻更新迭代3.0版本,推出"小封"聊天机器人。2017年7月,微软"小冰"入驻封面新闻。2017年10月,封面新闻荣获"2017中国应用新闻传播十大创新案例"。至2018年4月,封面新闻迭代至4.0版本,用户下载量达到1018万次,其中30岁以下的用户达到70%。同年,封面传媒与《华西都市报》进行深度融合、整体转型,通过这种融合、转型,封面传媒的总用户数达到"4200万+",用户规模和活跃度显著提升,经营业绩创造新高,收入同比大幅增长,且实现盈利。至2019年4月,封面传媒用户量超5000万。

2016年5月,华西传媒集团关于"悬崖村"的"图文+视频"报道,阅读量达1639万次,成为现象级产品。2017年1月,由成都传媒集团出资推出主打"深度调查+时政评论"的红星新闻微信公号,由连续11年进入全国都市报前3强的《成都商报》深度运营。在大多数内容品质低下、同质化严重的新媒体时代,本着对新闻主义的追求,生产出较高品质较多原创的新闻报道的红星新闻,成为资讯平台的稀缺资源。红星新闻创下两周进入今日头条媒体榜新媒体5强、入选腾讯芒种计划平均阅读量"10万+"的账号TOP 10、单篇文章全平台阅读破千万的佳绩。10余家行业媒体发文赞其"气质彪悍,爆款频出"。

至2017年,四川新闻传媒集团旗下以四川本地话题讨论为核心的麻辣社区注册会员数将近750万,每日发帖量3万余篇;四川手机报读者存量6800

万;"川报观察"客户端用户量超过 500 万人,日均点击率超 200 万次。

至 2017 年,成都广播电视台完成手机客户端、网端、电视端、微博与微信公众号的多渠道触点布局,研发、运营"看度"在内的 20 余个手机客户端,覆盖用户规模达 800 万以上。

2019 年底,四川省 183 个县全面建成县级融媒体中心。

媒体融合首先应该整合功能相近的媒体资源,以传统媒体为主体,大力整合分散在不同类型、不同行业的功能相近的媒体资源,以尽快形成具备较大规模、实力较强的新型媒体集团。四川省媒体融合走的就是这条路子。以属地内老牌媒体集群为核心,充分发挥意识形态优势与属地市场优势,构建起以川报报业集团、成都传媒集团、四川广电传媒集群和四川新闻网集团为龙头的四大矩阵。

三、国有媒体总体融合发展格局与水平

(一)总体发展格局

国内推动媒体融合发展的主基调与总格局,就是在内容、渠道、平台、经营、管理等方面推进,大家一致认同并席卷全国。平台是核心,有了平台融合,对实力强劲的媒体而言,便于有效实现其他方面的融合。基于普遍建设的"中央厨房",国有媒体的内容生产能力已全面升级,可以生产大量的内容产品。鉴于互联网发展的特点和需要,国有媒体也在进行内容的聚合,比如人民日报客户端开设了"人民号",吸引了诸多主流媒体、党政机构、企事业单位、优质自媒体入驻;比如学习强国 App 聚合了人民日报社、新华社、求是网等多个学习强国号以及北京学习平台、天津学习平台、河北学习平台等。在国有媒体内部,内容审核机制早已普遍建立,而且正在运用相关的技术,实现对内容更加精细有效的审核。渠道融合方面,除了自有平台和终端外,"一端两微一条一抖"已经成为国有媒体在移动传播渠道中的标配。传统的电视内容在可以点播、回放的 IPTV 渠道有全方位的延伸。人工智能技术在国有媒体的内容生产和渠道分发等方面得到了应用。比如新华社的机器人写稿,上海东方网东方头条所做的精准分发,以及四川华西都市报社、新闻资讯客户端、浙江 24 小时所做的智能分发。在经营融合方面,诸多单位在尝试传统媒体业务和新媒体业务的一体化发展。通过股份制的改造与上市来推动主流媒体体制机制的再造,开展收购兼并,助力新的体制机制落地,进行新老媒体的业务融合、经营融合。很多主流媒体在商业模式上有所突破,结合自己的平台建设,开拓政务服务、社区服务以及面向社会其他机构的技术服务、面向大众的电商

业务等。在管理融合方面，互联网媒体业监管体系正在完善。版权保护方面有了越来越多的具体的操作方法。在新闻信息监管方面，体系进一步完善，对于直播、短视频业务监管方面也在逐渐走向规范。

从实践来看，新华社的和人民日报社的媒体融合举措成为行业热点。地方媒体方面，澎湃新闻、界面新闻、封面传媒、芒果超媒的媒体融合探索引发了热议。

全国媒体融合总体发展的具体格局，可以分成中央与地区两个发展层次来谈。三大央媒及中国日报融媒发展的全面性、智能程度最高，其优势地位及引领国内传播、向外传播的作用特别显著，解放军报社、光明日报社融媒发展也不同凡响，解放军报社的扎实作风、对新质传播力的塑造，光明日报社先期的调研、非求全求大而追求独特性的各种做法，都值得肯定。近年来，在全国推广的主要是人民日报社媒体融合的全媒体发展模式，但影响力最大、推广程度最大，但不一定是最合适的，地方媒体、一般媒体可学、能学、更适合学的应该是光明日报社的发展模式，对人民日报社与新华社的发展模式可以学习借鉴，但不宜全面地模仿。地区融媒发展，以前述6个地区为佳。江西等地发展有亮点有特色，湖北等地发展亮点与不足都比较明显，江苏等地融媒发展不够先进且省内各区域发展很不平衡。重庆、天津、辽宁、陕西等地，融媒发展不够理想，但也有可圈可点之处，其中明显的不足之处值得关注。另外，各地县区级融媒体中心建设正在如火如荼地进行，在操作上有一些过度，在因地制宜方面有些欠缺。

江西在媒体融合方面成效确实不够大，在贴近读者、为读者提供精准化个性化的利益和乐趣、扩大自身影响力方面建树也不大，整合力、品牌力也不强，但也自有优秀表现与局部优势。一个地区的媒体发展水平以及融媒推进的速度与规模，往往与其经济发展水平正相关，江西属于欠发达地区，在人财物方面难有优势，但各媒体正一起艰苦努力，力图形成"羊群效应"，这是值得充分肯定的。江西日报社依托中国江西网旗下的江西手机报自主研发、推出赣鄱云融媒体智慧平台，成功地解决了江西各地媒体融合无足够经费、无技术平台、无安全保障、无专业人员等问题，让江西的媒体融合发展驶入了快车道。"赣鄱云中央厨房"平台已在江西省内外全面开花，用户总数超过5000万，已建成51个市、县（市、区）融媒体中心，并成功跨出江西，援建新疆"克州云中央厨房"。江西网先后打造出了备受肯定的"发掘和推送网络典型人物""失信被执行人曝光台"等两大"江西经验"，并得到多位中央领导的充分肯定。在2018年全国两会报道中，江西网的《热烈祝贺习近平全票当选国家主席 一起来为中国加油》《中国，跳一跳》这两个融媒体产品获得了中宣部的表扬。

湖北在媒体融合方面的总体表现一般，但自有发展的亮点，其"湖北模式"自成一格，值得关注。比如依托长江云这个"政务+新闻+服务"的新型媒体平台，打通全省，使省市县三级媒体一盘棋，使全省的主流媒体"抱成团，结成片，连成网"。考评体系也是省市县三级一盘棋联动，还特别注重政务与民生服务等。其考核机制强调新媒体及时发稿的重要性，但对于深度报道、调查报道等量齐观，有可能削弱记者进行深度、优质内容生产的积极性。长江云因其技术领先性、融合突破性、机制创新性在全国独树一帜，但其技术本是外源性的。购买的技术服务，一是价格高昂，二是被动，三是有技术来源不稳定的风险。所以，要纵深发展媒体融合，必须掌握技术的主动权，好在湖北后来已转为自主升级长江云。另外，一个值得注意的情况是，当地政府对媒体融合的支持落实在具体项目，缺乏一个总体的谋划，这其实有利有弊，也有存在此种情况的合理性。不过在全国范围来讲，这种情况具有一定的普遍性，就值得深入思考了。

江苏总体尚处于由相加开始往相融方向发展的阶段，其媒体融合发展有一定水平，但与其经济地位不够匹配，省内一些媒体单位新媒体运营归属不明，其 App 中发布的内容有些直接来自传统媒体，权威性强，可看性不足。较多媒体缺乏用户思维，较多作品体现不出贴切感、亲切感，缺少互动与病毒传播，爆款产品很少见。与浙江相比，省内各区域融媒发展很不平衡，南京、苏州等地各种媒体类型的融合传播力遥遥领先省内其他地区，省级媒体的优势处于省内绝对领先地位，省内各级媒体表现落差很大。苏南地区融合程度显著高于苏北地区，这与两区域各自经济发展水平成正比。在人民网研究院编制的《2016 年中国媒体融合传播指数报告》中，江苏整体处于融合传播的第二方阵，却只有江苏电视台进入分榜单前 10 位。

重庆总体发展程度一般，但也有可圈可点之处。2012 年下半年以来，华龙网自主研发了互联网数据取证系统，在互联网治理领域探索出一条将法律与技术相结合的创新之路。2016 年，重庆日报报业集团层面全媒体互通共用的"中央厨房"上线，全媒体覆盖数突破 8700 万，新媒体覆盖数 8480 万（是传统媒体的 38 倍）。猪八戒网开展众包模式，开辟数据"海洋+钻井"平台的知识服务商业模式。2017 年 4 月 19 日，重庆日报报业集团"新闻内容生产及运营监管服务平台"通过国家新闻出版广电总局验收，后被评为国家新闻出版业数字化转型升级和媒体融合发展 35 个重点示范项目之一。

天津因为客观因素，城市性格相对保守，媒体融合的步子也不太大。媒体云先进，功能全，"津云·云上海外"有 40 家海外华文媒体入驻，影响力覆盖全球 100 多个国家。津云"中央厨房"已形成了播、视、报、网的数据汇集体系，随着天津 16 个区的县级融媒体中心的建立和打通，平台将汇聚更海量的数据信息。一些地方不顾自身实际盲目建设小"中央厨房",造成资源浪费。也有一些值得推广的做法与值得肯定的成绩,比如 2018 年,海河传媒中心成立融媒体工作室,鼓励媒体采编人员以项目制的方式自由组队,开展媒体内容创新。2018 年 4 月起,津云组建微视频创作专班,短视频《噪子书记》累计访问人次过亿。津云媒体融合产品在发展过程中经历了 7 次重大技术突破创新,坚持每年版本持续平滑升级。2019 年,海河传媒中心即推出原创 MV《歌唱祖国》,上线一周累计播放量接近 2 亿次。

辽宁与天津等地相仿,在媒体融合、内部协作中有利益关系的调整;与江苏等地一样,在出版方面显得比新闻传媒发展得更突出一些。其媒体融合发展主要也是走了全媒体的路子。新技术方面,辽宁曾特别重视 VR 传播,2016 年重点推出 VR 视频与 VR 游戏等。但由于当时时机把握不准,结果都不了了之。这个事情说明努力是需要的,但有时与时俱进,时机不成熟,冲在前面也会造成损失。现在进入了 5G 时代,发展 VR 传播的条件比以前好多了,华为等开始强势出击,大家反而比较理性。

陕西在媒体融合工作绩效考评及文化传播方面有特点与成绩。陕西日报社制定"两微一端"考评办法,鼓励报社各部门、各子报刊网在"两微一端"、官方抖音账号等新媒体平台发布作品,进行日考核、月评奖,单条产品最高奖励 5000 元。这是拿泰勒管理流水线工人的办法来管理传媒,比较老套。2019 年 8 月 3 日,又制定新媒体考评奖惩办法,规定新媒体月考评与报纸评奖一并进行。2019 年省两会、全国两会期间,陕西广播电视台关于黄陵祭祖的报道通过 5G 网络实现全球传播,总观看量超 1.6 亿人次。

其他地区如内蒙古、广西、吉林、甘肃、云南等地属于不够发达的地区,经济能力比较有限。媒体融合发展比上述表现一般的地区又稍逊一筹,他们的努力有值得肯定之处,但也有值得商榷之处,比如云南曾专门组织媒体人员赴广州、湖南学习;2016 年,云南广播电视台投入近亿元打造的融媒体平台"七彩云"正式建成启用,投入十分巨大,是否十分必要?近亿元,拿一部分激励员工会怎么样?集中资源先搞出全国比较领先的"两微一端"有可能吗?可能比先搞一个融媒体平台强。如果花很多钱,平台建成了,人才走了很多,平台使用率又不高,效用又不大,就得不偿失了,所以要各方面兼顾好,稳步发展,不能操之过急。

近年来,县级融媒体建设在全国如火如荼地铺开(见表 5-1)。

表 5-1　部分省（市）县级融媒体中心建设现状①

省（市）	时间	县级融媒体中心建设现状
北京	2018 年 8 月	16 个区级融媒体中心建成并挂牌
福建	2018 年 12 月 17 日	84 个县（市、区）融媒体中心全部建成并挂牌
天津	2019 年 3 月	16 个区级融媒体中心全部建成并挂牌
甘肃	2019 年 4 月	10 个市辖区、69 个县（市）融媒体中心全部建成并挂牌
贵州	2019 年 5 月	88 个县（市、区）融媒体中心全部建成并挂牌
江西	2019 年 6 月	100 个县（市、区）融媒体中心全部建成并挂牌
新疆	2019 年 7 月	全区 85 个县级融媒体中心全部建成并挂牌
上海	2019 年 9 月	16 个区级融媒体中心全部建成并挂牌
黑龙江	2019 年 9 月	63 个县级融媒体中心全部建成并挂牌

总的来说，全国以三大央媒为代表、各地媒体鼎力参与奋勇建设的国有媒体的"新型融媒体矩阵"已然成形，县级融媒体中心的普遍化又使这个矩阵有了一个比较扎实的底盘。这对中国媒体生态重塑有比较重大的意义，意味着体现党和人民意志的主流声音在新的媒介场域中站上了舆论的高地，并为国有媒体进一步发展壮大奠定了较为扎实的基础，图 5-1 在一定程度上反映这方面不断转好的局面。

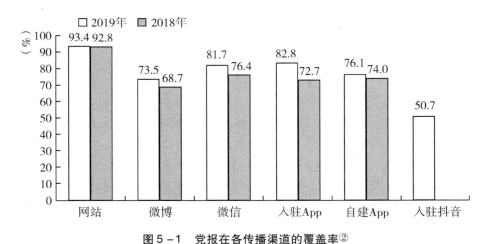

图 5-1　党报在各传播渠道的覆盖率②

① 参见唐绪军、黄楚新《中国新媒体发展报告 No.11（2020）》，社会科学文献出版社 2020 年版，第 55～56 页。
② 参见唐绪军、黄楚新《中国新媒体发展报告 No.11（2020）》，社会科学文献出版社 2020 年版，第 419 页。

（二）总体发展水平

通过媒体融合，国有媒体的发展水平上了一个台阶。"装备先进、媒介形态多样、传播手段全面的新型主流媒体"横空出世，影响力明显加大，用户覆盖率得到巨大提升，但缺乏双效益皆佳的案例。各地媒体融合发展水平很不平衡，总体效果尚不够理想，三大央媒及地方优秀媒体如芒果超媒、澎湃新闻、封面传媒等也正处在由浅入深的发展过程中，其他的国有媒体大多处于浅层的融合之中。单论三大央媒，虽然已经在媒体融合方面取得了令世人瞩目的进步，堪为全国其他国有媒体的表率，但与头部互联网商业媒体相比，在自身体量、粉丝数量、作品关注量、多元产业联动上还有不小的差距。比如国内移动应用20强，不见国有媒体的影子，三大央媒在移动平台上只有5%的市场占有率；抖音上线，短短半年内，用户量就突破了1亿，至2019年月活跃用户已超过3.2亿，堪称指数级跨越，发展速度远超一般国有媒体；以前说传统媒体更注重"守门"和内容把关，新兴商业媒体更注重和受众的互动与"对话"，如今有实力的新兴商业媒体大有两者兼重的意识，据说今日头条有15000名内容审核风控人员，对内容把关的力度非常大；且至2019年12月，头条号的账号总数超过180万，每天上新内容60万条，微头条用户每天产生的互动数量超2000万，活跃的大咖超过1万位，而截至2019年9月，人民日报社每天只由专业生产者生产约1万条信息，截至2019年6月，人民号累计入驻主流媒体、党政机构、企事业单位、优质自媒体等仅超2万家，总共仅收录优质内容近300万条。

现在网络传播的主动权（PC＋移动）和互联网流量主要掌握在几大互联网平台手中，它们占据了用户绝大部分的空余时间，从国外的Facebook、Twitter、Google到国内的新浪微博、微信、今日头条、抖音、快手、喜马拉雅，莫不如此。平台以外新闻网站或者资讯App，也主要被商业门户占据，腾讯新闻、今日头条、网易新闻、搜狐新闻、凤凰新闻等长期占据排行榜前列。用户多从社交网络获得单篇内容的信息消费方式，也让国有媒体官网、客户端的登录频率大幅降低或增速较慢。国有新闻媒体排名总体落后，虽然经历了全国范围大规模的媒体融合行动，其网络传播力还是不够大，只有人民日报社、新华社、央视新闻、澎湃新闻、封面传媒、芒果超媒等情况要好一些。国有媒体常常借助第三方互联网平台的渠道优势和流量优势，进行内容分发。"两微一抖"较有实力的国有媒体表现上佳，但它们自建的平台影响力却较差，自有App无论下载量还是日活跃用户数大多比传统时代多得多，但比起头部商业媒体则少之又少，商业价值不高。内生式媒体融合成效大多不显著或不佳，少数较成功。外延式媒体融合包括与新媒体及技术商融合，头部成效较佳，大多成效不显著或不佳。有言论说是"肥了他人的田",其实国有媒体无论主动还是被动都有被反向融合的情形出现,处境尴尬。各类 Top 榜单长期被各大媒体轮流占据,处于长尾的国有中小媒体用户黏性不强,竞争激烈,生存压力巨大。随着互联网竞争进入下半场,互联网人口红利期结束,不仅中小媒体,即使头部平台获客成本也不断攀升,中小媒体要想生存发展,难度颇大。特别是地方一般报业单位,生存发展的问题特别大。当前报业媒体融合出现"先进典型发展如火如荼,其他单位经营举步维艰"的情况。一些转型起步较晚的报社,在移动化浪潮下逐渐被市场边缘化,内部人才和外部受众流失严重,其中,部分具有固定受众群体的地方报社,由于受众群体规模小,且较为垂直,向新媒体转型后脱离了原有受众(尤其是一些年龄偏大、数字化程度不高的受众),又较难建立起新的用户群体,陷入发展困境。[①]

在发展"两微一端"的过程中,当年就只有人民日报社、新华社等中央级媒体和少数省级媒体走在融合发展的前沿,部分地方媒体处于亦步亦趋的形式化阶段。2014 年后情况大有好转,在中央有关部门的积极推动下,形成了各传媒单位百舸争流的良好局面,但融合仍不够深入。深入的关键其实是各方面的细化、差别化,产品的洞察力、趣味性、互动性、个性化、精准性等的提高,以及用户可得利益的加大。

如今,国有媒体新闻生产关系有了较大程度的重构。作为媒体融合的标志性成果,媒体"中央厨房"统揽一体化流程,最大限度实现新闻资源整合、优化、共享,带来组织架构、运行机制以及人与人关系的重构与再造,媒体传授关系开始突破单向线性局限,新媒体和传统媒体逐渐在渗透与调适中优势互补、有机相融,但这些表现主要是传播基础设施的更新换代,并随之对组织体系、内容生产流程、传播渠道与方法做出的调整所致,对人的因素仍然照顾不足。这些建设主要不是由用户激发、推动的,所以归根结底还是传者站位,并非用户站位。不是说不可以站位于传者,而是站位于用户,才是真正地站位于自己。这是为别人才是真正为自己的道理,如果主要为自己往往很难得到很好的发展。

发展的最关键要素还是人。国有媒体,对内,没有将企业与员工的利益完全结合起来;对外,没有将发展模式、适用技术与作者及广大用户的需求及利益完全结合起来,无法发生内容的显著提升与传播裂变;内容结构性过剩,人才结构性不足,基本上没有形成融合盈利模式,也基本看不到盈利前景,说明融合还没有达到十分有效的深层。

---

① 参见黄楚新、曹曦予《2020 年报业媒体融合发展状况、问题及趋势》,《中国报业》2021 第 1 期。

全国各省市传媒总体发展水平基本上与经济水平成正比,但在媒体融合发展水平上却不能下同样的结论。湖南、江西等地的媒体融合发展水平明显超越了当地的经济水平,这是难能可贵的。今后,除了都要充分重视光明日报社的发展模式外,经济发达地区的国有媒体,要提高媒体融合发展水平,可以更多地借鉴三大央媒的发展模式;经济发展水平一般的地区的国有媒体,可以更多地模仿北京、上海、浙江、四川的媒体融合发展模式;而经济发展水平比较落后的地区的国有媒体,则更适合采取湖南、江西的媒体融合发展模式。通过这种具有层级区别的借鉴、模仿、追赶策略,才能尽量多地减少不切实际的努力与投入,比较理性、务实地推动各地媒体融合的进化与发展。

需要在此提示的是,国有媒体在媒融方面获奖较多,因评奖范围所限,因其有自我鼓劲的成分,仅可作为评判其发展程度及水平高低的一种参考。比如2014年10月11日,澎湃新闻、CBox央视影音、芒果TV以及人民日报客户端同时获得第十届中国金鹰电视艺术节2014互联盛典"跨界融合创新奖"。2016年12月29日《青岛晚报》与《金陵晚报》、VR虫洞网的联合作品"双十一忙碌夜"系列在首届CHINA VR新影像奖颁奖现场获年度最佳选题策划新闻奖。2018年6月7日,中国报业协会主办的"2018年第三届中国传媒创新杭州峰会"在杭州拉开序幕,广州日报社"中央厨房"项目在此次峰会上获"2018中国传媒融合发展创新奖"。2018年11月2日,人民网融媒直播《两会进行时》荣获第二十八届中国新闻奖特别奖,是5个特别奖中唯一的融媒直播项目。同日,第二十八届中国新闻奖、第十五届长江韬奋奖评选结果揭晓,人民日报客户端出品的互动H5融合交互作品《快看呐!这是我的军装照》荣获一等奖。

第六章　国有媒体融合发展的策略

提到媒融基本都说好，都说媒融是发展方向。但媒融本身不是目的，目的是更好地传递正能量、传播好声音、促进社会稳定发展、给人们带来福祉。融得好不好，能不能持久有效，最终要看传播得好不好，而且要看能否或有望获得双效益。近年来，国有传统媒体融合发展的成绩有目共睹，但"融而不合""似融似合""小融小合""覆盖多影响小""有爆款无用户"的现象也不少见。

放眼世界，因为涉及体制机制、各媒体单位发展基础等不同状况，融合探索并没有标准答案。即使要效仿成功者，也要对好"焦距"。对国有媒体而言，只有脚踏实地，因己制宜，善于借鉴，并在观念更新、基础条件配备、理性推进、学术研究升级、各界通力协作等方面下足功夫，才能有效地推动媒融向纵深发展。

笔者认为所有相关因素共同作用会引发某一个结果，换言之，事物发展到某种程度，就是全因素共同作用的结果。媒融发展是一场全方位的变革，新理念、新技术、新载体层出不穷，牵涉的方面很多，关联的空间广阔。因此，必须从根本上做起，综合治理，系统治理，聚焦外部环境的改善与内部能力的提升，注意各种变量，轧苗头，添佳因，结善果，尽量让好的因素发挥作用，将不利因素消除或转换成有利因素，并不断增加新的有利因素。

中国数百万个网站中，只有数百个网站有新闻牌照，主要包括国有重点新闻网站，如人民网、新华网等中央重点新闻网站，东方网、南方网、北方网等地方重点新闻网站。以它们为主的国有新闻媒体是新闻行业价值观的构建者，而新生的新闻传媒生产力也必须为这个行业的价值追求服务。一方面，国有新闻媒体对新闻真实性和公信力的追求，以及职业道德与编辑模式，应该成为新兴商业媒体的指引；另一方面，形势逼人，国有新闻媒体只有顺应传播趋势，继续响应政界的倡导，进一步推动媒体融合纵深发展，把握主基调，汇聚正能量，弘扬主旋律，使提倡的适切性进一步落到实处，才能不负中央要求、时代召唤、人民期待，才能完成舆论引导的职责与使命，也才能够迎来自身发展光明的未来。

事物都有两面性，有长处有缺点；做事情也类似，常常是利弊互现，关键在于环境或生态本身处于什么样的发展阶段。对做某件事而言，有可能短期是利大于弊，中期是弊大于利，远期是利大于弊，或是排列组合的其他各种情况。这是笔者主张的各阶段、各生态中事物发展的利弊消长论。其实这里面起决定作用的，是做事情的所有相关因素的配比，这也是笔者主张的全因素动态配比决定论。

怎样趋利除弊，不断推进媒体融合，使其顺利地向纵深发展，应该是各界相关人士都关注的问题。是否需要进一步加强政策的力度，维持扶助政策更长的时间，或者集中力量办大事，政策集中支持很有发展潜力的公司，壮大一批，再新增一批？是增加或减少政策的指引力度，还是增加政策的服务力度，打造更开放的竞争环境和成长环境？这些问题都值得各界相关人士细加思考。各界相关人士还应该从对事物发展极具根本作用、涵盖相关全要素的生态角度来谋划媒融的发展策略。自然进行的媒融一般与生态的要求不相悖，但主动提倡的媒融在这方面就有点生硬。不是主动提倡本身有问题，而是在执行时往往因为诸多配套问题，可能会出现偏差，我们需要完善整个生态，并基于不断配套完善的生态，发展媒融，才能更好地纠"执行"之偏，扬"提倡"之长。这就是笔者主张的生态成全论。下面将隐含此三论，渐次于媒融的认知、环境、实务、教研、协和各层面展开，探析国有媒体融合发展的策略。

一、媒融认知层面：确保观念的进化与持正

（一）观念的纠偏

2020年1月8日，习近平总书记在"不忘初心、牢记使命"主题教育总结大会上强调："全党同志要跟上时代步伐，不能身子进了新时代，思想还停留在过去，看问题、作决策、推工作还是老观念、老套路、老办法。这样的话，不仅会跟不上时代、做不好工作，而且会贻误时机、耽误工作。"[1] 这番话语，对所有从事传媒实践与研究的相关人员都有警醒作用，在思想观念纠偏等方面也都有启示作用。

1. 媒融相关逻辑的纠偏

传媒从业者对媒融的理解存在着很大差异，原因在于思考的立足点、出发点不同，分别从传统媒体、新兴媒体两种视角审视，能够对媒融的现状得出不同的结论；但如果从融合发展的层面来看，这两种视角均不能全面概括媒融的现状。只有以两者为基础，以事实为准绳，纠正媒融言行内在逻辑的偏差，才能真正有助于媒体融合取得质的进展与突破。

---

[1] 习近平系列重要讲话数据库，http://jhsjk.people.cn/article/31540260。

对互联网的存在与发展逻辑有误解，是比较多见的，这直接影响媒融实践的方式、进程与实效。互联网已是现今社会一个极为重要的关键词，但我们以前可能对互联网本身的认识还不太清晰。可能还有不少人认为互联网只是一个媒介、一个渠道，因此只是将其看作延伸自己价值和影响力的一个通道。其实互联网已远不止是一个可以借助的工具，它更是一种重塑世界的结构性力量。互联网是在连接人与物、人与人的同时创造价值并形成新的社会功能，互联网对我们的一个基本要求就是开放、合作、交互、共享。遵循这一基本要求，就能比较好地推进媒体融合，否则就会始终徘徊于初级融合阶段，而无法顺利进入深度融合阶段。

以前在传媒业界，"＋互联网"比较多，后来仿佛是醒悟过来，觉得今是昨非，所以开始大力提倡"互联网＋"。其实这两种做法都是必要的，这是两个不同的发展视角，各有侧重，或者说，"＋互联网"本身是数字化转型的初级阶段，大多数媒体本身需经历此阶段，才能进而强调"互联网＋"。而且各传媒单位依托互联网进化的程度也各不相同，所以对总体处于新老转化阶段的国有媒体而言，两者能互相促进最好。"＋互联网"强调借助互联网，基于原有基础发挥原有优势；"互联网＋"看重互联网的强势，希望使互联网的作用得到充分发挥，对原产业有重大促进。"原产业＋"始终是需要的，可以"＋技术""＋资本"等，"＋互联网"只是其中的一个方面。"互联网＋"的重要性越来越显著，不少学者甚至要否定"＋互联网"的发展逻辑。我们可以说，"互联网＋"符合时势与新的融合发展的逻辑，但对"＋互联网"的发展逻辑轻易地加以否定，明显也是一种偏差。

因传统媒体与新兴媒体差异大，特别是各自依托的体制机制差异很大，有文章直言："媒体融合是伪命题！"[①] 这种说法的内在逻辑并不符合媒融发展的事实，因为毕竟都是媒体，比起彼此的差异，传统媒体与新媒体共通之处更多，而共通之处就是媒融可以着力之处。新老媒体可以自成一体，但媒介要素可以在彼此之间流动、融合，媒体公司也可通过兼并重组等整合在一起。固然同维度、同层次的单位更容易相融，但不同维度、不同层次也有可以彼此相融的方面与方式。

有文章提到检验媒体融合真假的标尺。[②] 第一把标尺：是不是在党的统一领导下落实意识形态责任制？笔者认为这不是真假的问题，而是对错的问题。第二把标尺：是不是真正"融为一体、合而为一"？笔者认为融合本身有各个

---

① 郭全中：《互联网思维与传统媒体转型》，《出版广角》2014 年第 13 期。
② 参见北京青年报特约评论员《检验媒体融合真假的四把标尺》，《中国广播》2019 年第 1 期。

阶段、各种层次，不能简单地作真假的逻辑判断。习近平总书记谈媒体融合发展时明确指出，关键在融为一体、合而为一。说的是"关键"，不是判断真假的逻辑标准。

有文章认为，早在 20 世纪 80 年代，美国麻省理工学院教授浦尔就提出了"媒介融合"的学说。在理论的推动下，媒融实践一步步加深，但从世界范围看，仍未找到一条清晰的路。① 这是必然的，虽然政界也强调媒体融合要差异化发展，但大多数媒融实务参与者、学术议论者只讲合不讲分，在实践中效果欠佳，在逻辑上先天不足，大家可以偏重合，但不能只追求合，这不是一种客观的态度，明显有局限，缺少客观科学的态度，必定会令媒融发展在一定程度上迷失在模糊或偏执中。

2. 对媒融局部情况认知的纠偏

认知误区是束缚传统媒体融合转型的最大阻碍，但学界等对此的讨论却较少。在中国知网中搜索 2019 年之前篇名为媒体融合或媒介融合的论文，其中篇名有"误区"一词的仅 27 篇，若将核心内容再次出现的文章或被摘编的文章去除之后，总共就只剩下 23 篇，所谈也比较有局限。有鉴于此，笔者将从以下六个方面，比较全面地纠正媒融方面的认知偏差。

（1）对媒融作用认知的偏差。国有传统媒体一开始就没有发育好，融合道路走得甚是艰辛，比如以前国家做人民搜索，投入巨资，却没有形成大的影响力。

媒融契合了技术底层的特质及发展的趋势。我们必须看到提倡媒体融合的积极意义，但媒体融合只是传媒（包括出版）转型、升级发展的一种方式与途径，与创新一样，会引发业务、利益等格局的变化，但并不是必定制胜的法宝。创新有成功的，也有失败的，但正是从失败走向成功的创新大大推动了社会的进化与发展。媒体融合也是如此，总体而言，它对整体国有传媒事业的发展必将有积极的作用，但具体的举措也可能因各种因素限制及各种问题干扰而产生不好的结果，如果能够坦然地接受这一点，审时度势地推进媒体融合，反而可以减少盲目性，大大提高媒体融合的成功率。

传媒的门类众多，每个门类有自身的特点，其内部又各具特点、处于不同发展阶段、实力大小有级差的具体的单位。学者应分门别类提出媒融建议，或在提出建议前对门类或特点有所限定。不能一厢情愿地认为媒融有很大的正面作用，无差别地适用于所有媒体单位，或者认为每个媒体单位都要无级差地投身于媒介融合的潮流。

（2）对媒融难度认知的偏差。人们较少谈及新兴商业媒体内部的竞争与

---

① 参见齐峰《媒体融合认识误区与路径选择》，《中国出版》2015 年第 2 期。

媒融的难度。有不少人以为新兴商业媒体生存容易，但其实并不容易，而且各方面的淘汰率很高，新陈代谢更快更充分，例如移动终端内容产品的生命周期变得更短。

数字媒体市场有赢家通吃的法则，存在明显的"第一效应"和"马太效应"，竞争激烈，新兴商业媒体在成长过程中经受了更多的磨炼，不能进化成优秀或有特色的新媒体，就会走下坡路，直至被淘汰。比如2013年网易社区出局；如今新浪微博一枝独秀，腾讯、网易等其他微博已全部退出；视频网站第一梯队三大民营平台阿里优酷、腾讯、百度爱奇艺十几年来年年亏损，却各自一直坚持。很多人对媒融充满期待，却无视媒融发展及新媒体发展的困难，导致对媒融的作用力必然认识不清，就会对融媒建设放低要求，对融媒的发展方向缺少清醒的认识。曾被视为融合典范的坦帕模式的失败、曾被视为国际视野中产业融合发展标志性事件的时代华纳与美国在线的合并的失败，说明媒融要有好的成效不易，需要各自奋勇，砥砺前行，而不宜过于乐观。诸多企业往新兴媒体发展，盈利的一直占少数，亏钱的一直占多数，国有媒体必须正视这个现实。

发展媒体融合，国有媒体等于要从微波轻澜的湖泊河流跃入惊涛骇浪的海洋中去搏击。因为有政府的支持，所以是难得的发展机遇。但要有大的成长空间，必须入海，入海了就要全力以赴、理性应对、积极奋进，丝毫不能懈怠。现在国有媒体必须发展媒体融合，结合自己原有的优势，往本已竞争十分充分的新媒体领域发展。传统媒体主动与新兴媒体融合注定是一场硬仗，不伤筋动骨是很难取得成效的，因此国有媒体从业者责任很大，担子很重。

（3）对媒融范围认知的偏差。融合是双向的，不一定是以低融高，以高融低亦可。融强大的，也可融弱的，从而使弱变强，使整体变强。新兴媒体是媒融比较前沿的重要力量，要加强对它的了解。媒融在实操的狭义上专指传统媒体与新兴媒体的融合，本书第二章对此有具体的分析。但不要就此以为融合在事实上是专属于传统媒体或以传统媒体为主导的，其实新媒体的融合也无处不在。

融合还是有些扩大化的，也可以说有溢出的情形。言必称媒融，也只是提倡而已，但如果变成谁不融就赶不上趟了，这似的就有点不妥了。标举媒融是一种行为，也是一种巧思，可以充分调动大家群策群力，发挥其作用，统一到一条战壕，或有个归集思虑的聚集点。但不论合理不合理，不断扩充其涵盖范围，将什么都归入媒融，也有点过头。目前国内一些文章将产业融合归属到媒融话题中谈，难怪遭人质疑。新旧媒介要素相合，或吸收其他媒介新要素，都是媒融或跨媒体融合；与其他行业融则是跨界融合、产业融合，不能再称为媒融。表面上跨界其实是与其他领域公司的媒介化部门合作的也是媒融，我们要看实质，不能被概念的表象及相应词语所迷惑。有些文章将"分"归入融合中来讲，或混为一谈，就更离谱了。

（4）对媒融发展阶段认知的纠偏。有些学者认为媒融正在走向纵深发展，有些却认为媒融才刚刚开始，对媒融发展阶段的认知竟然相差如此之远。

平台化建设与发展的思维和举措并非到2014年以后才有，然而却被视为深化媒融的一种新办法，这是一种误解。通观《新闻与写作》编辑部编辑出版的《中国媒体融合发展报告（2010）》中的《媒体融合大事记》，就能知道平台化建设与发展的思维早就有了，融媒平台的建设成果也早就有了。1995年中国日报社创立的网站就是媒融平台，2008年该社开始在平台上实现内容一次采集、多次生成、多次发布和多元发布，只是彼时这些做法没有大面积推广开来而已。

不能草率地认为，媒体融合不是"＋互联网"，而是"互联网＋"。其实正如上文文意，"＋互联网"是初步的融合，而"互联网＋"是逐渐走向纵深发展的融合。

不能无视融合的动态性、阶段性，动辄将媒融初步阶段的表现斥为"假融合"。此阶段本不必追求大而全，视自身发展条件与发展需求做一些媒融的基础建设即可，经过此阶段，媒融自会更具实质意义地进一步深入。

有些文章将媒融视作传媒发展的潮流，无视国内外各地区发展阶段不一致的情况。在台湾地区学术文献数据库中查"媒介融合"（所有字段），只有一个结果，而且标题中也无"媒介融合"字样，相当于无结果。"媒体融合"有4条结果，但只有1篇相关，且实际作"跨媒体融合"。媒融在台湾地区不为学界所关注，说明相应的实践也不会上升为一种潮流，对这个情况，大陆学界却并不了解或选择无视。2006年4月，美国密苏里新闻学院副院长Brian Brooks在中国人民大学前沿学术讲座中专门指出："媒介融合是不可逆转的潮流。"许多人跟着说媒介融合已经成为世界潮流，西方特别是美国在媒介融合方面表现突出，有些符合业界桃李不言的实践，但却不大符合学界的实际情况。西人向来重分不重合，而且西人的思想往往多元化，在学科研究中也是如此，提出新概念、新的学术思想的人很多，但很多只是提出而已，在其国内的学界并不一定有大的影响。媒介融合看来就是如此，虽有一些西方学者提到媒介融合，或者研究并提出对中国颇具影响力的媒介融合定义等，但媒介融合的研究从20世纪70年代至今，在西方始终没有爆发，始终没有汇成学术潮流。遍查百链数据库以及国际上最重要、最有学术权威性的引文信息源、科学引文数据库Web of Science中篇名有"Media Convergence"的百方学者论文。从中笔者发现，大多数西方学者只是把"Media Convergence"当作不证自明的普通语词来加以使用；从论文的内容看，与"Media Convergence"结合得也不紧，议题也十分分散,缺乏直接探讨"Media Convergence"的文章,很少有讨论媒介融合概念与定义的文章;"Media Convergence"常常只是作为一种新情况,被用来看待其他真正的探讨对象,而且 Web of Science 平台上计有 93 种国际刊物,2002—2019 年才发表 124 篇标题一部分为"Media Convergence"(精确匹配)的文章。可见"Media Convergence"在西方并没有显著的学术地位,显然只是被当作一般的研究对象。国内新闻与传媒、出版领域中国知网所收 2002—2019 年篇名一部分为媒介融合的文章多达 4732 篇,篇名一部分为媒体融合的有 7755 篇,说明中国对媒融的研究已到了极其重视的程度,中外两相比较,天差地别。学者口中的媒介融合已成国际传媒发展潮流的说法显然并不完全符合事实,过分夸大是肯定的。

2010 年至今,历年的《中国媒体融合发展报告·借鉴篇》所反映的国外的媒融实践情况也是比较细散的,议题既不集中又有些落后,有的确是我们这边没有关注到的,但总的来讲其媒融实践比较老套,就媒融作直接深入探讨的也很少。可以看得出来,西方国家并没有广泛的媒融研究,也没有将很多心思和举措有意放在推动媒融实践上,主要基调只是任业界或进或退,比较自然地发展。也就是说,在他们那边的学术和实践中,媒融并没有成为发展的风口和大家关注的焦点与重点。国内某些谈国外媒介融合的情况的文章,也有很大的水分,文中谈国外传媒变化的事实是自然而然或多或少存在的,但在论题中冠以"媒介融合"四字,却多半是硬加上去的。这也就是说,国外并没有张口闭口地谈媒介融合,只是谈转变或变化等,但却被国内一些文章作为可资借鉴的先进做法,拉扯到媒介融合的轨道上。其实我们可资借鉴的是,即使媒融手段方式老套却仍能做好工作的那种发展基因与模式。

西方提出媒融概念后,对我们影响最大,形成学术与实践潮流的是中国人,而不是西方人。说美国走出了媒介融合也是可笑的。其实美国充其量只是在一定程度上走出了概念世界,比以前少说媒介融合,更多关注内容建设等而已。美国媒体之间收购兼并这种大动作还是在不断发生的,其他媒融事实也在或多或少不断发生。而我们这边的学界恰恰对西方媒介融合事实中具有重大意义的诸多传媒收购兼并事件倒不够重视,对中国商业新媒体巨头收购国外媒体的诸多事件也缺乏足够的关注。

(5)对融媒目标认知的偏差。媒融目标可以有不同的层次,不必强求一律。媒融发展总体上可以分成几个阶段,每一个阶段的融合的状况是不一样的。每一个单位都可有各自的目标,总言时也应分层次,这样的话才可能比较符合实际的发展基础和发展需要。

到目前为止,尚没有某一种、某一区域的国有媒体融合发展创造出令人仰视的效益。而传媒单位应该主要是为了传播效果最大化而采用新质态的媒介,为了双效益等发展媒体融合。从简单的"媒介融合"到深度的"媒体融合",主流新媒体始终在技术迭代、形态转变、手段更新和传播平台升级等方面认真探索,探寻信息传播新路径。① 有文章认为,从本质上讲,媒介融合不是多种媒介形式的简单相加和组合,而是一种媒介再造过程,通过新媒介对传统媒介进行补充、整治、调和直至两者融成一种新的复合媒介,从而实现再媒介化。② 也有文章提出,传统媒体和新兴媒体要从"相加"走向真正的"相融",须基于技术融合,实现文化、组织等层面的融合。也就是说,要从不同媒体产品之间的合作,到跨媒体平台建构,再到一体化整合的媒介。③ 以上所述的寻找新路径、融成复合媒介、整合媒介,一定不是媒融的目的,因为这与双效益都没有直接的关系,但确有一些单位将手段当作目的。

媒融是媒介、媒体进化特别是媒介、媒体数字化转型的必然结果,虽然现在反推媒介、媒体进步的作用很大,可有意借助它来推动媒介、媒体更快地进步。但它毕竟更多是果而不是因,主要是手段而非目的。如果将它直接作为追求的目标,为融合而融合,就会背离政界提倡媒体融合的目的。

(6) 对媒融关键要素认知的偏差。人大多喜欢折腾表面化的东西,方便据以发言而为宏论,或为业务、工作成绩的交代,往往喜看到明显的、可见的,却大多忽视无形的、不明显的、内在的、深层的、潜在的更重要的东西。在媒融方面也是如此,长此以往,可能形成一些观念上的偏见,迷失在表象中,对媒融的关键要素认知不清,以致过于强调拥有新的媒介形态及在新的媒介形态上进行竞争。

未予特别重视的媒融关键要素,除体制机制、观念、版权等以外,主要就是人了。事实上,对新媒体而言大有裨益、对传统媒体而言伤筋动骨的釜底抽薪式的人才流动问题,国有媒体在融合发展的过程中,没有予以特别重视;学者、业界专家在发表的言论中也较少将此作为非常重大的问题,予以足够的重视。

其实,在数字时代,看得见、摸得着的事物有不少已被其他的事物更多地替代了,而且后者所起的作用越来越大,甚至越来越关键。在管理方面,如果还是沿用过去的一套,必定事倍功半,长久下去是行不通的。机械的管理自然无法应付如今百般灵活的业态万象,单方面主导的管理、营销、传播模式当然

---

① 参见刘光平、钱红兵《抢占 5G 传播新高地——昆明报业传媒集团掌上春城客户端升级路径》,《传媒》2019 年第 21 期。

② 参见党东耀《媒介再造——媒介融合的本质探析》,《新闻大学》2015 年第 4 期。

③ 参见王敏、王毅《互联网时代西方媒介规制政策的转型与重构——以澳大利亚媒体法律改革为例》,《现代传播(中国传播大学学报)》2018 年第 6 期。

无法对应人心的绚烂多彩。相关的研究也要跟上，不应再偏重外在的、机械的事物。融合发展固然需要配备显性的硬件，比如"中央厨房"、融媒体中心等，但也很需要重视隐性的因素，比如在实质层面，新老人员等新老要素、新新要素是否在一起有了融的效应与好的作用。有了融的效应，说明是紧密地合在一起，是有价值和意义的融合，是深层融合，值得继续发展，否则就是浅层融合、不可取的融合或有待改进的融合。在融合中，不能让形式主义盛行，对传媒事业而言，名大于实尤其要不得，一定要重视实质与实效，注重结果而不是过程，注重业界出自实践、科学有实效的言论而不是某些学者笔下空洞的理论。

重量不重质、重表面不重内在、重形式不重实质、重学界言论不重业界言论，这些一直影响着我们的评价系统。一定要逐渐摆脱这些弊端，才能充分发挥媒体融合正面的作用。

（二）观念的拓展

拓展包括回溯拓展与前行拓展。

从历史上看，西方哲学一开始认为人与客观世界彼此对立，后来逐渐有比较明智的哲学家站出来，认为人也是客观世界的一部分，主客并不对立，在此重大认识上终于赶上了中国古代的哲学。人们通过传播构建的文明世界即拟态世界，一开始按照西方的观点，与受众也是对立的，但现在大部分受众已变成了用户，都参与到拟态世界的构建中。哲学关于客观世界与人关系的观念演变发展至今，对应了拟态世界与普罗大众的关系，这不是巧合，而是极具重大意义的必然。这种世界观的改变必然拓展、影响到方方面面，包括传媒以及媒融。这种认识论的改变对应着传媒、媒融实践的改变，必然极大地拓展传媒、媒融实践的发展空间。

面对媒融，回溯拓展，中国古代的和合思想给予我们不少启发：古代讲"和"多于讲"和合"。"和"是中国哲学中一个很重要的概念，近似现在的"和谐"之意。"和"是"合"的前提、条件或基础，有相和的事物才能顺利融合，达到和合的程度，进而产生新事物，不"和"则难"合"。这说明了"和"对"合"的基础性的决定作用。

从和合的角度来看，新老媒体基因不同，融合的难度会高一些。若难度低，融合的成功率就会高一些，硬性力量的加入就可以少一些，而难度高，融合成功率就低一些，硬性力量的加入就需要多一些。融合难度太高，则融合成本太高，成功概率就会很低。当然这里讲的融合成功率与经济上、竞争上的成功率不是一个意思，融合成功率高、融合难度低，融合后可能在经济上或竞争上反而落败，比如美国坦帕的融合一开始很顺利，但最后却因经济效益等原因而终止。融合成功率低、融合难度高，融合后在竞争力上可能强一些，比如国内澎湃新闻的融合转型。

和合文化不是不讲矛盾、斗争和冲突，而是既承认又解决矛盾、差异和冲突，使诸多异质要素、各个不同的事物在对立统一、相互依存的和合体中，求同存异，形成总体上的平衡、和谐、合作，把斗争限定在一定的范围内，并吸取各要素的优质成分，择优汰劣，促使新事物的产生，即由老的和合体发展成为新的和合体，由此促进事物的不断发展。这种取代单纯"斗争哲学"的和合思维方式与新时代发展的潮流与实践相适应，具有普遍的现实意义和价值。融合的对象之间应该有差异，只有让多样性并存，才能推动媒融的良性发展。从这个角度来讲，传统媒体就很有必要与差异明显的新兴媒体相融合，而且很可能取得较好的效果。

从以上分析来看，媒融最好选择彼此有差异且差异又不太大，彼此可以相和的媒体之间进行，这样成功率比较高，比较切实可靠，易于优势互补，形成合力，在经济上、竞争上较快地取得成效。这也是提醒媒介单位在融合中不要冒进，步子不要迈得太大。要考虑媒融中的合适度、和合度与难度等，因时、因地、因己、因具体对象制宜。

和合范畴显然比一般性地和平、和谐或合作、联合、融合内涵更为丰富且层次也更深入。热议媒介融合、提倡媒体融合在一定程度上是和合文化、和合思想在新闻传播学的体现。我们今后实践媒介融合、提倡媒体融合时，可以将中国自古以来就有的和合文化的精髓作为指导方针之一来加以贯彻。鉴于"媒介（体）和合"特有的学术意义与实践价值，将其标举起来，作为新的概念，也未尝不可。

随着数字化媒融的深入，人们不断前行，观念也随之拓展。观念在行动之前，行动又进一步推动观念的迭代与拓展，如此才使新事物螺旋式持续上升到新的境界。

观念就是价值，思想就是力量。以前人们处于工业时代，思考问题与平面媒体、与线性及可按分支路径运算的计算机软件等相对应，持有一种线性的思维；后来进入数字时代，与进化到非线性的计算机软件相对应，有了非线性的思维，进而与连接万端的互联网及计算机云端的应用相对应，有了多媒体思维、互联网思维。思维变了，观念也随之迭代、拓展，媒融的空间也被渐次打开，人们开始进入无限自由灵活的虚拟世界，传播也变得立体、多样，变得无所不能、无穷无尽、无边无际。

工业时代，技术本身基本上没有政治属性，与价值观无关。进入数字时代后，传媒技术包括编程技术、算法技术等背后都有价值观在发挥作用，公正、中立只是相对的，而且价值观已成为传媒技术的内核及具体设计功能时的导向。有的媒融平台明知传媒技术具有价值观属性，仍直接或间接地令其滋生不良信息或低俗内容，并打着"技术中立""算法无罪"的旗号推脱责任，这是在忽悠领导与广大群众。

以前的传媒工作人员将读者、观众、听众作为接受者，向他们传播新闻等；后来进入数字时代，将读者、观众、听从视作用户，为他们提供精神产品，用户参与交互、分享，自身又可成为传播者，而媒体工作人员此时则需具有更多的产品经理人的观念；现在又开始将每个用户都视为完整的人、活生生的人，因为在观念中仅仅将他们看作用户也不全面，用户只是人的一个侧面，而是具有独立思想、人格、尊严、精神的主动的个体，充满了灵性、理性、情感与感觉，在四面八方都有念想与需求，有些甚至是其本人也说不清道不明的，都需要媒体给予主动服务，实现价值赋予，从而升级其让渡价值；媒体工作人员也将不仅仅是工作人员，而是更多地具有亲友的属性，成为照顾、呵护用户，并与用户更多地交流融通，互相提升价值的人。

以前国有传媒的管理，从源头设立传媒单位的审批制开始，总体一直推广、强调事前监督。事前监督很有必要，事实证明十分有效。进入数字时代后，无数新媒体兴起，内容生产主体多元，海量信息汇聚，传统媒体与新媒体融合，也产生了巨量的事项。目前，线上、线下对传媒进行全程监督，这种做法从国有媒体延伸到新兴商业媒体。如人民网内容风控做得很好，正在加以推广；而不少新兴商业媒体如今日头条等不但有技术优势，而且在审核的人力上也安排得十分充分。不过事前的监督成本太高，所以传媒管理方面的观念也应适时调整、拓展，今后除了原来重事后监督的财务管理等要加强事前监督外，一般应逐渐更新监督的观念，可考虑在事前监督方面抓大放小，更多地发挥事后监督的作用，一则可以降低管理成本，二则可以提高管理效率。不过这样做要有前提，就是政府管理部门要预先制定好评价标准，做好法制建设、大数据监测，具有较强的前瞻性，并不断调整、进化，而且政府管理部门要真正提高执行力，有错必罚，有罪必究，有罚必严。

传媒有关联一切的特性，研究者的观念不应囿于传媒领域，新的理论可以有助于观念的拓展。自组织理论、混沌理论等比较适合应用于数字时代的媒融研究，但学界这些方面应用得很少，比如被誉为现代非线性科学三大前沿之一的分形理论，国内传播学界也仅有一篇有关微博传播路径的会议论文加以应用。

（三）观念的持正

2019年1月25日，习近平总书记在十九届中央政治局第十二次集体学习时讲道："没有规矩不成方圆。无论什么形式的媒体，无论网上还是网下，无论大屏还是小屏,都没有法外之地、舆论飞地。主管部门要履行好监管责任,依法加强新兴媒体管理,使我们的网络空间更加清朗。"[1] 国有媒体从业人员在媒体融合进程中必须具备政治意识、大局意识、核心意识与看齐意识,切实担当起新闻舆论工作的职责使命,始终注意在政治上、导向上坚持一个标准、一个要求、一条底线,守土尽责,不忘初心、不忘根本,主动坚持社会主义核心价值观及正确的传媒观、技术观。

价值观决定影响力,从长远来讲更是如此。现在内容、技术都与价值观有莫大的关联。内容与架构、功能体现价值观,价值观决定内容的写作与呈现的基调。技术与价值观的关联从数字媒体兴起后,突然显现,技术对查阅、发言、互动群内人数的限制与内容风控的实施,对互动程度的设定及商业化的支持力度,深入而言,无疑都是一定价值观下的产物。走在正确的价值观轨道上,不仅是国有媒体单位,也是传媒技术公司、新兴商业媒体保证自身可持续发展的基础。

多家国有媒体在价值观引领上做出示范。人民日报社专门制定了《人民日报社所属网络媒体导向管理办法》,建立相应工作机制,为国有新媒体融合发展提供了管导向、把方向的制度保障。人民网微信公众号研究开发"党媒算法",就是为了深入弘扬主旋律,力图实现价值引领与技术驱动的统一,在"两个维护""技以载道"方面堪为表率。封面新闻在算法推荐中加入主旋律、正能量的公式,并在消息推送时开展人工干预,确保推送内容积极正向、温暖向上、开朗大气,也十分值得肯定。

无论过去、现在,意识形态都十分重要,将来意识形态既作为环境的框架影响人们对文化的视角与视点,亦作为既定的思维结构,对人类创造文化的方式起到规约作用,仍将是一种风行的社会评价体系,制约人们的言行与对文明的创造。概括而言,意识形态最基础、最根本性的功能在于通过确定自身的合法性地位,实现对国家与社会发展的整合作用。国有媒体一方面责任重大,另一方面又面临着数字时代传媒生态融合的巨大变化,一定要与时俱进,在意识形态观念上有所拓展,适当调整意识形态的实现手段,加大灵活性与有效性。应继续巩固意识形态在社会整合中的地位,逐渐加大利益整合社会的作用,通过诸多方式,在保证社会各个群体利益的基础上,使社会各个部分整合起来、和合起来,构成一个利益共同体。

发展媒融急需创新,而观念持正是创新之本,只有在做好正常业务、发挥应有正向作用的前提下创"新","新"才有根基、价值和发挥的空间。媒体融合和创新的根本目的之一就是让主流价值观更快更有效地占领舆论阵地。导

---

[1] 习近平系列重要讲话数据库,http://jhsjk.people.cn/article/30978511。

向正确是媒体融合的题中之意,是检验媒介(体)融合社会效果的试金石、方向标。

习近平总书记强调在实践中,要不断深化对宣传思想工作的规律性认识,并提出了一系列新思想、新观点、新论断,包括"四个意识""四个自信""九个坚持""三个自觉"等,对媒体工作者守正创新,积极参与媒融,不断提高新闻舆论的传播力、引导力、影响力、公信力,提供了极佳的指引。

二、媒融环境层面:优化媒体融合发展的基础条件

新兴商业媒体不断出现,其中优秀者发展势头迅猛,较大程度上挤压或减弱了国有媒体的传播作用……这些传媒生态已发生巨大变化,国有媒体已遭遇系统性的困境,仿佛被裹挟在洪流中,常常身不由己,不易深入地推进媒体融合发展,不易强大自身。

在"谁主沉浮"这个问题上不能纠结,主导权必须牢牢掌握在国有媒体手中,资本在意识形态基础方面的无序扩张理应受到约束或制止。长期以来,国有媒体收益于传统体制,同时也受到了相应规制的束缚,新兴媒体因技术超越规制而大展手脚。形势所迫,国有媒体融合发展,急需配套良好的生态环境与基础条件。国有媒体各级管理者当因势而谋、应势而动、顺势而为,破解媒融时代的障碍并代之以动力。当下媒体融合已成为国家重大意志行为,为国有媒体突破一向束缚其发展的结构性困境提供了重大的契机,事在人为、成事为人,只有优化体制机制、优化政府职能,缓解国有媒体的尴尬,做好产业发展等方面的体制机制、政策规制配套工作与政府的服务工作、扶持工作,来改变国有媒体的处境及基本的发展条件,才能真正摆脱"坐在椅子上的人把自己和椅子一起搬起来"的窘境,让传统媒体顺利走上内涵式或外延式发展的道路。2019年1月25日,在十九届中央政治局第十二次集体学习时习近平总书记强调:"媒体融合发展是一篇大文章。面对全球一张网,需要全国一盘棋。"① 生态建设既要"强点",也要"扩面",需要树立一种自上而下的富有全局观的"传播生态"的理念,促成强劲的主流价值影响力版图的形成。

媒体自有"生命",媒融需要比较自然地"生长",对媒体融合的提倡要掌握因势利导的尺度,不宜拔苗助长。分形原理告诉我们基因的决定性作用,就等于告诉我们媒体融合的不易。一定要有新的生存环境,才可能生成新的基因,在墙内修修补补,内核终究还是原来的。明者因时而变,知者随事而制。除了统一认识、统一规划,十分要紧的是为媒体融合发展转变环境,创造好发

---

① 习近平系列重要讲话数据库,http://jhsjk.people.cn/article/30978511。

展的内外部条件,进而以灵活的而不是机械的管理风格,激发各方活力与潜力,鼓励大家分类对待不同对象,分层次处理具体的问题。

(一)优化体制机制

体制机制是最具基础性的发展要素。其类型有三:一如长空,二如蓝海,三如泥土。长空任鸟飞翔,最为自由;蓝海任鱼游动,也是舒畅,但海底所生植物,却有固定之根;泥土吐生万种植物,但亦固定植物,只令其原地生长。三者皆有边界,但限制生物的程度逐渐加强,至泥土这一层次,虽亦可滋养生物,但其性状已然板结,对生物的约束最大。这里有一个度的问题,三种类型各有长处,各有适合施用的对象,也唯有与施用对象契合才能发挥其长处。很多问题研究到最后都与体制机制有关联,因为体制机制就好比生物生长的空间。

1994年中国正式接入国际互联网后,国有媒体初始的探索与民营创新者差不多同步,甚至还略早一点。但是,最终突围胜出的是互联网龙头企业,而国有互联网单位没有一家进入第一方阵,这与体制机制的束缚有较大的关系。中国传媒的体制机制也有集中力量办大事等优势,在传统时代发挥了较大较好的作用,如今面对数字化时代的日新月异,确也显露出了些许的不足。而中国优秀的商业互联网企业之所以能在短短20多年发展得如此之快,令全世界刮目相看,最大的原因就是它们比较顺畅地走了市场化道路。因此,对于国有媒体而言,应该在市场化改制基础上,革新传媒滞后的体制机制,从根本上推动国有媒体的融合发展。

各种生产要素是否能自由流动起来,是媒体融合能否成功的关键。由于中国传媒业存在着地区、媒体与行业等壁垒,故而总体上少有收购兼并意义上的市场化融合、区域融合、跨所有制融合;以前广电单位、报社或出版社等硬性组合为集团成风,不能算是市场化行为;出版类上市公司主要对游戏公司或业务进行收购,数量多一些,但总量也不大。李良荣教授曾担忧:在没有跨媒体组合,也没有跨行业组合的前提下,"我们国家媒体融合的前景何在?"[①] 与新兴网络媒体相比,国有媒体在体制机制的灵活性与延展性上缺乏优势。

国有媒体所有权是国有(公有)制,媒体格局是中央、省(直辖市或自治区)、市、县四级建制,条块分割、混合覆盖,既有中央纵向宏观管理,又有地方横向行业管理,采用审批制、主管主办制、属地管理制、行业管理制,构成了中国传统媒体规制的主体制度,导致国有传媒业长期存在行业、地域壁垒

---

① 杨娟、严三九:《资本·创新·全球化——媒介融合的现状与未来》,《新闻记者》2009年第3期。

及部门、地方保护主义，还横亘市场、媒体形态与管理条块分割、互相阻隔的状况。以前便利管理的长处，到了数字时代，由于与新兴媒体的基因存在质的背离，变成了生产力发展需要突破的关口。部门、行业壁垒阻止了媒体融合在全国范围市场化的深入与扩展，地方壁垒从全国视角来看就是重复建设。多重不利影响给跨媒介融合、跨地区融合发展和跨行业融合经营，以及上下游产业资源整合造成了困难，延缓了国有媒体融合发展的步伐，使得国有传媒及传媒单位难以做成"规模经济"和"范围经济"。国外也曾有媒体壁垒。如澳大利亚《1992广播服务法案》中有媒体垄断的"三分之二"原则：规定一家媒体公司在一个市场只能拥有电视、广播和报纸中的两项，而不能同时经营三项。后来澳大利亚人醒悟过来，发现这个原则对本土媒体发展有限制，却有利于海外互联网巨头在澳大利亚赚取大量利润。

媒体融合离不开体制机制的创新与变革。适应传统媒体生产力和生产方式的管理体制与运行机制，跟不上不断产生革命性技术、不断有运营模式创新的互联网时代，影响了媒体融合的发展。由于国有媒体属性比较特殊，因此体制机制等方面各种"放开"和优化措施的贯彻性不够强，执行力度往往达不到市场发展的要求，结果往往是让经营体变大而不是变强，这也就在客观上影响了媒体融合、跨界融合的实效。媒体融合就是让国有媒体在互联网上与民营互联网企业、民营平台进行竞合，而媒体融合的任务及这种竞合显然是需要我们的体制机制本身能够配套，但实际上却不大匹配，这是一个比较突出的问题。体制机制若不能摆脱"意欲放开，却又束手束脚"的尴尬境地，整个传媒或其一部分就会处于"滑牙"的状态，媒体融合的发展就会体现在表面的热闹而不是传播实力的真正提高上。

可以说得具体一点，比如记者证分为报纸、广电、互联网等类别，意味着在采编范围和权力上的分工，换而言之，就是国有媒体在采编范围和权力上各有妨碍其融合发展的限制。比如以"身份"和编制定职位、定薪资的机制对新人发挥工作积极性势必会造成不利影响；比如禁止在海外上市的公司持有中国的出版许可证，实际上这也否定了国有媒体谋求海外上市的可能；比如国有报刊出版机构被限制进入广电领域，广电单位也难以进入报业……这些似乎都是在为国有媒体融合发展设置或大或小的屏障。

传媒融合改革创新突破已进入水深浪急的水域，不进则退。对国有媒体而言，资金、技术、人才是媒体融合发展的核心要素，但能否促成这些要素价值最大化，与体制机制的关系很大。优化体制机制，是国内媒体融合有效发展的金钥匙。融合也是一种创新，那种只在生产力、生产方式领域寻求创新，而不在生产关系领域有所突破的融合，实质上是换汤不换药，其结果很可能与目的渐行渐远。

网络新兴媒体是传统媒体迭代转型的目标对象。网络新兴媒体基于开放、自由、平等为核心的网络文化基因与市场经济天然契合，天生就是融媒体，天生就在进行自然而然的媒融。BAT 就是最大的融媒体。总体上讲，原有的很多规制对传统媒体有效，并且约束了传统媒体，但对新兴媒体却不大有效。比如传统以媒介形态数量来控制市场垄断的规制只能约束传统媒体，却对以融合形态发展的新媒体在线上扩张毫无约束力，实质上形成对传统媒体相当不公平的竞争态势。数字化时代，在很大程度上，新兴媒体走在了法律、法规或国家、其他相关部门规制的前面，游离于法律体系之外或超前于法律体系的修改，所以新媒体从诞生之初，就处在畅行无阻的处女地、开阔地，再加上版权保护不够健全，故而它们可以比较自由地驰骋，野蛮地生长。新媒体公司大量增加，淘汰率、更新率高，在激烈残酷的竞争磨炼后产生了战斗力、垄断性更强的公司，不断地升级换代媒融的层次与规模。国有媒体却始终处于力量分散的状态，迄今仍没有一家在全国范围内具有垄断地位的单位产生。为什么不让体制内的单位在全国范围内展开充分的竞争与兼并重组呢？为什么非要捆绑体制内的力量，让体制外的力量肆意地极快地发展壮大呢？从这些事实来看，强调各方面的革新给予国有媒体融合配套十分必要，强调、发挥媒体融合的反推作用也十分必要。

融合发展提升了管控媒体产业及舆论的难度，倒逼国有传媒深化改革体制机制。同时，体制机制的改革也为传播的市场化运营创造了有利的条件。虽然明显有些迟，但仍要尽快创造条件，让国有媒体内部变成自由市场，建立竞争机制、练兵机制与强帅机制，让国有传媒同类媒体、不同类别的媒体、各地的媒体充分竞争，优胜劣汰、互相兼并、彼此整合、新陈代谢，早日打造出国有媒体的航空母舰和旗舰群，而且提供优惠政策，奖强扶弱，大媒带小媒，主流带支流，从而充分激发体制内媒体的活力、竞争力与创造力，加强党对新闻舆论工作的领导，最终形成体制内国有媒体引领社会媒体融合发展的局面。

体制机制优化的需求迫切。虽然触及利益，触动灵魂，但必须进行，国有媒体已经错失了数字化转型及融合发展的最佳时机，决心不能再不坚定，动作不能再不迅速了。为了切实有效地促进国有媒体的融合发展，今后凡不利于激发创造力和解放生产力的旧体制机制都应逐渐改变或优化，凡有利于激发创造力和解放生产力的新体制机制都应逐渐完善或发展。

国家与媒体单位层面的体制机制都需要优化。国有媒体单位虽然可以进行业绩奖励、成立单独工作室、融媒体工作室或按项目制自由组合运作、设立首席编辑或首席记者岗位、搞月业绩 TOP 5 或 TOP 10 的评比与奖励，但与股权激励没法比，都属于目前容易操作的退而求其次的办法。这些方法治表不治里，不容易取得理想效果。当然股权激励也要适当，应量体裁衣，具体应深度结合行业特性、创始人特点、企业规模、发展战略、发展阶段、股东架构等因素，定目标、定工具、定对象、定时间、定数量、定价格、定规则、定文件，系统性地设计好针对性方案，并通过有效的管理机制及智能化管理手段来落实方案，确保股权激励效果，使股权激励不仅是激励工具（即人员管理工具），而且是企业财务等管理的工具。比如在引进超越企业当前体量及发展阶段人才的情况下，可以通过"低薪酬＋高股权"的方式控制现金成本支出，为创业与开拓培养强劲动力。

在体制上，应试水管理层持股。人民网尝试体制创新，成立了骨干团队持股的人民科技公司，优秀技术骨干流失的现象和隐患得以解决，对高端人才的吸引又有了保障。比较可行、比较合理、比较有效的方法是今后可以取出扣除通货膨胀因素后的利润增量中的49%折算成股份，按贡献程度分给员工，这样既可以稳住国有媒体的大局、巩固事业上的职责，又可以很好地凝聚人心，将员工的利益与单位的利益融为一体，激活员工的工作潜力、工作热情与创造力，促使员工发自内心地负责担当，使尽浑身解数，群策群力将单位做强做大。可创新组织架构，在确保国有股份占多数的情况下，与体制内外的能人合资成立传媒企业，以便进一步在国有媒体的外围扶植新生的力量。能人办媒体是中国传媒业的优秀传统，近现代媒体很多有影响力的媒体都是由能人主事的，比如陈独秀主编的《新青年》、毛泽东主编的《湘江评论》。现在，大都出身传统媒体的能人所办的自媒体也逐渐冒出头来，而且越办越兴旺，如"得到""巴九灵""梨视频"等。

时不我待，各国有传媒单位必须赶紧按照发展媒体融合的迫切要求，基于自身的小生境，加快改革步伐，积极探索，努力创新，改革管理体制机制，建立适应融合发展的组织结构与传播体系，为融合发展提供坚实的保障和强有力的支撑。国有媒体单位的用人机制、干部的观念与知识结构等也要与媒体融合发展相配套，营造干部能上能下的氛围，注意干部队伍的年轻化，及时新陈代谢。

笼统来讲，体制机制建设对传媒企业都是必要的，但不能对各国有媒体单位有同样的建设要求，要允许各个媒体单位根据自身的情况，在建设、执行上有程度的区别和自己的特色，这是在体制机制上保持务实性与一定灵活性的要义。另外，也不能一味地强调体制机制优化的重要性，而遮蔽融合转型方式方法的重要性。优化体制机制是个较长期的任务，不同的媒体必须脚踏实地，扬长避短，拿出个性化的优化方案来一步步地推进自身的进化。

（二）优化政府职能

媒融是时代所向、大势所趋。提倡媒体融合是一种强调，强调的主要目的就是要壮大国有媒体。之前经过无数努力，动用了大量社会资源、政策资源、政治资源、传播资源，传统媒体中占比颇大的国有媒体总体仍现雄风衰减、话语权转弱之象，引起了国家领导的重视。

在现代化建设中，政府必须介入，推进数字经济、新基建、智慧城市建设，保护市场机制正常运行，加强网络意识形态安全与网络空间国际治理等。政府就是竞争或博弈大环境的调节者、产业长远发展的奠基者，使产业竞争适度，于各方有益，于社会有益。比如针对商业媒体巨头垄断的问题，美国四大科技巨头 Facebook、亚马逊、谷歌母公司 Alphabet、苹果可能会面临美国政府的裁定而面临业务拆分；中国在反垄断方面针对科技巨头比如阿里、腾讯等也有所规制；为了制止和预防网络不正当竞争行为，维护公平竞争的市场秩序，保护经营者和消费者的合法权益，促进数字经济规范持续健康发展，根据《中华人民共和国反不正当竞争法》《中华人民共和国电子商务法》《中华人民共和国行政处罚法》等，国家市场监管总局起草了《禁止网络不正当竞争行为规定（公开征求意见稿）》，于 2021 年 8 月中旬向社会公开征求意见。

政府高瞻远瞩，为传媒发展把脉定向，掌舵领航。政府对媒体融合可以有各种导向，如发展导向、研究导向、项目导向、评估导向、创新导向等，导资源、导学术、导实践，不宜太硬性、太要求统一，更需营造整体宽松、某些关键点建设到位的大环境。相关法律、法规、规制建设滞后的情况要着力使之有所改善，政府导向中长期关涉的重点最好能化入法律，公开公平公正地执行。目前需要重点考虑的问题是，该制定哪些针对性的法律法规条款，以极具实质性地直接推动媒体融合的发展呢？

2014 年 8 月 18 日，在中央全面深化改革领导小组第四次会议上，习近平总书记特别强调："要一手抓融合，一手抓管理，确保融合发展沿着正确方向推进。"[①] 2019 年 1 月 25 日，习近平总书记在十九届中央政治局第十二次集体学习时讲道："各级党委和政府要从政策、资金、人才等方面加大对媒体融合发展的支持力度。各级宣传管理部门要改革创新管理机制，配套落实政策措施，推动媒体融合朝着正确方向发展。"[②]

政府有一系列直接主导的促进媒体融合的举措，如国家广电总局建立媒体融合发展专家库，如专门批准中国新闻奖增设媒体融合奖等，有的维持至今，且仍在发挥积极作用。今后应着力改善规制、约束滞后的情况，及早协调好自由与控制两者的关系。比如对不大自觉的商业媒体，政府可考虑在导向上实施一票否决的特殊管理股制度。

---

① 习近平系列重要讲话数据库，http://jhsjk.people.cn/article/25489502。
② 习近平系列重要讲话数据库，http://jhsjk.people.cn/article/30590946。

国家规制可分为经济性规制和社会性规制，经济性规制主要为了防止资源低效配置，确保利用者的公平利用，用经济手段对企业的进入、退出、价格、投资、服务等行为加以规制。经济性规制主要是基于所有权限制实现结构规制。社会性规制主要是内容规制，从社会影响、社会效益的角度考核和把关，以保障劳动者和消费者的安全、健康等，为物品和服务的质量及相应生产活动制定标准，并禁止、限制特定行为。政府在社会与媒体双重转型的背景下，在保护传媒的公共性的同时，须推进媒体的效益和创新——这应当成为政策调整考量的一个关键因素。从全球范围来看，重新设计适合网络时代的传媒规制框架，是各国共同面临的挑战。中国媒体融合发展应坚持走市场化与社会治理相结合的道路，政府规制从行政管理为主转到经济、法律等手段为主是最基本的，接下来要设法逐渐加大社会性规制的比重，以行政手段为辅，并放松经济性规制。

政府在媒融方面的主要职能要更多地从行政管理转到社会性规制与公共服务上来，尽量为业界媒融发展配套好条件，提供公平、公正，有利于媒融发展的市场竞争环境。一方面，应鼓励技术创新和公平竞争，顺应发展现状与趋势，破除跨媒体、跨部门、跨行业、跨地域的壁垒，为媒融发展赋能；另一方面，应引导媒体沿着以人为本的方向良性发展，并以开放、包容的心态鼓励学界开阔媒融研究的视野与范围，为学界进行各种层次各方面的媒融研究提供经费支持。

政府要尊重产业发展规律，相信市场自身的修复能力与生长能力，减少外在干预和特殊保护，迫使媒体尽早经受市场或特殊环境的考验，不断适应持续变化的环境。在大多数的情况下，政府应该无事不扰，有求必应，分类指导或扶持。

政界提倡作用非常明显，但不宜过度。屡掀高潮是好，但只恐上下合力太大，使媒体融合脱离发展的自然状态，即脱离各地各类较多媒体单位发展的基础，包括资源、能力、企业文化等。政策一来，风口即来，发展红利即来，大家躁动不已，有实干且取得实效的，也有虚造台阶而实难顺利上进的，或虚张声势实则拿国家资金填坑的。这样一来，就可能出现较多表面的热闹而实则总体效果不佳，未达真正兴盛境界的情况。

媒体融合是国家战略，目前单个媒体实力有限，在技术研发上难有大的作为，需要政府总结人民搜索开发的经验与得失，组织顶尖力量进行技术研发攻关，以技术创新为驱动力，不断加快融合发展步伐，不断增强国有媒体的整体实力。政府应继续安排专项资金，大力支持媒体融合发展重点项目建设。仅仅依靠财政拨款会导致国有媒体市场竞争力下降，这就要求政府在对国有媒体进行财政补贴时进行严格的考核，通过建立起科学有效的绩效评估机制，根据媒体单位媒体融合规划的科学性、合理性与潜在能量或融媒产品的质量与创新程度给予相应的资金支持或奖励。政府更应特别注重支持在竞争中胜出的媒体单位,锦上添花,配套更多的资金,令其不断发展壮大,并让其在体制内并小扶弱,返身引领其他国有媒体单位前进,使国有传媒的发展形成良性的循环。

政府的相关办事机构或部门之间需要融合,办事流程与规定也需要优化,以增强媒融发展的便利性。在具体媒融工作的开展过程中,各类媒体机构的管辖单位相互之间有所割裂,广播电视、平面纸媒、网络媒体所属的管理部门各不相同,部门和部门之间在工作的开展方式、政策条款、制度门槛等方面都有差别。媒体融合工作项目需要跨多部门进行审批和管理,这些差别造成了一些协同上的困难,又会延缓工作的进度,从而影响媒体融合的整体进程。

原创内容即使在互联网时代也是稀缺的。2017年《新京报》的新媒体业绩同比增长37.16%,版权收入增加62%,充分说明了版权对国有媒体而言的重要性。版权保护正成为媒体融合路上较大的困扰。新兴商业媒体着力培养、提升自身的内容采编、创制能力,部分还"借船出海、借风航行",抢占先机摘转传统媒体的"精品佳文",各种篡改、二次剪辑等洗稿情况时有发生,将一些传统媒体的内容优势化为无形。很多国有媒体专注于内容创作,结果却为他人做了嫁衣裳;很多国有媒体对于移动传播规则水土不服,导致其在创新、研发中容易被侵权,还会因此陷入诉讼困境。版权保护于媒融发展而言,是比较根本性的因素,是有效维护和提升国有媒体融合发展双效益极为重要的一环,可以由政府牵头来强化。

有些新技术因为受限制太少,出现纵容盗版等问题。技术发展太快,本应配套跟上的版权保护等跟不上。大数据、云计算技术推动下新的问题(如隐私保护问题)又突显出来,这些问题部分可以用技术手段予以解决,但要彻底解决,还需依靠政府等各方的力量。政府可带领传媒业界、技术厂商、法学界等加强对版权的保护力度,平衡好作者、用户、社会文化建设各方面的博弈关系,加大对盗版行为的打击力度,简化著作权诉讼制度,减低诉讼成本,责成有关部门开发、建立全国媒体一体化网络版权平台,疏堵结合,为传媒业实现有价共享、有序传播,提升传播效益提供保障;可对司法界就新媒体领域出现的版权问题的答复时间进行督促,加快我国著作权法的修订与司法区块链统一平台建设,出台新媒体平台版权管理规范与具体实施细则;可推动传媒企业应用区块链,推进新闻生产主体及其新闻生产的过程透明、议程设置的标准透明、验证及追责的责任透明,应用于记录版权、支付版权费用等环节,提升媒融过程中总体的诚信度;可教育民众,使其提高版权保护的意识,适当改变免费使用网络资源的习惯。

如果各界合力、强力实施对国有媒体版权的保护,并落实在版权强保护的话语系统的构建与严格践行中,整个媒体融合的局面就会大不一样。

(三)缓解国有媒体的尴尬

自 20 世纪 90 年代中后期至今,中央、地方媒体已进行了 30 多年的大量摸索,但媒融的效果与预期状态还有相当差距。只有设法缓解国有媒体各方面的尴尬处境,即内在矛盾或纠结,才能改变融体媒合发展局部出师不利的情况。

国有媒体存在多重尴尬:一是定位的尴尬,即单位性质定位尴尬,大多数国有媒体已改成企业,但事业要求不容放松。事业属性要注重,商业属性亦不可看轻,事业背后的公益逻辑与商业背后的资本逻辑之间的矛盾难调,但又必须调和。如此一来,整体媒体融合发展只能暂缓步伐,但现在不加速又不行。对大多数地方国有媒体来说,将来到底是以事业为中心还是以受众、用户为中心?此定位关系也重大,却也有些尴尬,应当以内容类型施策。有专家说,广电媒体将自己定位成新闻、节目提供商不够,还要定位成国家信息治理的全业务平台。① 都这样定位显然尴尬,但对部分广电媒体来说应该是良策。中国传统广电、新闻媒体以前都是事业单位事业管理。近几年,调整组织性质定位,组建市场化新媒体企业成为众多媒体的必然选择。这意味着媒体融合不但是新老媒体的融合,也是事企一体化的融合发展。这到底是积极举措还是无奈之举?说成"一体双核、互补发展"可以,但真能顺利、高效地发挥其中的积极作用吗?

二是多方面刻板固化,跟不上时势的尴尬。改革缓慢,要以时间换空间。比如干部能上不能下的情况比较普遍;官方言论与民间言论共存于一个平台不易做到,如果国有媒体缺少社群融合平台的话,发展也就不容易;人员编制总数有限,事业单位薪酬总额有最高限度,无法按媒体融合所需的"一人多工,全天在线"等因工作量增加而在提薪上得到合理分配。

三是统一的行为习惯与形式主义造成的尴尬。多样化是生机之所在,只有百花齐放才能春色满园。统一中难免有跟不上、不想跟、搞形式主义等情形出现。统一的行为习惯可以促成整体地进化与改变,难免会造成差异化的减少、同质化的增加,有利有弊,在促进规范化管理的同时很有可能减少事业的生机与活力,如果处理不当,会比较尴尬,以为是进步,其实在其他方面可能是一种退步,因而特别需要度量具体情况扬长避短。

四是面对新媒体的尴尬。媒介要素的边界因数字技术的出现与进化变得不复存在、不被理会、不再坚牢或不堪一击,海纳百川的互联网带来了新世界,

---

① 参见廖望劭《改革推动广电发展进入新时代》,《声屏世界》2018 年第 4 期。

新媒介甫一出现连传统媒体的围墙都没进入，基本上绕开了传统媒体的边界，还在墙外铺天盖地以开放姿态容纳了所有的媒介表现形态，不但多了Flash动画、3D动画等，近几年还增加了AR、VR、全息等。现在说要建设融媒体，主要是从传统媒体的角度讲，与实际发展过程有些错位。网站天生就是融媒体，媒融从网站出现开始其实就已经兴盛，而且其传播运营逻辑与传统媒体差异颇大。在时间上不受限制，可以24小时运转并随时更新内容；在空间上也不受限制，任何人都可以成为读者。读者逐渐变成用户，部分又逐渐变成传播主体，UGC成为重要的一种创作途径。网上社区等不断兴起，社交带来的关系成了最重要的传播要素之一。新媒体从全世界网罗受众，大型网络媒体的用户不是以万计，而是以亿计。新媒体还不断地反向融合，而且颇具实质意义。面对新兴商业媒体进行媒融，传统媒体颇为尴尬。传统媒体融新媒体融得不好，可能拉郎配，里生外不熟，或徒有其表，骨子里还是传统媒体。

五是去行政化的尴尬。去行政化，推动运作管理项目化，提升柔性化、即时化管理水平等，说起来是必要的，但真正推行起来却十分尴尬，叫行政领导推行去行政化不过是走过场，而且到底是以行政、行政领导为中心还是以项目为中心，在实际工作中也很难确定下来。

六是传播去中心化的尴尬。去中心化，推进分众传播精准化、个性化很有必要。但国有媒体有着重大的引导之责，而且有些门类的媒体，比如专业化程度较高的媒体、政治地位较高的媒体并不适合去中心化。因此，这方面自然也难免尴尬。

七是国有媒体难以成为真正市场主体的尴尬。国有媒体无法像商业媒体一样成为真正的市场主体，难以适应剧烈的市场竞争，难以适应市场化和国际化的发展趋势。在欧美整体占据优势的情况下，反而是商业媒体冲在了前面，走向国际，还取得了巨大的影响力，比如抖音的TikTok。

八是股份制改造的尴尬。国有媒体内容制作单位启动股份制改造困难，欠缺股权激励制度，更未采用优秀商业媒体普遍采用的合伙人制度。传统媒体向新媒体靠拢，靠拢的主要手段就是数字化，而没有将单位利益与员工的利益相融作为根基，怎么跟商业媒体展开竞争呢？

九是能否稳居媒融主动地位的尴尬。国有媒体总体上到底是主动者还是被动者？若总体上反向融合更多、更有效或更有实质意义，实在是一件十分尴尬的事。媒体对融合的态度与诉求往往是站在维护自身利益的立场上，希望居于主导地位，来切分整体市场利益，但不能都如愿以偿。强调融合，不管内外总要有主动的一方，但主动的一方若没有足够强大的实力，无疑将置身于尴尬境地。通常来说，依照企业运营的相关理论，此种强大必须体现在目标和战略、业务形态、组织构造、组织文化与价值观四个方面。如果从这个角度来考量，国有媒体真有吸纳 BAT、抖音、今日头条等新媒体巨头的体量与经济实力吗？如今以国有媒体为主或站位于国有媒体去融合新兴商业媒体，实际上多半是被倒着融的。现在大多数是国有媒体自办新兴媒体，搞媒体融合，融合方式与目标不匹配使得局面尴尬。再者说，居主导地位，确实可以带着自己原有的优势往新媒体方向融。但这种融，必然在较大程度上以自己为主，必然难以断舍离，焉能轻易脱胎换骨？说起来也是尴尬。

十是传媒产业发展速度快于国有媒体融合变革速度的尴尬。尚未改到位、融到位，产业、产品往往又有了长足进展，体制、机制改良始终来不及，相关法律建设滞后或有些跟上了不久又变得滞后。这几种情况长期以来或多或少地存在，也令国有媒体在融合发展过程中难掩疲惫。

缓解以上尴尬很不容易。国有媒体的事业属性其实无法改变，但可以适当宽松，比如具体用双效益考量时要改变观念，要适当放宽要求，只要没有不好的内容，就应肯定其有社会效益，而不要在社会效益上有很高的标准。可以采用一些实质性举措，比如国有媒体内部发展媒体融合时，可成立独立的互联网媒体公司，还要将它的位置放高，任其调用集团内所有的内容资源，或可设置内部交易市场予以配套。具体缓解国有媒体尴尬、发展媒体融合的策略及办法，将在下文的阐述中展开。

三、媒融实务层面：理性推进媒体融合发展

融合是"术"，是"势"，也是"道"。媒体融合发展是中央的明确要求的，也是业界、学界的共识。融合是路径，也是创新手段，但不宜作为目标。媒融也是一个框架，需要导入诸多资源与力量加以配套。在发展环境与基础条件得以改善的同时，需要统筹规划，端口协力，资源共享，功能互补，积极探索。推动媒体融合发展，需要尊重企业自身的发展规律，以人为本，以产品和渠道为重，进一步重视内容建设、关系连接、资本运作与技术创新，避开各种误区，求同存异，兼顾分合，自觉运用互联网思维，借势借力合力发展媒体融合及跨界融合。

《中国媒体融合发展报告（2017—2018）》指出，"目前中国媒体行业已经进入深度融合、多元发展、不断升级的新阶段"[①]。媒体融合方面需要改进的事项仍很多，这个观点只是针对过去而言，但适用于现在，只不过现在对深入开展媒体融合又有了更高、更新的要求。

---

① 北京市新闻工作者协会编：《中国媒体融合发展报告（2017—2018）》，社会科学文献出版社 2017 年版，第 26～27 页。

对于广电、报刊等传统媒体而言，已然错过了融合的最佳窗口期，国有媒体唯有一起努力，结合中国媒融的整体环境，基于重彼此契合的生态思维以及自身的媒体特征，调整融合发展模式，明确融合发展的重点和要点，让数据说话，让市场裁决，让用户评价，让连接增效，让成效定论，以此姿态向未来奋进，才有可能赢得未来。

（一）以人为本最重要

特别是现在，"以人为本"的"人"，应该是"复数＋单数"的概念。

媒体竞争的关键在"人"。人是决定一切的因素，是生产力最活跃、最革命的要素，是公司最重要的资源，又是最难相与的要素，"人"的生产生活空间，正在成为渠道融合的核心落脚点，人与物的关系连接以及交互对话正在成为一种新的传播方式。

人才是事业发展最重要的基础，现在国内许多城市在产业建设方面随着竞争的加剧，已经醒悟过来，改变了观念，首先重视的不是招商引资，而是引进人才；人才有了，相关的产业就自然会跟进来。

管理学教材讲企业的核心竞争力常常讲得未尽其理，其实品牌等核心竞争力都是人造就的，优秀人才才是真正的核心竞争力，聚才方能聚财，必须想办法引进人才，留住人才，聚天下英才共谋传媒之发展、共守传媒之"天下"。

人的融合是最大的融合，包括人才流动、传授融合，与作者、用户融合等，兼及人的观念与创意的融合。其实人的融合早就已经发生了，但学界却一直未予足够重视。全国政协委员、原新闻出版总署副署长、中国新闻文化促进会会长李东东在调研中发现，传统媒体在融合发展中遇到的最紧迫的问题不是设备、大楼，也不是资金，而是队伍建设问题、人才问题。"一方面，传统媒体的采编业务骨干频频流失；另一方面，主流媒体所需要的新媒体技术、业务骨干难以引进。"[①]

传统媒体的人不断往新媒体走，常见到一些记者、编辑或主持人，在某个媒体内虽已是应有尽有，但工作还是没有积极性和主动性，甚至最终"跳槽"加盟新兴商业媒体；[②] 有些则出来兴办自媒体，比如腾讯网总编辑、搜狐网总编辑、19楼社区多位负责人、逻辑思维的创办人等都来自传统媒体。到底是谁在融谁，国有媒体边铺摊子，搞融媒体平台，边流失原有的或引进的人才，以浅表的融进陪伴深层的融出，渐有"空心化"的倾向。

---

① 李淼：《全国政协第30次双周协商座谈会聚焦融合发展——媒体融合的四大难点怎么破》，《中国新闻出版报》2015年5月19日第5版。
② 参见邵培仁《传播生态规律与媒介生存策略》，《新闻界》2001年第5期。

未来要靠的是体系化的以人为本,即赋予员工、作者、用户价值与能力的体制化的以人为本。国有媒体必须以人为本,以人的连接、融合为中心,以用户体验为核心,以融人心为上上之策。以员工、作者、用户为本,做到尊重人、服务人、激励人、依靠人。人与人的一体化最重要,应该及早由聚流量转为聚人心。

国有媒体单位领导调整,融媒体平台的建设,App 的推出,诸多终端账号的设置,这些都是很表面化的改变。但媒体融合工作到底能不能做好,关键还是要看是否有融合观念和用户观念,说白了就是有没有以作者、员工、用户为中心,这些单位领导所言所行是否契合人心与需要。观念、人心这些方面相对比较虚,不好衡量不好把握,但有时真正更起作用的往往是虚的而不是实的东西。特别在数字新时代,我们在务实的同时一定要注重务虚,这就给一般的硬性、量化管理及传播模式带来了较大的难题。如果非要按硬性模式来,效果必然欠佳。

1. 国有媒体内部以人为本的内涵

国有媒体要尽快将员工与企业在文化、价值观、精神与利益上融为一体,打造精神与利益的共同体,取信于员工,激发员工尽力工作;对员工的要求也要合理。就媒体业务而言,通才与专才都需要,不必要一窝蜂都搞成全媒体编辑、全媒体记者。特别是有实力的媒体单位,应作人才类型、结构与层次的梯度建构与组合建设,有的编辑、记者就应该保持原来的岗位特色与专长,不断地深入,不断地提高,并组成一个很强的团队分工协作、紧密配合,做单位的重大项目。重大项目向来需要专精人员团队作战,使作品达到很高水准。有的员工专精的实力本不太强,则可让他们做一专多能的全媒体编辑、记者,对付一般的议题,随时、快速编发大众化的多媒体稿件,加快报道速度。近年来,新闻单位对传播活动的人文性有所忽视,新闻工作者的业务专精不被强调,其个性特点趋于弱化,使得部分媒体在激烈的市场竞争中背离自己的定位,核心竞争力下降,所以很多事情的操作不宜一刀切,要分层次、有所区别地加以考虑和安排。擅长的人做擅长的事,如果单纯追求十项全能,只可能造成报道水平退步。2016 年 2 月 19 日,在党的新闻舆论工作座谈会上习近平总书记强调:"(新闻舆论工作者)要提高业务能力,勤学习、多锻炼,努力成为全媒型、专家型人才。"[①] 全媒型人才要具备融合型思维、互联网思维,懂得融合传播多方面的实操要领;而专家型人才则要术业有专攻,善于创新的人才主攻策划研发,文字功底强的要把好文字关等。大家对此应好好领会,妥善实践。

李东东认为,国有传统媒体人才频频流失最主要的原因在于体制机制僵

---

① 习近平系列重要讲话数据库,http://jhsjk.people.cn/article/28136289。

化，对核心人才缺乏有效激励机制。而一家优秀的新媒体企业之所以能迅速发展壮大，除了技术因素，关键的一点就是资本推动和激励机制，如管理层持股，成为其强大的内生动力。"如果传统媒体不建立有效的激励机制，必然留不住人才，进而丧失创造力和竞争力。"对此，李东东提出三点建议：一是坚持深化体制改革。考虑到中央级新闻单位牵一发而动全身、影响面广的问题，可以对省级以下（包含省级）地方报业、广电集团采取先试点，再逐步推广的办法。二是试水管理层持股。建议借鉴国家关于科技人才的激励政策之一——股权激励。三是把机制改革做到极致。在实行股权激励仍有难度的背景下，可借鉴四川日报报业集团等的做法，设立首席记者、首席编辑岗位，使其薪酬达到甚至超过集团领导的水平，其政治待遇也可以接近或达到集团领导层的水平。[①] 国有媒体还可以在内部建立众筹众创平台或实行员工以新增绩效折算入股制度等。留人也要有办法，比如设立延后三年支付的忠诚奖或授予限制性（离职则尚未归属的股权不得归属）的股权激励等；用人则要懂得包容，不要只是注重管，这样才可能在激烈的市场竞争中夺得一席之地。数字时代，把新的管理探索建立起来以后，就不能像原来那样以"管"为核心了。如今诸多国有媒体单位的管理工作通过数字化手段，搞得越来越苛细，越来越烦琐，既违背了互联网精神，也违背了数字化给人提供方便、提高效率、让人通过连接更平等的初衷；有的媒体甚至通过流量等量化指标管员工，以为自己采取了很好的管理办法，其实这是工业时代泰勒的量化管理方法，早已经过时。

传媒工作是良心活，管人应逐渐从硬性管理向柔性管理转变，最后再向以人为本转变。即使"管"，方式也要有变化，要提高"管"的艺术性，要通过机制体制的建设内敛外隐，要更多地将"管"化为无形；而且管理的金字塔要倒过来，领导要给各个部门赋能，把自己做小，把各个部门做大。最好建立相应体制机制，使管理者转型成为单位竞争条件、生产条件的改善者，企业文化、融合生态建设的组织者与业务发展的支持者、服务者，妥善处理好员工投入与其地位及待遇的关系问题，充分激发员工自发努力工作的意愿与巨大的潜能。令员工自我管理、自我驱动、互相督促、互相鼓劲、奋发向前，手不扬鞭自奋蹄，主动整合媒体内外资源，不断进行内容创新、技术创新、渠道创新、管理创新与平台创新，推动本单位快速走出具有自身特色的融合创新之路，强力突进新媒体主阵地。

国有媒体工作人员大多数是学中文、新闻出身，对资本、技术比较生疏。国有媒体面临全媒体人才、技术人才、资本运作人才不足及采编人员流失的困

---

① 参见李淼《全国政协第30次双周协商座谈会聚焦融合发展——媒体融合的四大难点怎么破》，《中国新闻出版报》2015年5月19日第5版。

境，缺乏善于讲故事的人才、善于设问并解决问题的人才、善于独到地分析数据并有效得出结论的人才，这里有人才结构的更新问题。有些文章强调人才战略，包含几个方面，即人才的培养、选拔、使用和评估。说了半天，却没有抓住"以人为本"这个关键点，只是倾向于把人作为劳动工具，这与以人为本的精神背道而驰。人才是要靠培养，但更要靠激励来催生。任正非说：钱给多了，不是人才也会变成人才。这话有一定道理。尽管如此，在现有条件下，人才培养方面还得加大力度，而且要切实地落到实处，这样融人的成效总会好一些。Mosco 在《融合的反噬：加拿大通讯业的劳工斗争》一文中详细介绍了加拿大国家广播公司（CBC）在推行融合政策时与员工的斗争过程，描述了新闻从业人员对媒介融合的抵制行为。Haagerup 在《尼曼报告》中也谈及从业人员对媒介融合后自身素质、技能缺乏的恐惧。员工在利用新技术、新应用创新、传播方式方面的能力不足，对互联网的关键性的新应用缺乏敏感，就会导致这样的情况。[①] 所以通过提升员工的融合素养克服员工对媒融的心理障碍也比较重要。2016 年，新华社启动"全媒记者""全媒编辑"培训计划，用三年时间轮训约 4000 名采编技术人员，并起到了较好的作用。当然加强企业的文化建设也很重要，国有媒体除了满足员工的基本需求，还需要充分发挥企业文化的作用，营造积极向上的业务生态和严谨认真的工作氛围，熏陶、引导员工个人提高自身的精神境界与济世情怀，培养、提升全体员工的凝聚力与团队合作精神。

国有媒体应该借鉴商业新媒体与自媒体的做法，注意塑造人的品牌，为体制内人才特别是优秀人才的拓展要充分发挥其才能的空间，使之在国内外有很大的影响力，从而成为线上、线下的领军人物；还应选拔培育诸多国有媒体员工成为网红，使其名噪大江南北。这些努力与相关举措能够激发体制内优秀人才的作用，于媒体融合发展大有好处。目前的情形往往是诸多执掌商业媒体的人扬名于天下，独领风骚，一言一行都有媒体十分起劲地报道，这种局面应该及早改变。

2. 国有媒体对外以人为本的内涵

国有媒体要与作者、用户融为一体，在各自价值提升、作品创造、交互分享等方面融成不可切分的关系，激发企业外尽量多的人力共铸企业的辉煌。要携手作者，与用户在横向信息载体融合的同时，在纵向的产业链融合中做到产消融合，如此才可能促成媒体融合的可持续发展。须就作者与用户的融合作周到的安排，让用户与作者有各式各样的互动；用户与用户的融合也须悉心经营，如弹幕功能在这方面就有较好的作用——当很多用户在视频中发弹幕时，

---

① 参见徐沁《媒介融合：新闻传播业的新趋势》，《东南传播》2008 年第 6 期。

就会营造群体言论交融的氛围;弹幕很快消逝,又可适当提高言论的自由度,这使用户与用户言论的交融能更加深入。

国有媒体要注重影响逻辑的合理性。以前的传播是一对多,而现在传媒单位面对大众或各类群体进行策划的重要性和实施频率有点下降了,更重要的是依据大数据、运用算法,为用户准确画像,针对每个用户的需要,提供个性化精准化的信息与服务,在恰当的时间将适切的新闻等信息推送到特定场景中用户的眼前。进入数字时代后,媒介从卖方市场进入买方市场,经历了一般商业服务改进的各个阶段,从媒介产品较少,由卖方决定供给,转变成媒介产品很多,用网站承载;由卖方像设立大卖场一样地供给,由买方选择是否点击阅看,再转变成由卖方较精准地供给由买方需求、兴趣决定的内容,但是否点击阅看仍取决于买方,"精准推送"本身也需不断改进,勿让用户感到受扰或厌烦。这些情况,反映了不同的时势、逻辑、理念和做法。

用户是上帝的说法,在提倡媒体融合的情形下得到了更大程度地实现。如今的用户远比以前来得重要。习近平总书记多次强调:"人在哪儿,宣传思想工作的重点就在哪儿"[1],"老百姓上了网,民意也就上了网"[2]。

网络传播的特殊规律,要求国有媒体必须主动适应网民需求,用网民喜闻乐见的传播方式进行舆论引导,从而赢得生存发展空间。国有媒体一定要改变行为惯性,一定要习惯并乐于面对用户,以便满足他们、引领他们。美国最成功的商业媒体,其拿手戏就是聚合资源,即通过连接为用户带来生活的便利或者知识的启迪,为用户赋能提升价值。国有媒体也要"通过网络走群众路线",多以用户为中心,将用户利益之所在作为发展的驱动力,密切关注民情、民意、民愿,让互联网成为贴近群众、了解群众、团结群众的重要渠道,用脚力、眼力、脑力、笔力等将新闻产品和服务做到极致,让报道更及时、全面到位地反映用户诉求,让故事更真切、更生动。在视觉呈现、语言风格、推进速度、互动分享等方面,带给用户更好的体验,并把质量评价权交给用户。同时还要追踪、适应读者需求的变化,比如过去新闻阅读的低谷时间是晚上10:30至11:30,现在反而成了移动终端阅读的高峰时段。对此,国有媒体就要相应地在工作、人员管理等方面做出安排。

国有媒体应实施以用户个人为中心,以满足其为手段,可提升其价值的深度融合。闭门造车、不舍不离二次售卖、满足于流量与弱连姿,属于顽固不化的表现。

"互联网+"时代是人人时代,媒体的边界正在逐渐淡化、模糊,网络赋

---

[1] 习近平系列重要讲话数据库,http://jhsjk.people.cn/article/30978511。
[2] 习近平系列重要讲话数据库,http://jhsjk.people.cn/article/31408992。

权使人人都有麦克风,人人都是媒体,人人都可以原创,传播主体不再单一,个人逐渐成为网络传播中的关系节点,在传播中的作用得到了很大提升。不进行终端叠加,不建立新媒体矩阵,不进行、不加强人的连接,不扩大用户的知情权、监督权、参与权,不促使、不激发用户加入外向传播、分享、创造内容的队伍中,就没有大的传播功效。主音箱与功放之间的关系可以说明现今最有效的传播模式是什么。

传播正在从单向传播向双向互动转变,从"你听我说"的"课堂模式"向平等对话"交流互动"的"集市模式"转变。移动互联网时代,无数普通用户在网上提供海量内容。全网还充斥了各利益方或"围观者"的海量信息,网络舆论已经成为社会舆论的重要策源地。

短视频自媒体中记录宠物生活的视频、鉴定缅甸玉石的视频、原始民族居住地探险的视频、书画创作的视频等具有轻阅读、易理解等属性,雅俗共赏,从点赞数量来看颇受欢迎,这一般是民众自发录制上传的。以前在传统媒介中看不到的很多内容如今在新的媒介上都出现了,有的还颇为精彩,民众智慧互相激荡,佳作迭出,传播效果颇佳。国有媒体也应提供平台,去赢得认同,去激发社群生产力,让受众自发生产产品,展现民众巨大的创造力,为平台发展提供源源不断的动力与内容。

国有媒体应该放下"高大上"的姿态,与网友交流互动形成共识,成为信息传播共同体、情感交流共同体、价值判断共同体,分别创造内容,甚至一起来创造内容。这方面国有媒体已有些进步,比如前几年人民日报社的"军装照"H5,在交互式新闻的基础上更近一步,让用户亲自参与内容的生成,成为传播链条中的一环,实现"裂变式"传播,最大限度地扩大了影响力。这方面还可以借鉴商业媒体 B 站,B 站 UP 主除了自制的纪录片、动画片,还有很多专业的创作者,创作的内容,不仅是动画和纪录片,还覆盖了音乐、演奏、舞蹈、娱乐、科技等 11 个大类,悄然形成了 200 万个文化标签、7000 多个文化圈层。B 站把大部分的流量给予无名的创作者,创作者只要认认真真做好自己的作品就可能成名。2018 年 3 月 28 日,B 站在美国纳斯达克上市,前往美国敲钟的 CEO 带去的不是 B 站股东,而是 8 位 UP 主的创作者,也就是社区里面的用户,而且让他们站在第一排。CEO 在上市当天还写了一封给 B 站所有用户的公开信,提到创立这个社区的目的是让用户感到快乐,是让创作者能够充分发挥自己的才华。

发展技术与发展传媒一样,归根结底也是为了人,给予人与以往不一样的更美好的生活。用户是互联网思维的聚焦点,互联网融媒产品的触发点。用户的数量、停留时长、参与程度等,代表媒体聚拢吸附受众的能力、塑造受众行为的能力和社会动员的能力。无论技术如何变化,产品和传播都要围着用户转，都要从用户的多维需求出发，真正做到以人民为中心。今后可进一步依据用户的差别，分层级做阶梯式用户互动社区，上下各层级用户数量可由少到多梯形分布，以便将服务做得更加妥帖、更加到位，在用户价值提升方式多样化与细致化的同时，促进盈利模式的分层化与精细化。

媒体融合铺开发展，红红火火如一盘棋，国有媒体占领无数网络空间，与对手隔空而战，能否吸引足量的用户才是胜利与否的关键，得用户者得传媒之天下。深度融合，壮大主流，要靠立场与积累，也要靠用户。必须与用户共生，与用户共享，与用户共成长。用户的规模是任何媒体生存的基础，用户的选择最终决定了媒体的命运。

从奥美4I与凤凰4I的角度来看，媒体单位除了加强技术创新，力求呈现形式更加适配内容，还得继续强化用户思维，制作更多更高质量的内容，实施更多、更好、更有用、更有趣的服务，给予用户物质上、精神上的利益，提升用户的价值与看待事物的洞察力，在云化、移动化、数据化、智能化、场景化、互动化、精准化、个性化等方面，令用户有更好的体验，有更多、更大的获得感。只有这样，才能将媒体融合推进到纵深发展的新阶段，才能切实提升自身传播的影响力、品牌力与号召力。

盈利方式重要，关键是盈利方式背后的支撑力量，这个支撑力量可以是企业文化、科研的投入、资本的注入，但深究下去，最重要的支撑力量仍是用户，没有用户的信赖与支持，一切都会成空。所以盈利方式是很表面的东西，当中一层是企业文化、科研的投入、资本的力量等，最深层的还是用户的需求。如何了解、引导、满足、催发用户的需求才是最根本的。凭借后台用户"大数据+"算法等，可以在一定程度上洞察用户的需求，这是在做根本性的事情，进而可打通商业的"任督二脉"。洞察了用户的需求，还有什么生意不可以做？还有什么生意做不好？还有什么界不能跨？什么逆袭不可以去尝试？什么"乾坤大挪移"不可以施展？抓住了用户就是抓住了最根本的核心，腾讯有言，"用户为本"，诚哉斯言！

以人为本，也是技术创新与传播形态创新的价值准则。微信设计者对用户极端重视，张小龙年度演讲时说，微信拓展功能都是要公测的，反响好则加强、扩大，否则就要换道，这比一般软件公测的优化思维进了一步。微信设计部门员工千方百计造好功能、小心翼翼掌握好尺度或火候，以凝聚广大用户的工作态度可贵，其最大限度促进用户创造、共享生活小视频的态度与精神也值得肯定。国有媒体花了巨资，搞了很多融媒体平台，同质化程度很高。有些平台建设，说起来也是为用户考虑，然而建成后未必能顺利地将用户吸引过来。传播的裂变归根结底要由用户的需求来推动，用户很少来光顾或分享，传播就难有很好的效果，平台就没有继续扩大的理由。具有中国特色的媒体融合就是要走好数字时代的"群众路线",离人民更近,与人民更亲,这才是媒体融合的根基。

说穿了,用户与企业最核心的关系较多地体现在需求与利益(包括精神需求、精神利益等)这两个方面。现在说传媒应该以用户为中心,是正确的,但这不是完全的真相,有很多仍然只是表象。企业有自己的社会责任没错,但企业、用户都各有各的需求与利益,始终存在着博弈,大家都想顺利而长久地满足自己的需求、提升自己的利益。这在不同的历史阶段,在力量的此消彼长中,会有不同的表现。但可以肯定的是,如今因为技术破除枷锁或障碍的作用,读者的处境变得越来越主动、地位越来越高,作用也越来越大,只有先满足用户的需求、提升用户的利益,企业才能实现满足自己的需求、提升自己利益的目的,从而很好地履行自己的社会责任。不管企业愿不愿意,都得放低姿态这样做,仅此而已。其实不是时代发展了,该这样该那样的问题,而常常是应时而变的通过创造满足需求并分配利益的一场场博弈而已。

总之,以商业为本,或以政治为本等都是不明智的。传媒等方面的商业目的或政治目的等,必须通过以人为本才可能恒久地实现,且实现的程度取决于以人为本的真诚程度与兑现的程度。

(二)以精彩内容为"活水之源"

2016年2月19日,在党的新闻舆论工作座谈会上习近平总书记强调:"内容永远是根本,融合发展必须坚持内容为王,以内容优势赢得发展优势。"[①] 2018年,中央网信办专门出台了《互联网内容建设战略》,提出主流媒体在推进媒体融合的过程中,要加强内容建设,要在保持优质原创内容的传统优势基础上,善于借助多元化技术手段和传播渠道,善于发掘和讲好生动鲜活的故事,以内容优势赢得话语优势和发展优势。2020年9月,中共中央办公厅、国务院办公厅印发了《关于加快推进媒体深度融合发展的意见》,提出要推进内容生产供给侧结构性改革,更加注重网络内容建设,始终保持内容定力,专注内容质量,扩大优质内容产能,创新内容表现形式,提升内容传播效果。

"内容为王"的说法最早由微软创始人比尔·盖茨于1996年提出,其含义即内容生产企业将是互联网上最大的赢家。欧美在内容的保护、优质独特内容的制作,以及在内容收费等方面有比较多的成功实践值得我们借鉴。《华尔街日报》于2011年开始推行旨在以受众需求为导向的"无处不在"媒融战略,编辑部的融合带来《华尔街日报》采编业务流程的改变。一个新闻事件

---

① 习近平系列重要讲话数据库,http://jhsjk.people.cn/article/30440485。

发生后，由合并过来的道琼斯通讯社首先发布实时新闻，紧接着由日报网站、道琼斯出资的 CNBC 电视台、道琼斯广播电台跟进，《华尔街日报》《财智月刊》等负责深度报道。最后，该新闻进入道琼斯和路透合资的 Factiva 商业资讯数据库。这就是著名的道琼斯"波纹理论"实践。内容和终端的争夺是传媒竞争的两大战略制高点。《华尔街日报》还进行终端融合，旨在将其内容优势转化为新媒体的市场利润，实现新闻信息"一次性采集、多媒介发布"。[①]

当今社会，天天有亿万网民无数次交互分享，即使是深巷子里的好酒也越来越"藏不住"了；有好产品，大都只要一露面，大家就会争相传播，关键是产品内容是否足够精彩。

精彩内容正是媒融的源泉与拓展的动力。澎湃新闻上线前半年储备了大量优质内容，所以不但能在融合变革中一炮打响，而且为接下来的持续的融合发展奠定了很好的基础。

其实"内容+"最实在，精彩且又契合无间的"内容+创意+数字技术（交互、算法等）"特别有生命力与竞争力。国有媒体应遵循新闻传播规律和新兴媒体发展规律，强化互联网思维、开拓创新，聚焦内容、做好内容，优化内容结构，丰富内容类型，优化内容资源配置，以个性化、即时性、可靠性、易用性、可寻性或解释性、智库型、智能互动型等内容主动回应社会关切，积极与网民互动，打造更多具有先进媒体气质和品格的主流融媒产品，以深度融合"聚力"，让主流媒体"聚粉"，在融合舆论场中塑造"中流砥柱"和"定海神针"，在线上、线下形成最大半径的同心圆。无论何种类型的内容产品，只有用户喜闻乐见、主动下载、分享，才会真正形成影响力、公信力、传播力与引导力。内容，只有真正抵达用户时，才是活着的；只有当人们愿意接受、分享甚至主动参与创造时，才是有价值的。国有媒体成为真正的新型主流媒体的标准只能是能影响到最广泛的人群，没有其他。国有媒体在成为主流媒体的同时，还要适当地引导读者，不能一味地迎合读者的趣味。法国报业史甚至有"抵抗读者"这一激进的口号，为的是在内容的真实、权威与质量上更好地满足读者被引导的需求。

精彩内容数量有限，以前许多媒体所办网站 80% 以上的点击量往往是由 10% 左右的内容创造的。这些内容不但重要，而且稀缺或有构思及趣味方面的创意，在呈现形式上也比较讲究。

国有媒体除了要扎扎实实地搞好内容，尽量多生产好内容，还要扎扎实实地搞好服务。在一定意义上，媒体产业的生存、发展能力取决于"内容"的

---

① 参见邹妍艳《西方国家媒体融合的战略与启示——以 BBC 和〈华尔街日报〉为例》，《国际传播》2018 年第 6 期。

创造和消费，取决于内容与广大消费者的日常生活、工作与娱乐、休息的联系。不能提供千百万人需要或喜爱的内容，媒融就会黯然失色，少有回旋余地。

融合往往是一种业务的布局方式或穿插组合方式，借助数字技术，将精彩的内容用融合等手段加以扩展，或通过融合的方法来达成一些精彩内容的组合或聚合，就会取得较好的效果。近些年，国有媒体曾在融媒体平台上用 AR、VR、H5 一镜到底、QTAKE 现场数字图像处理技术，制作了不少融媒产品，传播效果较好的一般都是内容质量本身就精彩的。若不能创造或吸引精彩的内容，就缺乏竞争基础，不落败是不可能的。因此，内容与技术适配的优秀产品是媒融衍生推广的对象与抓手，如果没有它们，即便摊子铺得再大也没用也没意义，相反还会造成损失。皮之不存，毛将焉附？内容不精彩，全媒体、融媒体发布作用就发挥不出来，弄不好反而砸了招牌。没有好的内容，搞新媒体矩阵、融媒平台等就是虚肿。没有留得住、叫得响、传得开的创新性产品，媒体融合就是本末倒置。从这个角度讲，先要有强大的内容生产能力或吸引、留住精彩内容的能力，再建设或扩大融媒体平台才合适，不然就颠倒了合理的顺序。

内容不精彩，媒融就只是为了传播而传播，而不是为了内容传播。有文章说不应该以内容为王，而应该以产品为王，其实产品为王的核心就是内容为王，两者并不是对立的。

国有媒体要深度融合发展，就要努力将"重要的"做成"需要的"，把"有意义"做得"有意思"；就要在内容建设上将音准"调高"，将触点"调低"。既拼数量又拼质量，既拼质量又拼流量，更好地满足用户对内容丰富性、真实性、可靠性和深刻性的需求。

应该将传统媒体精英式的内容生产与传播方式，与个体用户散点集群式的内容生产与传播融合起来。从 PGC 变为"PGC + UGC"，技术实力强的还可加上 MGC。精英模式的优势是专业上精湛、权威性强、可信度高，个体集群式的优势是海量、多样、灵敏度高，二者优势互补，融为一体，能大大提升媒体的内容生产力与传播力。可设置好平台与功能，优化用户创造内容的体验，令无组织的组织力量充分发挥积极性与原先潜藏的巨大能量。至 2017 年，商业媒体"梨视频"已有 2 万多名核心拍客，分布在全球的 520 个城市，包括国内的 2000 多个区县。从 7 个管理维度上管理 2 万多名拍客，大部分视频在 30 秒至 3 分钟不等，大多以几十秒为主。内容生产简易方便，平台每日上载 30

万条短视频。① 这些均值得国有媒体借鉴。

内容是融合的核心，技术则可以助力，或发挥更大的作用。人机协作，可以在某些方面优化内容及其制作手段。网络时代新的媒体形态如过江之鲫，层出不穷，竞争渐趋激烈，对新闻稿件的时效性、准确性的要求越来越高。可由编辑策划、构思，由机器人承担数据收集、编校调整等系列工作，从而大大增强工作效能，提高时效性；应积极创新技术应用，推动新闻"自动事实核查"辅助机制的建立，提高准确性。当前，机器人写作不够成熟，主要适用于金融、财经、体育等数据繁杂的行业，但相较于人自身能力的相对定型，机器人通过无限度地进化，可以不断完善，可以在报道深度与广度的开拓上起到越来越大的作用。

与体制外新兴商业媒体相比，国有媒体总体在内容质量及专业、权威内容的数量上确实还是有优势的，但也不宜过于乐观自大，一厢情愿地认定内容的优势会雷打不动地在国有媒体这边。新兴商业媒体一向重视引入或自创优质内容，虽然其供给能力依然不足，但它们如果单靠技术等而没有创造或拥有大量人们喜闻乐见的内容，是不可能有挤压传统媒体的能力的。头部商业媒体等待遇好的地方自是精英的聚集地，传媒领域能够出来创业做自媒体的人大多也是精英，在内容策划组织和创造上还是很有实力的，而且商业媒体等同样在主动创造，并积极发挥提质与把关的作用，比如B站的精彩内容就很多，其参与出品的《人生一串》之所以受欢迎是因为特别接地气，题材是青年人大都参与过的一种社交活动——撸串，即烧烤；纪录片《我在故宫修文物》《寻找手艺》之所以受欢迎是因为内容的独创性，《极地》之所以受欢迎是因为特别能给人学习般的收获。而且B站像国有媒体一样，坚持价值观优先与品质导向，支持、保护原创，打击抄袭、媚俗，自觉维护社区正能量，坚持创作导向，不全是流量导向；还通过用户的反馈来判断作品质量。腾讯网也重视内容价值，基于数字技术与媒体专业性的融合，搭建完善的内容审校机制，对重要内容"三审三校"；通过算法，提高正能量和暖新闻推荐比例；以小见大，讲好中国故事，传播好中国声音。腾讯新闻秉承"事实派"的理念，坚持将事实传递给用户。努力确保发布内容的真实性，每一条新闻资讯都要经过多个信源的核查，从而提升了用户的信任，顺利扩大了自身的影响力。

与新兴商业媒体相比，国有新媒体所生产的内容数量较少、数字化程度较低、时效性较差、分类较粗疏、可视化程度不够。就近二三十年来的新闻业发展情况来看，国有媒体的专业壁垒不但没有增高，反而有逐步降低的趋势。

---

① 参见杜娅娅《以"梨视频"为例分析资讯短视频的发展》，《新媒体研究》2018年第13期。

"新闻民工"现象意味着不少媒体以浅表化的、琐碎的社会信息传播为主,缺少深入调查、理性思考的深度内容。全民记者、全民直播的生态,也让专业记者在突发事件报道上丧失了诸多优势。媒体融合概念提出至今,各级媒体经历了技术、形式、渠道等方面的尝试之后,应更加注重创造有深度、有价值的内容。《华尔街日报》认为,这些年来自身融合转型初见成效,主要因为全球化、专业化、数字化三方面做得突出。这三点被该报视为未来融合发展的核心战略,显然明示了专业化优质内容的重要作用以及更大范围传播数字化专业内容的重要性。

影响内容构成的相关呈现方式与传播方式也是需要关注的重点。新兴商业媒体传播的一个重要方式就是微传播,各种微内容与微信息高速流动、跨平台流动,使得用户随时随地能够获取信息。国有媒体也要用好微博、微信等传播平台,形成即时采集、发稿的报道机制,努力抢占第一落点,努力实现个性化制作、可视化呈现、互动化传播、裂变式传播,不断创造融合传播的新高度。

不同的介质适合不同的传播内容。必须牢固树立互联网思维,尊重互联网传播规律,生产出适合在移动互联网广泛传播的、适应多终端发布的优质内容,这也是媒体融合发展的重中之重,决不能机械地把传统媒介形态的内容,简单地"照抄照搬"进互联网。必须强化内容特色,巩固精彩内容的自身优势。不同媒介同一内容,不同内容同一媒介的说法并不严谨,即便基于同一内核,最终呈现出来的内容,其格调、气象、篇幅、着重点也应该因媒介而有所不同。要以策划驱动内容创新,以特色驱动表达创新;要由单纯注重新闻价值向新闻价值与传播价值并重转变,由新闻报道向新闻产品拓展。虽然碎片化内容阅读时间较短,但仍需要综合运用图文、表格、动画、音频、视频等多种形式,实现内容产品从可读到可视、从静态到动态、从平面到立体的升级融合。不过,传播形式创新再重要,仍要以强化内容为核心。

要强化"用户至上"思维,突出以用户需求为导向的内容融合,充分考虑受众的信息需求,在内容选择及发布渠道上,根据内容发布的国家与地域等特点,有针对性地采用不同类别用户乐于接受的方式进行有效传播。如今大数据与算法应运而生、大行于世,已交织成互联网世界的神经传导系统,成了洞察市场、洞察用户、创新发展的关键。基于大数据分析,用户思维在促进内容设计、传播等方面将大有用武之地。

总体上国有媒体摊子多而实力弱,项目多而资源散。可以资讯库、智库建设为突破口,推进融合发展,为国家管理部门等提供高品质决策咨询服务。还可以进一步提高数据新闻的占比,拓展新闻报道的内容。《华尔街日报》专门成立了100余人的数据挖掘和视觉呈现团队,从纷繁复杂的经济大数据中,挖掘有价值的关联、规律或是苗头,用简单易懂的形式呈现给用户,很受欢迎。

这值得我们借鉴。

因为国有媒体的网络渠道没有优势，使得自身内容的优势被打了折扣，国有媒体不甘心沦为内容供应商（CP），而以版权合作与自建平台等多种方法进行抗争，但作用不是很大。目前腾讯网已与几百家主流媒体、传统媒体签署了版权合作协议，来自外部的大量优质稿源丰富了该网的内容。腾讯依托强大的社交平台及大数据分析技术，提高了信息分发效率，明显提升了用户价值。事实上，绝大部分的国有媒体特别是实力有限的地方媒体做CP占业务比重较高，他们只有制作更多更好的内容IP才能有较强的议价能力。这也是一种生存之道，适合实力有限的国有媒体单位。如果实力一般或较弱的国有媒体在此状况下，放弃自身信息精加工的特长与功能，盲目采用新媒体分发平台发展模式，将很多精力放在内容之外，"以己之短、博人之长"，那么原来的优势就得不到发挥或逐渐丧失，新的一套如果做不过人家，又何以自处呢？又如何谈得上通过内容优势掌握媒融的主导权呢？

既然知识服务来了，就要培养用户付费习惯。首先要有精彩的内容，就像"长尾理论"提出者克里斯·安德森说的，虽然互联网经济是免费经济，但"人们愿意为节省时间买单，人们愿意为降低风险买单，人们愿意为他们喜欢的东西买单，人们愿意为获得相应的身份或地位而付出金钱的代价。一旦他们为此着迷，如果你让他们付钱，他们愿意掏腰包"[①]。说到底，对于媒体来说，想让读者付出阅读费用，关键是提升内容价值与用户价值，也就是说要有能满足用户各种需求的精彩内容。

技术可以时髦一时，但内容这个王者终将归来。更何况技术发展也有瓶颈，会受技术自身、伦理、人类承受技术的对应能力等因素的限制，现在摩尔定律就已经有些失灵了。做好内容是传媒人的"初心"，技术终究将成为"基础设施"，届时媒体就能回归本质属性，媒体人就能把更多时间和精力投向内容创作，生产更有思想、更有价值的内容。《中国诗词大会》自2016年开播至今，一直很火，成功的主要原因在于中国海量优美的古诗词，能跨越时空，仍为国人所喜闻乐见，这正说明技术、空间、时间都不是问题，精彩内容才是人类永久的需要。

内容等方面的创新变革要持续推进。2015年12月25日，习近平总书记视察解放军报社时说："对新闻媒体来说，内容创新、形式创新、手段创新都重要，但内容创新是根本的。"[②] 要全面强化产品创意，必须建立鼓励创新的考核机制，让创意持续迸发，刷新融合传播的新纪录，创造融合传播的新形式、

---

① 刘鹏：《传统媒体融合转型的若干趋势》，《新闻记者》2015年第4期。
② 习近平系列重要讲话数据库，http://jhsjk.people.cn/article/27981000。

新高度。近年来，人民日报社一些被热传的融媒体产品，大都是"80后""90后"编辑、记者的创意成果；线上具有创新意义的现象级产品大多数来自主流媒体，这说明国有媒体融合发展在内容创新等方面取得了一些进步。

好内容可以有各种类型。加强主流文化和泛娱乐的融合，加强主流文化和亚文化的融合，使主流文化和亚文化相融并进，也是发挥内容融合的长处，催生更多精彩内容的要点。

受众的信息需求客观上就是分级的。社交媒体因信息的碎片化和无序状态，看似给予用户信息定制的高度自由，其实由于占据了用户的大量时间，反而不利于用户对信息的深度理解和思考，碎片化编辑和多次发布、自动推送也造成互联网平台上重复的信息难以完全剔除，在一定程度上影响了信息的纯度、深度和质量，因此受到部分专业人士的指摘。还有视频新闻等，用户打开后不知道后面讲什么，带有一定的强迫性，不像文字可以一目了然，用户只要快扫一眼就能决定是否细看，这可能是视频新闻等令部分精英人士感到厌烦的原因。这就为纯文字、图文等形式的精致内容的制作保留了发展空间。尽管一般消费者有打发时间的需求及对新的传播形式的热衷，但因为不讲究外在花哨、灵动而注重内容含金量的那部分精英的存在，分众而垂直的严肃媒体制作的雅致或专精的内容也很有存在的必要。

国有媒体应以宽口径的"内容+"赢得发展新优势。现在，不少人认为媒体阵地被其他行业的公司跨界"打劫"了，连可口可乐都组建团队做新闻内容推送了，衣食住行的各种App竟然也推送新闻而且做得很火……其实不妨反过来想，国有媒体也可反包围，让媒体内容渗透至各个行业，让"内容制作"无处不在，不断扩大媒体的外延范围。可以安排员工凭借专业特长"为读者当新闻秘书、替读者选新闻精品"。还可在媒体领域，"出售"专业策划及运营能力。比如《人民日报》旗下的"中央厨房"，以其内容及制作的优势，为光大集团和招商集团，分别运营着几千万用户的客户端。这大概就是习近平总书记"以内容优势赢得发展优势"这一要求的深意所在。媒体势必迎来"内容+"的辉煌时代，只要坚定内容定力，坚持内容为本的恒心，将精彩内容加到一切端口上，分门别类加到一切产业上，就能让媒体产业在与各个行业的由浅入深的融合中逐渐壮大，让主流声音在更多的平台上唱得越来越嘹亮。

以下图表，其中表6-1和图6-1反映了近年来网民的阅读倾向，图6-2则反映了近年来媒体对内容发布渠道的选择。

第六章 国有媒体融合发展的策略

表6-1 2019年上半年中国互联网应用用户情况①

网民互联网使用情况			手机网民互联网使用情况		
应用	用户规模（万人）	网民使用率（%）	手机应用	用户规模（万人）	网民使用率（%）
搜索引擎	69470	81.3	手机搜索	66202	78.2
网络新闻	68587	80.3	手机网络新闻	66020	78.0
网络视频	75877	88.8	—	—	—
网络音乐	60789	71.1	手机网络音乐	58497	69.1
网络游戏	49356	57.8	手机网络游戏	46756	55.2
网络文学	45454	53.2	手机网络文学	43544	51.4
网络直播	43322	50.7	—	—	—
在线教育	23246	27.2	手机在线教育课程	19946	23.6
短视频	64764	75.8	—	—	—

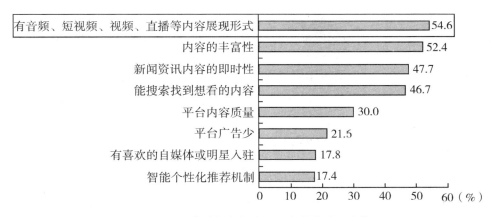

图6-1 用户选择新闻资讯平台的关注要素②

---

① 参见唐绪军、黄楚新《中国新媒体发展报告 No.11（2020）》，社会科学文献出版社2020年版，第354页。

② 参见唐绪军、黄楚新《中国新媒体发展报告 No.11（2020）》，社会科学文献出版社2020年版，第291页。

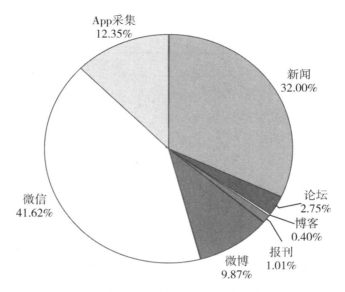

图 6-2 2019 年媒体报道平台分布①

进而可参看其他相关材料。第 42 次《中国互联网络发展状况统计报告》显示，74.1% 的网民使用短视频应用，以满足碎片化的娱乐需求；第 44 次《中国互联网络发展状况统计报告》显示，截至 2019 年 6 月，中国网络直播的用户规模达 4.33 亿，占网民整体的 50.7%。中关村互动营销实验室数据显示，2019 年媒体平台广告主要包括电商广告、搜索引擎广告、视频广告、新闻资讯广告、社交广告与分类广告等。②《2019 年中国网民新闻阅读习惯变化的量化研究》表明，报纸、广播、电视使用率分别减少了 96.16%、79.15%、27.05%，视频、音频、图片、文字的接收分别增加了 96.02%、27.22%、0.72%、0.51%。③ 今后自当将精彩的内容更多地投放到目前发展及趋势良好的搜索、音乐、游戏、视频、直播、微信等表现形式上。

不同的介质决定着不同的传播内容，必须更好地顺应介质的特点，塑造内容新的竞争力。在移动互联网语境下，传播介质变了，各种资讯的内容与呈现就会被重新定位。手机天然是一种伴随性、生活化的媒介形态，承载的内容注

---

① 参见唐绪军、黄楚新《中国新媒体发展报告 No.11（2020）》，社会科学文献出版社 2020 年版，第 125 页。

② 参见唐绪军、黄楚新《中国新媒体发展报告 No.11（2020）》，社会科学文献出版社 2020 年版，第 387 页。

③ 参见唐绪军、黄楚新《中国新媒体发展报告 No.11（2020）》，社会科学文献出版社 2020 年版，第 112 页。

定与传统媒体不大一样。近年来,手机偕算法等助推了碎片化、浅阅读的消费、生活服务、健康知识、娱乐八卦、历史钩沉等泛资讯内容的快速拓展。

内容过剩与不足的矛盾正在加剧。一方面,低端内容产能产量过剩,急需进行供给侧结构性改革;另一方面,众多新的内容需求得不到满足,尤其是分众化、深层次、高价值内容严重稀缺,整体内容生产质量与水平急需提升。需要不断推进传媒生产领域的供给侧结构性改革,以持续鼓励生产精品佳作。

国有媒体的内容生产要保持政治本色,坚守社会责任,倡导社会主义核心价值观,不能降格、降调;同时,又要了解、亲近目标用户,以优质内容强信心、聚民心、暖人心、结同心,形成思想舆论方面的强大引领力,营造意识形态的清朗空间。

从新媒体内容供给主体来看,已形成媒体、政务发布、自媒体"三分天下"的格局。国有媒体要在竞合中以更专业的制作、更权威的信息和更明智的、更精彩的思想观点的输出,发挥出主导作用,同时与政务发布多协同,而对自媒体则要以开放的心态团结引领。

转化率有多高,媒体融合的效果往往就有多大。内容精彩,下面的产业链、价值链就全活了。IP 运营一般不能作为整体策略,因此不要乱用 IP 概念。内容精彩,才谈得上 IP 运营,才能继而建立跨媒介和跨界产品矩阵。

(三) 以关系连接为传播渠道

渠道的概念和以前也不一样了,现在某个具体的媒体单位只是社会传播网络中的一个节点,凡从这个节点发散出去的线路都可以成为传播的渠道,所以是泛渠道的概念。

媒融时代,智能手机和平板用户量的暴增,颠覆了用户对待信息的方式。传统渠道失灵,手机成为第一媒体,据第 44 次《中国互联网络发展状况统计报告》,手机新闻用户已增至 6.6 亿人,如图 6-3 所示。

移动终端已经成为最主要的终端,其意义不仅是用户使用更加便捷,其实还带来传播革命。它使得媒体个人化,也使得个人媒体化,正创造新的传播主体和传播关系。移动媒体和用户之间连接、互动,与以前传统媒体主导的大众传播差异特别大。网络媒体,特别是移动媒体,其面向一个特定个人的信息交互的背后有一个信息传播主权一定程度转移的过程。此过程使得传播逻辑发生本质变化,移动互联网及移动媒体作为新兴的传播渠道与连接方式,使公众在较大程度上获得了信息传播的主权,极大地提升了社交自由度,使时空区隔、血缘关系、身份属性等符号限制条件不断弱化,价值观、趣缘等新的符号范式不断加强,重构了人们的信息生活,在需求的驱动下形成了移动端的各种渠道形态和各种社群。

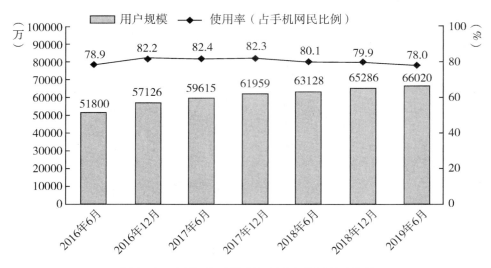

图 6-3　中国手机网络新闻用户规模及使用率①

2019 年 1 月 25 日，习近平总书记在十九届中共中央政治局第十二次集体学习时指出："要坚持移动优先策略，让主流媒体借助移动传播，牢牢占据舆论引导、思想引领、文化传承、服务人民的传播制高点。"② 早几年，随着移动优先战略的提出，在移动端发力已成为媒体融合发展的主要方向。国有媒体今后当继续在"微、准、新、快"上下功夫，打造与主流媒体品格、气质相一致的精品内容，形成载体多样、渠道丰富、覆盖广泛的多层次移动传播矩阵，实力强的则可进而打造自主可控、传播力强的新型传播平台。移动优先不仅是移动先发、内容先行，还需要资源、内容生产、人力、资金等全方位地向移动端倾斜，加强移动端渠道建设，增强社交互动、分享、评论、参与制作等功能。

社会关系已成为传播渠道的"最后一公里"，在传播中起到越来越大的作用。可通过令人愉悦或兴趣盎然的议程设置，吸引用户自主参与到传播的链条之中，主动在不同平台间分享、交往，自发促进平台"小社会"的互联互通，从而刺激传播的交融与裂变。

只有追求人的连接，媒体融合才能取得实效。国有媒体特别需要思考的是如何与用户建立黏性连接，将用户沉淀下来。网络传播以人际化、分众化为特征，仅有一对多的大众化传播是传统媒体显著的弱点，新媒体基于聚合的大数

---

① 参见唐绪军、黄楚新《中国新媒体发展报告 No. 11（2020）》，社会科学文献出版社 2020 年版，第 417 页。

② 习近平系列重要讲话数据库，http://jhsjk.people.cn/article/30590946。

据与精细的算法,分开了大众,与更多的用户建立了强连接。

如果不改变单向的推送、单方面的呈现,融合只能是一种想象。除了必须重视双向互动外,还应该特别重视用户自发传播的作用。比如要特别重视基于社交关系的微博、微信的转发与评论,这个"转发+评论"甚至优于原创,量大效果好时会引发社会的共振。在新闻管制的情况下,微博、微信突破规制的能力和传播的及时性是传统媒体无可比拟的。传统媒体比如报纸发行的数量是有限的,但一条微博、微信就有可能引发爆炸性裂变,令传统传播渠道黯然失色。

社交传播、算法分发已成为新媒体传播的主流。增强转换能力与渗透能力是实现接力传播的关键。好的社交传播具有四个特点:话题有兴味、互动有动力、分享易通达、推荐乐其成。我们不但要推进媒体融合,而且要推进跨界融合,在更广阔的空间中去连接更多的人、更多的终端,穿透更多的渠道,实现社交化传播效果的最大化。而且要明白,通过社群构建推进媒体融合需要的不是数字堆积,而是用户的认可、认同、信任和依赖,是一种共同体的生成与构建。不能"闭门独玩",要习惯与多方力量融合。国有媒体应互相进入对方平台。地方平台应连接到央媒各大平台。不少国有媒体主要习惯是用自有的各个终端同时推送一个主题,此种封闭心态与互联网的开放精神是冲突的。

媒体融合的影响力取决于激活、整合社会关系为传播渠道的规模和质量。粉丝数、下载量、阅读率只是媒融的第一步,只是弱关系的入口。只有改变简单追求规模的传播心态与惯性,根据用户特征,进行分众化、小众化的组合,定向运营垂直细分的社群,令用户从线上互动走向线下参与,从线下参与走向线上互动,并向其提供更具针对性、个性化的服务,有效调用情感因素,营造"场景"的良好体验,激活和整合传受双方的关系达成产消融合,才能把弱关系做成强连接,继而再做成强关系;才能有好的融合效果,并为融合的跨界商业开拓奠定好基础。

要扩大渠道,自身的平台分发能力等需要建设,但更需要民众自发的支持,前提是平台自身的内容要足够好,只要内容足够好,民间的传播渠道可以猛增至上亿条,远非你自建多个平台多个渠道可比。人与人的亲和关系已经成为最重要的渠道。所以国有媒体的渠道建设的重点也要尽早转移到内容与民众这边来。

新兴媒体让用户"随时浏览、娱乐分享",使"微阅读""浅阅读""碎阅读"成为大多数用户阅读的行为方式;新兴媒体抢占 C 位、捷足先登,发起会议报道、新闻发布会等现场直播,与观众面对面零距离连接,将拉新、促活、留存、转付费实现增长作为运营的落脚点。相形之下,传统媒体的工作方式显然滞后于时代的发展。

数字时代，建设渠道最需要做的就是抓住人心。如微信、今日头条等社交媒体、商业资讯平台，无不绞尽脑汁，由数字技术赋能，通过细致的连接工作争夺用户。2015年，腾讯上线天天快报，用户使用微信或者QQ登录，系统即刻识别用户的阅读兴趣与习惯；2016年，阿里通过UC浏览器实施"媒体赋能计划"，打造"懂你的UC"。国有媒体担心自己的渠道优势不复存在，努力占据渠道资源，可惜占据的大多是一般意义上的渠道。其实，只有通过抓住人心建立强连接，才能建成最高效、最有力的全媒体传播网络，才能成就最大的渠道资源和价值增量。习近平总书记针对新闻舆论工作、宣传思想工作，提出要增强传播力、引导力、影响力、公信力，正是一种实践标准与效果导向。对于媒体而言，政治立场需要用传播效果来检验。如果只有数量而无质量，只有可见度而无打开率，自弹自唱、自娱自乐，不仅不会带来正面作用，还可能会产生负效应。只有入耳、入脑、入心的有效传播，才能达成媒体融合发展增强舆论引导能力、壮大主流思想舆论及价值观的目标。

生产者、传播者、消费者三者的关系互动，可以促进移动传播渠道的发展。以关系思维洞悉用户、连接用户，可以构建有效的渠道体系，从而摆脱原有运作模式的束缚。不同用户、内容、渠道、场景构成不同性质的关系。运营中需要把握不同关系特征，制定个性化的渠道延伸策略。

（四）以数字技术创新等点亮媒体融合进程

创新是实现媒融发展的关键之一，在人才队伍、思想理念、机制体制、内容形态、生产模式、经营管理等各方面都需要创新。内容、媒融生态的创新尤其重要。前者表现在丰富内容形式和改善表达方式等方面；后者表现为顶层设计上的合理规划，以便形成人才、内容、平台、技术、数据、渠道得以有效融合的新型良性平台生态。

2013年8月19日，习近平总书记在全国宣传思想工作会议上提道："做好宣传思想工作，比以往任何时候都更加需要创新。"① 苹果公司创始人乔布斯说，"创新是领先者与跟随者的最大区别"。贝索斯收购《华盛顿邮报》后，将技术队伍扩大到近400人，超过报社总人数一半，号称堪比"硅谷的任何团队"。② 亚马逊在有关云计算、大数据分析等的数字技术上作了较多的创新与开拓，取得了丰硕的成果。鉴于国有媒体与新兴商业媒体的差异和国有媒体转型遭遇的结构性困境，其融合发展更须在各方面走创新之路。

---

① 习近平系列重要讲话数据库，http://jhsjk.people.cn/article/25428563。
② 参见陈寅《深化媒体融合要有智能思维》，http://media.people.com.cn/n1/2017/0819/c120837-29481097.html（人民网），2017年8月19日。

创新包括技术创新、经营创新、管理创新等。技术概念涵盖较广,不仅指科学技术,也包括人文,甚至是组织、业务方面的技术。具体可分为数字编程技术、管理技术、编辑技术等。国有媒体既要维持内容等方面的优势,又要打造技术等方面的优势,至少是局部的优势,否则就是追走,就是被动的,总是亦步亦趋,效果必定欠佳。以前国有媒体也都重视创新,包括传媒创新,但言论中很多想法都不够踏实,近于口号,对奥斯陆创新理论、发明问题解决理论(TRIZ)等缺少关注与重视,在高校教育中也很少引入。

媒融生产涉及政治逻辑、资本逻辑、专业逻辑等,其中的数字技术逻辑始终应该被重点关注。现在说使用数字技术似乎有些落后,说融合数字技术或与数字技术相融合似乎比较配得上数字技术发展的步伐以及本身带有价值观的数字技术对内容等的影响力。

在媒融中可进行相应的数字技术创新,或者说融合也会促进数字技术创新;反过来也可以说,在数字创新技术应用于媒体的过程中,自然会发生融合、分化的结果或事项。这是两种不同的思考角度与用力的方向,自然在推进传媒事业上会有不同的节奏、速度与效果,但都可以具有积极的正面的作用。不独"合","分"也有促成创新的作用。"合"就是要形成合力,"分"就是顺应差别,"合"与"分"都是数字技术创新的重要方法与途径。

数字技术创新是驱动媒体转型升级、引领媒融发展的重大力量。它重构了传播方式,优化了媒体用户体验;革新了媒体内容生产模式,提升了媒体生产效率。只有紧跟前沿数字技术,才能赢得主动,有所作为。

数字技术造就的融合效果参差不齐,只有具有实效的技术创新才能推动媒融的进化。数字技术创新可能会失败,但成功的创新既可以将人类带入新的物质世界,也可以带来新的精神世界,包括传播方式、生活方式、交往方式、组织方式、管理方式,也包括改变创新自身的方式等。数字技术创造了网站、论坛 BBS、即时通信、博客、维基、SNS、微博、微信、App、视频直播等传播新空间,传媒正在这些新空间中不断地融合生长。而且数字技术也是各种各样,各种各样的技术协同发挥作用,比如综合运用"图文报道 + 网络直播 + 动漫 + VR + 航拍 + 小游戏"等手段,进行全方位、多角度、多媒体、多平台报道,也是媒融很重要的一个方面。

媒融就是要发展,要变得先进。国有媒体一定要过数字技术关,要努力在数字技术上领先,坚持数字技术驱动,以数字技术创新为要,以数字技术超越为圣。通过数字技术赋能,升级移动化、平台化、社交化、智能化,进一步推动媒体融合向纵深发展。至少要有局部性的优势,掌握一定的主动权,以持续的内容创新需求驱动技术不断进步;同时又以技术创新的成果驱动和刺激内容产品的持续创新。如上市公司浙报传媒剥离报刊编辑业务给集团,变成了浙数文化，大力发展"富春云"等云计算业务，但仍无法阻止效益的下降。这说明即使转为技术能力较强的文化公司，生存壮大也不容易，所以一定要加倍努力。

数字技术创新是点亮媒融进程的高能燃料，可以点亮内容融合及自身与内容融合的进程。以前将人视为主体，将技术视为工具、视为客体，是不大准确的。到了现在的数字新媒体，技术被遮蔽的作用即它对人、对媒介内容的反向作用、构建作用愈益显现。现在的数字技术已具有穿透性与贯通性，明显已与人及媒介内容相融了，而且正在不断扩大对内容的影响力。数字技术是一种价值观和行为的方式，是社会的座架与思想的尺度，决定传媒内容的风格、规模、组合结构与呈现方式，甚至数字技术也成了内容的一部分，很难像以前那样分清楚。比如微博发布容量由技术限定为140个字，内容表述被迫比原来更短不是最大的影响，最大的影响是叙述顺序、表达重点、表达方式等的重新组织、重新确立。随着数字技术的发展，技术为王与内容为王的博弈也已告一段落，上了一个台阶，更多地被汇聚人、内容、数字技术等诸多因素为一体的"产品为王+服务"所替代，但数字技术的引擎作用丝毫未变。

数字技术创新可以使内容的类型与数量海量增长。互联网产品的受众进化得慢的仍是受众，但大部分受众基于创新并不断改进的数字交互技术，进化得比较快，早已变成了用户。他们自主选择、参与选择并随时随地使用产品，已经不止配合着做反馈式互动，更重要的是直接参与或自主制作内容产品，这就使得很多原本为传播系统所不容的草根内容、生活内容都因数字技术创新得以呈现到了公众面前。

现在应特别强调数字技术与内容的适配性，仅从这点来说，数字技术与内容就很有融合的意味了。强调适配，是一种系统化、生态化的思维，也是生态化发展战略的基点之一，各种因素适配得越多越好，系统性越强，生态性能就越好。数字技术与内容创意有机适配，能有效达成内容采编和渠道分发的双轮驱动效应。当然机制体制的松紧、组织结构及管理方式、渠道选择及营销手段等方面的创新与内容的适配性也非常重要。基于算法的精准投放的意思就是原来的一次创意、一次生产、多次生产、多次发布要落实到用户个人身上，面对个人，要有不同的内容组合，其中核心相同的内容还要作不同的呈现，说穿了，就是要让各种内容与无数用户各不相同的喜好相适配。媒融时代的深意之一就是媒介要素彼此的适配与契合。

为适应用户精准获取精确信息的需求，基于数字技术创新，新闻生产方式可以有所创新，今日头条等知名网络媒体，采取"大数据+好算法=好头条"的方法，为国有媒体深化内容融合、提高服务用户的水平提供了参照。依据大数据分析，往往可以抵达事实的真相。以大数据的结构化技术服务新闻表达的故事化，或在财经等新闻中充分利用大数据结构化、可视化技术的优势，可以提高新闻的真实性、直观性与说服力。

数字化传播工作流程在数字技术软硬件的支撑下，也可以有所创新。业界创新的工作流程有好多种，在此介绍比较有代表性的一种：①移动先行，现场记者手机先发简讯；②聚集信息，信息源进入新闻信息平台；③多平台第一轮编发至多终端；④采集视频/音频；⑤多平台第二轮编发至多终端；⑥深度报道；⑦多平台第三轮编发至多终端……其中的策划、决策因有画像、大数据分析、算法，往往不用再摸着石头过河。

互联网拼的就是创新速度，老的数字传媒技术已然成为基础实施，而新的数字传媒技术仍会不断产生，只有借助不断更新的数字技术，通过螺旋上升式的迭代创新与进化，才能让媒融产品更有生命力、更贴近用户、更好地服务用户，进而扩大主流价值影响力版图。

互联网带给媒体融合诸多优势，同时也使传媒业面临一些新的风险，利用先进数字技术创新可以更有效地做好内容的风险防控。媒体融合是非常大的风口，内容安全是其生命的底线，必须通过"数字把关""过滤技术+人工干预"解决在内容链路上产生的新风险和新问题。

"智能计算机、智能机器人、智能网络"等技术，将进一步改变网络社会的物理存在。"移动互联、传感互联、智能互联"将成为新连接的要点，感知、连接、数据、计算、智能将无处不在，物理世界、信息空间、人际网络三者将高度融合，社会将呈现出系统、整体和全面智能化的融合形态，诸如教育、交通、文化、医疗、能源、家庭、社区、城市、生态等的智能化，将愈益成为我们必须面对的现实。在数字技术创新的引领下，媒融也正进一步向智能化方向发展。2019年1月25日，习近平总书记在十九届中央政治局第十二次集体学习时讲："从全球范围看，媒体智能化进入快速发展阶段。我们要增强紧迫感和使命感，推动关键核心技术自主创新不断实现突破，探索将人工智能运用在新闻采集、生产、分发、接收、反馈中，用主流价值导向驾驭'算法'，全面提高舆论引导能力。"[①] 应用人工智能技术，可对传媒生产全环节、全流程进行系统化改造或再造，这是传媒生产领域的一场智慧革命。随着5G时代的到来，无人机、智能装备、AR、VR、人工智能、物联网等技术对媒融的推动作用将愈加凸显，智慧媒体的建设之路也将变得更加宽阔。在算法和数据的辅助下，机器可自动生成短视频，短视频将迎来更大的爆发期。内容的采集、生产、分发、分享、反馈等环节都将发生革命性变化，传感器新闻、机器人写作等应用将加速发展，自主化、智能化的新闻采集播报可以在无关意识形

---

① 习近平系列重要讲话数据库，http://jhsjk.people.cn/article/30978588。

态的方面首先出现。智能媒体平台，可从策、采、查、产、审、发、评、传、舆等环节重构媒体业务流程，可帮助媒体从业者和内容创作者快速捕捉痛点、热点与爆点，及早发现新闻线索，为作者精准匹配素材，快速生成内容，为新闻的生产、分发提供了技术手段，提高融合效率，加深加宽融合，释放生产力，巨幅提升内容产量，促成社会效益、经济效益的双丰收。越来越清晰的用户画像，可使融合与分化举措更精细，使场景技术与场景融合得到更好的表现；可使精准投放有更高的温度，更好地满足用户个性化需求，同时让用户更有效地提升自身价值。总之，人工智能必定会给媒融带来新的内容，增加新的内涵，提高媒融的智能化；机器人的加入必定使媒融效率更高、效果更好。美国《纽约时报》设置了一位机器人主编 Blossom，它全天候工作，在海量稿件中要挑选出可以在 Facebook、Twitter 等社交平台上发布的文章和图片系列，经其挑选的文章平均阅读量是普通文章的 38 倍，显著提高了报社的工作效率与质量。今日头条的 Xiaomingbot，其写作样式丰富，能在数据入库 2 秒内生成新闻稿，并实时发布。目前，国内机器人的写作多以财报和快讯形式应用于财经、体育等领域。将来物联网与人工智能相结合，必定能够再次极大地拓宽媒融或跨界融合的范围，更充分地发挥机器人的作用。

在人工智能方面，国有媒体做得比较出色的有人民日报社、新华社、封面新闻等。2016 年，人民日报社基于与腾讯合作开发的中国媒体融合云，推出"中央厨房"的技术解决方案，为行业合作伙伴提供媒体融合技术平台，实现了"全国党媒公共平台"各种技术及传播运营能力的开放式快速接入，"党媒矩阵"进一步扩展到各行业及政府、大型国企的互联网端口，增强了主流媒体的触达能力，帮助每一个党媒终端实现个性化精准化内容推荐，全面提升了用户体验。2018 年，人民日报新媒体推出富集人工智能技术的"创作大脑"，具备智能写作、智能推荐、智能分发、智能语音四大功能，帮助内容创作者提升内容生产和分发效率。[①] 2019 年 8 月 26 日，新华智云用技术赋能媒体，推出其自主研发的 25 款媒体机器人，其中 8 款助力新闻工作者"采集"新闻资源，包括突发识别、人脸追踪、安全核查、文字识别、数据标引、内容搬运、多渠道发布、热点机器人；17 款助力新闻工作者"处理"新闻资源，包括智能会话、字幕生成、智能配音、视频包装、视频防抖、虚拟主播、数据新闻、直播剪辑、数据金融、影视综快剪、体育报道、会议报道、极速渲染、用户画

---

① 丁伟：《新媒体内容生态的 8 个演进方向》，http://news.cctv.com/2018/09/06/ARTI8uh0cssDFS0nyCEdusCa180906.shtml（央视网），2018 年 9 月 6 日。

像、虚拟广告、一键转视频、视频转 GIF 机器人。[①] 封面新闻一直坚持技术引领，围绕人工智能开展创新，致力于用 AI 重新定义客户端，在其多个功能模块中加入 AI 元素，通过 AI 沉浸效能，实现了视、听、读、聊全息智能化；设计了因人而异的算法推荐；开发了自主研发机器写作技术，至 2020 年，每月由小封机器人发稿接近 10000 篇；[②] 自主研发了"封巢"系统，用 AI 推动新闻生产变革，使人与机器人的协同生产变成现实；还用机器合成语音内容，使每条稿件皆有一条"摘要播报"。

在智能技术创新方面，阿里城市大脑、腾讯 AI 实验室、百度自动驾驶、科大讯飞智能语音、头条智能分发与算法都是比较领先的。绝大部分国有媒体要想弯道超车谈何容易，应吸取人民搜索未能成功的经验与教训，继续借助国家力量在技术创新及新媒体高地建设上有所作为。新华社在这方面堪为表率。2019 年 3 月 6 日，全球首个 AI 合成女主播"新小萌"在新华社上岗，引起了国际媒体广泛关注，外媒说，这是"人间奇迹"。新华社还应塔斯社要求，打造了全球首个俄语 AI 合成主播"丽莎"，并在圣彼得堡国际经济论坛上首次向世界公开发布。[③]

（五）媒体融合发展中避开误区

国有媒体要想超越新兴商业媒体巨头，就必须在融合发展中避开误区。如果连误区都不能避开，后续的诸多努力就很难有好的成效。

1. 切忌为融合而融合

不得不融，是国有传媒的现状。单点有突破、成亮点，总体融得并不能算成功，是国有媒体融合发展的现状。"我不知道将去何方，但我已在路上"，这句话道出了人们对媒体融合发展的迷茫。偏静态地看媒体融合，它是一种自然而然的结果；偏动态地看，它应该是推进传媒事业发展的一种必要的基础性手段与系统化的过程，无论在何种情况下，都不能为了融合而融合，既不宜将媒体融合直接作为媒介发展的起点，也不宜将媒体融合本身作为追求的对象与目的或产业发展的目标。提倡媒体融合承载着政界深厚的心意，最终的目的是让传媒发展得更好，以便传媒为社会、为人民做出更大的贡献。

---

① 唐绪军、黄楚新：《中国新媒体发展报告 No.11（2020）》，社会科学文献出版社 2020 年版，第 249 页。

② 参见唐绪军、黄楚新《中国新媒体发展报告 No.11（2020）》，社会科学文献出版社 2020 年版，第 250 页。

③ 参见陈凯星《建设智能化编辑部，打造"四全"媒体》，http://media.people.com.cn/n1/2019/1029/c14677-31426645.html（人民网），2019 年 10 月 29 日。

媒融原是在转型中自然发生的，它能够生长出来或自然涌现，如果片面地或过分地追求，就导致手段与目的变成了只是在追求过程而不是好的结果。自然而然是融合正途，要把媒融也看作成长的生命。切忌为融而融，一定要根据自身各方面的基础，讲求发展的策略与执行的进度、广度与节奏。如果媒体机构，尤其是国有媒体过于简单、粗放地理解、推进媒体融合，是很难获得成功的。这是互联网时代新媒体、数字媒介等产业竞争的基本逻辑，也是媒融发展的基本逻辑。

2010—2014年，国内对美国在传媒产业的产业融合、融合新闻的制作上的经历和经验（如坦帕模式等）作了较多的肯定与借鉴，美国时代华纳与美国在线的合并也在媒融研究中引起了很大的反响，学界对此合并事件的重视、赞扬以及对合并前景的美好期待此起彼伏。后来坦帕模式和美国时代华纳与美国在线的合并双双以失败告终，这让人不免唏嘘媒融实践、认识上摸索的艰难。并启示媒体融合过程中的国有媒体单位一定要冷静，不要盲目冲动，要在度量好自己的前提下适度融合，稳中求变。这也应该是国有传媒单位进行媒体融合时求点之突破，扩充为面或连成一片的初始理性。

为融而融，就会走进"简单合并""硬性合并"的误区，包括组织硬性拼合、终端量式叠加、内容机械迁移等。只有彼此以优势相融，才是有实质性的融合；只有吸引用户、给予用户更多价值的融合，才是有效融合。

在媒融过程中，不同媒体间有利益关系冲突；过于专注媒融，容易造成思维局限，限制跨界融合设想的萌生与展开；融媒体平台统一指挥可能会平添磨合成本，容易令员工丧失思考力与工作主动性，消减竞争力，降低应对具体事项或从权应对例外事项、突发事项的灵活性与差别性；内容一次采集，多次发布易加剧内容同质化，削弱内部竞争，培养怠惰的工作作风，同时还隐藏着内容失真的可能，因为采集的信息在初始终端被使用之后，其他终端的记者编辑进行信息再加工时的依据，已不再是其亲身采访的经历，他们将工作重点转到如何调整信息内容的组织、表述方式以适用于自身的终端形态上；融合可能加大组织、管理同质化，可能在某些方面利于融合偏向的改革与创新的同时，在另外几个方面不利于差异化偏向的改革与创新。从事媒融建设，关键是要发挥自己的长处，找对大方向、大趋势，有大格局。传统媒体推进媒体融合，最怕邯郸学步，新兴媒体的特长没有学到位，却"意外地"削弱了自身的优势和长处。

人为的多媒体协作是否是为融合而融合？是否探索适合互联网的新的表达形式才是切实有效的？李良荣教授曾基于我们现阶段的发展与实际情况指出："顶着媒体融合这项大帽子，业界名正言顺地形成了'一鸡三吃（或四吃）'的懒人模式……媒体融合是互联网的固有属性，而非人为的多媒体协作。为此，我们现在的任务不是再花精力和时间去人工完成新的所谓'融合媒体'，而是探索适合互联网的新的表达形式。"① 他的观点，值得我们深思。

2. 尽量少带宿病

如今传媒生态剧变，如果国有媒体仍不能自觉优化管理观念、减少优越感以及惯性思维，那是对媒体融合发展不负责任的表现。国有媒体在充分认识到媒体融合的适切性、必要性的同时，必须避免媒融本身的弊端，以道驭之以术应之，尽量发挥融媒的正面作用，使其利远大于弊，并重视、借鉴新兴媒体融合发展的策略、经验与做法，才能增强自身融合发展的效用与效率。

与新兴媒体相比，传统媒体（如图书、报纸、期刊、广播、电视等）已被新兴媒体部分迭代。传统媒体人在路径依赖的惯性下会沿袭传统媒体的理念和做法来办新兴媒体，自然就会出现"外熟里生"的后果。传统媒体的主业会阻碍自办的新兴媒体及业务真正被重视，而且很容易挤压新兴媒体的发展。传统媒体管理制度与新兴媒体的基因存在内在的质性冲突，对绝大部分的新兴媒体而言，最有利的举措就是实行现代企业制度，但是要真正从传统媒体管理制度转变成现代企业制度谈何容易。国内外成功转型的新兴商业媒体企业，都无一例外地采用现代企业制度。但已经转企的国有传媒，在一定程度上只是事业单位的"翻牌公司"，离现代企业尚有一段距离，这明显不利于自办新媒体业务的成长。

传统媒体和新兴媒体的融合发展，是当今国际传媒业面临的一项复杂的系统工程。任何事物都处在各有局限（或困境）的系统（或结构）之中，要尽量少带宿病，是改良环境还是自我革命，是知难而进、勇猛精进还是临难而退、另择通途？这要看具体对象而定，不能只拿一把尺子来一统"江湖"。

在新的形势下，传统媒体有一些不相宜的性质，即传统媒体相对于融合发展的需要而言，自身存在着一种结构性障碍，目前比较可行的一种策略是，明确坚定地将新兴媒体作为主业来发展，逐步减少传统媒体比重，最后整体转变成为新兴媒体。另一种只适合部分媒体的策略是，在做好顶层设计、克服各种障碍的前提下，轻装上阵，直接成立按互联网思维独立运行的新媒体。

3. 适度求多、求全、求大、求成

融合发展要尊重新闻传播规律、技术发展规律、新业态进化规律、市场规律，不能简单混合、机械结合、生硬整合、胡乱捏合。要根据自身优势、定位、用户特点、发展路径，因己制宜，因需施策，才能实现有序结合、有效整合、有机融合、有缘和合。除了与外部的合作，国有媒体必须在抱团的同时，在自身内部增加新媒体成分，进而围绕机制再造、平台再造、业务再造、组织

---

① 李良荣、周宽玮：《媒体融合：老套路和新探索》，《新闻记者》2014 年第 8 期。

再造等核心环节，打造兼具透明性、直接性、多元性、参与性、互动性、协作性特征的融合媒介，基于优势，看准方向，把控介入市场的程度、规模、速度与介入的时机，适度求多、求全、求大、求成。

（1）适度求多。一是多元分发、多元呈现等的"多"要适度。报纸、期刊、微博、微信、客户端、二维码、电子阅报栏等多种传播形态多元呈现、多媒传播，要适当控制。因为内容产品质量高低不一，有选择、有层级地进行多元分发、多元呈现才比较妥当。二是多媒体的"多"也要适度，鉴于多媒体对形象思维与想象力的损害，要适当控制，可适当扩大、加厚数字广播等传播方式单一型媒体的专精发展。

（2）适度求全。大众传播媒介的任何改革和创新，都须从传播生态学的整体观、平衡观、循环观、互动观出发，自觉遵循生态链规律，着力挖掘自身的资源潜力、完善运作机制，使之与系统内外的纵向商业生态链、横向商业生态圈保持高度适应，进而达到优势互补、资源互换、协同共进的良好状态。对传媒公司而言，欧美并无"全媒体"这一提法，"全媒体"实际上既是中国传媒改革的利益诉求，也是深化改革需要突破的瓶颈。"全媒体"可以作为国有媒体努力实现双效益的一种尝试，但实际效果必定因国有媒体单位而异。说到底，其本身可以作为媒体融合的基础条件、方法或途径之一，可以成为实力较强的单位的阶段性目标，但不可作为终极目的，因为它并不能保证我们实现双效益。

2019年1月25日，习近平总书记在十九届中共中央政治局第十二次集体学习时强调："全媒体不断发展，出现了全程媒体、全息媒体、全员媒体、全效媒体，信息无处不在、无所不及、无人不用，导致舆论生态、媒体格局、传播方式发生深刻变化，新闻舆论工作面临新的挑战。"[①]

国有媒体正在全面进行"全媒体"的布局和建设，既着力在发布端的合作与合力，也追求达成各类媒体的全乎，当然较多着力于各类新媒体，较少着力于各类传统媒体的齐全。

全媒体建设特别要讲究理性的策略，阵地思维、基建思维、平台思维、重外在表现的形式主义思维，在无限广阔的虚拟世界中已远不及在物质世界中那么有效。原来国有媒体数量有限，传媒在较为狭小的垄断层面运行，传播不仅受时空限制，受众可选择的媒体也很有限，占了有形的阵地，自然会有自己的定位，就会有自己的目标受众，就会有生存与发挥作用的空间。而新媒体因其虚拟而不受时空限制，受众的选择面极其广大，选择权得以充分放开，因此受众不仅仅是读者，很有可能也是作者。

---

① 习近平系列重要讲话数据库，http://jhsjk.people.cn/article/30590946。

第六章　国有媒体融合发展的策略

2016年2月19日，习近平总书记在党的新闻舆论工作座谈会上明确指出："人在哪里，新闻舆论阵地就应该在哪里。"① 阵地建设使得生产规模扩大，渠道变宽。是否真有规模效应？最终要看抵达的用户数量。

"融媒体""平台化"等在全媒体形式上的铺张大多没有大的作用，采用的多是与大家差不多的套路，也不是制胜之道。表面化的融合或铺摊子等方式可以较为轻松地实现，但纵深的融合势必会遇到很大阻力，毕竟传媒业于观念与思维的与时俱进、生产要素的自由流动、市场化意义上的组织兼并、组织结构的扁平化、国家规制的放松等方面还存在或高或低的屏障。

融合发展方面存在的问题，可以在保持社会稳定大局及重新协商分配利益的基础上，逐渐予以解决。在此过程中，一定要有创新、有特色、有好内容。这些最终还是要看传播结果，不能单纯以融合为先导，先投入资源着力于融合。大多数国有媒体，要在与自身目标最密切相关的、最紧要的、最有优势的方面进行媒体融合，最大限度地提升用户价值。这样稳扎稳打，容易受到用户欢迎，用户来得多，才能变成真正的阵地，用户体验好，还会与你一起构筑阵地。发展趋势好、前景好，才适宜追加投资，在人力物力上进一步地投入到相应的媒体融合之中，而不宜倒过来。我们需要的是切中本质的发展思维，需要的是展现、互动、创造、推送内容又能为用户创造价值的新技术、新平台。

2017年以来，建设融媒体中心及"中央厨房"、再造生产流程，成为多数中央和省级地方国有媒体的选择。国有媒体运用这个基础设施，逐渐形成了从内容生产制作到传播效果监测一体化的新闻传播能力，增强了内部采编资源的统筹调度能力，具备了全媒体、全流程、全天候生产、传播内容的条件。但是，否能够充分用足这样的好条件呢？答案是不完全肯定的。《人民日报》等只有在报道重大活动时才全媒体、"全武行"，这本身可能正说明平时一般内容不用全媒体"火力全开"。

除了建设融媒体平台、全媒体中心、"中央厨房"外，不少国有单位还在构建全方位、多层次、组合型的产品链条。齐全了就有用吗？传统媒体渠道在融合发展中要发挥效能，就必须向"全"的方向转型吗？答案应该是否定的，因为我们不能将适用于好资源的发展逻辑推广为传媒全行业发展的逻辑。对于传媒整体而言，比较合适的策略应该是：可求全，更求有效；可求全效，更求特效；可求全息，更求影响；可求全员，更求专精与团队作战。如此才更符合媒体融合的特点与性质，才更有利于实际工作与整个传媒产业。

聚合资源、响应需求、创造价值是传媒平台的三大功能。例如今日头条精专于分发，并没有生产任何内容，却有包括央媒在内的众多国有媒体纷纷入

---

① 习近平系列重要讲话数据库，http://jhsjk.people.cn/article/30440485。

驻，看似主动实为被动地为它提供内容，这就是优秀商业平台的能量，这就是不全而全的高招。今日头条还利用它所拥有的海量数据，比一般平台更好地洞察用户需求，用推荐算法实现了精准化传播，创造了传统媒体大众传播无法提供的价值。值得国有媒体求全时多多思量。

现在与往昔已有大不同，有了大数据、算法等，很多媒介业务的开展、项目的推进是否具备可行性、能否成功提前就能看到，甚至很多事项都可以稳步推进，可以不打无准备、无赢面之仗，可以不用再"摸着石头过河"。2020年5月，微信新推出视频号，很多公众受"微信团队"公众号之邀成为内测人。这种模式就是先小投入试探，确证有市场再加大投入，很先进、很有效率、很安全，不用冒险。与此相较，国有媒体在全国范围、大力度推进全媒体建设，地毯式地构建中央、省级、市级、县级四级融合的全媒体传播体系，就显得有些激进了。

在媒体员工素养、技能方面也该以适当求全为宜。比如要求记者都全能或一专多能既没有必要也不合理。一是不现实，二是专业能力因精力分散会有所降低，三是本不必全面、片面刻意地追求"全能化"，新闻传播实践当中，也需要有更深入的思考、更专的探索、更专精的人才。

（3）适度求大。2018年8月21日，习近平总书记在全国宣传思想工作会议上指出："要扎实抓好县级融媒体中心建设，更好引导群众、服务群众。"[①] 2018年11月14日中央全面深化改革委员会第五次会议通过的《关于加强县级融媒体中心建设的意见》指出："要深化机构、人事、财政、薪酬等方面改革，调整优化媒体布局，推进融合发展，不断提高县级媒体传播力、引导力、影响力。"媒体融合的创新改革，确实应进一步向基层媒体延伸，面向最广大的受众或用户。深度融合实践的重点是从顶端下沉，普遍建设县级融媒体中心，以解决互联网发展不平衡不充分的问题。这样可以集县区当地的信息资源，从基层信息源头上有所卡位，并吸引一批当地受众或用户。全国现已广建县级融媒体中心，有较大的必要性，但长期而言，有些县因在发展理念、自身定位、财力、人才、技术、内容策划制作等方面的不足，并不适宜"跟风""克隆"省、市级媒体或不宜搞很大的排场。实力较弱的县区级媒体，可以集中精力做好自己有优势或有潜力的一块，然后与大的国有媒体对接，也可以与周边的县区共建共享一个融媒体平台，不必一县一平台。

县区发展媒体融合，可以通过微博与用户建弱关系，也可以通过微信与用户建强关系。2010年是微博元年，但2013年就被微信夺走半壁江山，提示通过强关系挖掘、拓展和服务用户群体有较好的前景。而且相较于以往传统媒体

---

① 习近平系列重要讲话数据库，http://jhsjk.people.cn/article/30244975。

的官方微信，县区媒体的垂直化小号可以建立更具针对性的强关系，传播效果更好。本地化、社区化、圈子化及线下活动的优势是县区媒体的固有优势，因此，构建O2O平台，拓展强关系服务与引导，集聚用户、拥有用户、发展用户、满足用户、提升用户，可以成为县区媒体融合发展努力的方向。

从传媒角度而言，适度的并购、集团化与产业集群化有望促进媒融，但不可片面求大。2000年1月10日，美国在线和时代华纳宣布合并，代表着传统媒体产业和网络产业的融合。但两个不同类型的媒体企业在合并之后并没有很好地实现资源整合，不同类型的媒体部门都还保存着独立经营的状态，两个公司的企业文化也没能得到很好的融合，最终导致经营成本上升，盈利能力下降。尽管时代华纳的传统业务部门因推出《哈里·波特》和《指环王》而赢得了巨额利润，但公司整体却在2002年亏损987亿美元，创下美国公司亏损的历史最高纪录。2003年9月18日美国在线－时代华纳（AOL-Time Warner）公司董事会一致决定，从公司的名字中去掉"AOL"的字样，标志着美国历史上最大的媒体合并案最终以失败告终。[①] 中国在加入世贸组织前后，传媒业一直以集团化整合发展为实际的举措，有其一定的合理性。从国家战略层面讲，这是为了对抗国外传媒巨头，扩大单一媒体的体量，增强国家传播实力；从经营层面讲，是为了发挥规模经济、范围经济效应。但事实上因明显捏合而普遍处于融合不足的状态。

传媒业与相关产业之间边际的消融是国际上市场化并购、传媒产业集团化和集群化的发展趋势之一，产业、地域之间可以通过兼并、重组、强强联手等方式融合发展，并以资本、产权或其他契约方式为主要连接纽带。内部企业之间也可以参股、持股，在经济上建立起强制的信任关系。这样组建的大型集团公司各成员企业可在资金、人力、技术、运作等方面形成利益共同体。大家相互依附、相互支持，形成紧密联系的内部组织结构，通过集约化经营，共同抵御市场风险，实现优势互补和全方位联合。这些好的情形、好的效果的产生基于一个预设前提，不是别的，就是符合自身的发展条件及与对方融合的基础条件，适度求大。

新媒体产业中，固然有谷歌、百度那样高投入、高风险、高产出的龙头企业，但更多的是低投入、低风险，也能获得不菲收入的新媒体公司。在新媒体经济规律下，微创新、微创业的意义也颇为重要。低成本运作及互联网长尾效应，使微创新、微创业的成功可能及其价值大大提高。皮尤研究所在针对全美438家新兴数字新闻媒体的调查中发现，一半以上（241家）仅有3名或更少

[①] 参见谢新洲《我国跨媒体经营战略分析》，载武汉大学编《新闻与传播评论》，武汉出版社2004年版，第156～157页。

的员工。① 澎湃新闻正式上线前,仅以《东方早报》采编团队为工作小组,就开办了一系列微信公众平台,包括"饭局阅读""打虎记""一号专案""纸牌屋""有戏"等,在跑马圈地的同时收获了大量粉丝。2014年7月22日,澎湃新闻正式上线,微信方阵各组成员以之为航母基地,协同作战,声势浩大,呈现出一鸣惊人的效果。国有媒体在融合转型过程中,也应适应新媒体经济模式,鼓励旗下的工作室等以灵活方式开展微创新、微创业,低成本,巧制作,并遵循从小强到大强或由诸多小强合成大强的发展规律,而不要不顾实际情况在总体规模与局部规模上一味求大。

（4）适度求成。媒体融合是一项全局性、系统性工程,既是技术革新,也是体制机制创新,更是观念更新。要有战略谋划、整体设计、阶段方案；要循序渐进、分步实施、及时纠偏；要确立目标意识、效果意识、长远意识,不可急就章。有的传统媒体急功近利,不进行研究论证,不从自己的优势处自然生长,看准方向,发展优势业务,大肆扩张,仓促上马融合项目,效果不佳。有文章认为这些媒体办的网站、开的微博微信、建的客户端等,与传统媒体少有关联与协作,基本上"两张皮"运行,非但没有形成互补优势,反从"母体"中抽走资源和资金,导致传统的没稳住、新兴的没起来。② 这个看法是将融合的挫折归因于没有形成互补优势这一单一的因素,没有看到其他诸多的要素,更没有看到问题的关键。各个媒体单位的经济实力、专业优势、新媒体运营能力等要素的情况各不相同,有的适合传统媒体与新兴媒体齐头并进地发展,需要强调两者互补得比较平衡；更多的是要逐渐从传统媒体逐渐发展成为新媒体,在此过程中,互补仍是需要的,是有偏向的,传统媒体要多作牺牲,尽可能多地补助自办的新媒体,要看到"两张皮"的"利",而不能只看到"弊"。至于自办的新媒体经过补助后仍然发展得不好,原因是多方面的,用简单的思维方式轻易推断显然不大妥当。目前办新媒体短期大多不能盈利是正常的,必须看到新媒体市场竞争的残酷性,所以更不能急于求成,而是要根据所处的生态环境、自身的情况,掌握好新老媒体的协同与消长及两者融合的节奏、范围与程度,增利减损。

那么到底该不该建平台呢？答案是该建的就得建,反之亦然。一切要根据传媒单位自己的情况、产业发展的环境与发展的阶段的特点来定,不能硬来,更不适合一窝蜂地用运动思维来推行、促进融媒体平台的建设。

2019年1月25日,习近平总书记在十九届中央政治局第十二次集体学习

---

① 参见余婷、陈实《美国新兴数字新闻媒体发展状况探析》,《新闻记者》2014年第8期。

② 参见虞爱华《在"融"中求突破 在"合"中再创业》,《新闻战线》2017年第17期。

时指出:"要抓紧做好顶层设计,打造新型传播平台,建成新型主流媒体,扩大主流价值影响力版图,让党的声音传得更开、传得更广、传得更深入。"①国有媒体自当响应号召,推进新型主流媒体建设,但应有所为有所不为,实力一般或弱小的媒体单位不要急于求大成。国有传媒应在国家大力扶持下,有重点地较快、尽快打造大型甚至是航母级国有新媒体。比如尽快让人民网、新华网、央视网等中央媒体变得更强,使之成为更有凝聚力的信息高地,并且有能力对地方媒体加大帮扶力度。

总体来看,媒体融合已在国家、省、市、县区四个层级全面展开,目前大多还只是浅层次的改革。今后将逐渐建成纵向连通国家、省、市、县区的内容数据库和服务集散地,建成全国性的"传媒电网"。国有媒体将进一步以优质内容强化权威性,凭借多元服务满足各类用户的多样化需求,形成传播合力,发挥整体效应。国有媒体除交叉互驻外,基于国家、省、市、县区四级架构体系贯通,还可设立一个总平台,其下当然也要适当分类,比如新闻总平台、娱乐总平台、国家数字出版云服务总平台、版权在线交易总平台等。这些建设都应理性推进,不能急于求成。

4.避免盲目性

有必要先以科大讯飞为例说明一下,它是中国第一家大学生自主创业并且登陆 A 股市场的公司,1999 年开始创业,2008 年成功上市,至今已在智能语音领域有了 22 年的积淀。目前该公司正在实施"平台+赛道"的发展战略。其平台 2010 年开放了 3 种核心能力,当前已开放了 396 种能力,集聚了 185 万个创业团队,营造了非常好的产业生态;仅 2020 年就申请了 3000 多个专利;在业务上基于具有自主知识产权的智能语音、计算机视觉、自然语言理解等方面的优秀技术,进入了智慧教育、医疗、司法、车载、生活等核心的赛道,形成了很好的发展势能。其产业发展研发规划较好地平衡了科技研发导向与市场化、商业化之间的关系,在眼下发展的同时注意积攒将来发展的潜力,很有章法:70% 的力量用于发展现在的主流产品;20% 用于战略新兴产品;10% 用于前瞻的未来的事项,暂时看不到回报,当下也没有收益。1~2 年正在发展的主流产品由自身的业务线去做,3~5 年仰望星空、脚踏实地的事项由公司的研究院去做,5~10 年及以后的事项则由产学研结合的联合实验室去做。科大讯飞之所以能够逐步成为人工智能语音产业的核心领导者与赋能者,与其做事情有规划、有层次、有条理,考虑、安排得长远,没有盲目的举动有很大的关系。眼下的业务开拓,科大讯飞也是理性推进,没有一丝的冲动与盲目。比如它并没有一下子向全国推广给普通医生赋能的"智医助理",而

---

① 习近平系列重要讲话数据库,http://jhsjk.people.cn/article/30590946。

是先选择安徽合肥市及周边的66个县区进行试点，经过一两年的观察，看到普通医生问诊等医疗的水平与能力普遍提升之后，才向全国推广。该公司研发的新技术，从实验室到落地，之所以能够稳扎稳打地推向全国，大量应用，成为帮助生产、生活的产品，是因为秉持了三个原则：①有真实可见的案例；②可以量大面广规模化地去推广应用；③有大量数据可以证明使用的成效。①

传媒单位可以比照基于强大科技实力专研语音文字媒介双向智能转换、从事教育传播、发展知识服务的科大讯飞，看看自己在媒体融合、业务转型发展等方面的不足，减少盲目性。也可以比照西方媒融实践模式，看看有什么可学的，减少盲目性。西方媒融实践总体比我们这边老旧，但他们在较老旧的实践模式上倒是做得挺扎实、挺贴近读者的，问题是我们这边以前也经历过这些模式，但往往就是做不好，他们目前运营网站的还较多，很多可以通过运营付费墙供养自己，大多不盲目追求扩张，并不追求一下子大量增加用户数量，想得较多的是将眼下的用户服务好，再慢慢扩张。

国有媒体融合发展，不能满足于表面上做加法，但要减少行动的盲目性。要取得实效，还是要放下架子，更加直接地向冲在前面的新兴商业媒体巨头学习经验与长处，同时想办法赶超。新兴商业媒体的发展也不是一直一帆风顺的，比如抖音在海外布局总体而言比较顺利，快手起初比较成功，后来屡次出师不利，其中的一些成功的经验与失败的教训，均与其行动有直接或间接的关系，对国有媒体有如下启示：①国内媒体既不能完全照搬国外媒体成功的发展模式，也不能将自己在国内成功的发展模式简单粗暴地复制到国外；②原先成功的模式在将来继续实施未必有好的效果，必须及时更新或采取更新的发展模式；③成功的同时风险也在滋长，这个时候特别容易麻痹大意，特别容易忽视或无视对手的奋力追赶，甚至因自己的成功做法，特别瞧不上对手的一些做法，如果一直没有察觉到风险，一直没有大幅度地更新自我，到后来就会引发事业的挫折；④事业取得阶段性成功后，创业元老实现了财务的巨大自由，其中一部分元老奋进的动力可能会有所减弱，还可能会对新引进的领军人才造成不利影响，而且会影响到企业的文化与企业的战斗力；⑤某项业务初步成功后，要进行全面分析，切勿将短板看作长板、将长板看作短板，更不可因为成功将所有相关因素都看成长板，尤其是不可看不到时势与及偶然因素、运气的作用；⑥在新媒体公司，创始人、董事长、首席执行官不能刚愎自用，滥用自己的权力，要发扬民主作风，应多听取大家的意见，要多放权，鼓励精锐下属奋力前进；⑦有些从未有过的新事情，做起来难免有不可预见的变化与风险，

---

① 参见秦朔专访科大讯飞杜兰《用人工智能成就美好生活》，第一财经电视频道《解码财商（318）》，2021年8月5日22：00-22：23。

则要分阶段按照成败的结果通过大数据分析与内部的头脑风暴来决定怎样继续前行或予以终止。

在充分肯定媒融长处的同时，不要无视媒融的弊端，要掌握好"分"与"合"的关系，差异化发展媒体融合。采用"中央厨房"的原料很容易带来内部媒体报道内容的同质化，一次采集、多次生成、多媒体发布、多形态展示、多介质阅读、多渠道发行将加剧传播内容的同质化，还有可能削弱内部的分工与竞争、培养懒惰的工作态度与业务惰性，对内容的根本性产生消解作用，进一步加剧内容的同质化，并引发内部多种组织一体化的同时还导致行业组织同构化、发展模式趋同化等问题。《新闻媒体现状 2004》（*The State of the News Media* 2004）指出："当今的媒体界大多数的新闻投资和大多数的信息革命都被花费在消息的发布上而不是收集上。"[①] 这是对新闻素材多元化运用的严厉抨击，也就是对媒介融合后资源共享的抨击。新闻价值理论告诉我们，受众选择新闻依据的是新闻价值的大小，新闻价值的大小又决定了受众的多少。如果同质化，价值与吸引力便会大大降低。Don Corrigan 在《联邦通讯委员会正将垄断新闻业带到你的身边》和他的另一篇文章《融合——过度工作的记者，更少的新闻报道》也将矛头对准了融合后记者的角色转变和新闻的质量受损，指出部门之间、分公司之间适当的你追我赶的竞争关系被取缔，大家利益捆绑，唯有共享、协作，公司内部自发的竞争能力将减弱。[②] 腾讯在充斥着媒融倾向的大环境下，却鼓励内部竞争，同一业务开发往往同时交给不同团队，谁能跑出来谁就赢了，整个公司也就赢了，可以在市场上领先，或者至少可以占有一席之地。

单个媒体盲目行事造成的内部内容同质化等问题要避免，整个传媒行业也要避免多种类型的同质化问题。除了机器生产新闻的同质化，还有融合传播形式的同质化。融合传播形式几乎落入一种"新八股"的套路——"一条文字新闻＋一段视频（动漫）＋一段音频＋一些图片（图表）"。这样的全媒体形式，目前流行，但用户看多了肯定会产生审美疲劳。新闻用户需求不同，有的更想看现场，有的更想了解背后的故事，有的更想得到一些对自己有用的信息，等等。记者编辑应该根据用户对不同新闻的不同心理预期和阅读习惯，进行个性化、创新性配置，使用户得到良好的阅听体验。

不要盲目地单兵突进。媒体融合及其相关方面也是一个系统工程。如果贸然提出一种方向、发展途径或目标，附带的东西要积极跟进，否则项目工程就

---

① The State of the News Media 2004, http://www.stateofthenewsmedia.org/2004/, 2008 年 3 月 19 日。

② 参见徐沁《媒介融合：新闻传播业的新趋势》，《东南传播》2008 年第 6 期。

会沦为口号工程、面子工程、敷衍工程、将就工程，表面光鲜，却徒有其表。媒体融合发展受限于木桶原理，如果多边形木桶各块板不但长短不一样，而且宽窄不一样，要紧的特别宽的几块板还特别短，不要紧的几块板特别长，那么某些方面的积极举措就很可能成为冒进行为而带来不必要的损失。各方面必须协同优化，共同进化，才能使整体可持续发展。比如许多国有媒体的理念思维、体制机制、业务流程管理、人力资源激励等等方面并没有与业务融合发展同步进行转型，必定严重制约转型发展的整体步伐。特别是现在，各种要素发展非常不平衡，有的发展很快，有的发展较慢，若聚焦所指望的正好是发展得快的，需要配套、附带的恰恰是发展得慢的，那问题就比较大。所以媒体融合发展，要整体布局，不能急于局部布局，不要急于取得大的成效，各种要素要齐头并进，相互要协调着进化，争取每周、每月、每年都有改善，各方面都在向好的方向发展，这样才最实在、最有效。

不要盲目从众。国有媒体显然缺乏分层次区别对待事项的思维，总想着大家统一行动，还老是将适合局部有效的内容当成全局的道理来实施。一次采集、多层生成、多媒体发布、多形态展示、多介质阅读、多渠道发行、全天滚动、全球覆盖等说法，像IP运营一样，是有预设前提和条件的，更多属于优质内容，但有太多的人认为这是一种值得全面推开的融合举措。传统印刷时代在内容生产方面特别强调分工，提倡差异化竞争，就是为了减低内容同质化的程度，避免过度的恶性竞争。数字化时代发展的部分逻辑似乎倒过来了，其中的弊端难道就不存在了？事实上，大部分的弊端还是存在的，但确实有了很大的淡化。现在的媒体数量巨大，个别媒体很容易被淹没，如果不多渠道发布、尽可能多地发声，就更可能被淹没。而且现在媒体信息海量生产，读者、用户也是几乎处于被淹没的状态，他们重复看到变形的多次被发布的同一内容的可能性很小，不像以前传媒业界有限，各自分工，只要将各自的内容做好做深即可。现在内容生产的界限等都在较大程度上处于混沌状态，成效高低要看各自发声的影响大小。发声的影响大小取决于两方面：一个是发声的质量，另一个就是发声的规模与次数，而这个正是多次生成、多次发布的深层逻辑，现在这个深层逻辑付诸实施的代价是越来越小，所以也就不难理解多次生成、多次发布的思维与举措盛行，如火如荼了。

"中央厨房"的理论基础来自美国，意谓面对同一个新闻报道选题时，同一个集团的不同媒体通过"中央厨房"实现互动和整合，发挥协同效应，将同样的信息包装成适合不同媒体的产品，一物多用。这在理论上可以节约采编成本，提高传播效果，其实并不尽然。从2014年起，我国各媒体集团都纷纷开始建立自己的融媒体平台及"中央厨房"主要基于"以我为中心"的传统思维。"中央厨房"被业界、学界公认为是媒体融合的龙头工程、标志性工程，可以推进全媒报道平台提质、扩容、升级，推动跨部门、跨媒介、跨平台的资源整合、信息聚合，将全媒报道平台从单纯的产品制作中心升级为融合报道指挥中心、策划中心和协调中心，汇聚各类各种传媒资源，合力传播，从而充分发挥其组织策划、指挥调度总枢纽与融合加工总平台、全媒发布总出口的作用。我国各地各媒体也都把媒体融合的建设重点放在一个很多人可以围在一起办公的"中央厨房"上，但总体效果难说上佳。国内各媒体的"中央厨房"建设实施情况各异，一是执行力不同："中央厨房"建设需要较大投入，国家级或有实力的地方媒体勇往直前建设"中央厨房"，希望借此焕发采编活力；地方上大多数较小的媒体各方面条件缺乏，只好勉为其难。二是所处层次不同：有的建立在集团层面；有的建立在报社层面；还有的建立在报社某个部门内。三是进展不同：有的初见成效，尚未完全走出磨合阶段；有的大部分时间内利用不足，利用率不高，一定程度上成为摆设，这显然不符合媒体融合的本意。有的辛辛苦苦建了，之后又拆了，全媒体中心的记者编辑又重回子报编辑部、记者部，再次"分灶吃饭"。2017年，微信群热传澳大利亚几大主要媒体集团的"中央厨房"熄火，原因也是没有找寻到盈利的商业模式。[①] 笔者认为"中央厨房"更适合实力强的传媒，而且需要员工上下一心、调度得当，发挥得当，才能充分发挥利大于弊的作用。眼下我国从上到下的国有媒体，很多都在采用人民日报的发展模式，建立融媒体平台，包括建立"中央厨房"等，却普遍忽略了人民日报"中央厨房"本身的一部分功能平时都处于闲置状态的事实。

不要过分看重覆盖率。近年来，在阵地意识激励下，各级各类国有媒体主动挺进新战场，打造全媒体矩阵，重构了传播格局。人民日报、新华社、中央广播电视总台三大央媒客户端下载量超过10个亿，第三方机构的微信公众号排名，人民日报、央视新闻、新华社、人民网连续三年稳居前四。覆盖率都大有增长，形势似乎一片大好。但这仅仅是媒体融合发展的表面情况，往深里研究一下以上国有媒体的日活与互动状况，就会发现与头部商业平台相比，还有不小的差距。如何扩大传播力、影响力？所以不能过分看重、依靠覆盖率，关键是要提高内容创新的级别，提供可持续挖掘的优质内容，还要基于关系连接、关系运营将用户沉淀下来，突破"有爆款无用户"的瓶颈。

5. 勿无视反向媒融

与商业新媒体公司相比，传统媒体基于广告的盈利模式转化率较低，市场竞争力渐趋衰弱，以至于正向融合的主动地位受到了压制。

"反向融合"或言"倒融合"已成为媒介融合过程中一个十分值得关注的

---

① 参见卢新宁《"内容+"将成为媒体融合关键词》，《中国报业》2017年第17期。

现象。在实操中,狭义的媒体融合主要是从国有媒体的立场出发,要实现传统媒体与新兴媒体的融合发展。但 2015 年之后,出现显著的"反向融合"的现象,实力较强的商业新媒体公司发起了较多的针对传统媒体的收购与兼并,其本质是因为互联网企业在资金、技术、用户、市场数据等层面掌握了融合的主动权,传统媒体成为它们发挥优势、进行战略布局的重要一环。例如阿里巴巴连续入股多家国有媒体,包括《京华时报》《北京青年报》《第一财经日报》《第一财经周刊》《商业评论》等。在媒融的浪潮之下,阿里巴巴具有明显的资本和技术优势,在媒体版图的抢占和扩张上颇具实力,也是反向媒体融合一股极强的推动力量。

国家相关部门对这种外部的反向融合应予以足够关注,关键事项上应有对策,体制机制的改革应外紧内松,且应大力促进国有媒体内部的反向融合,为之大开方便之门,国有媒体单位也应积极参与内部的反向融合,一起来加快媒体融合发展的进程。

6. 勿轻视经济效益

国有媒体重社会效益,但也并不是专门搞公益的。推行媒体融合,投入成本不求盈利,这种行为也不足取。特别是长期而言,不能重投入、轻产出,不可置国有资源的保值增值于不顾。说媒体融合时须重社会效益,不用考虑盈利显然不妥,显然是不知道业界的普遍情况,不知道不盈利对大多数国有媒体单位来说也是可怕的事情。国有媒体融合发展的目标是培育新的核心竞争力。不能盈利,何谈竞争力?更谈不上核心竞争力,倒要谈谈是否会造成社会问题。有文章通篇谈媒体深度融合的评价体系,但就是不提"盈利"两字,很不实在。

能否盈利还决定媒融空间的大小,决定是否要持续不断地投入。媒体单位各方面的综合情况决定其是否具有盈利的能力或潜力,反过来也可将是否盈利作为评判其发展状况的综合指标之一。以后国有媒体要努力建立合适的盈利模式,生成造血机制,早日自发地强劲地发展,为社会稳定发展持续地做出贡献。

但不太有意思的内容怎么可能盈利?无效的运作、内容怎能最大限度地抓住观众并跨过盈亏平衡点?光有热情与冲动是不行的,光是不停地做也不一定有好的回报。这方面的观念也需要优化,以往过于强调社会效益中的政治效益,其实只要是传播正当知识与价值观的,有销量,就有社会效益,而且越是有经济效益,就越有社会效益。

国有媒体可以采取广告模式、版权运营模式、政务和社区服务模式、技术服务模式、媒体电商模式、用户付费模式及众筹等按需生产模式、打赏模式等来获取收益。一大难题是要改变读者的免费阅读观念与习惯,并取得相应的收入。国内外已在实践计量、微量付费与捆绑订阅、完整阅读、推荐阅读、链路阅读付费等模式，取得了一定的成效，也有一些失败的经验与教训。2007 年，《纽约时报》重启"付费墙"，很快取得明显成效，2013 年订阅收入以 54% 的占比超过了占比 40% 的广告；2015 年，《纽约时报》在出版物上每损失 2 美元，数字业务就能替它挣回 3 美元。① 近些年来，国内诸多手机月付费达到一定档次的用户即可通过"魔百和"等网络机顶盒免费观看 IPTV 所提供的大部分视频或其他服务，但愿意另外付费点播电影、电视剧等高清节目的用户一向比较有限。

内容定位、产品研发、连接交互、服务提供、推广投入、运营水平、商业模式等都关乎最后能否盈利，成功相关的要素较多，最后成功的国有媒体较少，东方头条 App 不仅拥有 8000 万用户，而且在 2019 年获得了 1.6 亿的净利润，② 实属不易；人民日报客户端的下载量达到两亿，2016 年和 2017 年的广告代理权各卖了一个亿，③ 但投入也很大，总体没有盈利。App 的获客成本比自媒体号高得多。吸纳新用户留住老用户，对于 App 来说，是关乎生存发展的紧要大事。2014 年由南方日报报业集团孵化出来的"南方舆情"App，用户构成以党政机关为主，以大中型企业为辅，实现省市—县区—镇街—企事业单位的全面覆盖，专注于成为"治理现代化"领域新型信息化复合型智库平台，当年投入当年就取得收益，随后每年的社会效益和经济效益都比较出色。

收入待遇要与经济效益挂钩，同样媒体扩张、新媒体数量也要与经济效益挂钩。都没盈利，摊子却铺得很大，明显不合适。几个 App、十几个视频账号、数十个微信公众号，上百个标签，搞得自己的身份很模糊，力量很分散，总体上并不利于品牌建设。抖音、快手、小红书、B 站、今日头条、梨视频等有那么多分店吗？

2019 年，中宣部在媒体融合推进会上明确：对影响力差、传播能力弱、经营不善媒体坚决关停。这是今后不打"强心针"、不做"人工呼吸"的表态，理性，明智。

国有媒体单位若长期轻视盈利，则难以可持续发展，在人才激励等方面就会陷入困顿，单位必走下坡路，这么浅显的道理，其实无须多讲。但就是有不

---

① 参见韩炜林、李保林、王丙全《在"等死"与"找死"中突围——传统媒体融合转型：误区辨析与出路探析》，《新闻前哨》2015 年第 6 期。

② 参见张璐曦《我国媒体融合的新模式、新问题与新趋势》，《上海大学学报（社会科学版）》2020 年第 3 期。

③ 参见张妍《人民日报社副总编辑卢新宁：优质内容才是刚需》，《深圳商报》2017 年 8 月 20 日第 3 版。

少人至今还抱有一种迷思，以为不盈利国家会扶持，关键是要坚持主流价值及其影响力。不想想社会效益与经济效益一般并不是对立的，长期都找不到盈利模式，都无法盈利，就是因为用户少或"产消者"太少。用户少，还空谈什么影响。

运维一个网站，没有5000万用户，都不大好意思谈盈利模式。新媒体虽然不大有墙，但受众数量这个门槛太高，没有很好的创意和领先性根本跨越不了。以前国有传媒业界说的"不转型等死，转型找死"真不是什么虚言。业界单位一般是比较实在的，有好办法促进发展早就干了，不会偷懒的，何况是关乎生死存亡的发展问题。

融合发展是传统媒体求生存的一个内生需求，是媒融大潮中重新寻找媒体盈利模式的途径。国家在推进媒体融合力度的方面决心比较大，但收效不大，一大原因是国有媒体融合的盈利点很难寻找，很少有通过新媒体实现盈利增收的模式。媒体融合发展如果只考虑传播力、传播范围的核心诉求，而不论内容获益诉求和版权保护诉求，必定失去盈利的支撑而后继乏力。另外，借船出海的收益分配、公共平台融合收益分配机制不合理也对国有媒体盈利能力造成明显的压制。媒体融合盈利难，盈利模式、盈利分配机制不成熟已成为制约国有媒体深度融合发展的瓶颈。

应基于互联网商业逻辑，引领与服务并重，逐步创造经济效益。高转化率的商业模式不仅需要用户的注意力，更需要在产品线、营销、活动、信用、支付、配送、客户服务等领域进行整合。可参见表6-2，有所扬弃、有所抉择。

表6-2 传统商业逻辑与互联网商业逻辑的对比①

对比项	传统商业逻辑	互联网商业逻辑
核心价值	生产效能：通过生产、批发、零售、消费等诸多环节的社会大分工实现长闭环	消费体验：在点对点连接中直接形成商业短闭环
商业类型	串行商业：多环节串行方式，需要事先备好产品到库存中流转	并行商业，社群经济，规模由许多人同时参与形成，在供应产品甚至消费时才形成最终产品
整合营销理论	4P：产品、价格、渠道、促销	4C：需求、满足需求的支付成本、购买的便利性、沟通

---

① 参见北京市新闻工作者协会《中国媒体融合发展报告（2015）》，社会科学文献出版社2015年版，第37页。

续表 6-2

对比项	传统商业逻辑	互联网商业逻辑
五大要素	闭环、单一、非动态、价值链、传播方式受限	去中心、异贡、多元、价值环、自传播
以什么为中心？	以产品为中心，向受众推送自己想做的	以用户为中心，给受众真正想要的

2017年之前，中国55%的网民就有过为内容付费的行为，这说明消费者的付费习惯是可以建立的，是可以期待的。

7．勿轻视正向媒融的困难

在2015年的媒体融合发展论坛上，深圳报业集团党委书记、社长陈寅讲："媒体融合，是世界性难题。发达国家的主流、名流媒体，苦苦摸索了十多年，仍未找到出路，连曾被视为媒体融合标杆的《金融时报》也不得不出售，足见融合难度之大。"

与商业头部新媒体相比，优秀国有媒体的体量与实力要小得多，见表6-3。可想而知，国有媒体行正向媒融之事是要面临不少困难的。

表6-3 媒融相关公司总资产规模比较①

（单位：亿元）

公司名称	时间					
	2019/6/30	2018/12/31	2017/12/31	2016/12/31	2015/12/31	2014/12/31
北青传媒	10.55	11.59	13.95	15.01	15.54	15.96
人民网	41.57	41.3	35.51	36.99	36.04	35.16
芒果超媒	160.74	121.11	95.77	23.38	23.77	14.72
腾讯	8168.64	7235.21	5546.72	3958.99	3068.18	1711.66
Facebook	8190.42	6813.38	5916.68	4547.27	3458.49	2812.88

传统媒体创办新媒体十分不容易，需要投入大量资金，也需要长期培育，这就需要足够的资金作保障。上海报业集团选择关停部分纸媒，全力打造"澎湃""界面"等新媒体，虽说是明智之举，但根据《传媒评论》对市场表

---

① 参见梅宁华、支庭荣《中国媒体融合发展报告（2020）》，社会科学文献出版社2020年版，前言第2页。

现较出色的澎湃的访谈资料分析,2015年澎湃的广告收入为6000万元,其盈亏平衡点为1.2亿元,2016年达到盈亏平衡。也就是说,2015年至少净亏损6000万元。再加上前两年的投入,即使2016年真的能够打平,其前期投入至少在2亿元。① 澎湃这种在股市与地产资源等大力支撑下"高举高打"的模式不是一般传媒集团能够模仿的。部分地市级媒体正尝试走自己的发展之路,将他们的传播优势与地方经济、生产、生活需求相结合,从纯粹媒体平台向生活、社交、信息娱乐消费平台转型,以图获得双效益。

涉足新业务也存在困难,比如涉足视频业务,虽有前景,但视频是个"烧钱"的门类,每一家视频公司都在探索可持续的盈利模式。人民网的员工历经一年多时间的调研、论证和沟通,才最终决定大胆探索,成立视频合资公司,为人民网的发展增添一个新引擎,为中国视频行业发展参与践行一种新模式,一种先要亏损的新模式。

互联网时代传统媒体在生存上面临严峻挑战,国内一些传统媒体单位不断探索内容与新技术融合的发展模式及发展方法,但均遭遇了挫折。2010年9月17日,上海广播电台、东方传媒集团宣布与康佳联手,推出全新的互联网电视业务和智能电视,基于SMG百事通BBTV新终端与康佳的新一代智能电视,用户既可以观看,还可自主创作视频上电视。这样的筑巢引凤持续没多久便偃旗息鼓,这说明互联网电视的发展方向有问题。后来乐视电视的昙花一现、乐视网的惨淡经营更加有力地说明了这一点。2013年1月中旬,在南京报业转型发展新成果展示会上,《金陵晚报》智能自动售报机亮相,但后续并没有推广应用。报纸正走下坡路,读者也渐少且比较保守,为销售报纸采用人工智能显然是搞错了对象。

必须融合,但正向融合难,转型成为新兴媒体后发展也很难。国有三大媒体人民日报社、新华社、中央广播电视总台在影响力方面都排在20名网络新媒体之外,遑论其他国有媒体。现在国有媒体处于水要淹上来,正往山上跑,但又受到早已占领山上有利地形的诸多强大对手全线压制的状态。

平心而论,这些年来,国有媒体在自己的能力范围之内作了各种尝试与投入,在媒体融合方面也是挺用心的,为何成效不大?可能大部分国有媒体本身的运营目的、运营风格就不是大家偏好的,大多数人喜好的是开放、交互、共享、自由放松、心灵释放、趣味澎湃的空间。国有传媒唯有通过深度的正向媒体融合等,不断地创新与突破,别无很好的出路。

国有媒体在市场上进行兼并重组式的融合时需谨慎。上市的国有媒体往往喜欢收购游戏公司或游戏业务,这也算媒体融合,但风险较大。江西的中文传

---

① 参见郭全中《关于新闻客户端认识的八大误区》,《出版广角》2015年第15期。

媒、四川的博瑞传播等，都有过收购游戏的举动，前景如何呢？结局如何呢？总体上有些不妙。博瑞传播效益变得很差，签的对赌协议不知有无兑现；中文传媒收购开心乐园游戏以后，玩的人越来越少，业务也逐渐黯淡。民营的中文在线比较灵活，2018用17.23亿元收购游戏公司晨之科，一看效益不佳，2020年赶紧割肉自救，以4567万元转手卖出。① 所以要敬畏市场，不要轻易收购游戏公司或业务。游戏行业本身风险很大，人家好的公司、好的项目也不大可能轻易转让。

正向媒融需要员工素养能及时跟上，但实际情况却不尽如人意。比如平台整合了所有工序，部分记者、编辑也开始从事集约式多形态生产，需做好标题、做好关键词优化，要有技术以及文案策划方面的能力，还要有热点捕捉能力、融合新闻制作能力、数据新闻创造能力、与新闻机器人合作的能力以及维护粉丝社群的能力，最好还能做搜索引擎优化（SEO）及标签匹配人群等事项，使得自己单位或部门的稿件多多地在网上每秒钟出现的成千万的新稿件中脱颖而出。这一切，要求记者、编辑有最新的网络技术素养与较好的综合素养。但国有媒体绝大多数编辑，在这些新的领域，可能会缺乏配合正向媒融的实际工作能力。

2018年，许多经营性报纸关停，一部分非卫视地面频道衰落，正走向关停并转。县级融媒体的重新建制，对于缺乏竞争力的三四线城市或县域媒体来说，在一专多能、业务开拓等方面是很大的考验。资源丰富的央媒和人财物都很匮乏的地市，在体量、生态、人才各方面都不一样，实操起来就是不一样，借鉴或按照央媒的媒体融合发展模式来发展地市媒体，效果很难如人所愿。

新媒体产业竞争激烈，更新换代速度不断加快，每年都会有海量的新媒体企业如昙花一现，国有媒体正面与新媒体融合的难度不容忽视。

8. 勿忽视商业新媒体经营的困难

2021年2月5日，虾米音乐因入不敷出、运营艰难而停止服务。要不是大资金入场，喜马拉雅经营也很艰难了。B站2021年3月从美国回港双重上市，因连续三年亏损等原因，上市首日股价破发。知乎从精英化社区发展成大众化社区，不分层级，似有阵痛，社区专业度及内容质量降低，影响了原用户的体验，广告收入虽有增加，但2019年、2020年仍亏损，其实发展那么多年，知乎仍没有找到很好的盈利模式，要想顺利大变现仍然道阻且长，所以它2021年3月在纽约证券交易所挂牌上市当天即惨遭破发。2021年5月，网易云音乐向香港证券交易所递交的招股书中，首次披露了运营数据：2018—2020

---

① 参见新浪财经《17亿买、4567万卖，中文在线甩包袱还是做慈善？》，微信公众号《公司资本论》，2010年8月5日。

年归属于股东的亏损分别为人民币20亿元、20亿元、30亿元，经调整后的亏损额分别为18.14亿元、15.8亿元、15.68亿元。① 这几个具有标杆意义的商业新媒体都这样，可见新兴商业媒体市场竞争之惨烈、生存之艰难，有不少连年亏损仍在资本市场成为宠儿，是因为其商业模式有着巨大的潜力与最终盈利的较大确定性。如网易云音乐三年账面上的亏损主要是因为IP和版权费用的投入，实则是一种"战略性亏损"，是其打入主流音乐服务市场的必要支出。2018—2020年，网易云音乐的营收分别是11亿元、23亿元、49亿元，实现了翻倍式的增长。② 从这种趋势来看，其在不远的将来当可盈利。国有媒体推进媒体融合的同时，怎样发挥原有优势，塑造具有强大生命力的商业模式？能够吸引大量社会资本大力襄助吗？能够经受住长期的亏损吗？能被允许经受长期的亏损吗？关键是值得经受长期的亏损吗？即最终能盈利吗？

The Daily这款专为iPad打造的内容产品，曾被视为革命性的移动终端创新产品，被默多克称为令人兴奋不已的杰作，预期在新媒体领域延伸新闻集团在电视、娱乐领域的品牌影响并有所拓展，为苹果公司与新闻集团带来双赢，却于2012年12月15日停止更新，只有不到两年的"寿命"。有报道说，到2012年11月，默多克至少已向The Daily投入了3000万美元。而连续两年的亏损，让新闻集团对The Daily失去了信心，甚至没有耐心让The Daily活到一般商业计划书常常设定的转入收支平衡或盈利的第三年。③ 这说明应将发展的重点放在手机端，如果内容产品The Daily为手机打造，结果多半会好得多。2013年2月26日，TCL与CNTV旗下公司合作，推出电视专属聊天工具——电视QQ 2.0的全新TCL3D智能云电视系列产品，这是QQ首次深度植入电视平台，这个做法后来也没有得以延续。

十几年前，中国最大的互联网巨头及商业媒体不是腾讯、阿里，而是盛大。盛大开创了很多业内的先河，比如领头尝试过家庭数字娱乐（盛大盒子）、电子支付等。但令人扼腕叹息的是，在现实世界里，敢为天下先，有时成为"先烈"的可能性会大于先驱，再加上扩张过度、企业文化、创意执行力、董事长身体欠佳等方面的问题，盛大反而逐渐衰落。

2015年12月4日，百度视频宣布上线VR频道，成为国内VR内容聚合平台的先驱。VR在5G时代之前大力发展有些过于超前，所以由Facebook掀起的高潮过后便是落寞。再次说明有些业务即使有前景，过早介入就是错，趋

---

①② 参见七月《赴港IPO，网易云音乐想靠直播翻身》，微信公众号《首席商业评论》，2021年6月11日。

③ 参见陆小华《新媒体产品九思——从〈The Daily〉早夭说起》，《新闻记者》2013年第1期。

地雷很可能挨炸。还有华声在线，曾通过战略合作，与170多家省级以上网络媒体形成一个高端、迅捷、有效的宣传联播平台。这个做法挺好的，却也未能持久。

媒融创新与发展要找对方向，而且要把控好介入的时间与速度。往什么方向融最是关键。国内以前的商业新媒体往特定终端比如特制机顶盒、特制电视机、特制手机等往电子出版融，都是业绩惨淡甚至亏损累累。往手机报、户外电子屏报融也是乏善可陈。正确的方向是向移动大众传播融，向通用性的手机融，向社交传播融，向智能传播融；新闻资讯向快速权威融，通俗文化向精准投放融，出版向知识服务融，将来或许因为智能化程度、泛在通信技术的提高，物联网、类人智能化的兴盛等，情况还会有很多变化，商业新媒体也必须知难而上。

9. 勿忽视新媒体话语体系的长处

传统媒体话语体系大多采用官方语言，多追求"端庄、稳重、正式、大气"的语言风格。新媒体则进行分众精准传播，有明显的后现代的个性化表达，还有许多有趣、轻松的表述，传播风格灵活多变，因人因人群因情势因场景而异，打破了时空的束缚，让多元思想及话语得以大量涌入。两相体验、比较之下，用户更感觉传统媒体产品的话语体系乏味、不接地气，而长期单向线性传播，致使用户缺乏反馈等发出民间话语的机会，也加快了传统媒体影响力的下滑速度。

网络自制节目《晓说》《奇葩说》《十三邀》《圆桌派》等，都比较明显地体现了后现代主义的"去中心化"和"解构主义"，即主张拆除人们对于永恒意义和非黑即白的恒定认识，消解权力控制和话语制约。这种后现代的话语体系中所包含的多元性、差异性和不确定性，与新媒体传播特有的即时性、发散性与开放性结合，产生了巨大的叠加效应，对传统媒体的话语权威带来了不小的挑战。[①] 国有媒体在新的话语体系的挑战面前需要做出一些改变。最终的改变其实是基于理念和态度上的变化，具体来说就是要在表达主流价值观的同时，去除陈旧模式化的语言，提升对社会共识表达的敏感度和准确度，适当采用新的话语体系的长处并付诸实施，使新老话语体系得以适度的融合，在国有媒体内部互相补充或适当并行。

（六）融合的同时注重分化

融合只是手段而非目的，"合"有时是为了更好地"分"，通过融合达到

---

① 参见缪婧瑛《大众与分众——传统电视媒体融合转型的新课题》，《声屏世界》2019年第3期。

更高层次的多样化是媒融的目标之一。为了顺应技术等引发的传媒环境的变化，趋同进化与趋异进化同样重要。个别甚至可以不应时沉浮，追求不变或复古。在推动媒体融合向纵深发展过程中，既要看到媒体在技术、功能、运营等方面趋同的大势，也要避免太过于执着融合而弱化创新，弱化发展策略、产品内容及形态等方面的差异性。

1. 融合与分离是事物发展的常态

事物发展就是一个吐故纳新的过程，吐就是分，纳即是合。分分合合是一种常态，是事物演变的一种普遍规律。

媒融会随着时间的推移而改变。分与合、聚与散，是发展过程中的辩证统一。小到技术产品，大到人类文明与人类社会，事物发展过程的分分合合反映的其实是不同力量博弈的表象与结果。当各种力量的平衡出现破绽，天平发生倾斜，分离就易发生；当各种力量达成平衡的趋势，融合便易发生。

除了融合，专业化分工、差异化发展仍很重要。2016年2月19日，习近平总书记在党的新闻舆论工作座谈会上明确指出："要适应分众化、差异化传播趋势，加快构建舆论引导新格局。"① 同样的主题，进行多样化传播；同类的传播内容，有着不同的传播对象、不同的传播风格，这样才可能达到"大珠小珠落玉盘"般出彩的效果。

从合可以走向分，从分也可走向合。有些可合，有些可分，应时应势而变。合与分常同时进行，舍与得总互相伴随。当今传媒的发展中，合常常到了最后都是为分服务的，用户的类型不同，各个单体也不同，只有分才能建立强连接，这既是一种必需，也是一种必然。传媒的走向，包括数据库、平台的聚合大数据，最终是通过用户画像与算法分析，与各个用户对接，无论是精准获取还是精准投放，无论是呈现形式与具体内容，落地都将是分或是一定程度的分，这就像水库、水厂、电厂一样，水量、电量要由生产方聚集起来，要足够大，然后沿着各条路径流向千家万户，而且传媒总体在分的深入、精细等程度上明显较以往有过之而无不及。

时移世易，国有媒体自当从传播者本位向用户本位转换，传播内容上要逐渐做到分众化、个性化。对市场进行细分，就是要满足不同阶层、不同人群或不同年龄、不同职业用户的各种信息需求。在媒体融合发展的同时，只有依时、依地、依人而有所区别，才能做到精准投放，起到较大的作用。

2. 融与分各归所宜

有文章说：媒体融合从简单的相加阶段迈向相融阶段，必须发挥大数据精准化、个性化、定制化的功能，抓住其在应用中所展现的规模性、多样性、快

---

① 习近平系列重要讲话数据库，http://jhsjk.people.cn/article/28136289。

速性、互动性、可视化的特点，实现融媒体产品精准化定制生产、分众化传播。① 这是在说什么？这主要是走向分：内容的分、用户的分。其中分的内容可能是多媒体的，那就是分的同时也有融，不过这里实际上主要是要迈向分。

不论是言论上，还是实践上，有些方面要顺应大势有所转变，该分就得分，而且要分清。国有媒体公司应根据自身发展条件，顺应趋势找适合自身的发展空间，对应着自己在传媒上达到的实力档次与水平来分层级、分阶段发展。各种层面各种做法都有成功案例；处于各种生存状态、各种融合程度的，甚至未加入融合的媒体中，都有成功者，不能一概而论、统一而行。唯一的标准是合适，合适、正好相配最佳，无论做什么。

创新可来自"合"，也可来自"分"。"分"包括"融"中"分"或伴随"新"出现的"分"。澎湃案例说明传统单位最好全部或部分独立着向新媒体转型，合中有分，重点不是合。场景的核心逻辑也在于"分"——细分，场景的营造会用到融合的内容，但总体要有个性与特性，所以是分中有合。这种分合并存的情况其实是很多的，合的内容，到处都可呈现，但彼此也要有分别。

能融则融，不能融则分开，目前不必强求，可以到适合融的时候再融。应该允许媒融有多种方式和多种状态。同一单位中转为新媒体的部门与不转的部门要适当分开，该分清的都要分开，分分清楚。有些媒介要素目前不分且明显有利的暂可不分，比如优势内容资源、作者资源，内部新老媒体当可共享，但在组织、管理、财务上还是分开为好。后台大数据储存功能较为强大的"中央厨房"除了融的作用大，分的作用也应该大力加以发挥，受众定位已发生明显变化，以前是人找信息，现在已进化到信息找人，必须基于"中央厨房"后台较为先进的大数据分析功能，精确细分、定位每一类、每一位受众、用户。

掌握好统同与分治的关系很重要。云南日报报业集团"中央厨房"的空间集中、数据集中、策划集中、产品集中、管控集中、器材集中，集中管理程度颇高；苏州广播电视总台通过总编调度中心、总编智慧体系、总编值班体系来统筹开展媒体融合改革。当然，统管也是有弊端的，会使人员自发的积极性变小，会使本可各自发挥灵感与潜能的余地缩小。

越是全媒体时代，越需要专业化、高品质和个性化的产品。不同的媒介有其特别合适的受众需求，应该加以区分。比如电影、电视和手机，三块大小不同的屏幕各有各的功能归属与存在价值。电影更追求感受、享受，电视更追求

---

① 参见施龙有、董枫、吴峰平《媒体融合如何借力大数据推动分众化传播——以丽水日报传媒集团"绿谷融媒小厨"的运行实践为例》，《中国记者》2020年第5期。

公共话题，手机更注重私密色彩。另外，如果不按照受众属性去分别创作，难免会出现对牛弹琴或者东施效颦的现象。

"二次售卖"仍然重要，但媒体更需分出力量来探索小微经济。小微经济即社群经济，小微并不是指规模小，而是指数字化时代商业思维的特征，即强调用户体验、个性化服务、提供定制化产品。与传统的"二次售卖"的逻辑不同，小微经济呈现出以下新的特征：①社群服务和商业盈利同步，得到认可的服务非但可以促进社群的建构和稳定，而且收取费用会被大家视为理所当然，甚至高价格也能有相应的市场；②社群商业的重心是产品的研发和服务的质量；③人格化服务是社群维系和商业变现的核心所在。[①] 在数字经济中，国有媒体只有沉下心来对不同社群及成员分别给予贴心的服务、愉悦的体验，才能在融合转型方面取得明显的进步。

现在，一般化的信息产品不再是稀缺资源，人们的个性化需求越来越多，倒逼内容生产必须在分合并举上下功夫。在媒融发展的过程中，既要提供共性新闻产品，这是合；也要加强个性化新闻生产，这是分。欧美媒体10年以前就精准投放内容了。国有媒体也要认真研究用户的不同需求，针对性地生产特色信息产品，点对点推送到用户手中，做到量身定做、精准传播，倍增新闻宣传的实效性。深入一步讲，还需要建很多小的社群来聚合同好，更好地更深入地满足读者各自的兴趣。不是一般地分，现在要求细致地分、精准地分、令用户愉悦地分。服务比原来更细致、更周到，更接近、更亲近甚至超预期。关键不是大而化之的一次策划、多次制作，一次生产、多次发布到各个终端，关键是要精准分发给每个用户，前者仍是粗放的做法，在这方面，大部分国有媒体恐怕又落后商业新锐媒体一步了。

"分"要给"合"留出空间，"合"也要为"分"留出空间，过度的分与合都是一种偏执，都是不可取的。所以一定要掌握好分与合的尺度，让分与合互相促进，共铸辉煌。不是说融就比分好，分即分工、分化等。从传媒发展历史上来看，总体上"分"更重要。现在老说"融"，是因为数字时代不融不行，而且"融"也焕发出了较多的好处。"融"在比特摧毁一切区隔之特有的环境、特定的发展阶段还是有特别的价值的，可以说"融"正当其时。目前应该抓住这一时机，更多地考虑合、提倡合、偏重合，但不能只讲合。在媒融方面，容易只重合不重分甚至不提分。现在大多数学者只讲"合"、主要讲媒融而很少谈跨界融合是将人们的思维不由自主地框在媒介、媒体范围之内，框在合而不是分、新、转型上。这样比较局限，容易令人迷失在模糊或偏执中。

媒融除有求同、趋同的偏向，抑制创新的一面外，亦自有其跨越以往藩

---

① 江飞：《媒体融合应避免哪些误区》，《青年记者》2016年第28期。

篱，合以往不合之物的创新的另一面。事实上，传媒发展也需求新、求异，所以在媒融的同时我们也要注意发挥合的创新功能。都在合的情况下，总体差异势必变小，但还是要尽量合得不一样，如此才各有特别的生命力与竞争力。现在人民日报社的媒体融合，被视为全国标杆，作为模仿的模板，同质化程度就比较高。

3. 各地区、各媒体应有相异的媒融发展重点与路径

融合做法有很多种，各地区、各媒体可各自定下发展重点，各自采取符合自身发展条件的路径，殊途同归。

若顺其自然，就会有差异，国内外自古皆然。比如20世纪40年代，美国有些报纸向数以万计的家庭传真机发送报纸；比如21世纪以来，国外有些软件商还是勤于通过邮件与购买软件者保持联系，跟进服务工作，但这两种情况基本不见于中国。

20世纪90年代后期，中国媒体开始了市场化融合转型进程，十多年时间都在学习西方。2006年左右，欧美的报业公司倒闭的倒闭，裁员的裁员。国内媒体也开始探究或实践报网融合。

媒融有各类媒体趋同化的弊端，随着媒融的发展，媒体单位各自的媒体属性和功能特性变得模糊，要以多角度、多层级、多层次、多方法、多途径的融合方式适当予以化解。媒体融合发展不平衡，是一种正常的差异化现象。各地区、各媒体具体情况不同，彼此的观念、资金量、人才资源、技术发展水平不一样，转型条件与基础就不同，一定要因地制宜，因此各地区、各单位不能一味地追求统一，归于一统。事物千姿百态、万象纷呈、个性毕现的数字化时代，统一的道理有些不管用了，需要分门别类地讲道理，国内房地产管理者明白过来了，终于实行一城一策，那传媒呢？为什么不能立足于自己的优势与长处，不断地扩展呢？为什么不搞差异化发展？同样是媒体融合，为什么到后来大家却没有什么差距呢？

强者强之用，弱者弱之用，各恰其用，便是优胜之法；甚而至于，强即是弱，弱即是强，弱者亦有强之用，强者亦有弱之用，如此才能以弱胜强、从弱变强或以强联强、由强保强。媒融也要视对象不同分别施策，实力不是特别强的媒体单位，不宜全线出击，更要有所选择，有所侧重地发展。媒体单位要因己所长，努力基于自身条件、优势，选择适合自己的分合方式及数字化手段，因地制宜地走不同的路径、以不同的发展模式来壮大自己，同中有异，明确各自战略方向和发展重点，精准化地搞出自己的个性化的特色来，促成千地千面、千司千面，形成分工明确、错位发展、相互补充的新型传播格局。广阔天地各显其能、百花齐放往往比统一、标准化、规范化要好一些、兴盛一些。实力弱的，步子不宜过大。现在的数字技术发展得很快，国有媒体基础建设规模

普遍搞得很大，但用不了多久又要更新换代，财力若不能持续跟上千万不可逞强，须在顺应自然的基础上奋发图强。

国有媒体办的新媒体可以母媒体为资源库，在母媒体优势基础上发展，视业务情况或融或分或新，各类业务基础不同，应量体裁衣，采用不同的转型发展的分、合、新之策略。

国有媒体大多采用的是人民日报社的发展模式，太过一致，效果很难显现。而新华社的智能化模式又不容易学。因此，更多地应看着自己，按自己的规划来发展；照着别人的模式运作，往往会水土不服。深圳报业集团对此有清醒的认识，制定了《深圳报业集团深化改革总体方案》，在媒融目标、路径、体制、机制、技术、人才等方面进行了战略性、前瞻性设计，在推进深度融合中形成了自身的特色。

农村的媒融因用户文化程度较低应该宽泛些，融合度可以大一些；城市的媒融因用户文化程度较高可以较专深一些，各媒体、媒介在融合发展的同时要根据自己的优势、特点等就此做一些分工。媒体分工就是社会分工，比如阿里巴巴与腾讯、百度的分工，又如新浪微博的兴盛与网易、腾讯的相继退出。

近年来，在越来越剧烈的市场竞争冲击下，在越来越严酷的生存压力下，报业集团都在媒体融合发展与改革的道路上，有的是关闭都市报，将全体或部分工作人员转移至集团内的新闻客户端；有的只留存少量都市类媒体，并进一步发展留存单位的新媒体平台；有的任由都市类媒体各自建立融媒体并进行自由 PK，使之能够适应市场竞争、生存状况趋好的再予以扶持；有的将报纸和新媒体割裂开，报纸、新媒体各做各的，然后在其中建立协调机制；有的是做"加"法，各媒体不断从内部开设新媒体平台，集团也不断开设新媒体；有的不关闭一家传统主流报媒，但仅保留"瘦身"版的夜编部，内部所有都市类媒体全员上移动端、全员视频化转型、全员融入频道制统一管理，以全新的组织架构、内容产品、资源渠道、服务理念、考核方式等来打造发展手段先进、有一定竞争力的新型主流媒体。我们不要轻言这些方法的优劣，各媒体自身发展条件不同，处于不同的发展阶段，本可以审时度势，选择不同的发展模式，差异化发展。

媒体各有类别，应顺应这一点差异化发展媒融。如广电媒体融合发展的未来走向更应该是基于影视、视频的渠道的融合、产业的融合等，电视屏幕随着 5G 时代的到来，在数字家庭娱乐方面有一定的发展空间。如果追随报社，铺开建设 App、"两微一端"以及"中央厨房"作为主要融合转型思路和主要工作的话，可能会误入歧途，还不如专精建设多功能的兼含微、短、长视频的平台。凤凰网是媒融的一个成功案例，其发展思路就是依托凤凰卫视的先天优势，着重发展网络视频业务。根据互联网新技术的用户越来越集中于主流人群的特点，专注其目标用户——1亿高端网民，提供个性化内容产品。

手机容纳空间有限，用户装好一堆实用的上佳的App客户端之后，别的App除非搞得特别好或能满足用户新的需求，才能挤进来。而微信公众号比较轻便，用户看起来也特别方便，特别适合县级融媒体，缺点是号内互动功能甚弱，仅有用户留言号主回复等功能，用户之间没法直接交流，但可以将帖子分享到朋友圈、亲友群中互动。实力较弱的县区，搞融媒体中心，搞全媒体，要搞那么多渠道与终端吗？目标受众、用户数量本身少，用户群体层次、接受层次也少，还要搞一次采集，多次发布？如果因此将内容搞得更加稀松，传播质量不升反降，就得不偿失了。为什么不提高员工待遇，让实力较弱的县的媒体工作人员专心安心，集中精力把一两个微信号或一个App做强做好呢？2011年苏州广播电视总台（集团）在全国率先利用城市各民生数据库，打造融媒产品——"无线苏州"。此客户端上不仅有"融媒资讯整合宣传平台"，还可以让市民在上面交水电费，查询学区、地铁、公积金、社保，预约挂号、订报等。截至2016年底，经营总收入已超3700万元，被原国家新闻出版广电总局评定为"最具创新价值移动综合运营平台"。"无线苏州"只是一个App，但要做好并非易事，其发展模式值得其他县区级媒体模仿。2019年1—4月，中宣部新闻局和国家广播电视总局科技司联合发布了《县级融媒体中心建设规范》《县级融媒体中心省级技术平台规范要求》《县级融媒体中心网络安全规范》《县级融媒体中心运行维护规范》《县级融媒体中心监测监管规范》。在适当规范化的前提下，各地县级融媒体的建设、发展模式与面对受众、用户的内容及呈现方式应有所不同。比如可以有广电独建、报业独建、报业广电共建等模式。比如仅浙江仅一地，就可以有"长兴模式""萧山模式"等；北京一地，就可以有"海淀模式""延庆模式""顺义模式"等。

有文章指出媒体融合需分三步走：一是在达到理念上的共识之后"圈地"；二是以传媒与用户关系再造为目标，来实现媒体的产品革命，以获得全新市场空间；三是媒体认识到信息终端技术带来的变革，通过对信息终端的选择与运用，来找到媒体融合时代新的产业杠杆上的支点。[①]该文所说的"圈地"只是一种实际情况，并不一定有以前圈地的那种作用。与用户关系再造倒是很重要，这才是真正能起到圈地作用的举措，因为网络上的地在人们的心中。信息终端的选择与运用也很重要，一开始就要重视，不一定放到第三步才来做。各媒体可以根据自己的情况，分步走或同步走。

在现行体制下，办报纸的、办通讯社的、办电台的、办电视台的，功能不

---

① 参见彭兰《媒介融合三部曲解析》http://www.xwpx.com/article/2011/0120/article_10691.html（中国新闻培训网），2011年1月。

同、各有定位。要从各自实际情况出发，积极探索适合自身的融合发展模式，科学规划传播体系基本架构，明确各自的发展战略、发展方向、发展重点、发展策略，构建立体化、广覆盖的传播格局。

融合发展已经成为国有媒体当前转型升级的重要任务，从中央到地方的主流媒体，都在开发全媒体平台和产品，探索媒体融合的路径。全国性媒体、地方性媒体、行业性媒体和专业性媒体各自还是需要提升融合发展的有效性和精准性，各有侧重地强化用户需求意识和用户服务导向，聚焦特定的服务领域和服务对象，增强规范又不失灵活性的服务能力，建设各具特色的融合媒体。比如光明日报融媒体与众不同的建设工作主要包括：建设特色网络平台，提供专业性学术服务，增强核心受众创新服务能力；集成最新技术应用，提供基于前沿性技术的服务，创新技术引领能力；努力构建更加整体性的高效服务知识界的平台系统，凝聚光明全媒体在整个学术领域的优势资源、生产能力、平台载体等，目标是打造一个新型学术服务系统，更好地推进和传播"学术中的中国""理论中的中国""哲学社会科学中的中国"。比如地方媒体可以自建"两端一网"等，也可入驻微博、微信、头条号等平台，采取借船出海、合作造船、代运营等融合发展模式，也可开发和运营本地O2O服务平台，开展家政、教育、旅游、美食等多元服务。

成功没有定规，发展要各有特点，有特点离成功就不远了。媒融可有不同的类型，应有各自的特点，合适的才是最好的。美国哥伦比亚广播公司专门打造针对新媒体平台的独家视频内容，注重内容的异质化和人性化，以分众传播的形式吸引不同受众的关注，赢得了广泛关注和认可。重庆日报社做了几种类型的中、小厨房。大连报业集团将"中央厨房"作为一个转型的平台，提出"全员转型、就地转型"的口号。澎湃上线后，采用数字第一的策略，《东方早报》只保留编辑团队，报纸、澎湃的记者队伍合一，他们采写的新闻都首先在澎湃新闻以及相关微信号等终端发布，后来编辑团队也被取消，全员转到澎湃。"南方+"大而专，专做政务；汕头橄榄台小而全，深耕本土。这些情况都值得肯定，大家差异化发展，只要效果好，差异可以尽量大一些。人人网的教训则可供吸取，它一直尝试做最热的新媒体产品，然而这种跟风的直接后果就是缺乏创新及受众定位不明确，而缺乏清晰的目标市场，用户就会随之流失，收益便无从得来。

就媒融实况来看，目前有些国有新媒体（融媒体）部门，还是处于较为尴尬的位置，颇有"妾身未明"的意味。融媒体理应独立或成为整个媒介机构内容生产和媒介运作的平台和中心，唯有如此，才比较符合"转型"之指归。2018年末，重报都市传媒集团深化改革，打造融合发展升级版，全面实施移动优先战略，全员向移动传媒平台转型，将都市传媒采编力量"主力军"

整合至"上游新闻"这个"主战场"。此番改革,使重报集团彻底改变过去"传统媒体+新媒体"的格局,将内容生产的主力部队全部转到移动端,干脆以新媒体整合传统媒体。另外,将上游新闻记者团队扩充至400余人,并在全国媒体中率先推出全员视频化转型,要求每一条原创新闻都要配短视频,并以原创内容必须文、图、视频齐备作为记者考核的基本要求。[①] 这是个比较自然地生长过程,全员视频化转型的做法也顺应了用户的喜好与业务发展的需要;以新媒体整合传统媒体的做法特别值得肯定与推广,毕竟新闻媒体融合的目的是转型,是大部分国有传统媒体逐渐转变成为新媒体。

信息爆炸时代,资讯这么多,汪洋大海,有实力的单位应该多点开花,网罗天下新闻,并择其中传播潜力大的予以较多的开发,扩大优质资源的影响力,更多的精力应该放在这儿,而不是泛泛的一次开发多次使用。大众化媒体面对普罗大众,而每一个受众的阅读兴趣其实是不同的,于是媒体就不断扩张容量,把受众可能感兴趣、可能需要的内容都搜罗进去。这种模式,过去被称为"新闻超市""一站式购齐",有值得肯定之处,不过每一次扩容,对受众个体意味着有效信息占比的缩减,也意味着与其他媒体同质化程度的提高。给用户太多的选择,事情就走向了反面,等于要用户浪费大量宝贵时间去负载大量无效无用的信息。而网络环境的开放、互通,使同质化、大众化的内容急剧贬值,同时"大众"迅速被解构为小众、个众,出现部落化、社群化的形态。因此对一般国有大众化新媒体而言,重新明确自己特殊的市场定位,实现传播内容与用户的精准匹配,十分必要,唯有如此,才能使传播高效化。而且,借助数据挖掘、追踪技术的发展,精准化传播已完全可行。

说穿了,差异化是为自己及竞争对手留的生路与生存空间,否则就很容易导致恶性竞争。媒融有很大的好处,但操作不当,就容易造成内容产品的同质化、信源的减少、信息多元化的削弱,于外,不利于各自生存与发展,于内,消磨内部各媒体的个性,压抑个性、积极性。差异化与一体化有矛盾,应该在一体化的同时保留差异化,在融合过程中提倡各媒体单位的融合强度、程度、广度、深度、密度与范围等有所差异。总之在取得融合之利的同时,一定要避免遭受媒融之弊。2019年1月25日,习近平总书记在十九届中央政治局第十二次集体学习时强调:"推动媒体融合发展,要统筹处理好传统媒体和新兴媒体、中央媒体和地方媒体、主流媒体和商业平台、大众化媒体和专业性媒体的关系,不能搞'一刀切''一个样'。要形成资源集约、结构合理、差异发展、

[①] 参见张军兴《地方都市类媒体深化融合发展的实践与思考——以重庆日报报业集团为例》,《传媒》2019年第3期。

协同高效的全媒体传播体系。"①

有条件走全媒体道路的选择走全媒体道路,那是合适的;条件还不适合走全媒体道路的,就选择放低一个层次——要不求全效求有效,不求全息求影响,不求全员求精干与团队作战。媒融色彩不重的喜马拉雅、B站等相对单一的媒介与平台仍然很兴盛,所以无须苛求单一形态的传统传播渠道必须呈现全息复合的形态。

国有媒体要注意分析各兴盛媒介的特性,比如微博的媒体属性、140字符、一对多、弱关系、开放性、及时性、易逝性与微信的社交属性、一对一兼一对多、强关系、私密性、直达性、强制性,结合自身所处的生态大环境与小环境,在借船出海发展媒体融合时作出合理有效的、有自己特色的规划与业务布局。

(七) 用互联网思维等发展媒体融合

趋势的力量是巨大的,趋势一旦形成,往往就不会轻易改变。之所以形成新的发展趋势,是因为背后有新的发展逻辑与运行规则。互联网之所以兴起、兴盛,正因为其背后有一套新的传播规则,对应着与以往不同的外显传播构造与内在的传播逻辑,凸显的是信息与信息、人与人、物与物、智能与智能等的互联互通及因此催生的巨大的生态系统、因此喷发的基于海量社会协同的不竭生机与活力,一般媒体要想在创意及传播上倍增价值,就必须服膺这样的规则、逻辑与生态系统,必须自觉接受互联网逻辑及对连带事物的改造,用互联网思维来发展自身,包括发展媒体融合。

2015年12月25日,习近平总书记在视察解放军报社时强调:"现在,媒体格局、舆论生态、受众对象、传播技术都在发生深刻变化,特别是互联网正在媒体领域催发一场前所未有的变革。"② 随着互联网技术的升级,我国互联网传媒等产业的创新融合发展势头良好,"互联网女皇"玛丽·米克尔(Mary Meeker)发布的《2019互联网趋势报告》显示,全球互联网领军地位由中美占据,全球市值估值最高的30家互联网公司中,美国占据18席,而中国占据了7席。

互联网包括内容网络、人际网络以及物联网络等,不仅是一种传播格局或传播手段,它更是一种社会组织与构建的新方式,成了整个社会的"操作系统";也不仅仅是一种经济资源配置平台、一种全新的商业形态,更是人们的一种新的生产生活方式和社会资源聚合、分配方式,一种赋能所有参与者的文

---

① 习近平系列重要讲话数据库,http://jhsjk.people.cn/article/30978511。
② 习近平系列重要讲话数据库,http://jhsjk.people.cn/article/27981000。

化形态。于传媒而言,互联网是一种"高维融合媒介"——个人成为传媒运作的基本单位,个人操控传播资源的能力被激活,个人湮没或潜在的信息需求与偏好被激活,个人闲置的各类微资源被激活,于是传授融合较以往更多地发生变成了一种必然。

"互联网思维"一词最早由百度创始人李彦宏提出,从根本来讲,该思维就相当于企业及媒体发展的总纲领一样,让人类看到新的可能性。所谓互联网思维,就是适配互联网时代的思维方式。有人将其概括为"用户至上、体验为王、单点突破、颠覆创新"。另一种比较全面的观点认为,互联网思维就是适应互联网时代生产生活方式和文化发展潮流的思维方式,包括用户思维、平台思维、简约思维、迭代思维、极致思维、流量思维、大数据思维、社会化思维、去中心化思维、跨界整合思维等。更加重视用户体验和情感,强调便捷、开放、平等、表达、共享和互动,专注于精细的产品性能和快捷、贴心的个性化服务。与互联网思维相对应,互联网基因是源自硅谷的开放、交互、平等、互助与共享精神,它具有"平等文化、产品为王、模式创新"三个维度。互联网思维就是将互联网基因植入产业领域的思维,以市场思维、消费思维和受众思维为核心,包括锐意创新、开放博弈、合作共赢三大要义。除互联网思维外,还有生态思维、产品思维、强化短板的思维、物联网连接、交互一切的思维、大模块化价值创新思维等。

互联网因其先进,在我们的学习、生活、工作中占有越来越大的比重(见表6-4、图6-4)。应该用互联网之所以发展起来的先进思维调适我们与世界的关系,包括发展媒体融合。

表6-4 中国网民数据统计

截止时间	网民(亿人)	互联网普及率(%)	手机网民(亿人)	网民中占比(%)
2015年12月	6.88	50.3	6.20	90.1
2016年6月	7.1	51.7	6.56	92.5
2016年12月	7.31	53.2	6.95	95.1
2017年6月	7.51	54.3	7.24	96.3
2017年12月	7.72	55.8	7.53	97.5
2018年6月	8.02	57.7	7.88	98.3
2018年12月	8.29	59.6	8.17	98.6
2019年6月	8.54	61.2	8.47	99.1

续表6-4

截止时间	网民（亿人）	互联网普及率（%）	手机网民（亿人）	网民中占比（%）
2020年3月	9.04	64.5	8.97	99.3

注：依据中国互联网络信息中心（CNNIC）等历年发布的相关数据整理而成。

图6-4 中国网络广告市场规模与年增长率①

互联网媒体发展迅猛，其成功就来自互联网思维。媒体更多地以互联网为载体，用户更多聚集到互联网，越聚越多，发展媒体融合的思维就越是要跟着互联网的变化走。互联网思维中，现在更需强调移动互联网思维，进一步实施移动优先策略，这是顺应时势的必然选择，如图6-5、图6-6所示。

---

① 参见唐绪军、黄楚新《中国新媒体发展报告No.11（2020）》，社会科学文献出版社2020年版，第387页。

第六章　国有媒体融合发展的策略

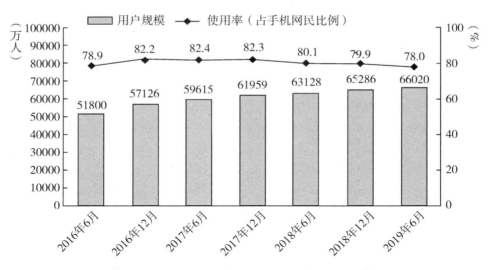

图6-5　中国手机网络新闻用户规模及使用率①

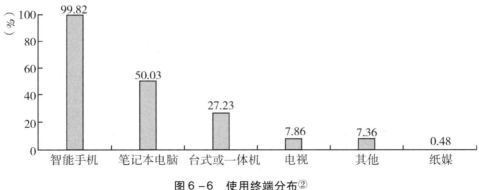

图6-6　使用终端分布②

国有媒体具有竞争思维及自我担当特性，而互联网时代，竞争不是关键词，连接、整合、协同、开放才是，移动互联网更强调互动、参与、共享、场景、体验、碎片化、视频化、个性化、精准化、智能化等。既然基于互联网思维融合发展，就不宜以报纸、电视台等为原点组织新闻生产了。从未来发展趋势来看，NGB（中国下一代广播电视网）、移动互联网及物联网终将融合，届时媒体融合的相关思维必将进一步调整。

---

①　参见唐绪军、黄楚新《中国新媒体发展报告 No.11（2020）》，社会科学文献出版社2020年版，第417页。

②　参见唐绪军、黄楚新《中国新媒体发展报告 No.11（2020）》，社会科学文献出版社2020年版，第109页。

互联网商业新媒体明显是资本密集型的。由战投等资本驱动科技革新，可以先承受亏损再徐图发展，这是互联网商业媒体公司的成长逻辑。亏损的基础是创新，若没有什么创新，只是跟随、模仿商业媒体的老套路，就没有资格亏损。

金融资本对短视频平台的强势推动，使发轫于新兴互联网公司技术创新和社会中下层巨大自发传播需求的短视频平台权力重心向头部倾斜，呈现出流量生产及其变现能力的集中化趋势，这就是日益显现的互联网"赢者通吃"的逻辑。新兴商业媒体基于互联网思维已明显具有发展的先发优势，国有媒体势必也要基于互联网思维推动媒体融合，发展的焦点也应转向自建、合作的新兴媒体的自主创新，权力重心也要逐渐向头部国有媒体倾斜。这才符合发展的逻辑。

2014年8月18日，习近平总书记在中央全面深化改革领导小组第四次会议上就推进媒体融合发展作出如下指引："强化互联网思维，坚持传统媒体和新兴媒体优势互补、一体发展，坚持先进技术为支撑、内容建设为根本。"[①] 2015年第十二届全国人大三次会议上，李克强总理在作《政府工作报告》时，首次提出"互联网+"行动计划，标志着"互联网+"正式上升为国家战略，对传统产业脱胎换骨地融合发展起到了巨大的推动作用。

工业文明时代的经济学是一种稀缺经济学，而适用于互联网时代的则是丰饶经济学，也可称之为生态经济学。生态经济学重在商业生态圈的构建，企业则是通过对生态圈提供服务而盈利。国有媒体应该反思融合的运营理念和操作路径，真正融入互联网中，建设好媒介新生态及商业生态圈。

用传统思维是做不好新媒体的，得用"互联网+"的思维与理念才能做好三个产品，即内容产品、服务产品和关系产品。"互联网+"的本质就是供需重构，先有需求再供给，这与传统媒体的思路恰恰是相反的。只有以人的连接为中心，从弱关系到强连接再到强关系，妥善构建互动社群，不再沉迷终端叠加，才能为媒体融合的商业开拓奠定比较好的基础。

国有媒体工作人员还要转型为产品经理，以人们的需求为出发点，不断强化用户意识，不断了解用户、吸引用户、聚拢用户、激发用户，搞清用户"痛点"之所在，包括其最现实的需求、情感认同和价值取向等；持续更新产品观念，创新产品、优化产品、做强产品，不断在内容、载体、规则、运营模式、技术创新五大要素上提升产品的竞争力。不断迭代，将内容转化为产品，将产品转化为服务，将服务转换为价值，持续优化用户体验，满足用户日益增长的需求。只有这样，媒体融合才能取得切实的成效。

---

① 习近平系列重要讲话数据库，http://jhsjk.people.cn/article/25490968。

能不能实现社交化传播效果最大化，是融合成功的关键。国有媒体要通过有效的议程设置，激发用户成为社交化主体的热情，主动参与到内容的生产、传递、分享、交流之中，让用户成为内容生产、传播的主角，促成媒介商业力量与民间力量的融合。要习惯众筹众包，不能热衷闭门造车。融合并非自己播别人看，如果不改变单向的推送、单方面的呈现，不顺应大多数不再购买电视的"00后"一代特别是Z一代（16～19岁的网络一代）阅读习惯的改变，融合只能停留在初级阶段。另外，在人才、硬件、软件、营销这四个紧要的方面一定要有重金投入，不然是很难进入市场前列的。

自媒融1998年在书面上被提出，已历经20余年，仍有人觉得融什么是个问题。政界提倡的"媒体融合"这一国家媒体发展战略也有7年了，一般的看法是，没有做到位，还要继续往纵深方向推进，这就是说还要进一步强化互联网思维。在2018年中国网络媒体论坛上，人民日报社副总编辑卢新宁指出，要让互联网这个最大变量成为最大增量，主流媒体要基于互联网思维，处理好技术驱动与价值引领、内容定力与内容魅力、平台创新与生态优化三对关系。① 2020年9月，中央又发布了《加快推进媒体深度融合发展》，强调以互联网思维优化资源配置，把更多优质内容、先进技术、专业人才、项目资金向互联网主阵地汇集、向移动端倾斜，让分散在线下的力量尽快进军线上、深入线上，做大做强网络平台，占领新兴传播阵地。

国有媒体要大力推进技术融合与媒体资源整合，建设多样化的媒体信息技术平台，着力解决功能重复、内容同质、力量分散的问题，优化资源配置，进一步推动媒体融合发展。实力较强大的，要努力构筑生态、平台体系，加强吸引力、竞争力、影响力，吸引各地、各级媒体交叉入驻，在全国形成一张张大网，完成国有媒体大融合，最终形成中央、省、市、区县四级媒体联动、内容共享的新形态媒体格局。

在建设中，应该认识到，"中央厨房"等不仅是机构重建，更是机制再造。人民日报社"中央厨房"包括三个中心：采访中心、技术中心、编辑中心。2016年10月，人民日报社启动融媒体工作室计划，采编人员进行"跨专业、跨部门、跨媒体、跨地域"的兴趣组合，"中央厨房"作为孵化器，给予资金支持和技术、传播推广、运营、线下活动支持。这种基于"互联网思维"的做法值得坚持推广。

还应基于互联网思维，逐步实现全方位融合：观念融合、机制融合、品牌融合、平台融合、用户融合和资源融合。"观念融合"是指超越传统媒体与新

---

① 转引自唐维红、丁涛《〈两会进行时〉，深度整合、聚合、融合》，《新闻战线》2018年第21期。

兴媒体的意识界限，坚持去中心化，坚持开放、平等、分享、协作的理念，妥善地把握媒体形态的深刻变革；"机制融合"是指调整媒体生产关系，实现采编与发布、内容与技术的对接融合，形成不同媒介、媒体间的优势互补、资源共融共享和联合运作，形成事业、产业机制的顺畅贯通；"品牌融合"是指横向拓展价值圈、纵向延伸价值链，实现品牌的多样化和多元化，在不断拓展的品牌下整合媒体资源、提升市场价值；"平台融合"是指在内部打造适应全媒体业务的云平台，一"云"多端，全媒发布，对外连接社会开放平台，构建"一体化"生态圈；"用户融合"指把传统的"读者""受众""听众""观众"等发展成为融媒体的"用户"，开展全媒体、全天候的用户行为数据收集、跟踪和分析，以便实现用户资源的综合开发与应用；"资源融合"是指通过跨地区、行业或所有制的并购与参股等方式，对人力、资产、资金、资本等资源进行整合，实现不同媒体的人员协作融合、产权融合与所有制融合。

近些年来，国有媒体仅在少数几个重大节点推出重点策划的内容产品，旗下所有终端一起推送，往往热闹一时便归于沉寂。一大原因是传统媒体一般把稿件的刊发视作一个完整生产过程的结束，而新兴媒体在融合传播时基于互联网思维，常常把报道的推出当作一个开放式生产流程的起点，以之激活一个话题空间的生成，进而点燃更多人的参与兴趣，一起促成内容生产、传播的再循环。

经过近些年的媒体融合转型，大部分国有媒体已经实现了形式上的新媒体化，无论是报纸、广电还是杂志，都有自己的新媒体矩阵和新媒体产品。但是，媒体融合转型还远没有完成。目前媒体融合主要是基于传播技术和传播介质的融合转型，而基于思维观念更新、运作模式创新、产业价值链条延伸等方面的更广阔、更深刻的媒体融合才刚刚开始。只有基于互联网思维，践行导向为魂、移动为先、内容为源、关键在人、技术驱动、管理赋能等策略，才能全面、顺利地推动媒体融合向纵深发展。

国有媒体中的强者，应从"内容生产商"向"平台运营商"转型。新媒体的崛起，让内容生产和传播渠道开始分离。传统媒体采写编发的报道，读者往往是通过新浪、网易、腾讯、今日头条，甚至百度、谷歌之类的新媒体渠道看到的。若国有媒体仅仅固守内容生产，就会减少与用户的直接联系。反观近年崛起的抖音、今日头条等新媒体，大多基于互联网思维，致力于传播平台的建设，并因此获得了巨大传播力及商业上的成功。它们基本没有进行自主内容的生产，而是利用网络新媒体互联互动互通的特点，汇聚万千渠道，整合成一个超大的传播平台，成为面向广大受众的信息入口，从而形成巨大的传播力与影响力。其成功模式值得国有媒体借鉴。

国有媒体工作人员还应逐渐养成物联网思维，在产品形态上将媒体产品拓展为泛媒体产品。随着物联网的发展，在手表上、冰箱上、桌子上看到传媒内容的情况将逐渐增多。

可以用与互联网思维合拍的整合营销学，即奥美的4I（趣味、利益、互动、个性化）和凤凰的4I（精准性、洞察力、影响力、整合力）来检验媒融的程度及成效。从双4I要求出发，约束、维护好自身，健康发展，顺利发展，可持续发展，持续地发挥影响力、整合力，为用户提供更贴心更精准的互动服务，令用户获得更多的乐趣与利益。若以传播为主，重视经济效益之外的流量等量化指标，轻视传受双方的交融互动，则不符合4I的互动原则。传统媒体人有一种根深蒂固的数量、规模情结，认为拥有终端数量、粉丝数、阅读率、下载量很重要。诚然，这些数字可在一定程度上说明融合的效果，但对于媒体融合而言，最重要的不是数字堆积，而是用户对你的认同、信任和依赖，是良性互动的构建与利益、价值共同体的生成。

（八）在业内外借势借力合力发展媒体融合

媒体商业化，商业媒体化，各行各业都在往媒体化方向发展，走产品内容化、内容社交化的道路，这就为国有媒体与新兴商业媒体提供了多方合作、交融的巨大空间。可以据此构建多层次、宽领域、全方位的开放合作格局。

2019年1月25日，习近平总书记在十九届中央政治局第十二次集体学习时强调："要统筹处理好传统媒体和新兴媒体、中央媒体和地方媒体、主流媒体和商业平台、大众化媒体和专业性媒体的关系，形成资源集约、结构合理……协同高效的全媒体传播体系。"[①] 国有媒体必须以更广的视野、更高的格局，秉持开放、合作的理念，来谋划将来的融合之策。

推行媒体融合涉及内容、技术、平台、渠道等多重资源的深度整合，国有媒体单位须坚持开放意识，打破"自产自销""自给自足"的惯性，提高与其他单位、与用户的协作度。

高维度的媒介冲击压制了低一层级的媒介，也给低一层级的媒介带来了新的平台，比如纸质阅读到数字阅读平台、传统广播到在线音频平台等。这其中就可以有一些合作的事项，国有媒体单位可以顺着来，不断树立合作理念，团结各方力量，同各类具有社会责任感的、优秀的商业新媒体合作，吸收新技术、掌握新应用、用好他方平台或建好新平台。

技术应用等既要"自力"，也要"借力"。在技术创新等方面有好的思路，才能吸引资本的眼光。自己实力不够，能用别家的技术要适当用，不能闭门搞融合，什么都自主建设。2019年前后，"腾讯新闻"在人工智能领域打造的

---

① 习近平系列重要讲话数据库，http://jhsjk.people.cn/article/30590946。

AI 产品 Dreamwriter 等，已向新华社、中新社等媒体开放；今日头条将传播效果、粉丝"画像"等信息及时反馈给新闻内容生产者，可促进内容质量和传播水平的提升。国有媒体应通过更多的形式，充分借用商业媒体成熟的技术、平台、渠道、手段等，还要与民间非商业力量多合作，使媒体融合更好更快地发展。

BAT 的媒体属性十分突出，百度的媒体属性本就很显著，腾讯、阿里等则是互联网商业巨头，其麾下媒体力量强大。BAT 体量之大，传统媒体实难望其项背。为社会发展计划，各方力量必须站位于国有媒体或充分考虑国有媒体的处境，促使国有媒体在与新兴媒体的融合与协同发展中得以壮大。

诸多国有媒体早就与阿里巴巴、腾讯、科大讯飞、百度、华为等开展了宽口径、多途径、多方式的联合与合作。联合与合作是为了共赢，促进让国有媒体的融合发展与数字化转型进化。但也不能太乐观，国有媒体往往是接受服务的一方，大多数合作只是挟技术自重的新兴商业媒体或技术公司的盈利途径。

在深度报道方面，2017 年 5 月，新京报与腾讯新闻联合出品人物视频访谈节目《局面》。2017 年 7 月 21 日，今日头条与澎湃新闻签署视频战略合作伙伴协议，之后澎湃新闻旗下所有原创视频内容包括新闻短视频与新闻直播逐渐入驻头条号，通过今日头条的人工智能和算法技术精准分发。2017 年，建军 90 周年之际，由人民日报社负责创意以及前端开发，腾讯天天 P 图提供核心技术支持的创意 H5《这是我的军装照》火爆刷屏，创造了全球融媒体产品的世界纪录。2018 年 3 月 1 日，南方财经全媒体指挥中心正式启用，和科大讯飞联合推出的"人工智能语音主持人"正式上线，成为全国媒体首位人工智能虚拟主持人。2018 年 3 月 2 日，人民网与腾讯、歌华有线联手打造的人民视频上线。2018 年 6 月 15 日，由人民日报全国党媒信息公共平台与今日头条合作的"党媒推荐"频道在人民日报社 70 周年社庆日正式上线。2018 年 6 月 2 日，人民日报社与百度合作推出"人民号"。2018 年 9 月 30 日，央视动画宣布与优酷、阿里游戏、腾讯动漫、喜马拉雅进行融媒体战略合作，共同打造《丝路传奇》系列 IP。2018 年 12 月 28 日，中央广播电视总台与三大电信运营商、华为公司合作建设中国首个国家级"5G 新媒体平台"，设立 5G 媒体应用实验室。2019 年 8 月 19 日，人民网、腾讯和医渡云三方签署战略合作协议，共同打造权威健康科普智库——"人民医典"。2019 年 7 月 19 日，百度百家号与澎湃新闻达成战略合作，之后澎湃新闻内容逐渐全面入驻百家号平台，并由百家号负责推动内容分发和数据传播。2019 年 9 月 19 日，百度与人民日报社联合成立"人工智能媒体实验室"。在县级融媒体中心建设如火如荼的当下，阿里巴巴、索贝、经纬中天、东软等服务商致力于提供技术解决方案。① 其中，最典型的就是腾讯与人民日报社的合作，共建"中国媒体融合云平台"，阿里巴巴与新华社的合作，新创了媒体大脑，使得国有媒体在内容呈现与人工智能融合等方面都有了巨大的进步。

通过每年在深圳举办的媒体融合发展论坛，国有媒体之间或国有媒体与新兴商业媒体及技术公司之间也有些合作。比如通过2015年首届论坛，人民日报社与全国党报建立了内容交换机制，启动了与华为、中兴、腾讯、大疆等一流互联网企业的战略合作。

国有媒体单位单打独斗实力有限，更应加强与其他国有媒体单位及技术公司的合作。2012年7月3日，中央人民广播电台与北京日报报业集团等来自全国15个省（区、市）的16家报业集团在北京签署战略合作协议，意图建立长效合作关系，可惜未进一步合力建设大平台。2015年10月8日，人民日报社与中国电信集团公司签署了战略合作协议，双方之后在云计算、大数据、舆情等领域开展了合作。2019年12月19日，江西新闻、长江云、河南日报社等19家媒体成立全国首个省级主流融媒体共同频道"省际联播"，实现省级融媒体互利共赢、信息共享和联动传播，覆盖用户超过1亿。② 这样的跨区域合作值得肯定，更值得期待的是基于内涵式发展产生跨区域的国有媒体集团。

一些国有媒体在无法撼动头部平台的垄断地位的情况下，仍凭借内容特色优势，建立了规模不一的自有平台，表现较佳的有人民号、人民日报全国党媒信息公共平台、新华社"现场云"媒体聚合平台、央视新闻移动网、芒果TV等。成功的大平台永远是少数几个，可基于这些大平台，连接诸多影响较小的国有媒体平台，形成国有媒体大融合的合力。

国有媒体流失大量用户，自身传播功能和影响力大幅度下滑，而设立微博、微信公众号和App，可在一定程度上弥补这种流失留下的缺口。借船出海确实既省钱又省心，但也面临优质资源外流的尴尬，国有媒体可以与商业平台合作，主动、被动地入驻互联网商业平台，但最好不要形成依赖，要用自己生产的内容不断充实商业平台。基础较好的国有媒体可以打造自身的新媒体平台，这样更有利于自身资源的保护。国有媒体互相要借好力，基础一般的可以依托省级国有媒体平台，实施共建事宜。国有媒体还可与政府机关多多合作，运行大量政务媒体，也可与31家党报的评论员连线，作为用好体制力量的探

---

① 本段文字，据《新闻与写作》编辑部、中国铁道出版社、社会科学文献出版社接力出版的历年《中国媒体融合发展报告》中的《媒体融合大事记》整理、改写而成。

② 参见张坤《报之利器可示于人——媒体融合纵深发展的"匹度"空间》，《中国报业》2020年第15期。

索与实践。继而应以更加开放的机制，接纳更多新媒体、自媒体进驻国有媒体平台中。

（九）在媒体融合之外大力发展跨界融合

在同一条道路上，弯道超车，可能会撞车甚至翻车。于传媒而言，换效益实现途径，或者换工具、换载体等，有可能实现对自我与部分竞争对手的超越。社会媒介化时代，国有媒体用传播的手段改造社会，助力各行各业，融合发展的空间非常广阔，不要都挤在媒体融合这条道上，要积极发展媒体融合，又不为媒体融合所囿，可用"侧翼包围""换道超车""跨界分金"等策略实施跨界融合，实现融合双方或几方资源互通、优势互补、成果共享，推动融合转型广泛发展。

近些年，新媒体开拓出粉丝经济、社群经济等新型商业模式，同时诸多新媒体与电商、社交工具等分享彼此的"流量"资源，也在跨界融合发展。

随着融合的深入，平台化建设正在向泛生态链延伸。互联网巨头正在互联网金融、云计算、大数据、人工智能、移动互联网、O2O、产业互联网等核心领域进行全新全方位布局，试图成为全面控制实体经济和传统资源以及掌控社区、物流、终端消费等核心环节的基本力量。BAT构筑的宽领域、多维度、深层次以及精准化、动态化、智能化、互联互通的大数据生态圈，最终真可能在普通人的日常工作与生活中有连接一切、分析一切、融合一切、掌控一切、逆袭一切、改变一切的能量。

当国有媒体还在实施"+智库""+政（商）务""+服务"的套路，并寻找媒体融合与跨界融合的新路径时，互联网巨头早已开始布局下一代互联网。为抢占新的制高点，百度将内容分发、连接服务、金融创新和人工智能列为其四大核心战略；阿里倡导五个"新"——新零售、新制造、新金融、新技术、新能源；腾讯则和全国许多省、自治区、直辖市签署了战略合作协议，通过"互联网+"实现与各行业的顺畅连接，携手各省报业集团、出版集团或公用事业等部门，依托微信平台全面布局政务服务、金融服务以及依托微信小程序、微信视频全面布局线上、线下业务，开通各个城市的生活门户网站，在推动国有媒体融合发展的同时，借力国有媒体，构建了城市生活门户矩阵。它们在包括跨界融合等方面的全域融合的发展思路皆纵横捭阖，除了风控外，基本没有概念、行动上面的自我束缚。国有媒体要努力追赶，争取在有些跨界融合的领域领先一步，在媒融内外，争取掌握主导权，至少要在某些方面有领先优势，占有一席之地。

跨界融合必须有章法，关键要直击用户痛点、积极顺应市场、产业转型的要求，才能取得实效。山东广播经济频道成立山东爱贝果信息有限公司，从

"育儿"切入跨界融合,使原有渠道的影响力得到了有力的延伸。

跨界融合是一个增加盈利模式和延伸产业链的过程,多少要将新增环节媒介化,以发挥媒体的优势。可与有关单位、部门合作,可与社会生产、生活各项活动相融合,发挥媒体在策划宣传、组织活动等方面的长处,或增加或开拓媒介的内容。可以依托报、网、广播、电视、出版等与旅游、商务、体育赛事等深度融合。

媒体跨界发展,在国外早就广泛展开。《纽约时报》和英国《每日电讯报》都推出了葡萄酒俱乐部。加拿大的《环球邮报》与很多德国报纸一样,推出品牌游轮之旅,记者在游轮可以主讲嘉宾的身份出现。西班牙的体育报纸《马卡报》,承诺让读者在耐克足球鞋新款上市之前可优先购买。瑞典的小报《瑞典晚报》,运营着一种非常受欢迎的减肥俱乐部。[①] 有些报业集团还经营网上书店,主办会议和读者活动,并提供教育等服务。国内也已经出现资本运营型、地产支撑型、电商发展型等多种相关的产业延伸模式。2014年更是被称为"传统媒体电商年",全国80多家媒体设立电商平台,有些取得不错的效益。同年4月初,《新京报》《京华时报》等12家报纸与阿里巴巴开展战略合作,联合推出"码上淘"业务,读者扫描报纸杂志上的二维码,即可购买商品。钱江晚报旗下的O2O电子商务平台"钱报有礼"电商网站同年2月起开始运营,5月微信商城开始运行。温州日报报业集团《温州都市报》旗下电商平台"温都猫"同年5月上线试运行,年底实现1200万元营业额。[②] 有些媒体还以自己原有的发行队伍,兼营物流配送。但都没有很大的社会影响力,最后大多偃旗息鼓。

(十)积极谨慎地进行资本运作

2018年之前,影视传媒行业以民营公司为主的并购重组放得最开,案例数量远超第二多的游戏行业,各路社会资本纷纷前来收购影视公司。2014文化传媒行业并购发生了169起,涉及资本约1605亿元。其中影视并购61起,平均每6天即发生一起。2018年之后,几乎所有的影视公司都受到或大或小的冲击,后又叠加新冠肺炎疫情,2020年最初3个半月,全国影视相关公司

---

① 参见蔡木子《我国媒介融合的主要表现形式及发展趋势》,《学习与实践》2017年第4期。

② 参见郭全中《都市报转型成功的四大关键词——以温州都市报为例》,《新闻与写作》2016年第6期。

倒闭 5328 家，是 2019 年全年的 1.78 倍。①

与之相较，国有媒体除了 IPO 上市较有力度与广度，一般的资本运作空间远没有被打开，新陈代谢缓慢，为了有效促进传媒产业的发展，当逐渐提高积极性，投入到资本运作中去。目前与风投基本处于疏离状态，这有双方面不情不愿的原因，是否可以制定一些合适的有效的对接规则，然后逐渐破冰？值得思量。

目前，国有媒体融合发展已初步形成政府补贴、通过投行或券商进行股权融资或债权融资，组建融合基金、引进战略投资等多渠道资本的基本格局。从归属于股权融资的上市融资的角度看，国有媒体主要是受到了国内资本市场的强力支持，广西广电、新华传媒、中南传媒、中文传媒、东方明珠等在上海证券交易所挂牌上市，芒果超媒、湖北广电、中原传媒、粤传媒等在深圳证券交易所挂牌上市；而新兴商业媒体受到更大范围的资本市场的支持。比如 2019 年，微盟、新媒股份、斗鱼直播、网易有道等新兴商业媒体公司分别在香港证券交易所、深圳证券交易所、纳斯达克、纽约证券交易所挂牌上市。

多年来，上报集团、浙报集团、芒果传媒、上海电广等国有媒体，阿里影业、三七互娱等商业媒体，还纷纷成立投资基金，进行资本运作，包括孵化项目、收购、入股，助力自身的业务生态布局与战略发展布局。

其中需要注意的是，被并购的新兴媒体有其自身的基因与企业文化，在资源协同前提下，其经营的独立性应得到充分尊重，这样可以防止它们得"大公司病"等；这方面特别值得借鉴的是南非的报业集团与日本的软银，它们分别投资腾讯与阿里巴巴，皆为第一大股东，都不管具体的经营，但都获得了极其巨大的回报。有专家提出了推进传统媒体混合所有制改造的观点："传统媒体和互联网公司合作打造一个新企业，在内容方面传统媒体有决定权，而技术和产品创新部分，要让互联网公司有话语权。"②

四、媒融研究层面：改进和优化媒融研究

随着中国媒融的实践与研究日渐丰富，国外可供借鉴的东西变少了。从媒融分期三个时段的高频词来看，美国出现的频次从多到少直至消失。但这并不意味着我们可以止步，我们还得不断改进与优化媒融研究，减少不利于实践的

---

① 参见马琪《文化企业并购的优化策略》，《中国出版传媒商报》2015 年 8 月 7 日第 7 版；梁剑箫：《多措并举化解影视产业风险》，《经济日报》2020 年 4 月 15 日第 4 版。
② 李淼：《全国政协第 30 次双周协商座谈会聚焦融合发展——媒体融合的四个难点怎么破》，《中国新闻出版报》2015 年 5 月 19 日第 5 版。

方面，切实有效地为媒融实践助力或提供指导。

（一）消除媒融相关概念的遮蔽作用及不利影响

非独技术，盛行的概念对人的思维与话语也有较大的顽固建构作用，既似海德格尔所言的座架，也似麦克罗汉所言的尺度；而且它会成为具有"虹吸"作用的容器，既容纳了本该属于它的东西，又吸纳很多本不该属于它的东西，比如探讨媒融时代的人才细分培养，其实应该属于媒介分化而不是融合的问题，但也归入媒融的探讨中。这方面例子很多，所以笔者在此提出概念"容器说"，以便人们更多地觉察假象，明了更多的真相。媒融讨论，说明学术界的众声喧哗比较明显。众声喧哗拉低对一件事的看法，平庸者的平庸观点永远占大多数。这说明专业的事由专家来做多么重要。不专业的半懂不懂的众声喧哗可能会干扰政策、法律的实施，也在观点、知识与见识的层面令人产生很多误会、误解或浅层次的认识与体会。

概念一出，事实早有，现在往往重新操弄事实及其范围，扮成最新，仿佛刚有，亦为学界一大弊端。再者如今概念之间的藩篱正在不断被突破，在新概念、新名词没有发明之前，就只能姑且沿用老概念，但其中的遮蔽作用不容忽视。时移世易，难免名不副实，但时间一长，更会引起矛盾与纠葛，引起对抗与争逐。还有一些概念，本身有其明显的长处，但辩证地来看，也可能存在短处，包括难以避免的遮蔽作用，需要各界重视。

1. 消除"传统媒体""数字出版"概念的遮蔽作用

传统媒体概念已经有些过时，随着数字化技术介入程度的不断提高，原有的只有传统组成因素的传统媒体已不复存在，各媒体单位的数字化转型的步子不一，但大都已具有了较多的数字媒介或新媒体的要素。笔者认为，现在所谓的传统媒体其实意指国有的偏传统的媒体，也包括一些民营的偏传统的媒体，比如一部分民营广告公司、文化传媒公司等，但大多数人并没有明确地意识到这一点。如此则传统媒体这个概念的外延在大多数人的心目中必有些模糊不清，那这个概念的遮蔽作用就会或大或小，或此或彼，给相关的实践与研究带来一些模糊性及不利、不智的影响，需要大家在进一步研究的基础上取得共识。

并非传统出版的内容上了 PC 端、移动端，都可以归属数字出版。脱离了纸张，将内容放到网上，是否是出版范畴内的事情都成了问题，但还是有一些传统出版纸质内容的格式与样貌，比如手机报、电子书、有声书等，自然而然，人们迁移了思维，称之为数字出版，这些大家都还能够接受。这其实就是线上、线下的融合，新旧媒介的融合。如果完全将内容打散，按照新媒体内容的做法，做得完全没有传统出版纸质内容的格式与样貌，那就完全变成了新东西，完全是新媒体的内容，其实跟传统出版就无关了，如果将这些内容也模糊、笼统地归属数字出版，那么对客观认识就有一些遮蔽作用了。

2. 消除"全媒体"概念的遮蔽作用

全媒体本身是一种大至传媒整体层面媒体形式、小至媒体单位旗下各媒体、媒介形式全乎的一种状态。这里面到底要多全才算全媒体，本身没有一个严格的标准，而且新的媒体、媒介形式还会不断产生。所以这个概念本身具有较强的动态性，需要有一定的开放性，也不宜有严格的标准。没有严格的标准，大家对此概念的适用范围的认知以及实际把握的尺度就不一样，对实践与研究就会带来程度不同、方向不同的遮蔽作用。

全媒体，政界加以提倡，就是从传媒整体层面而言，或从人民日报社等优秀、强大的媒体公司旗下各媒介全乎状态而言的，这里面的预设前提就是整体、一部分国有媒体单位及其内容制作的优秀与强大。此概念的预设前提不被传媒学界所强调，有一定的遮蔽作用。不少学者理解为是各大小媒体共同建设、追求的目标，以为这个概念是适用于所有国有媒体单位的，其实是一种误解。媒体融合可以有程度的区别，有些文章强调媒体融合就是建设全媒体、全息媒体、全效媒体，等于认为全媒体是媒体融合的一个必要成分，这是更进一步的错误阐释。具体的媒体单位实施全媒体传播，应该基于好的内容且适于运作的内容，勾连二八定律中的"二"与IP运营，其他应勾连二八定律的"八"与长尾理论。说话要有预设和限定，如果限定在一定范围内，有的言论能成立，但出了这个范围，就不适用了，这一看法可以在进一步的媒融研究中作为一个基点。

3. 消除"媒介融合""媒体融合"概念外延宽泛的不利影响

媒融是比较宽泛的概念，外延很广阔，边界很深远，这一先天的长处与不足，导致不少专业人士将媒融彻底泛化，传媒领域只要有生产要素两相配合，皆称之为融合或将之归入融合范畴。媒融，就传媒发展而言，应时乘势，是一个很好的概念，但或许仅就概念而言，并不十分理想。相较之下，创新的概念更贴近进步的本质，唯创新才能超越，融合也可以是创新的一种方式，而且仅是创新方式中的一种。

媒融基本与传统媒体向数字新媒体拓展、转型以及数字新媒体吸收传统媒体、数字新媒体之间的互相追赶与合作是等价的。有些文句中的媒介融合或媒体融合四字换成传媒转型或媒体转型，几无违和感。据这些实际情况来看，媒融的概念确也难免宽泛、飘忽、晃悠。媒融因其指导性而有益于业界明白发展方向，因其宽泛性导致业界在具体工作中有盲目出击的情形。根本原因就在其涵盖广远。也正因为其涵盖广远，所以更易流行，从而能得到最广大传媒单位及工作人员的支持，更易成为风尚。但也正因为其涵盖广远，意思指向不是太明确，容易令人抓不住具体工作的要领与解决问题的要言，从而陷入空洞中。言必融合，啥都可说成融合，谁都能来应对，不适当地扩大了媒融的边界。有的媒融相关言行就因此成了应景的摆设或表面的功夫，极端的甚至成了文字游戏。这就造成似是而非的媒融举措时有发生，这也就意味着在媒融方面顺应潮流、顺应上级的提倡敷衍塞责走形式的余地很是宽阔。这些不好的苗头需要在进一步的研究中予以否定，治本的方法是与时俱进，通过严谨的思辨与专业的交流，优化概念系统。

（二）避免学术话语对媒融真相的遮蔽作用

人们进行想象，是通过形象、画面、场景来思维。除此之外，一般是用语言等符号来思维，用话语来表达。语言通常有助于思维，但有时也会妨碍思维，并使学术话语偏离原来的思路，偏离事实与真相。

数字化时代事物快速发展，学术话语表达其实是滞后的，所以不懂数字化技术话语的人，其思维、决策、规划、思路都可能会落后。学术话语表达落后，又会反过来阻滞事业的发展。

媒融的说法是有文饰作用的，为何不直接说于比较落后的传统媒体而言，主要就是要向新媒体学习、向新媒体靠拢呢？文饰本身就是一种话语的遮蔽。

有些学者认为媒融很好，应该是真诚的，但是有一些文章，它们赞美媒融，论述却不是很有逻辑，对事实与真相有所遮蔽。

学术话语对人的思维及事业发展有重大作用。学术话语的建构和动员能力很强，建构的可能是事实，也可能是假象，更可能是两者并存的怪物。深入考察媒融，在很多学术话语值得肯定的同时，可以看到两种不如人意的情况，一是乱，二是学术话语呈现的媒融面貌真假参半且不完整。乱在不少文章中概念不清，概念与事实的对应关系不明不白。真假参半且不完整主要表现在有些话语反映的是真相，有些呈现的却是假象；表现在有人以为现在在文字上反映出来的就是完全的媒融，其实不然，新兴商业媒体生来就是融媒体，而且一直是媒融的主力军之一，但其从业人员或专业人士对此研究得很少，相关的言论也很少，看尽所有有关媒融的学术文章的话语，也只能在大致上得到真相，而不是十分完整的真相。

（三）勿有意无意曲解、误释与媒融相关的真相

凡教研人员，皆当避免自说自话、信口胡说，误导他人，更不能有意无意遮蔽真相。

有些文章称：上了别家的平台，自己掌握不了数据。其实现在在抖音、微信等较大的平台，一般个人都能看到用户阅读的基础数据，更不要说与抖音签

订入驻协议或合作协议时订有相关特别条款的国有媒体公司了。有些文章说：媒介存在的前提是信息不对称，但是这一前提正在逐渐消失。其实未必，信息不对称还是普遍存在的，还将永远存在。有些文章说：决胜的端口就是移动终端，有了移动终端，你就得天下，无移动终端无一切；得平台者得天下，有平台才有话语权。这未免太过于乐观了吧？哪有那么容易？媒融牵涉很多要素，全要素齐备了，才能取得较大成功。

媒融问题或与媒融有关的一些问题的产生，也与某些文章对领导意图的夸大或对领导意图的理解偏差有一定的关系。说是政界提倡，毋宁说是因势利导或者在业界、学界自发的基础上动用国家力量予以推进，毋宁说是自然生长状态下的培养。习近平总书记一系列的指示，为我们指明了媒融的发展方向。具体执行时，应针对处于不同地域、不同发展阶段、不同媒介领域的具体被执行对象，应有不同特点、速度、规模、方式的融合对策和推进策略，把习近平总书记指示做细做好做合适。无论在"策、采、编、发"的生产融合流程中，还是在"报、刊、网、端、微、屏"的分发过程中，只有深入理解全媒体时代的挑战和机遇，因己制宜、应势而动、因优势而谋、顺正确方向而为，才能推动媒体融合向纵深发展，不断取得实效。

2014年8月18日，在中央全面深化改革领导小组第四次会议上习近平总书记强调，"着力打造一批形态多样、手段先进、具有竞争力的新型主流媒体，建成几家拥有强大实力和传播力、公信力、影响力的新型媒体集团，形成立体多样、融合发展的现代传播体系"。[①] 请注意其中的措辞是"一批"而不是"大量"，"几家"而不是"许多家"。只是说一批和几家，就是有发展的重点与发展的方向，不是叫大家一起上。

2016年2月19日，在党的新闻舆论工作座谈会上习近平总书记指出："要尽快从相'加'阶段迈向相'融'阶段，从'你是你、我是我'变成'你中有我、我中有你'，进而变成'你就是我、我就是你'。"[②] 这段话说明融合是有发展进程的——从初步融合到较全面地融合到全面深入的融合再到完全融合，所以不是非要完全融合才能被认定为真融合。习近平总书记还在此次会上强调内容永远是根本。这话很重，是要大家先加强内容建设，因此国有媒体在铺摊子时应自觉与内容建设相匹配。不少人似乎并没有领会到这一点。

2019年1月25日，在十九届中央政治局第十二次集体学习时习近平总书记提到全媒体，称前一年曾要求人民日报构建全媒体传播格局；全媒体不断发展，出现了全程媒体、全息媒体、全员媒体、全效媒体，信息无处不在、无所

---

① 习近平系列重要讲话数据库，http://jhsjk.people.cn/article/25489502。
② 习近平系列重要讲话数据库，http://jhsjk.people.cn/article/30440485。

不及、无人不用,导致舆论生态、媒体格局、传播方式发生深刻变化。强调要统筹处理好传统媒体和新兴媒体、中央媒体和地方媒体、主流媒体和商业平台、大众化媒体和专业性媒体的关系,形成资源集约、结构合理、差异发展、协同高效的全媒体传播体系,加快构建融为一体、合而为一的全媒体传播格局。[①] 习近平总书记的讲话非常具有艺术性,为业界预留了灵活的空间及根据自身实际情况发展媒介融合的操作空间,从单个媒体角度看,他是要求人民日报社这一特定的单位构建全媒体传播格局,只是说了全媒体的表现形式,只是从整体上说要在全国形成全媒体传播体系,不少学者却直接理解为习近平总书记面向整个国有传媒业界所有单位,要求它们建设全媒体、要求它们将自身打造为全程、全息、全员、全效媒体,甚至直接将全媒体曲解为全程全息全员全效媒体,可习近平总书记只是说"出现了",意思是"表现为",而非"等于是"。

对领导指示的误解、曲解,会对人们的观念与思维造成不好的影响,可能对社会发展、对传媒事业发展造成损失。

(四) 从品质上提升学界研究高度

1. 可基于多维尺度图谱做进一步的研究

多维尺度分析图谱是显示各高频关键词的关系远近以及整体、各聚类词团布局的。如果能够确定维数为何,就可变成准战略坐标图,这时象限才有强弱的意义,接着就可结合密度、向心度的分析得出结论。比较正宗的战略坐标图是针对各聚类词团主题而言的,各聚类词团的归并可依据树状聚类图,也有比照、结合本学科的主题研究划分情况予以调整的。然后再通过共现矩阵等制作战略坐标图。

多维尺度分析是一种探索性数据分析技术。维数具体意指给不出来,说明媒融研究主题本身很可能比较广泛,有散乱的特点。图 6-7 是中国知网 15 种 C 刊媒融文章题录的多维尺度图谱。

此多维尺度图谱基于 15 种 C 刊媒融主题文章题录相异矩阵,辅以 SPSS 软件功能制作而成。还可以按三时段或三界制作多维尺度图谱,辅助进一步的分析研究。

2. 可基于战略坐标图做进一步的研究

基于多维尺度图谱等,可制作战略坐标图。战略坐标图,即策略坐标图,由英国社会学家 John Law 等人在 1988 年提出,用于揭示各主题聚类内部的强度和类间的关联度。其中横轴代表向心度,即某研究领域在整个学科中的核心

---

① 习近平系列重要讲话数据库,http://jhsjk.people.cn/article/30978511。

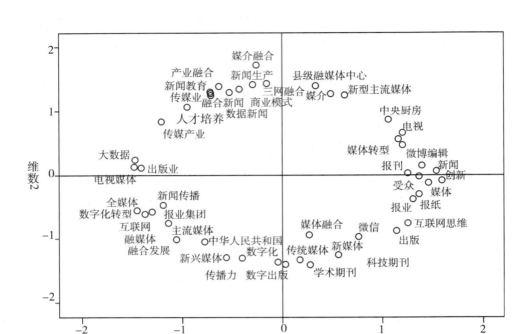

图 6-7 15 种 C 刊媒融文章题录多维尺度图谱

程度,揭示此研究领域与其他主题领域之间的关联程度;纵轴代表密度,即某研究领域的内部强度,揭示某研究领域维持、发展自身的能力。基于此图,可以得出一些策略性的结论。

战略坐标图划分为 4 个象限,如图 6-8 所示。落在 Ⅰ 象限的聚类词团,密度和向心度都较高,密度高,说明该词团的内部联系紧密,向心度高,说明该词团与其余各词团有着广泛联系,即该词团是核心研究主题;落在 Ⅱ 象限的聚类词团处于边缘位置,但已受到关注,且被很好的研究过,属独立研究主题;落在 Ⅲ 象限的聚类词团,密度和向心度都低,处于整个研究领域的边缘,尚不成熟,属边缘研究主题;落在 Ⅳ 象限的聚类词团,向心度高,但密度低,说明该聚类词团构成的主题领域也是核心,但尚不成熟,属潜力研究主题。

第六章 国有媒体融合发展的策略

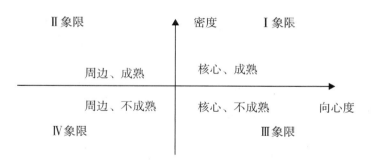

图 6-8 战略坐标图四象限

看战略坐标图,也不能一味地认为Ⅱ、Ⅲ、Ⅳ象限中的主题都值得进一步研究,得具体问题具体分析,有的主题居于Ⅱ、Ⅲ象限或Ⅳ象限中是应当的,有的或许已经研究过了头,必须熟悉传媒在媒融方面的基本情况与发展过程,结合发展的趋势来观察,才能作出比较正确合理的判断。比如在融合方面对期刊的研究较多,而对图书、报纸、广播电视的研究较少,那么对后三者而言,在研究方面就得赶上期刊,得到更深入的研究。对这样的基本情况应该了然于胸,从而可有助于结合战略坐标图对相关的主题作出一些整体性的判断。

基于上面的多维尺度图谱,进行高频关键词频次关系聚类梳理,可得出表6-5。

表 6-5 15 种 C 刊媒融文章题录聚类词团梳理

词团	共现关键词
媒介融合主类	媒介融合、传媒产业、产业融合、新闻教育、新闻生产、传媒业、新型主流媒体、人才培养、县级融媒体中心、商业模式、融合新闻、三网融合、媒介、数据新闻
媒体融合主类	媒体融合、新媒体、传统媒体、学术期刊、科技期刊、数字出版、新兴媒体、数字化、传播力、微信
中国主流媒体融合发展类	融合发展、全媒体、互联网、融媒体、主流媒体、出版业、大数据、数字化转型、新闻传播报业集团、电视媒体
传媒创新转型类	创新、新闻、出版、报纸、互联网思维、媒体、受众、电视、编辑、报刊、报业、中央厨房、媒体转型、微博

基于表 6-5,经过向心度、密度的均值计算,得出图 6-9。

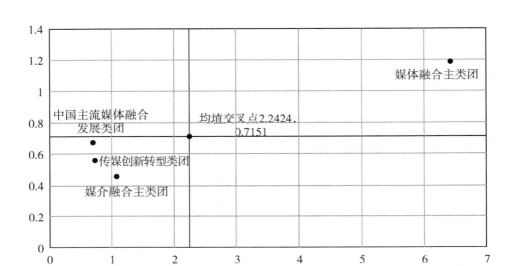

图 6-9　15 种 C 刊媒融言论战略坐标图

从图 6-9 可以明显看出，在媒融领域，尚可加强对传媒创新转型的研究力度；政界提倡媒体融合后，"媒体融合"主题研究成为核心，"媒介融合"主题研究便大大后缩；主流媒体融合发展主题已经有较多研究。

此外，还可以制作分时段、分界的战略坐标图，结合高频关键词的密度及每个高频关键词的中心度、接近中心度、中心中间度做进一步的分析研究。

3. 避免在媒融文章中做过度的表述

进入 21 世纪之后，传媒发生了剧变，从内容生产、营销到组织架构、管理模式、盈利模式等各个方面都发生了很大的变化，传媒的整个生态也发生革命性的、难以逆转的变化，新媒体不断涌现，传统媒体受到巨大冲击，传统媒体不断向新媒体靠拢，新媒体市场竞争日趋激烈。媒融研究的重要性陡然得到凸显，在研究迅速演化和扩展的同时，难免有一些过度的表述。

部分媒融文章力求观点鲜明，往往偏于一端，其实在实践中，是不乏中间状态的。世界是复杂的，事物是复杂的，各种各样的情形都有。很多事情的发生，是很多因素综合作用的结果。这些因素，有的是外在的、明显的，有的却是隐性的、不易察觉的。事情的走向、状态与结果是所有要素作用的结果，要素组合不同则结果也不相同。全要素必然造成一个结果，但所观察到的相同或不同的因素集合可能造成同样的结果，也可能引发截然不同的后果。

部分媒融文章常有发一言以括南北、以定四海的气势，有些脱离实际。媒融是偏重实践的课题，不少文章提出的建议比较具体，明显有实务价值，但说得太肯定、太绝对。殊不知媒体、媒介的门类既多，各门类内部情况又很复杂，既是具体的应用性的想法和建议，又怎能完全对应传媒、媒融这两个整体乃至媒体、媒介这两个整体呢？

部分媒融文章有意无意地标新立异、哗众取宠。在概念上求新，是诸多学者一贯的做法。但太阳下没有多少新鲜事，往往事物早就存在。与过去作硬性切割，其实只是标举出一种特指而已。比如场景营销、知识服务、狭义的媒体融合等。或者反过来，超前使用相关的"后疫情时代"等概念，乱抢跑道，也是一种不当的情形。

部分媒融文章有重理论轻实践的倾向。殊不知实践出真知，理论也须来自实践，是对实践的概括，并不是什么空中楼阁。理论对实践有一定的指导作用，但实践中特别讲究具体情况具体对待，讲究基于自身具体的特有优势寻求最佳发展策略、实施最佳的具体的举措，此时理论的部分指导作用往往变成了参考作用。

部分媒融文章有大一统、趋同化思想倾向与一刀切断的对立思想。缺乏分层次，分类研究的思想，追求标准与统一，殊不知媒融研究的对象，内部情况一直各种各样，规模程度皆不相同，各有各的特性，共性比以前还有所减少。如今的传媒，已逐渐进入个性化发展阶段。以前部分统一的批量化、规律化的发展思路及其学术理论、观点如今有些不合时宜的情形，探讨媒融时再笼而统之已显得有些可笑。通情达变，其住不常。执念有时为妄念，即使念善也可能有反作用、副作用。传媒教育、融媒教育、出版教育，本来就可以百家争鸣、百花齐放，但学界总有一股力量想统一标准：统一培养内容、口径和目标等。还有媒融讨论中又何必有真融合、假融合之辩。我们说，只要是自动、主动走上了合的道路，就无所谓真假，只是不同的发展阶段而已，原不必搞得那么对立。

部分媒融文章缺乏具体问题具体分析的思路。应用型学术研究贵在分别视之，按具体情况区别对待。要使道理可遵循、有实效，关键在于处理好道理与具体时空及具体应用对象的关系。直接将某种道理作为处理具体事务的标准的，总是非它不可的，我们称之为机械主义、教条主义。媒融研究要特别注意具体问题具体分析、具体解决，实事求是。不宜从所谓外国的观点、某种权威的声音出发去框定我们的思路、研究方法甚至结论。在应用层面讲概括抽象总结的话要小心，讲了一方面，同时很可能遮蔽了另一方面，所以要回溯、要弥补，予以解蔽。比如说，要大力推进媒体融合总体上没错，但仔细想想，大的新闻单位经济、人力资源等方面实力强劲，推进有必要且会比较顺利，且能取得较好成效，但实力较弱的新闻单位未必有能力做这个事情，很可能暂时不适合做这个事情。孔子常就同一问题给出不同答案，这是在区别具体的情况，针对不同的发问弟子的不足之处讲道理，不同的回答才具有真正的实际意义。

部分媒融文章明显有跟风迹象，基本没有自己独立的思维与独到的研究，从上或从权威而言，人云亦云。思路有简单化倾向，总是一窝蜂地肯定这个或否定那个。好就非常好，不好就要打烂踩碎，否则就不甘心。比如复合型融合人才培养、平台建设、融合真假等方面的言论。有些文章总是要到国外找研究的学术源头，即使在国内发展得比较先进的互联网及媒融等领域，还老觉得国内发展得不行、得向国外学习，评者还美之名曰具有国际视野，这种学术惯性得有所改变。

部分媒融文章缺乏变化思想的支撑，无视事物发展的阶段性特征，缺乏前瞻性，研究有一定的盲目性，看到现在发展得好或前期发展势头比较好，就充分肯定，作为典型，予以推荐，并据此作前瞻。比如以前有文章讲："手机报可能是报纸最理想的突破点。"

部分媒融文章缺乏互联网思维及相关的一系列思维的支撑。包括非线性思维、新媒体思维、关系思维、编程思维、智能思维、物联网思维等的支撑。研究思维要与时俱进，面对多维、互渗透、互交融的传媒事实，我们的思维也要多维化、立体化，不能仍然固守线性思维。更不能只采用仅顾两头无视诸多中间状态的辩证思维方式。还要尽量不受固有概念的束缚与遮蔽，现时名实不符的情况不少，要更注重实际的话，就要尽量直接从现象出发去归纳分析，总结出新概念，然后铺开，而不要老是拿一套固有的概念出来去框事实，切割事实、分析事实。

部分媒融文章缺乏基于常识回归常识的思维的支撑以及自然而然的生命思维、生长思维、生态思维等的支撑。比如有的文章缺少自然发展的意识，对业界媒融提出过高要求；比如有的文章缺乏成本意识，盈利意识。业界行媒融之事难而复杂，业界一直也比较努力，哪里像有些文章说的那么简单轻易。

五、媒融协和层面：加强各界和合

各界的话语需要协调或和合。三界话语的划分标准：科研院所研究者所写文章归为学界言论；新闻出版广电等业界工作人员所写的文章代表业界言论，科研院所中的新闻出版广播等部门工作人员文章也归为业界言论。政府宣传部门、新闻出版广电等管理部门官员的文章归为政界言论。

此外，推动媒体融合发展，特别需要各方在具体工作中协作，形成合力，共同推动媒融建设与传媒事业发展。

（一）政界、学界、业界话语的比较与协调

媒融话语作用重大，显著影响思维与决策。学界与业界在媒融上的关注重点有所差异。业界基本是从自身所处的媒介立场出发，聚焦于自身媒介利用新

技术进入其他媒介后的发展状况，重点探讨本媒介的业务革新等问题，认识与研究囿于点的视野，较少跳出实践，从战略发展上去思考媒融。学界从旁观者的视角出发，多少有些超越行业与机构利益，着力于对媒融引致的整个产业变化进行考察，表达了理论界对传媒产业最优化发展的关切。同时也可以看出学界、业界总体对媒融的认识有着比较明显的不确定性，呈现"众说纷纭""泥沙俱下"的状态。

话语系统是可能偏离实际的，这本身很正常，可怕的是大家一旦认可这个系统，就都会按这个系统来组织、表述话语，而且很难跳脱出来。这个时候，需要细究话语与实际情况的区别，上文已有所述及，但似乎颇有些不合时宜。只是比较各界的话语则相对比较平和（见表6-6、表6-7）。

表6-6　15种C刊、13家报纸媒融三界发文数量

三界	登载的报刊	2009年之前（篇）	占比（%）	2010—2014年（篇）	占比（%）	2015—2019年（篇）	占比（%）	2019年12月31日之前（篇）	占比（%）
政界	中央级报纸	—	—	11	1.95	55	2.94	66	2.60
	C刊	—	—	6	1.06	21	1.12	27	1.06
业界	中央级报纸	30	28.57	181	32.09	967	51.77	1178	46.43
	C刊	5	4.76	36	6.38	197	10.55	238	9.38
学界	中央级报纸	5	4.76	36	6.38	100	5.35	141	5.56
	C刊	65	61.90	294	52.13	528	28.27	887	34.96
	总计	105	100	564	100	1868	100	2537	100

第一阶段：学界研究得多，领风气之先，在此阶段是主力军，发文占比66.66%，对业界有引领作用。业界发文占比仅33.34%。政界尚未关注到，2012年之前无媒融方面的言论。

第二阶段：业界的关注度大大提升，发文数量渐多，与学界差距大大缩小，占比差20.04%。政界主要起指导作用，言论数量很少，发文占比3.01%。

第三阶段：业界的发文数量反超学界，占比高达62.32%，而学界反而只占33.62%。政界发文占比4.06%，比第二阶段占比增加了约1个百分点。

表6-7　15种C刊、13家报纸所有主题媒融文章篇名三界三词性用词数量

三界	形容词		名词		动词	
	数量	占比（%）	数量	占比（%）	数量	占比（%）
政界	15	8.88	171	6.16	92	7.58
业界	104	61.54	1426	51.39	683	56.26
学界	50	29.59	1178	42.45	439	36.16
总计	169	100	2775	100	1214	100

注：基于清博词频统计（http://www.nlp.newmin.cn）结果制作。

基于第四章的媒融情感分析与表6-6、表6-7，笔者认为，三界话语的同异主要有五点：①对媒融的看法不尽相同，虽然对媒融基本上都是肯定的，但在程度上还是稍有区别的，从情感分析结果来看，政界、业界肯定的程度高于学界，但就是学界，质疑媒融的文章也很少见，否定的更是罕见。②关注的对象数量与范围不同，政界因为发言甚少，所以涉及的范围较小，主要是引导、倡导、催促与期望，兼有较少的担心。从表6-7来看，学界媒融文章篇名中关键词词性为名词的很多，说明关注、考虑的对象很多，涉及的范围很广；业界媒融文章篇名中关键词词性为名词的最多，要比学界还多不少，说明学界的思路有局限，说明实际工作中需要考虑的问题更多，当然这跟学界一般发表的是论文，用的是学术语言，而业界在话语表达上灵活空间较大也有关系。③涉及的情感的种类与范围不同。媒融触发的心情、情绪，也是业界表达得最多，从表6-7来看，业界媒融文章篇名中关键词词性为形容词的最多，要比学界多得多，政界因为发言少且特别严谨庄重，仍是最少的。业界在发表述话语时，更多地对实际发展及发展中的问题，比较直接地提出自己的担心和希望等，比学界感性、真切、急切得多，而学界缺少实际工作的感受与体悟，较多关注学术问题，比较冷静、淡定，更多的意图是进行比较深入的学术探讨。④意欲或期望采取的行动数量及范围不同，从表6-7来看，情况与上面两点相似，业界明显大于学界，政界话语较宏观、主要起指导作用而在这方面的数值自然最少最小，虽然其实际影响较大。业界在这方面的数值最大，说明业界因为生存发展的实际需要，对媒融的进一步发展的要求最为普遍而又急切，希望在更大范围内采取更多的行动。⑤显然，业界关注的方面、想采取的行动以及相应希望与期待明显均比学界要多。业界毕竟在第一线，其认识进展的重要性更大，其话语值得学界关注、知晓。学界应通过自身研究比较全面地给业界提供参考意见，同时也可借助业界话语扩大自身研究的视野和范围。

第六章 国有媒体融合发展的策略

还可以基于三时段三界中国知网媒融主题文章篇名的语义网络分析，看看各阶段各界各自重点关注的方面。因为篇幅关系，仅展示离现在最近因而最具实际意义的三界第三时段的语义网络，如图6-10、图6-11、图6-12所示。

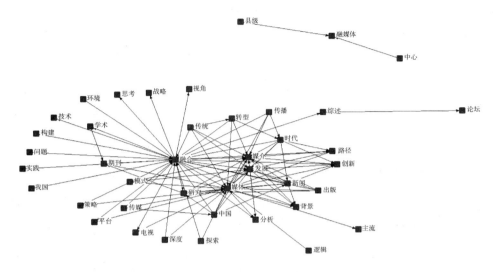

图6-10 媒融主题第三时段学界话语语义网络

注：基于中国知网15种C刊、13家中央级报纸媒融主题文章篇名，使用ROST CM6制成。下两图同。

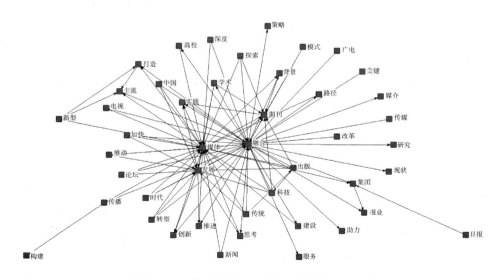

图6-11 媒融主题第三时段业界话语语义网络

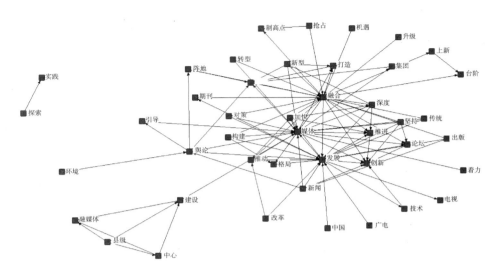

图6-12 媒融主题第三时段政界话语语义网络

可见此阶段县级融媒体中心建设进入了学界研究的范围。在媒融时代、背景下,学界主要研究新闻、出版、融合发展、创新发展、发展路径,对学术期刊、电视、媒融转型、深度融合,对媒融发展的模式、策略以及融合平台等也进行了较多的分析。

与学界相比,此一阶段,业界更重视探讨媒体融合发展及科技与媒体的融合,更重视打造新型主流媒体,在探索、推进、推动、加快、助力、建设媒融及打造主流媒体方面有比较迫切的愿望,对学术期刊融合发展较学界有更多的探究。

政界主要是因势利导业界与学界,话语少而精,并未展现对媒融的系统研究,所以网络图内部的集中性、层次性、系统性、关联性不是十分完足。政界意图引导舆论,营造良好的舆论环境,推进、推动、升级媒体转型融合,谋划对策以利媒体融合深度发展,加快构建新闻、期刊、出版等方面媒体融合创新发展的新格局,鼓励业界抓住机遇,坚持创新,抢占主流阵地与制高点,使主流媒体集团迈上发展的新台阶。在推动媒体融合发展新格局的事项上,提倡以集团为单位打造新型主流融合媒体并鼓励大力建设县级融媒体中心。

以上并非完全是看图说话,而是基于对媒融大局以及对三界三方面文章的全面深入了解来对网络图的含义进行判断的。各界应加深对彼此关注重点的了解,多多沟通并更好地在话语上互补或协同。

20世纪末以来,国有媒体融合发展工作一直在明显地持续。国有媒体逐渐进步,纷纷打破传统模式,不断突破创新,在报道理念、内容生产、传播形态等方面做了许多有益的尝试。也只有靠政界指导，学界业界协同，合力开路、拓荒，才能取得显著的成绩。

三界话语呈现场所不同，学界媒融言论主要在学术期刊上，学者大多看的是期刊；报纸上主要是业界言论，业界人士大多看的是报纸，政界的倡导出现在报纸上也较学术期刊为多。最好打破这种各自为政的局面，特别是在报纸上，三界发声应多一些交汇、协调与融合，以便并肩促进媒体融合的纵深发展。特别是学界，要多在报纸上及时发表言论，这样与业界就可以有更多的思想交锋与交流，三界之间也就可以有较多的沟通与互相地促进。总之，学界的研究与传媒的实践千万不能变成两股道上跑的车，这就需要高校改变现有的过于注重国家及省市级项目、C 刊论文，轻视报纸文章的教师科研考核制度。

（二）政界、学界与业界加强合作

节点彼此连接汇成网络，与中心化、专业化有些排斥，媒体中心化及平均专业化程度显然与互联网兴盛程度成反比，这当中需要按思想性、学术性方面的要求作出适当的平衡与协调。可加强政界、业界、学界的协同，以便各方力量汇成一个有利于传媒稳步发展的环境，成就一个长期健康发展的基础，并在融合发展中不断提升传播的价值，不断创造新价值、共享新价值，从而一起更好地推动媒体融合向纵深发展，更好地为社会稳定发展做贡献。

建议学界更多地关注或深入体察业界的媒融实践以及产业媒体化的现状；高校新闻与传播学方面的学科、专业在进人时，要更加注重对方是否有业界的工作经验；各界应通过开展更加深入的产学研合作项目及举办更务实有效的会议、活动，切实推动媒体融合的发展。

2010 年以来，济南日报报业集团旗下的舜网与山东大学等多所高校科研机构合作，共建了全省首家传媒技术研究中心，成立了软件研究院，搞了很多研发，成为同行中比较出色的具有原创高新技术的传媒企业。2019 年 5 月，人民视频和北师大新闻传播学院签约共建 VR 频道，启动"中国 VR/AR/MR 产学研融合创新平台"。这样的产学研合作今后需要更多地开展。

人民日报社联合中共深圳市委、深圳市人民政府共同主办的中国媒体融合领域顶级盛会"媒体融合发展论坛"自 2015 年开始举办，2016 年主题是"融合发展的职责与使命"；2017 主题是"你就是我，我就是你"；2018 主题是"构建全媒体传播格局"；2019 的主题是"全媒体时代：挑战与机遇"。此论坛注重技术展示、成果分享，围绕推进媒体融合、打造新型主流媒体，开展策略研讨、经验交流及战略合作、业务协作，已经成为具有权威性和标志性的业界交流、合作平台。

数字化就是融合最大的接口，而且其适配性非常强。各行各业都数字化了，大大便于传媒业界、学界与其他行业的公司合作。产业媒体化方兴未艾，电商、微商、地图导航服务商、车联网络以及诸如 Metro 大都会、苏 e 行的地铁出行网，甚至物流公司的丰巢智能柜小程序，等等都在媒体化，也就是说，这些整体并非传媒单位的新进入者已大都带有新媒体甚至新媒体平台的性质，而且大多与人们的生活贴得很紧，人们必定会成为其用户，经常点进去看。这里面就有传媒业界、学界与其他各界进行各方面的协作，在合作中推进媒体融合发展、跨界融合发展、产业发展的巨大空间。人民日报社与招商局集团于 2017 年 11 月共同发起成立并在香港正式注册的"中国新产业联盟"，聚集了新兴产业领域的龙头企业和科研单位，共同服务于国家整体战略，起到了推动传媒业与国民经济其他产业跨界融合与共同发展的作用。

第七章　媒融与出版融合、出版转型的关联和区别

前文讨论了媒融到底是什么、到底能做什么、哪些值得做、哪些是误区、该怎么做，唯有如此，我们才能从媒融角度或者较多地结合媒融来谈出版融合转型，大体知道出版转型在融合方面可发挥的途径与分寸，知道哪些可以做，哪些已有它山之石警示，不可为或不值得为。

对媒融的适用范围及适用范围内适合各种媒体融合发展的分寸与程度向无学者进行讨论，其实这是学问研究基本的内容。探究踏不踏实，首先看底盘扎不扎实。

就媒体类型而言，媒融的广度、力度、深度大小与其用户的规模成正比。媒融比较适用于大众传播、大众媒体，用户多才更值得在媒融上大展手脚。专业度较高的行业、学术报刊等媒体及出版物比较小众，媒融的广度、力度就不必很大。内部出版物更是与媒融无有大的关系。

出版社生产的一般是图书，少数还有期刊。图书基本都是篇幅较长的单独产品，而且每家出版社生产的数量都很多，若每一本图书都要在媒融上大展手脚是不可能的，只有少数影响大的可以用 IP 运营等手段进行较大广度、力度、深度的媒融开发；而且大多数影响力一般或较小的图书作为整体加入媒融，较之适度拆零，形式多样地在多种渠道中进行有针对性的知识服务，在媒融的广度、力度、深度小一些才比较合适。

出版融合，从狭义上讲，是传统出版和新兴出版在内容、渠道、平台、经营、管理等方面的融合。意图实现出版内容、技术应用、平台终端、人才队伍等的共享融通，形成一体化的组织结构、传播体系和管理机制。新兴出版主要指的是数字出版。数字出版目前已经形成了电子图书、有声图书、数字报刊、网络原创文学、网络教育出版物、网络地图、网络动漫、网络游戏、数字音乐、数据库出版物、手机出版物等门类，有全媒体出版、"传统出版+"、"主题出版+"、关系出版（"社交+传播"的出版）等多种融合转型的模式。

媒融是一种创造性的破坏，又是一种生机的催发，进一步打破了传统媒介及其诸多概念的边界。它与出版融合（本章中简称版融）、出版转型（本章中简称版转）发展之间，有着多维度的关系。

版融是媒融与版转的交集，媒融与版转的交叉关系及影响，较多体现在版融上。版融是版转的一个方面，版融要求不大高，大体上版转要求反而高一

点、全一点。媒融、版融、版转言论在较大程度上是"互文"的关系，所以下文谈到版融、版转的某些方面，会比较简练一些，只在揭示特有情况及必要的基本情况时多费些笔墨。

一、学理层面考察媒融与版融、版转的关联和区别

出版主要是指图书出版，还有报纸出版、期刊出版。出版概念是着眼于工作全流程，新闻概念是着眼于信息内容类型，广播概念是着眼于声音传播的范围与方式，彼此并不在同一个层面上。这种情形，一则说明语言本身的贫乏，二则提示我们在思考时本不必完全拘泥于概念之中。

出版是媒介或媒体吗？从广义上讲，可以算，也就是说，媒融包括版融，但人们一般不这样操作。一般探讨媒融，主要探讨报刊、广电领域新闻、信息等传播活动的渠道、载体与组织机构等方面的融合，甚少直接言及出版，有时只是将媒融作为背景来谈出版，且大多也只是出自出版人士的笔下。在融合方面，出版往往被另表一枝，直接与"融合"合称出版融合或融合出版。

不同的传媒门类，媒融的适切与必要程度也自不相同。总体上，媒融的研究还处于比较笼统的状态，学界对媒融特别适合哪些传媒领域、不大适合或不完全适合哪些传媒领域这些基本问题都没有什么研究。

新闻学地位过于重大，以至于对媒融的探讨大多着重于新闻媒体，局限性比较大。有观点认为应将媒介融合严格限定在新闻生产及其传播领域，这种说法等于明确地将图书、非新闻类期刊、新闻类报纸的非新闻版面、广播电视的非新闻频道、电影、动漫等生产与传播的产品数量远非新闻生产与传播可比的巨量媒介排斥在外，显得十分狭隘。

有不少学者认为媒体融合只是新旧媒体的融合，虽然具有实操价值，但是并不全面。当然有些以媒融为主题的文章将跨界融合也归入媒融，从学理上严格来讲也是不对的。

从第一章中提到的变的模型中可以看到，除了融合，分化也是转型的一种方式、手段或状态，专事创新也是转型的一种方式和手段，当然基于合与分，也可进行创新，分中有合、合中有分，也可进行创新，所以它们三者本身是交叉的。

从概念起源的角度来看，转型是新闻出版业的内生概念，而"媒介融合"则属于"舶来品"，是学者从美国引进的。媒融本质的要点之一就是重构，变化、转型的内里也是重构，但是范围比媒融广。转型从概念上来讲，可以包括媒融与跨界融合，版转则是转型在出版方面的变革或革新，主要就是出版的数字化转型。媒融只是媒体转型的一种方式、手段或状态，与媒体数字化转型的

意思较接近，对等程度较高。版融这个概念与媒融一样，也完全倒向"合"，不如版转于出版变革而言，包含融、分、新等各个方面，比较齐全。

转型与融合两种说法各有特性。融合牵涉面很广，从小到大、由表入微的各个方面皆可融合，层次、类别比转型多。转型不管是发生于总体还是局部，比融合更强调整体性的演变与进化，即在技术手段发生根本变化的基础上有所变革，积累要素到一定程度或多措并举之下有系统性变化，且在整体发展上应时应势有一个较大的模式或范型的转变与创新，才能叫转型，重点就是数字化及其各类配套要素的整体性转型，主要就大的方面说，比较开阔、宏大，比较有系统性。在较小的事项或不直接关联的某个具体事项上一般不轻言转型，表面上的变化更不能称之为转型，故而在尺度把握上比融合严谨、局促。

从整体上说，转型的概念大于融合，版转的概念大于版融。融合是转型的一个方面，但一般来讲，通过融合来转型、通过转型来融合都说得通。

版融与一般的媒融有所不同，虽没有版转与媒融差别那么大，但差别也不小。因而版融遇到的障碍，需要采取的策略和措施等与媒融有相同之处，也有较大差异。

版融的性质与媒融不同。版融往往以图书及其生产为基点，而每部图书都可自成一体，都是在某一方面具有完备内容的"小王国"，本身都可以成为一个完整独立的媒介，所以由图书开展的融合，其完整性、层次性、丰富性及可拓展性往往较国内一般媒融要大得多，呈现出宽口径、大规模、媒体跨越度较大、发生次数较少、发生频率较低、更需要各单位协作等特点。

版融的外延怎样？即除"互联网+出版"外，版融可以融什么？出版可以"+技术"（数字网络技术、数字通信技术等）、"+平台"、"+产品形态"、"+商业模式"（B2B、B2C、O2O、众筹等）、"+渠道"、"+市场"、"+读者"、"+旅游"等。可以持开放的态度，跳出版融范畴，与其他行业融合，开创新的业态和生态圈。也可从不同层面上来讲，有组织层面的，比如集团内部不同出版媒介单位组织、人员融合，传统出版企业并购数字新媒体公司等；有媒介层面的，比如图书报刊融合，图书与二维码、AR、VR 等技术的融合等；有渠道层面的，比如可以基于优势内容资源 IP，用 App、电子书、有声书等用不同传播手段传播同一核心内容，还可以通过网络视频、影视剧、游戏、动漫、动画、戏剧、主题公园、教育培训、读书活动等进行线上、线下的融合。归根结底，于版融而言，上述"+×"以及"学+"、"出版+"都只是表象，在根本上是要做成：正确的"方向+""优势+"。

一般媒融的外延与版融、版转是交叉的，即其做法于后两者，只能在有限的合的范围内发挥有限的作用，毕竟出版的特点与一般媒体不同，它更强调积累，更强调分工，除了通俗的内容外，还有很多专业的内容，其目标读者群是很明确的，反过来说，这些目标读者也很明白自己需要什么，不会轻易模糊自己关注的边界。一般媒融并不能完全对应出版各方面的发展，特别适合、特别对应的只是其中一部分，主要是大众出版。爆款是大众层面的，不是专家层面的。大众出版是偏动态的，更需要社群、互动、线上活动、线下聚会等，所采取的融合发展路径与手段与一般传媒更接近，而教育出版、专业出版则有较多自己的发展特色。尽管如此，媒融的有些方法在教育出版、专业出版转型上也是适用的，如内容之间的链接融合、多媒体呈现方式的融合等。不过一次策划、多次发布对专业的学术研究成果来说是契合的。

大众出版比较适合采取全媒体融合范型。该范型要求对出版流程实行针对全媒体的适应性、整体性再造和系统性管理，要求内容生产、载体选择、组织结构、渠道整合等方面均要进行"全媒体"构型，最终实现"一体化运营"。该范型于小众化的专业出版的适用度不高，于教育出版倒也有一定的适用性。

技术发展受资本驱使，本身就是为了盈利，所以主要对接的一定是大众，而不是小众，因此大众文化及大众媒体、大众出版得以兴盛甚至泛滥。大众出版以满足读者为主，供读者使用的社交、互动功能，应在终端、平台建设中占有更重要的地位，做得尽量强大，以便发挥更大的作用。因大众出版与大众媒体相对比较接近，所以其转型可以较多地借鉴大众媒体融合发展的策略与途径。

二、实操层面考察媒融与版融、版转的关联和区别

事实与语言有对应关系，人们一般在学术研究与实践应用中努力使它们彼此相符，一般从语言角度去表述与推想，大多也是符合实际情况的。

在实操中，新闻媒体融合是媒融比较主要的方面，与版融的关联很少。新闻与出版同属传媒，但性质、特点相差甚大。在长期实践中，中国的新闻与出版是比较疏离的，虽长期归属于同一管理部门，相互融合与协作却很少，这确实是令人惋惜的，希望两者以后可以在实践中比以往多一些融合、多发掘出一些融合的潜力与好处。

媒介、媒体之融合并不尽是语词意义上的，很多在实操层面没有达到语词上意谓的融合的程度。版融与一般媒融相比，在实操中也有差距。比如二维码只是连接了纸质内容与数字内容，两者还是分别呈现的，只是从出版物这个层次上来看，将纸质呈现方式与新媒体呈现的入口结合在同一书中而已。

一次采集、多层生成、多媒体发布、多形态展示、多介质阅读、多渠道发行、全天滚动、全球覆盖的媒融做法，大多数情况下越小的文字篇幅越适用，越长越不合适。于整本图书而言，可以有纸质版、电子版、网络版，在移动端

第七章　媒融与出版融合、出版转型的关联和区别

的合适程度小于 PC 端，而且大多并不适合进行全媒体的传播。当然将整本图书拆散，是适合在移动端传播的，其内容可以在叙述及风格上有些变化，以适应不同的读者群体。所以要取得实效，媒融的做法与单部图书的关联大多不宜很大，有的也不宜很直接，倒是与书中精彩的片段的关联可以更大、更多、更直接，这方面潜在的片段内容资源是海量的，尚可大力挖掘、多态组合、多样展现。

从融合风险角度讲，图书、报纸融合发展往往风险不大，图书与电影、电影与游戏的融合往往因投入大风险亦大。一般媒体与出版融合风险也不大，但与电影、游戏关联度较小，彼此融合的话题基本不成立。

数字化转型前的准备阶段大家都已经在数字化，彼时数字化程度浅，范围小，只能算奠基阶段，后来出现的出版生产管理的数字化转型比如全流程数字化（ERP）改造也不是直接的融合，可算作融合基础设施与条件的配套。

原来不能在一起的多媒介（体）呈现方式在出版平台上聚合起来，可认为是版融或版转的一种方式。与建立媒融总平台一样，也可建出版总平台，推动版融、版转的发展。

版融的过程性较强，不是一蹴而就的，可以分成几个阶段逐步推进。出版与一般媒体不同，有自己比较专注、权威、慢节奏、跨时较长的特点，应该走有特色的融合之路，应该多在内容上下功夫，在持续的营销宣传、信息服务、文创等方面多多地开拓融合之路。

进入计算机时代后，各行各业的转型主要是指数字化转型。某些媒融要凭借数字化转型才能实现，换而言之，只要进行了数字化转型，在某些方面必定就重组了媒介要素，必然就达成了媒融。因为可能有人的主观能动性的参与，数字化转型的自然程度必然不同，有的转型自然而然，有的转型明显有人为推动的迹象，有的甚至是人力生拉硬拽的结果。进一步推论，版融的自然程度也必然不同。有些数字化版转是自然进行的，版融也就比较自然而然地发生；有些数字化版转是行政推动的，版融就会更多地带有意识形态的烙印。在后一种情形下，可能容易追求与一般媒融一样的全面性或将融合放置到目的位置上，造成本末倒置的不利局面。如果只是追求这种表面化全乎的版融，那么扩大势力范围，扩大自身覆盖面和影响力的效用就可能只是短期的；如果我们只是将融合作为一种发展手段，在此基础上拓展融的思维、融的空间，促进事业的发展，无疑是很可取的。

推进版转，要从媒体、媒介各个较大的方面着眼，只有充分吸取媒融的成功经验与可取之处，避免媒融的误区、弊端、过失与不足，才有望超越媒融概念、理论研究及实践的束缚，使版转转得更好。

固守概念的区分对媒融、版融的发展都是不利的，与一般的媒融一样，版

融就是要出版不断地消除掉原有的硬壳与衰弱的部分机体，将自己的内容向四方扩散，加入或渗入更广远的范围中，不断更新自我的存在，以获取长远的生命力。从这个意义上讲，传统意义上的出版这个概念本身的外延其实是在缩小的，但是它的很多蔓延、很多化身却新占了很多分散的新地盘，所占地盘总体上比以前更大。所以国有出版社必须正视现实与其中的利弊得失，接受融合，并不断开拓创新。不少研究站在固守出版地盘及维护原有利益的立场上，这是有问题的。我们的目的是要促进出版大踏步迈向新的地盘，原有的东西若成为负担，就要主动设法减少甚至丢弃，这才是走向融合唯一正确的观念与态度。

万物天生皆能流动，内容如液体，明显具有流动的属性，新的载体出现了，合适在新载体上展现的内容自然而然就会流进来，从图书到报纸，这种内容流动、融合早就发生了，再到广播、电影、戏曲与音乐出版，再到PC端、移动端网络出版与端游、手游等网络游戏，内容的流动性不断加大，自然也引起了相关要素越来越多的融合。比如报纸的文章有精选出书的，书的内容有选入报纸发表的，书有改编拍成电视剧、电影的，有改成广播的故事连播以及动漫、游戏、戏曲、评书的。更具体地说，比如《三国演义》，有改编成电视剧，改成长篇评书的，还有将部分内容改编成戏曲《曹操与杨修》及游戏"华容道"的。而且这方面的许多融合信息，也不断地需要报纸、广电、网络等多种媒介的新闻报道来公之于众。从古至今，这种内容流动到不同载体的广义媒融的深度、广度、黏度、频度越来越大，到当代因为网络的兴起及媒融的兴盛，有近乎质的变化。

当今的技术，不仅改变了概念的边界、知识的传播方式，也改变了人之存在的方式。比如人们可以按照冰箱上内嵌屏幕演示的烹饪过程做晚餐。从媒融角度看，这是一种版转中内容外扩的融合方式。它把菜谱从一种封装型的图书产品变成电器产品的组成部分。内容不再聚合起来以图书的形式唱独角戏，不再全以独立的图书产品进行销售，不再统统进入传统销售渠道——新华书店。同样，一般媒体的内容也可以有这样的外扩融合方式。实质上都是内容换了载体。内容不在纸质载体上，社会意义可能更大。以前《徐霞客游记》是以出版物的形式传世的。今天写游记的人有的变成了博客、微博写手或直播网红，并且通过互联网各种平台，与旅行社、旅游局合作，为地方旅游业的开拓做贡献。这两个事例说明，数字时代中，内容可以发挥比以往更大的作用，可以成为新的产业链的引擎或重要的、积极的元素。

以人为本、精准服务等既是一般媒融，也是版融、版转需要努力的方向。图书的篇幅大，海量图书的精准服务要等待通信传输等技术条件进一步发展成熟。从人的角度相对而言，图书出版中的大众出版以及百科工具书出版比较需要大众的参与，教育出版、专业出版则更多需要由专业人士主导，以保持知识传授的权威性与理论、思想、学术的高度。从融合人才需求角度看，新闻、广电领域媒融相对更需要全能编辑，出版社除通俗文学读物外，更需要专业性编辑。

发展生产力、扩大正面影响、促进社会发展是传媒及媒融、版转、版融存在的目的与根本意义之所在。传媒理论系统（包括概念系统）、话语系统进化太慢，已落后于传媒技术的飞速进步、传媒事业的快速发展，甚至阻碍媒融的纵深发展，因而在实操层面一定要解放思想，突破理论桎梏，尽量不受概念系统、话语系统的压制与约束。媒融实操尚且未受融合概念的束缚，更何况版融呢？版融自然要用"互联网+出版""出版+X"的思维，无论跨不跨界，绝不受原有出版范围的约束，只要是出版资源的扩散应用与出版影响力的拓展深化，在学理上退一步，在实操中进一步，都可以视作出版方面内在或外扩的融合。

就传统出版发表言论的人已有所减少，很多人在说版融、版转，其实大家关注得较多的还是数字出版新媒体。在这一点上，版融、版转与一般的媒融也是共通的。

行媒融之事或行版融或版转之事，都需要掂量自己的实力与优势及所处的环境与形势，因时因地进行或不进行，朝什么方向融或转，进行到什么程度，用多快的速度，扩展到多大的范围，全看是否能达到合适自己的程度。不要放弃自主的把控力，削足适履。更要少一些宏观叙事，尽量凭借原有优势，踏踏实实，持之以恒，坚韧不拔，不断地向正确方向拓展优势，扩大品牌影响力，每月有所改善，一月比一月更好一点；每年有所改善，一年比一年更好一点，最后就会取得很大的媒融、版融、版转的成果。现在传媒竞争激烈，需要经常在组织管理、产品制作分发等各个方面进行改进与优化。不少媒体单位不是在融合转型，就在融合转型的路上。

三、语用层面考察媒融与版融、版转的关联和区别

媒融与版融、版转的具体关联和区别，还可以从语用角度来考察（见表7-1）。

表7-1　15种C刊、13家报纸三时段媒融、版融、
版转主题文章篇名用词相同率两两比较

时段		2009年前	2010—2014年	2015—2019年
主题媒融、版融篇名用词相同率	形容词	35.29%	46.75%	54.12%
	名词	24.61%	42.58%	44.58%
	动词	34.21%	50.27%	54.57%
主题版融、版转篇名用词相同率	形容词	37.04%	37.97%	57.14%
	名词	22.28%	38.15%	48.95%
	动词	18.37%	44.63%	58.54%
主题媒融、版转篇名用词相同率	形容词	21.43%	29.79%	36.24%
	名词	21.38%	29.15%	31.45%
	动词	24.59%	43.50%	43.93%

三大项相同率关联度，版融与版转之间、媒融与版融之间较大，在一定程度上说明媒融对版融、版融对版转的影响与渗透作用较大，当然后者对前者也有不同程度的反作用。媒融与版转之间相同率关联度较小，说明版转可考虑更多地借鉴一般媒融的取向与做法。三大项各词性用词的相同率都逐时段明显提高，一是说明随着时间的推移，关注的范围不断扩大、用词量不断增加，是导致各词性用词相同率提高的原因之一；二是说明彼此关注的对象、关切的程度与行动的指向渐有更多趋同的成分；三是说明彼此内在的影响也有所增加。

四、语义层面考察媒融与版融、版转的关联和区别

可基于媒融、"出版+融合"、"出版+转型"主题文章篇名用词词频，进行对比分析，进一步考察媒融与版融、版转的具体关联与区别（见表7-2、表7-3、表7-4）。

表7-2　15种C刊、13家报纸媒融主题文章篇名用词词频 TOP 20

序号	2009年之前	词频	2010—2014年	词频	2015—2019年	词频	2020年	词频
1	融合	80	融合	418	融合	1061	媒体	154
2	媒介	55	媒体	244	媒体	875	融合	147

续表 7-2

序号	2009年之前	词频	2010—2014年	词频	2015—2019年	词频	2020年	词频
3	媒体	40	媒介	206	发展	395	发展	77
4	新闻	22	发展	110	媒介	212	期刊	44
5	传媒	17	新闻	85	时代	167	传播	43
6	时代	14	时代	83	新闻	166	研究	37
7	研究	13	研究	58	创新	161	融媒体	37
8	背景	11	传播	54	期刊	149	时代	34
9	传播	10	中国	50	中国	143	出版	33
10	趋势	9	出版	48	出版	137	中国	32
11	电视	8	背景	44	传播	129	创新	28
12	数字化	8	传媒	42	研究	127	新闻	26
13	管理	7	传统	37	转型	97	媒介	22
14	中国	7	教育	32	背景	96	实践	20
15	教育	6	创新	31	路径	89	科技	20
16	报业	6	转型	30	传统	88	路径	19
17	广播	6	分析	25	传媒	84	传媒	18
18	创新	6	电视	24	科技	69	深度	18
19	发展	6	中国	22	电视	69	中心	16
20	数字	5	策略	21	学术	68	策略	16

补充说明:"疫情"一词 2020 年排第 46 位,词频为 9。"转型"一词在 2019 年之前排第 26 位,词频为 4;2020 年排第 24 位,词频为 15。

表 7-3 15 种 C 刊、13 家报纸三时段版融主题文章篇名用词词频 TOP 20

序号	2009年之前	词频	2010—2014年	词频	2015—2019年	词频	2020年	词频
1	融合	33	融合	216	出版	695	出版	179
2	出版	18	出版	178	融合	652	融合	148
3	数字	9	发展	86	发展	395	发展	97
4	出版业	7	数字	62	期刊	169	期刊	36
5	发展	6	媒体	54	媒体	138	创新	35
6	传统	6	媒介	36	创新	137	时代	30

续表 7-3

序号	2009 年之前	词频	2010—2014 年	词频	2015—2019 年	词频	2020 年	词频
7	趋势	4	时代	33	数字	129	数字	29
8	文化	4	中国	32	科技	114	研究	25
9	交流	3	出版业	30	转型	106	中国	24
10	媒体	3	传统	30	时代	105	教育	22
11	期刊	3	文化	27	研究	94	科技	21
12	建设	3	科技	26	传统	89	路径	21
13	数字化	3	创新	25	学术	82	图书	21
14	创新	3	转型	21	中国	79	媒体	19
15	集团	3	期刊	20	互联网	72	服务	19
16	时代	3	研究	18	路径	71	策略	18
17	整合	3	图书	17	出版社	67	出版社	17
18	产业链	3	新闻	16	探索	63	转型	17
19	挑战	3	背景	14	教育	60	探索	17
20	条件	2	模式	14	出版业	58	文化	16

补充说明:"疫情"一词 2020 年排第 21 位,词频为 15。"教育"一词 2009 年之前排第 21 位,词频为 2;2010—2014 年排第 25 位,词频为 11。

表 7-4 15 种 C 刊、13 家报纸三时段版转主题文章篇名用词词频 TOP 20

序号	2009 年之前	词频	2010—2014 年	词频	2015—2019 年	词频	2020 年	词频
1	转型	128	转型	440	转型	421	出版	66
2	出版	68	出版	330	出版	419	转型	54
3	出版业	27	数字	140	发展	143	发展	41
4	数字	26	数字化	121	数字	121	融合	28
5	发展	17	发展	104	融合	110	时代	18
6	出版社	16	出版业	66	升级	94	知识	13
7	中国	14	出版社	62	期刊	88	期刊	13
8	战略	12	传统	61	数字化	86	路径	12
9	传统	12	升级	61	出版社	78	服务	12
10	数字化	10	期刊	60	传统	71	数字化	12
11	时期	10	中国	50	时代	66	数字	12

续表 7-4

序号	2009 年之前	词频	2010—2014 年	词频	2015—2019 年	词频	2020 年	词频
12	图书	9	时代	48	研究	65	升级	12
13	教育	9	创新	40	创新	63	研究	11
14	思考	7	教育	34	服务	57	中国	10
15	大学	7	科技	33	学术	53	学术	10
16	面临	7	融合	33	出版业	53	出版业	10
17	趋势	7	企业	31	科技	51	教育	9
18	科技	6	路径	29	中国	48	出版社	9
19	加快	6	图书	29	知识	47	媒体	9
20	传媒	6	媒体	28	互联网	45	疫情	8

补充说明："创新"一词，2009 年之前排第 44 位，词频为 3；2020 年排第 48 位，词频为 6。"教育"一词 2015—2019 年排第 21 位，词频为 45。

限于篇幅，无法充分展开分析，暂且在此基于以上三表择要给出四个结论：①三表"研究"一词的出现频率说明，媒融的研究程度甚于版融，版融的研究程度甚于版转，实际也折射出学界在这三个领域介入的程度。②"创新"一词出现频率在以上三表中基本都比较靠前，说明创新在媒融、版融、版转中基本一直是大家颇为注重的方面；③"融合"一词，在版转第一时段言论的 TOP 50 中未出现，其后则一直出现在 TOP 20 内，而且排名越来越靠前，说明融合与转型的关系逐渐密不可分，大家越来越将融合视为版转的重要方面。④ 2020 年在世界较大范围内发生了新冠肺炎疫情，图书出版因为数字化程度相对较低，比一般媒体受到的影响大，所以"疫情"一词在版转、版融言论中得到了更多的使用。

第八章 出版融合转型状况与发展策略

进入数字化时代后,出版融合转型也就开始了。自出版网站与数据库出版产生开始,如内容的组合、组织结构的调整等,无不烙上融合的印记。顺着这种发展趋势,或者说以融合作为发展的一种手段,又可向云出版纵深发展,除文字、图片外,比如将更多的视频、电影片段、电子书、H5 作品等整合到云中储存以供提取,进而按有趣、有意义或有价值的主题抽取,亦可按需抽取,按需出版,与传统出版有更深的拥抱。另外,可将传统出版的内容及相关内容展现到网站、微信公众号上,实现传统出版与网络新媒体更好地融合;也可将出版社本身建立的各种媒介动员起来,分别发布本质内容相同、形式应媒介不尽相同的内容;还可将自身的这些媒介更多地与外界,国内的,甚至国外的各种媒介或平台相对接,实现更大范围的融合。

出版融合转型,可借鉴一般媒融的优势与策略等,但不可全盘吸收其发展经验,也不能轻易认同其发展教训,推而及己。国有出版企业应在充分了解自身的基础上走符合自身属性、发展条件与发展需要的全方位深入满足、引导用户需求的融合转型之路。

改革开放以来,出版融合发展只是其中一个很重要的方面。从言论上看,柳斌杰于 2011 年 6 月 8 日发表的《加快传统出版与数字出版的融合发展》和邬书林于 2013 年 8 月 29 日发表的《新闻出版与科技融合是发展必由之路》都提倡了出版融合。另外,两岸电子书大赛、中国大学生新媒体创意大赛、全国编辑出版能力大赛、出版融合技术编辑创新大赛、期刊融合发展高峰论坛、中国数字出版博览会等行业重要活动的举办,对于展示融合教学与发展成果、促进数字阅读与出版转型具有重要意义。

我国国有出版企业转型面临的困难不少,比如创新型人才缺乏,版权保护困难以及完整的创新生态系统尚未形成,需要进一步拓展业务的深度和广度、走融合创新发展之路并全面完善出版产业生态环境,不断提升技术水平与服务、引导水平。眼下所谓的转型升级即指数字化转型升级。转型升级的本质是生产关系的变革,是在 PC 互联网、移动互联网的共同作用下,对原来的新闻出版生产关系进行调整和重塑,旨在提高生产与传播效率,推动新闻出版企业实现跨越式发展。概括起来,狭义的出版转型升级,主要是指企业转型升级,是企业的业务、管理等结构高级化的过程,主要由产品、流程、渠道、技术、人才等的全面数字化转型升级所构成,其关键因素在于技术的进步和应用,政策和资金等方面配套措施的扶持也很重要。广义的出版转型升级则包括出版产业升级和出版企业升级,指运用数字技术,营造新业态,重塑产业结构,优化生产要素,改进运营流程等,多方协同推进事业发展与提升,强化数字空间影响力;包括产品、技术、业务流程、生产方式、销售渠道、人员观念素质等方面的数字化转型升级以及配套、触发等相关方面的升级。1999年开始的出版集团化、2007年开始的出版社转企改制、2007年之后各地出版发行集团的上市融资、20世纪90年代开始至今的数字化升级,以及配套、触发的一系列组织管理、产业结构、营销策略、发展模式等是其中比较主要的方面,因而是全方位、立体化、多层次的,几乎涵盖了新闻出版的所有产业链条。下文取广义而铺叙,以融合为主要视角,探析出版业融合转型状况与发展策略,自然会涉及上述各个方面。

一、出版融合转型状况探析

融合发展已成为中国传媒业转型发展的主流趋势。融合趋势正在加快,正日益成为推动传媒业发展的强劲动力。出版的融合趋势具有很明显的适切性,无可阻挡。我们应深刻认识到出版融合对于中国出版业发展的必要性,了解融合发展中的问题与障碍,推动中国出版业的融合发展、转型发展。

数字技术的发展推动着出版的改革创新,有些出版业务边界变得模糊,大量发展的新途径、新空间不断在网络上产生,给商业新媒体公司很好的机会。它们凭借先进的技术、雄厚的资金和灵活的体制机制等强势突入,取得了很大进步。如果传统出版不主动与新兴媒体融合,就可能会背离潮流,逐渐走向衰退。

出版的本意就是把知识和信息公之于众,提高社会民众的认知,促进社会的发展,这就是出版的功能。信息技术进步了,人类传播知识的方法和样式都发生了变化,出版融合转型发展是顺应历史潮流的必然选择。国有媒体必须自觉地跟上历史潮流,与时俱进。

必要性就是严峻形势所迫和自我发展的迫切需要。因为从各方需求、数字技术、市场竞争、国家政策等方面对媒融驱动力的分析,从本质上也基本适用于出版融合转型,所以在此只是简要地分述一下出版融合、转型的必要性与适切性。

(一) 融合、转型必要性的阐述

1. 响应各方需求与市场竞争

出版转型发展的着重点是读者、用户的需求及为了满足各方需求的竞争。政界有维持社会长治久安的需求,学界有响应国家战略、促进媒融发展的需求,业界有产业化的需求、获得双效益的需求,受众有转变成自主性较强的用户的需求,都需要出版通过融合转型的途径予以响应。

出版产品形态由纸质书、电子书进化成如今的有声书、互联网知识服务平台等。整个社会进入快速数字化,人们获取资讯、知识的途径由书籍、报纸变成电脑、手机、平板电脑、手持阅读器等。以互联网为代表的信息技术的飞速发展,重新定义了人们获得生活、工作能力的方式,给传统出版带来全方位、深层次、颠覆性的冲击。根据 CNNIC 的统计,截至 2016 年 6 月,我国网民中,网络新闻和网络文学的用户规模已分别达到 5.79 亿人和 3.08 亿人,人们已经习惯在数字屏幕上阅读来源于互联网"短平快"碎片化的富媒体信息,于今更甚。在平台的使用功能设置上,新兴数字出版具备传统出版所不具有的几近零技术、零成本、零许可、零编辑、零形式、零时差、零进入壁垒的特点,迅速吸引了大量传统出版的读者向赛博空间迁移。

新兴数字出版突破了传统出版的业务格局,为出版业拓展产业链条、实现发展模式转型提供了巨大的空间。可以预见的是,新兴数字出版产业将得到进一步的发展,而传统出版产业在传媒市场上将雄风难再。2009 年 8 月 24 日,拥有全球最大销量的杂志《读者文摘》于 2009 年 8 月 24 日在美国正式申请破产保护。传统纸媒面临着越来越严重的用户流失、发行量、广告收入缩水、市场份额萎缩等发展难题。传统纸媒市场中,民营书业占据了半壁江山,而且民营书业在出版融合上也冲在前面,国有出版企业面临着发展的困境,因此必须通过不断地转型,基于自身长期积累的丰富的内容资源、较多的读者资源、一定的品牌优势,以逐步全面深入的数字化更好地引导与满足读者、用户的需求,增强自身在巨大数字空间的竞争力,设法在大力发展数字阅读的同时,通过数字营销等手段减低纸质阅读所受的挤压,使其与数字阅读在某些情形下互相促进,从而争取弥补实体空间内的收益下降或进一步提高虚实空间相加的总体收益。

21 世纪以来,各方力量纷纷向出版融合转型进发。北京大学创办的方正阿帕比公司于 2001 年就率先进驻国内数字出版领域,民营的中文在线则率先提出"全媒体出版"的概念,成为中国数字出版的开创者之一。电子图书、网络原创文学、网络游戏等最先都是由民营企业开启和大力推进的,如盛大公司旗下的网络原创文学和网络游戏在当年俨然成为数字出版领域的行业标杆。

中国移动、中国联通、中国电信三大运营商则陆续布局了自己的手机阅读品牌：中国移动"和阅读"（2015年10月30日正式更名为"咪咕阅读"）、中国联通"沃阅读"和中国电信"天翼阅读"。2015年后，国内互联网巨头纷纷高调宣布介入内容生产，主动寻求与传统出版机构合作，或介入传统出版流程中的部分环节，通过高版税与股权的收购、激励等方式吸纳作者资源、策划人才甚至出版机构，共建内容出版平台（如京东宣布收购社交阅读应用"拇指阅读"）。

出版的国界进一步被打破，网络化、全球化、多元化的国际竞争市场正在形成。亚马逊Kindle阅读器构建了"终端+内容"的数字出版商业模式，以内容捆绑载体的方式寻找盈利空间。荷兰爱思唯尔、德国施普林格等世界顶级出版集团构成期刊集群化发展的优势，它们出版的期刊不仅数量众多（前者出版了3200多种期刊，后者出版了3300多种期刊），而且在各自学科领域都拥有较高知名度。近年来，德国康乃馨集团、荷兰威科出版集团、培生出版集团等国际商业媒体巨头纷纷进军中国，通过设立分支机构、找寻我国科学家合作办刊或与我国诸多出版社达成合作协议，积极获取数字版权、科技成果等出版资源，对我国学术期刊的发展构成了巨大的挑战。

网络文学市场营收逐年增长，至2016年达到90亿元，比上一年增长28.6%；至2017年达到129.2亿元，比上一年增长35.1%；2019年已达到201.7亿元，比上一年增长26.6%。原先专攻网络文学阅读的"中文在线"正在转型，挺进教育，涉足游戏，转型同时伴随利润较大幅度下降，2020年7月，与"字节跳动"初步达成战略合作意向，才使得其在资本市场的表现有所好转。阅文网实力较强，体量之大，作者有六七百万，在国内出版界独一无二。还有得到、吴晓波频道、喜马拉雅等，它们也已然成为与传统出版正面交锋的对手，都在抢夺用户的时间与注意力。在微博、微信公众号等自媒体兴起的时代，说得最多的是碎片化阅读。传统图书出版依然占据本源优势——体系化、深度化的内容，但面对新兴商业媒体与民营书业，国有出版企业的优势被快速侵蚀。用户通过新兴商业媒体，同样可以系统地学习到需要的知识，而且更便捷、更快速、更有效率。新兴商业媒体、民营书业，在上游抢夺人才，在下游争夺用户，形成上下围攻国有出版媒体的态势，竞争渐趋激烈。近年来，蜻蜓FM重磅推出全新的AI读书频道；百度、小米的AI形象首次化身电台主播发布音频内容。这些对国有出版媒体的发展形成了较大的压力。

数字出版从概念的诞生，到逐步发展壮大，年产值由2009年首次超过传统纸质出版的799.4亿元（其中游戏实际销售收入为262.8亿元，产值更高），增长至2017年的7071.93亿元（其中游戏实际销售收入为2036.1亿元，产值2209.7亿元）。从数值上看，数字出版高速增长，远远地将传统出版甩在身后。因此，传统出版很有必要进行转型，与数字出版融合，谋求自身的发展。

数字传媒市场一片"红海"，鏖战正酣，有的头部新媒体如快手等 2020 年上半年亏损 681 亿元（经调整净利润为 -63.48 元）。这是怎样的数字？2016 年之前国有出版企业全部码洋加起来每一年都达不到 681 亿元，国内图书零售市场的总规模最大的 2018 年在总码洋才 894 亿元。显见国有图书出版实力与新兴商业媒体实力之间的差距。

2018 年 1 月 12 日，"第十一届新闻出版业互联网发展大会"在北京召开，知识产权出版社、语文出版社、江苏凤凰报刊出版传媒有限公司从 2000 多家出版网站中脱颖而出，荣获年度"融合出版创新项目"，还有天健自助出版发行平台、河北省水利科学研究院、安徽养老金公共信息服务平台等同获殊荣。说明融合发展远不是原有新老媒体的事，有些公共平台及诸多非媒体行业单位自建的新媒体也做得很好，出版竞争市场范围已大大扩张，国有出版企业比以往更加需要通过数字化融合转型来应对出版生存危机与进一步发展的机遇。

现在的学术评价体系仍然比较传统，只认可在传统大报、学术期刊、出版社出版的作品，一旦这一认知改变了，专业出版就会被釜底抽薪。因为专业优势也不一定永久，有可能是暂时的，国有出版业一定要有足够的危机感，尽快推进自身的融合转型发展。

2. 响应技术驱动

快速迭代的数字化新技术在出版融合转型发展中占据非常重要的地位，它深刻影响着社会环境，不断改变着读者的阅读习惯，颠覆了传统出版的诸多观念和理念。

纵观古今中外，技术每前进一步，出版就跟上一步；技术发展越快，出版跟得越快。微博、微信、App 等传播工具的出现与进化，使得出版内部重新组合，也加速了出版内容生产、发行、服务等各方面的融合与转型，不断引领出版创新与发展。以数字化、数据化、智能化为标志的数字技术的不断升级，为出版的升级发展创造了越来越大的空间。国有出版企业有必要通过各方面的融合与转型，抓住技术进步提供的发展机遇，不断地在国内竞争中发展、壮大自己，在国际上崭露头角。

数字出版是高度依赖技术创新的行业，深度的融合转型有赖于数字技术的进一步发展。美国数字出版已有近 60 年的历史，已形成集内容提供、网络销售、硬件生产、技术服务及第三方服务于一体的完整的数字出版产业链。孙寿山早在 2014 年中国数字出版年会上指出："在欧美等发达国家，大型出版集团的数字出版已经占其总收入的 50% 以上。而中国传统出版企业目前做得最好的数字出版收入只能占到总收入的 15% 左右。"[1] 中国出版集团迄今仍有较大的差距,据此也说明中国出版集团尚有较大的发展空间。新兴的数字编纂、大数据、云计算、移动互联网、物联网、虚拟现实等融合出版技术的不断出现,正是传统出版发力改革,再次推进数字出版的重大契机。中国出版集团旗下的国有出版企业当积极借助这些最新技术,推进融合转型,在数字领域强有力的延续内容生产优势。

在出版领域的智能机器人应用层面,智能仓储机器人、智能教育机器人和智能销售机器人风生水起,不断推动"出版+人工智能"新模式、新业态的涌现和升级。[2]响应人工智能的发展,将其赋予有形之物,可成就出版融合的新物种,拓宽出版融合的新空间,是值得进一步尝试的。这里所说的"机器人",其智能程度有待较大程度的提高;另外还应以融合的思维,寻找、开发更多的适用场景,使相关智能驱动技术更多地落到实处,促进出版融合转型发展。

3. 响应国家政策

国家政策也在不断驱动着出版的升级,出版界有必要响应政府的指导及对产业环境的改善,有必要在融合转型发展上进一步有所作为取得实效。

中央高度重视传统媒体和新兴媒体的融合发展,有关部门作为重要工作加以部署,相关政策陆续出台。中央文件及国家出版管理部门相关文件给予明确的顶层指引,为出版融合发展提供了强大的政策支撑。

2006年,中共中央办公厅和国务院办公厅制定了《2006—2020年国家信息化发展战略》,明确指出,信息化是当今世界发展的大趋势,是推动经济社会变革的重要力量;大力推进信息化,是全面建设小康社会、构建社会主义和谐社会和建设创新型国家的迫切需要和必然选择。强调要顺应全球信息化发展的基本趋势,充分发挥信息化在促进国内经济、政治、文化、社会和军事等领域发展的重要作用;强调要以科学发展观为统领,以改革开放为动力,努力实现网络、应用、技术和产业的良性互动,促进网络融合,实现资源优化配置和信息共享;强调要以需求为主导,充分发挥市场机制配置资源的基础性作用,探索成本低、实效好的信息化发展模式;强调要以人为本,惠及全民,创造广大群众"用得上、用得起、用得好"的信息化发展环境;强调要把制度创新与技术创新放在同等重要的位置上,完善体制机制,推动原始创新,加强集成

---

[1] 转引自段鹏、孔令皓《出版业态融合与体制机制创新》,《现代出版》2017年第1期。

[2] 参见张新新《新闻出版业智能机器人的应用原理与场景分析》,《科技与出版》2018年第11期。

创新，增强引进消化吸收再创新能力等。同年，新闻出版总署提出数字出版领域的四大工程，即"数字版权保护技术研发工程""数字复合出版工程""国家知识资源数据库出版工程""中华字库工程"，次年被列入《国家"十一五"时期文化发展规划纲要》。2008年，新闻出版总署设立科技与数字出版司（2013年改名为数字出版司），从管理体制上推进数字出版业发展。

2010年，中央宣传部、中国人民银行和新闻出版总署等单位发布了《关于金融支持文化产业振兴和发展繁荣的指导意见》，要求各金融机构扩大对演艺娱乐、会展旅游、动漫游戏、数字产品、创意设计与图书、报刊、音像制品、电子出版物、网络出版物、电视电影等产品及服务的综合消费信贷投放。2013年，全国范围内首次举办了数字出版业务负责人调训；原国家新闻出版广电总局公布了"首批数字出版转型示范单位"100家。在转型过程中，政府主管部门给予大量的资金和政策支持，充分运用财政宏观调控的手段，体现了社会主义宏观调控集中力量办大事的原则，这是国外文化产业发展所没有的优势和机遇。

2014年4月，原国家新闻出版广电总局和财政部联合发布《关于推动新闻出版业数字化转型升级的指导意见》，提出以下主要目标：通过三年时间，支持一批新闻出版企业、实施一批转型升级项目，带动和加快新闻出版业整体转型升级步伐；基本完成优质、有效内容的高度聚合，盘活出版资源；再造数字出版流程、丰富产品表现形式，提升新闻出版企业的技术应用水平；实现行业信息数据共享，构建数字出版产业链，初步建立起一整套数字化内容生产、传播、服务的标准体系和规范；促进新闻出版业建立全新的服务模式，实现经营模式和服务方式的有效转变。提出四项主要任务：开展数字化转型升级标准化工作、提升数字化转型升级技术装备水平、加强数字出版人才队伍建设、探索数字化转型升级新模式。提出三项保障措施：加大财政扶持、充分利用新闻出版改革与发展项目库、加强组织实施。2014年8月，原国家新闻出版广电总局召开了专门会议，部署媒体融合发展工作。

2015年3月31日，原国家新闻出版广电总局和财政部颁布了《关于推动传统出版和新兴出版融合发展的指导意见》，文件要求：将传统出版的专业采编优势、内容资源优势延伸到新兴出版；借力商业网站的微博微信微店等渠道，不断扩大出版产品的用户规模，进一步扩大覆盖面；充分利用新一代网络的技术优势，加快发展移动阅读、在线教育、知识服务、按需印刷、电子商务等新业态；建立健全一种内容多种创意、一个创意多次开发、一次开发多种产品、一种产品多种形态、一次销售多条渠道、一次投入多次产出、一次产出多次增值的生产经营运行方式，激发出版融合发展的活力和创造力。文件声明：推动建立国家级出版内容发布投送平台、国家学术论文数字化发布平台、出版产品信息交换平台、国家数字出版服务云平台、版权在线交易平台；支持传统出版单位控股或参股互联网企业、科技企业，支持出版企业尤其是出版传媒集团跨地区、跨行业、跨媒体、跨所有制兼并重组。同年，原国家新闻出版广电总局又公布了"第二批数字出版转型示范单位" 170 家。"数字出版"曾于 2006 年、2016 年两次写进国家级五年发展规划，成为中国新闻出版业最具潜力、最有活力、增速最快的重要领域。2016 年，北京市数字编辑职称政策出台，由"数字新闻、数字出版、数字视听"和"内容、技术、运维"所构成的"三横三纵"职称体系正式确立；原国家新闻出版广电总局职称评审序列设立了"数字副编审""数字编审"职称；原国家新闻出版广电总局、财政部更新下发 2008 年由新闻出版总署、财政部下发的《国家出版基金资助项目管理办法》，明确国家出版基金积极支持图书、音像制品和电子出版物等出版项目，积极探索对传统出版行业与新兴出版融合发展等方面出版项目的资助；原国家新闻出版广电总局发布《全民阅读"十三五"时期发展规划》，指出："加快推进传统出版企业数字化转型升级，通过制订配套政策、专项资金资助、推介示范单位等多种方式，推动出版与科技融合发展。实施网络文艺精品创作和传播计划，加强网络文学出版传播的管理和引导，推出更多网络原创精品力作。加强数字出版内容投送平台建设和管理，改善数字出版内容消费服务方式，提升公众数字阅读消费满意度。深入探索读者阅读行为和阅读习惯的数字化转型，提供更便捷、人性化的数字化阅读技术服务，全面推进全民阅读的多媒体、多平台融合。"

2017 年，"数字出版千人培养计划"分别在武汉大学信息管理学院和北京印刷学院举办；中共中央办公厅、国务院办公厅印发《关于实施中华优秀传统文化传承发展工程的意见》；原国家新闻出版广电总局下发《关于开展 2017 年全民阅读工作的通知》；总局确定了 20 家出版融合发展重点实验室，可谓是贯彻中央关于推动媒体融合发展战略决策的重大举措。此后，随着一系列总局出版融合发展重点实验室揭牌，人民出版社两会视频书《2017 全国两会记者会实录》、商务印书馆《新华字典》App 等新产品的相继问世，《四大名著》《全民经典朗读范本》等出版物的持续热销，使出版业的融合发展逐渐迈入了新的阶段。

2018 年 2 月，财政部、中共中央宣传部印发了《中央文化企业公司制改制工作实施方案》的通知，要求中央文化企业实现公司制改制，仍然延续产业转型升级的顶层设计和实施路径，为出版业与其他产业进一步的融合创造了条件。

国有出版企业在项目资金、文化地产、上市融资等方面均获得了资金扶持，比如 2013—2015 年，新闻出版数字化转型升级项目累计安排 20.39 亿元，支持项目 301 个。书号的严格管控和限制发放是对国有出版媒体的强有力的保护，也为出版进一步融合发展奠定了较好的基础。新老出版大多还处于基本上各自为政的状态，但是各个阵营之间，因为有共同共通的因素，必定会发生越来越多的融合。融合转型发展反过来可以倒逼出版业改革，重构出版的机制体制、生产流程与组织管理模式等，促使出版更有效地利用各种生产要素、出版资源；可以改良出版场景营销，加强出版与数字技术的关系；可以推动科研教学、经济社会的发展，提升中国出版实力乃至国际出版地位。因而很有必要以时不我待的紧迫感，持续不断地推进出版融合转型发展。

传统出版不能局限于与数字出版融合，而要大大加以扩展，与整个新兴媒体融合，这是传统出版在互联网时代转型发展的必要手段，也是传统出版与新兴媒体的共同选择。在政界的倡导下，在政策的支持下，国有出版企业有必要将转型作为产业发展的手段，不断寻求融合思维下的有效发展路径，激发持续澎湃的发展动力。

（二）融合、转型适切性的语义分析

1. 基于"出版+转型""出版+融合"主题文章题录情感的比较分析

将相关数据导入中科院 NLPIR 大数据语义分析平台的搜索与挖掘共享软件，做情感比较分析，制成表 8-1、表 8-2、表 8-3、表 8-4。

表 8-1 中国知网出版类报纸"出版+转型"主题文章题录情感分析结果

时段	文章篇数	情感得分	正面得分	负面得分	负面得分所占比例
2009 年 12 月 31 日之前	39	4	5	-1	-20.00%
2010 年 1 月 1 日至 2014 年 12 月 31 日	149	41	44	-3	-6.82%
2015 年 1 月 1 日到 2019 年 12 月 31 日	147	52	56	-4	-7.14%
2019 年 12 月 31 日之前	335	97	105	-8	-7.62%

基于主要发表业界言论的报纸，针对出版转型进行的情感分析，结果令人感到有点意外，2009 年之前发文量较少，负面得分所占比例较高，其后随着发文量的增加，负面得分有了很大的下降，说明政界、业界经过思想转折，随着思索的全面拓开，对出版转型的价值与意义较快地达成正面共识与认同，担忧等的声音明显变小。

表8-2 中国知网出版类核心期刊、C刊"出版+转型"主题文章题录情感分析结果

时段	文章篇数	情感得分	正面得分	负面得分	负面得分所占比例
2009年12月31日之前	42	61	74	-13	-17.57%
2010年1月1日到2014年12月31日	211	461	545	-84	-15.41%
2015年1月1日到2019年12月31日	266	664	767	-103	-13.43%
2019年12月31日之前	519	1186	1386	-200	-14.43%

注：出版类、核心期刊、C刊三者皆由勾选的方法设定。

基于期刊，针对出版转型进行的情感分析，得出来的各时段结果相对比较稳定，总体上负面得分所占比例是逐渐减少，但减少幅度不大，说明学界、业界人士合起来的期刊言论对出版转型的看法比较具有一贯性，与业界前后有明显反差的情况产生了鲜明的对比。

表8-3 中国知网出版类报纸"出版+融合"主题文章题录情感分析结果

时段	文章篇数	情感得分	正面得分	负面得分	负面得分所占比例
2009年12月31日之前	3	0	0	0	—
2010年1月1日到2014年12月31日	60	3	3	0	—
2015年1月1日到2019年12月31日	198	22	23	-1	-4.35%
2019年12月31日之前	261	25	26	-1	-3.85%

可见主要发表业界言论的报纸对出版融合持有负面想法或表述的文章很少。看来，各时段正面得分占比与媒融相比高一点，可参见第四章二之（六）。说明各界对出版融合的担忧等少于媒融。

表8-4　中国知网出版类核心期刊、C刊"出版+融合"主题文章题录情感分析

时段	文章篇数	情感得分	正面得分	负面得分	负面得分所占比例
2009年12月31日之前	12	0	0	0	—
2010年1月1日到2014年12月31日	79	10	10	0	—
2015年1月1日到2019年12月31日	362	655.5	746.5	-91	-12.19%
2019年12月31日之前	453	665.5	756.5	-91	-12.03%

注：出版类、核心期刊、C刊三者皆由勾选的方法设定。

期刊上谈出版转型与融合出版的文章明显要多于报纸，业界与学界人士在期刊上有较多的汇聚。

可与基于ROST CM6的分析结果相佐证（见表8-5、表8-6）。

表8-5　15种C刊、13家报纸"出版+融合"主题文章篇名三界情绪状况

三界情感分析结果	积极情绪		中性情绪		消极情绪	
政界	71篇	68.27%	31篇	29.81%	2篇	1.92%
业界	507篇	44.28%	596篇	52.05%	42篇	3.67%
学界	167篇	42.07%	218篇	54.91%	12篇	3.02%

在出版融合的情绪上，学界、业界比较接近，业界的积极情绪、消极情绪占比学界多一些，中性情绪占比则稍少于学界；总体表示担忧的情绪都较少，表示否定意见的没有。政界则显得十分乐观，作为倡导者，自然需要持有更积极、更乐观的态度。这也说明，政界在出版融合方面有较多推动的意愿。

表8-6　15种C刊、13家报纸"出版+转型"主题文章篇名三界情绪状况

三界情感分析结果	积极情绪		中性情绪		消极情绪	
政界	40篇	44.94%	48篇	53.93%	1篇	1.12%
业界	476篇	39.02%	682篇	55.90%	62篇	5.08%
学界	148篇	41.93%	191篇	54.11%	14篇	3.97%

出版融合与媒融一样，政界积极程度明显超过版转。出版融合、出版转型担忧等消极情绪少，媒融担忧等消极情绪也少，但相对前两者而言占比高一点。政界出版转型中性情绪反而比积极情绪多约 10 个百分点，说明政界于出版转型没有很大的偏向与强调，各界也都是中性情绪占比较大的比例，总体都认为好处很多很有利，但相对于出版融合、媒融，又呈现出比较平和的态度。媒融的情感分析结果，可详见第四章。

总体而言，各界的情感较为有力地说明了出版融合、出版转型的适切性。

2. 基于"出版+融合""出版+转型"主题文章题录云图的比较分析

因篇幅及印刷清晰度所限，仅展现基于相应共现矩阵、通过 UCINET 等软件制作的 2010—2014 年的相关云图（即前述的语义网络图，如图 8-1、图 8-2 所示）。

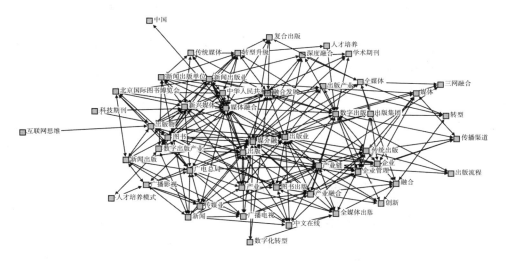

图 8-1　基于 2010—2014 年 15 种 C 刊"出版+融合"主题文章题录所制云图

云图密度从 2019 年之前的 0.1012、2010—2014 年的 0.3069，发展到 2015—2019 年的 0.6024，说明出版融合的言论涉及的方面越来越多，彼此的关系越来越密切，说明出版融合是大家不断增强的共识，也说明政界领导提倡出版融合因势利导的特点与适切性。还可就每个高频关键词的密度、中心度、接近中心度、中心中间度做细化分析，下同，不再赘述。

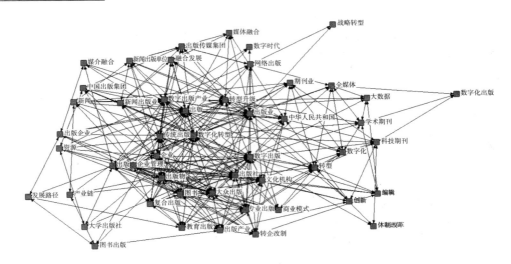

图8-2 基于2010—2014年15种C刊"出版+转型"主题文章题录所制云图

云图密度从2019年之前的0.1992、2010—2014年的0.4620,发展到2015—2019年的0.3910,虽然到第三时段因媒融、出版融合吸引较多关注而有些下降,但总体上出版转型的言论涉及的方面也是越来越多,彼此的关系也越来越密切。说明出版转型也是众心所向、大势所趋。

整合出版与融合出版是数字出版发展到一定阶段自然而然就要出现的两种类型,具有必然性与适切性。

(三) 转型、融合言论的数量与分期

1. "出版+融合"言论数量与分期

在中国知网中检索文献、学术期刊或报纸。检索时间范围:2020年之前。学科范围:新闻与传媒,出版。本章下同。

(1) 以"出版+融合"为主题,中文文献总数5385篇。发文量趋势如图8-3所示。

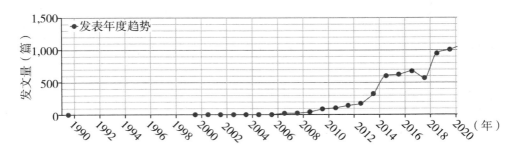

图8-3 以"出版+融合"为主题,中文文献发文量趋势

(2) 以"出版+融合"为主题，学术期刊文章总数4043篇。发文量趋势如图8-4所示。

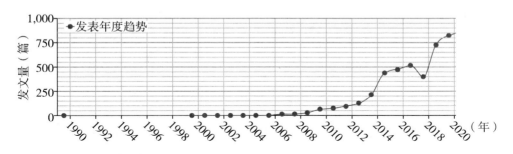

图8-4 以"出版+融合"为主题，学术期刊发文量趋势

(3) 以"出版+融合"为主题，报纸文章总数1274篇。发文量趋势如图8-5所示。

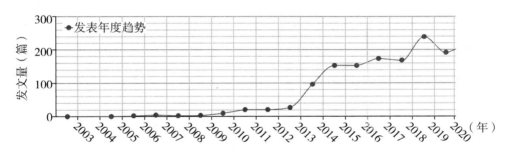

图8-5 以"出版+融合"为主题，报纸发文量趋势

可见与媒融发文基本同节奏，因而分期完全一致。

2．"出版+转型"言论分期与数量

(1) 以"出版+转型"为主题，中文文献总数4807篇。发文量趋势如图8-6所示。

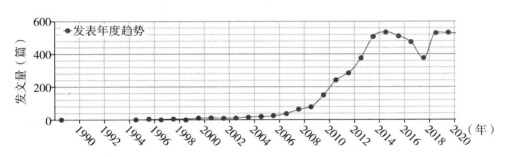

图8-6 以"出版+转型"为主题，中文文献发文量趋势

231

(2) 以"出版+转型"为主题,学术期刊文章总数3473篇。发文量趋势如图8-7所示。

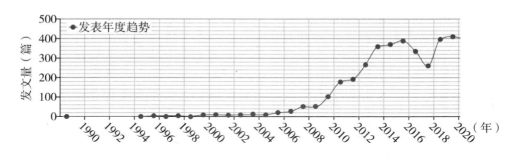

图8-7 以"出版+转型"为主题,学术期刊发文量趋势

就以上两图来看,出版转型也可分成与媒融相仿的三个时段,第二时段可从2008年算起,第三时段明显应从2013年起算,因为该年的发文量跃上了一个新的箱体。

(3) 以"出版+转型"为主题,报纸文章总数989篇。发文量趋势如图8-8所示。

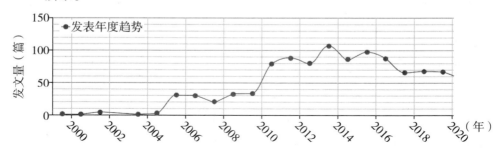

图8-8 以"出版+转型"为主题,报纸发文量趋势

报纸上发表的转型文章比期刊少得多,分期主要看前面两图。2007年之前为第一期,起步阶段;2008—2012年为第二期,提升阶段;2013—2019为第三期,兴盛阶段。

本书将出版转型与媒融、出版融合做比较时,采用与后两者相同的分期,只是为了方便比较,特此说明。

(四)国有出版企业融合转型有成效,但不够显著

出版方面,不管是报社、期刊社还是出版社,自数字时代来临之后,都逐渐在业务中运用数字出版技术,自觉跟踪技术发展,按照政策指导从战略上推进数字化转型,在内容、经营、渠道、平台、管理、组织、技术等方面逐渐增加数字新媒体的要素,进行融合转型,数字化融合出版的势头也是越来越大,虽然成效不够显著,但也在较大程度上倒推体制机制的转型,并随数字技术更新,促进了企业数字出版、发行、经营能力的提升,优化了组织与管理,改善了业态与生态,建立了一批出版产业基地与融合实验室,有力推动了出版事业的发展。上述媒融在体制机制等方面的不足在出版融合转型中同样存在,下文大多只是简要地谈一下出版融合转型方面的特别情况或只从出版角度谈一些基本情况,不再一一赘述。

1. 体制机制转型方面

1978年,党的十一届三中全会提出了经济体制改革的任务,作为传媒的一员,20世纪80年代初,出版业开始将事业性质的出版社作为企业来管理,在书荒年代,这大大激发了出版社在内容制作与经营等方面的活力。90年代,出版社为了摆脱事业单位企业管理在经营中出现的问题,进行了一系列改革,在领导体制上实行社长负责制,在内部运行机制上强化岗位责任制,同时向优秀人才倾斜,进行人事、收入分配、社会保障三项制度改革,逐步从计划经济经营管理模式转向市场经济经营管理模式,为出版社建立现代企业制度奠定了一定的基础。

国内出版业从1999年开始,逐步成立出版集团,1999年挂牌成立的上海世纪出版集团、广东出版集团、北京出版集团以及2000年成立的辽宁出版集团、山东出版集团等,是中国最早成立的一批出版集团。

从2008年开始,新闻出版总署就启动了全国出版社转企改制工作,截至2010年底,除人民出版社、盲文出版社、藏学出版社、民族出版社定位为公益性文化单位继续保持事业身份外,其他所有出版发行机构包括高校出版社悉数完成转企改制工作。转企改制进一步激发了出版社的活力,但由于文化产业的特殊属性,改制后企业的人事管理权仍保留在上级主管部门,事业、企业属性相随,终难分开,必须兼顾企业发展与事业内核。

国有出版企业大多在管理体制机制等方面做了努力,但进步不明显,甚至个别有退步的情形,比如扁平化程度远远不够,总体上反而比20世纪管得更加严格细密,而且有的企业的管理部门过度借助数字化通道,将越来越多原由本部门专人统一或集中办理的专项事务或其中的部分工作推给一线员工。2020年1月8日,习近平总书记在"不忘初心、牢记使命"主题教育总结大会上强调:"建立制度,不能大而全也不能小而碎,不能'牛栏关猫'也不能过于繁琐。"[1] 需要各级各类行政管理部门仔细领会其中的精神,在管理中做好服务

---

[1] 习近平系列重要讲话数据库,http://jhsjk.people.cn/article/31540260。

工作，为一线员工减负。

国有出版企业在用人的体制机制上大都实施了培育、引进、激励人才的方法，比如中文传媒在新媒体、新业态公司探索实行员工持股制度；中南传媒抓机制创新，构建新的评价体系与激励机制，在混合所有制企业和新创企业中推进员工持股试点；凤凰出版传媒集团在收购控股的部分新业态企业中，对骨干员工进行股权激励；长江传媒加大"市场化"用人的选聘力度，实行干部分类管理，推行职业经理人制度。但总体上来看，国有出版企业大多还没有达到员工自驱动的层次。

原国家新闻出版广电总局、工业和信息化部于 2016 年 2 月公布的《网络出版服务管理规定》的第十条规定："中外合资经营、中外合作经营和外资经营的单位不得从事网络出版服务。"紧接着在同一条规定中给予中外网络出版融合一定的空间与余地："网络出版服务单位与境内中外合资经营、中外合作经营、外资经营企业或境外组织及个人进行网络出版服务业务的项目合作，应当事前报国家新闻出版广电总局审批。"

2. 内容融合转型方面

国有出版内容融合的方式多种多样，从比较传统到比较新潮，几无缺位，只是新潮做法的比重还不够大。在媒融背景下，出版产业业务链多对应内容策划、创作到线上平台宣传、发布，线下渠道发行、销售等到 IP 增值开发等环节。多媒体内容融合、纸质图书内容与多项数字内容的链接司空见惯，在增加新的呈现方式的同时，合作方在各自内容上的互补相融也常有发生。如诸多的书影联动中，图书出版企业与影视公司的合作，就不乏内容进一步策划、改编上的协同与互补。

融合巨量内容的数据库建设成为国内各大专业出版企业融合发展的重点。比如社科文献出版社，汇聚中国社科院丰厚的学术资源，开发、推出了皮书数据库、京津冀协同发展数据库、中国减贫数据库等十几个数据库产品，且快速构建了提供即时知识服务的热点专题库，实现了面向不同用户需求的专题内容的按需定制。人民出版社依托其长期积累的政治理论研究资源，特制了"中国共产党思想理论数据库""党员小书包 App"等，为广大党员提供权威、丰富的相关图书和理论文章，为各级党建工作提供全面的解决方案。

Web 1.0 时代，传统出版社开始创建官方网站，有效地实现了纸质出版物和网络产品的内容融合；Web 2.0 时代，出版社的新媒体出版开始与博客等自媒体及受众进行互动，有效地实现了内容的进一步融合；Web 3.0 时代，出版社基于精准出版与传播的要求，开始更多地运营数据库，进行垂直领域的内容融合，向用户提供知识服务，比如中华书局推出的"中华古籍经典数据库"、商务印书馆推出的工具书在线等。

近年来，有声图书出版在国内外都比较热，风生水起。国有出版企业在这方面不该缺席或落后，因为国有出版企业的图书内容资源十分丰富，有声书制作的三大环节：格式清理极简化、人机协作审校把关、TTS（Text to Speech），前两个环节是国有出版企业的强项，而最后一个环节虽涉及语音合成技术、文本转语音的技术等，但并没有很高的技术门槛。国有出版企业只需与美国的纽昂斯通讯公司或国内的科大讯飞股份有限公司合作，将其语音技术作为底层技术，设计、建立云上的长文本转语音的合成平台，即可制作有声图书，在内容融合转型方面可布下一大方阵。

3. 经营融合方面

国有出版企业，正努力适应融合发展新需求，重构或再造出版组织体系，推动传统出版生产模式变革及与新兴出版的经营融合，形成内容多创意、产品多形态、营销多渠道、服务多场景交互、投入多元增值的新模式。今后应进一步以用户需求为中心，来开展有序的经营。

出版上市企业，较多选择向外并购，投资、兼并、收购民营新媒体公司，扩大经营范围，如中文传媒并购智明星通，凤凰传媒投资杭州凤侠网络、凤凰传奇影业。也有与技术公司合作成立公司的，如中南传媒携手华为成立天闻数媒。

国有出版企业与其他传媒公司等在业务经营上进行了合作、合并，2015年，中国民间最大的传统诗词交流互动平台"中华诗词网"正式转让给中国出版集团，集团公司依托其丰厚的出版资源和专家资源，加以先进的移动互联技术对"中华诗词网"及其相应平台进行升级改版，以大众国学传播为核心，创建新兴媒体及衍生产品的产业链，创新了商业模式，实现了经营融合。[①] 至2017年，清华大学出版社已陆续将电子书产品与亚马逊、掌阅、京东、咪咕等合作，将音频产品与喜马拉雅、懒人听书、天津广播电视台、上海童锐网络科技有限公司、拓维信息系统股份有限公司等公司合作，视频课程类产品的合作伙伴包括一起作业网、咪咕、网易云课堂、淘宝教育等，每年线上渠道收入数千万元。[②]

国有出版企业经营融合的空间，尚需用进一步的体制机制融合来打开。经营融合中出版与金融的融合，是近几年国有出版企业的业务活跃点，不少传媒上市公司单独或与别的公司合作，成立产业投资基金，进行资本运作与业务经

---

① 参见黄宗亮《我国传统出版业媒体融合发展的路径探究》，《科技传播》2015年第15期。

② 参见庄红权、温蕴辉《以内容为体，以技术创新和体制创新为翼——清华大学出版社出版融合初探》，《出版广角》2018年第1期。

营范围的拓展。

4. 渠道融合方面

引导用户自传播,在数据分析基础上把握用户需求并优化其体验在渠道扩展中具有重要的作用。三微一端及其他自建的融媒体平台、商业新媒体平台等现在是新业态的重要发布渠道,是掌握用户数据及需求的服务渠道,也是公共生活资讯的获取渠道。

国有的中文传媒、凤凰传媒、中南传媒和长江传媒都曾与亚马逊、当当、京东等电商平台合作,探索O2O营销渠道。这类渠道将内容产品逐步向用户进行精准、定向传播。国内已有相当数量的出版企业逐渐意识到营销渠道品牌背书及跨界运营的重要性,通过全版权运营、跨界经营等方式延长产业链,盘活IP资源,进而由图书出版辐射整个内容产业或其他产业。

新兴商业互联网龙头公司基于技术优势,建立了优质的电商等一站式服务平台,国有出版企业自建的大多只是单向传播内容的渠道,与新兴媒体那种既有内容又有服务且依托平台的渠道相比,竞争力低得多,销售能力很有局限。新华文轩通过自建的"文轩网""九月网"为核心的互联网销售平台和智慧教育平台,在互联网中积极布局渠道建设。但2017年销量火爆的《微微一笑很倾城》一书在自建平台文轩网上的销售效果和人气与当当、京东、淘宝等互联网电商平台文轩旗舰店相比有较大的差距(见表8-7)。

表8-7 《微微一笑很倾城》在部分电商平台的售价与评论量对比[①]

网络销售及反馈	文轩网	当当网-文轩网旗舰店	京东网-文轩网旗舰店	淘宝网-新华文轩网络书店
销售价格(元)	21.5	11.9	16.4	20.9
评论数量(条)	4	481	551	5879

在种种内外条件的束缚下,国有出版企业尚无法实施亚马逊般的一体化出版平台运营模式,借船出海成为在渠道方面的一种现实选择。众多出版社特别是文艺类、少儿类出版社依托微博、微信、豆瓣等社交平台为图书销售导流,依托当当、京东、淘宝等电商平台运营线上书店,依托书香中国、多看阅读、哪吒看书等互联网交互阅读平台分发数字内容。今后当更好地运用微博、微信等,采取以场景开发推动移动终端融合等有效的融合举措,为图书营销造势。

民营书商果麦文化传媒有限公司通过TO C渠道即自己或作者直接与用户

[①] 谢珺:《国内传统出版业的平台化转型研究》,载《编辑之友》2018年第2期。

对接交互的新媒体渠道进行融合营销,取得了很大的战果。2020年该公司就《蛤蟆先生去看心理医生》一书,采用顺势逐步升级的策略进行营销:公司微博账号及小红书账号等先行试探,员工小嘉抖音账号"小嘉啊"9月14日的强力提振及其后覆盖5000万用户的新媒体矩阵中同调性媒体账号的"门户大开",再由当当等各图书电商平台发力,创造了该书日销从8月6日第1天上市14册猛增至第88天2000册的佳绩。至2021年3月31日,该书日销量已达3000册,累积印数已突破100万册,而该书以前由两家国内出版社相继获得英国授权后出版,合计销售不超过1万册。该公司还有一本书叫《长大了就会变好吗》,库存2万多册,已经两年多,一直处于滞销状态。随着《蛤蟆先生去看心理医生》一书的热销,2020年11月19日,在抖音账号"小嘉啊"的直播空间中,小嘉为《长大了就会变好吗》做了5分钟的带货视频,结果当天晚上就销售了56055册,不仅库存售罄,还要加印3万多册。这件事情带给果麦领导层的震撼远远超过前一件事情。① 这种升维进化、依靠短视频直接触达用户、简化变现步骤、变传统的迟缓的理性购买行为为粉丝的闪电行动、立竿见影获得销售佳绩的经历值得国有出版企业借鉴;同时需要注意的是,在这两件事情上,短视频营销是起了很大作用的,但与小嘉个人吸引粉丝的能力、果麦原有的品牌影响力、新媒体矩阵大量粉丝的积累以及十分理性、精明的营销实战策略等也有很大的关系。切不可再持单向、单线的思维方式,而要基于多头绪、全要素进行思维,最大限度地使相关观念与看法符合实际情况。

5. 平台融合方面

相对于渠道而言,平台是一个高阶的概念。渠道是平台的一种基础功能,成熟的平台可以拥有一至多个渠道;需通过渠道分发,使平台价值得以延伸。平台融合是基于平台的渠道融合和其他融合的一种综合。

有部分国有媒体在平台融合上取得了一些成效,但成效仍不算大。中文传媒、凤凰传媒、中南传媒和长江传媒等国有出版企业打造的平台是影视、动漫、游戏等新业务、新业态的外延发布平台与销售渠道。中国移动建立了数字阅读基地,中国电信建立了天翼阅读基地,中国联通建立了沃阅读平台。中国出版集团牵头建设了大佳阅读,凤凰传媒集团建立了凤凰学习网,中国建筑工业出版社建成了中国建筑全媒体资源库与专业信息服务平台。还有安徽的时光流影、知识产权出版社的来出书平台、上海学林出版社人文社科学术著作自出版平台、中信出版集团的中信书院。2017年,清华大学出版社以智学苑产品为核心,启动云资源中心和在线习题库平台建设,多元化利用100余门课程资

---

① 参见瞿洪斌演讲词《互联网赋能:传统出版业的破冰之路》,2021中国民营书业大会,2021年3月31日召开。

源。清华大学出版社"书问"平台的导购和试读功能与北发网、蔚蓝网、云书网、中国图书网、京东、当当等多个电商网站和出版社平台合作,短阅读服务与包括今日头条、腾讯网、网易云阅读、搜狐读书、和讯读书、京东阅读、中国图书网、当当、ZAKER、UC 头条等众多互联网媒体平台合作。[①] 至 2017 年 12 月,浙江出版集团的"BookDNA"出版服务平台已入驻作者和内容商 500 余家,包括一线作者、图书出版社、期刊出版社、图书工作室及国内外版权代理机构;出版作品 3900 余种,部分作品还在全球 51 个国家销售,作品累计购买量达 3165 万余次,并处于逐年上升的趋势。该平台荣获由浙江省新闻出版广电局颁发的 2017 年浙江省数字出版网络视听新媒体创新大赛"行业创新二等奖"、小米阅读颁发的"战略合作伙伴奖"、亚马逊 Kindle 中国颁发的"Kindle 先锋奖"及美国 OverDrive 颁发的"蓝天奖"。[②] 凤凰传媒"凤凰学易"快速发展,2018 年,"凤凰学易"营业收入 12765 万元,同比增长 35.98%,净利润 1244 万元。同年,中文传媒持续推进"新华云""向学云"等在线教育平台,同时持续推进"电商标配工程",旗下全资图书出版社全年电商销售码洋达 11 亿元,同比增长 26.43%。至 2019 年,中国出版以数据化为抓手,推动融合发展,旗下的商务工具书云平台已集聚了 1196 万用户,其中付费用户 14 万,并推出了 2 个权威字典 App;中国科传积极布局数字化转型,通过打造 SciEngine 平台,积极向知识服务商转型,成功开发上线了"科学文库""科学智库""中国生物志库""中科云教育平台""爱一课互动教学平台""状元共享课堂""中科医库""康复医学云平台"等一系列数字业务产品或知识服务平台;中南传媒聚焦融合发展,通过整合公司旗下数字教育资源打造产品集群,形成了以 ECO 云开放平台为基础,以 AiClass 云课堂、AiSchool 智慧校园、AiCloud 教育云、校比邻 App、ECR 资源云平台等为核心应用的"智慧教育生态树"业态布局。[③]

  依托既有资源自建平台的模式更适用于当前初具市场领先优势的国有优秀出版社及出版集团,或在特定图书市场占据有较多份额的国有出版社。自建出版平台不仅有望有效盘活内容资源,通过不同产品线品牌强化竞争力和市场份额,还有望通过平台主导掌控产业主动权,即使最终与产业和市场规模更加庞

---

  ① 参见庄红权、温蕴辉《以内容为体,以技术创新和体制创新为翼——清华大学出版社出版融合初探》,《出版广角》2018 年第 1 期。
  ② 参见邵凯《从融合出版视角探析跨媒体出版运营策略——以浙版数媒"BookDNA"出版服务平台为例》,《传播与版权》2018 年第 11 期。
  ③ 参见郭全中《我国出版业融合发展新进展——以出版类上市公司为例》,《出版广角》2019 年第 16 期。

大的商业互联网平台正面交锋，也有望具有可观的博弈和协商议价能力。

中信出版社在共享出版平台建设方面具有一定的知名度与代表性。2020年1月7日，中信出版社与《出版人》杂志社联合发布"共享出版平台计划"，开始以"品牌+资金+平台"模式，推动多方在品牌赋能、出版资源、渠道服务、资金支持等方面开展合作。但据中信出版集团股份有限公司2021年3月发布《2020年年度报告》统计数据显示，只有11家机构与策划人签订了"共享出版平台计划"合作协议，签约选题仅32个，出版新书仅15种。[①]

6. 管理融合方面

管理融合是内容融合、经营融合、渠道融合、平台融合的基础，需要管理体制机制上生机与鲜活空间的绽放。管理体制机制的融合是管理融合的重点，也是难点，只能先易后难，稳步推进。

出版集团合而未融的情形比较普遍，较难优化。浙江出版集团曾联合8家图书出版社通过应用统一的全流程信息化管理平台，科学规范和重组了业务数据流，整合了人、财、物和信息流管理，实现了数据、流程和业务等企业资源的一体化管理[②]，在推进出版集团下属单位之间管理融合的过程中作了有益的尝试。

出版企业各有自身的业务特点，可凭借数字技术加强管理融合，研发、建立出版融合经营管理系统。以应收应付制的会计审计准则为基础，以合同为主线，对合作条款、发稿、开票、回款等进行线上审批和管理，完善工作流程，提速增效。

7. 组织融合方面

组织层级过多，沟通效率低，沟通效果差；组织层级间边界僵化，缺乏弹性；部门边界过于森严，不利于复合型人才的培养——这些传统组织的管理问题也阻碍了国有出版企业的融合转型，为适应外部的生存环境，匹配组织战略的转型、业务活动的繁杂，国有出版企业需要进行组织结构的变革，并在变革中进行有效的组织内部冲突管理。国有出版企业应动态地发挥公司业务、战略与外部环境相适应的功能与能力，通过股权收购等，向网络组织结构与联盟组织结构转变，提升媒介业务拓展所需的组织弹性与战略弹性，增强媒融范围与效果。

2014年，江西出版集团属下的中文传媒以26.6亿元收购智明星通游戏公

[①] 参见中信出版集团股份有限公司《2020年年度报告》，https://press.citic/Uploads/File/2021/03/23/2020年年度报告全文.20210323191040.pdf.

[②] 参见耿丽萍《开放合作，抓住机遇：实现传统出版在移动互联时代的转型升级——专访浙江出版联合集团董事长、总裁童健》，《出版广角》2010年第4期。

司，启动数字出版运营中心，大力推进电商业务，新业态高速发展。2018 年，智明星通实现销售收入 31.21 亿元，合并净利润 7.38 亿元，保持平稳增长；在全国中小企业股份转让系统正式挂牌，为后续实施股权激励、引进战略投资者等战略举措夯实了基础。① 2014 年，江苏凤凰出版传媒集团斥资 8500 万美元收购美国童书生产商 PIL（公司核心业务儿童电子/有声书类别为其最大的产品类别）。② 2015 年，凤凰出版全资子公司江苏凤凰数字传媒有限公司以 3896.59 万元收购了学科网。③ 2016 年，清华大学出版社成立融合出版工作委员会，由社长任主任委员、副社长主管，由此从组织结构设置上推动了数字化融合转型工作；融合出版工作委员会下属电子音像与数字出版分社、书问（北京）信息技术有限公司、北京兆泰源信息技术有限公司，员工共计 120 余人，还成立了融合出版实验室，对前沿数字出版技术进行跟踪、评估和引入。④

8. 出版与技术融合方面

从 20 世纪 90 年代初开始，数字技术开始转变图书出版的流程，其自身也在不断更新，对出版的影响越来越广，越来越深远。2018 年 10 月第七届山东文博会期间，山东教育出版社的展位上，动画视频书《不一样的数学故事》吸引了大批家长和孩子的关注。拿起手机扫一扫纸质书上带有"AR"标识的图片，即可观看动画片、上数学课。山东教育出版社展示的"小荷听书"有声出版阅读平台，也吸引了众多观众的目光。"小荷听书"以微信公众号为主要发布端，策划、研发、发布丰富的有声读物精品，目前平台内容包括"文学佳作""唐诗宋词""家庭教育"等 18 个板块，产品类型有音频读物、动画片、专家讲座等，实现了阅读、听读、视读的全阅读体验。⑤ 这方面，国有出版做了不少努力，但仍缺乏具有影响力的新潮案例。

由于国有出版企业对新兴技术的演变规律了解不够，造成出版与技术融合的一些困境。新兴技术往往要经历从萌芽期到期望膨胀期的顶点，然后回落至低谷期，再经过诸多问题的解决进化到稳步的爬升期，最后进入生产的成熟期等各个发展阶段。技术厂商在每个阶段都会寻求与出版业界的合作以获取收

---

① 参见郭全中《我国出版业融合发展新进展——以出版类上市公司为例》，《出版广角》2019 年第 16 期。

② 参见《行业新闻：凤凰传媒收购美国童书生产商》，《中国报业》2014 年第 1 期。

③ 参见张毅、邱子昊《媒介融合背景下出版业的互联网思维》，《河北民族师范学院学报》2020 年第 4 期。

④ 参见庄红权、温蕴辉《以内容为体，以技术创新和体制创新为翼——清华大学出版社出版融合初探》，《出版广角》2018 年第 1 期。

⑤ 参见赵琳、赵君《书还可以这么"读"》，《大众日报》2018 年 10 月 15 日第 2 版。

益，那么对出版企业来讲，就要清楚某项技术所处的发展阶段，掌握好与技术融合的时机，一般而言，作为合作前考量的方面，不要像以前那样过早地介入合作，要等待技术的成熟、价格的下降，还要看对方科技主导型企业是否由单点技术突破，走向系统性的创新。这方面，诸多出版企业是付出过代价的。然而，重要的是出版企业应通过思考与反省让付出的代价变成学费，令自身有所提高。

9. 多业态融合、生态融合方面

国有出版企业在多业态、多生态融合方面也有一些动作，值得继续开拓、努力。

2018年10月第七届山东文博会期间，在青岛展区，青岛出版集团的"云冈石窟全媒体展示项目""美食书店项目"人气火爆。青岛出版集团践行"书＋ALL"，已在北京、昆明、长沙、济南、青岛等地开设多家"书＋文创＋美食＋3C＋艺术＋美妆＋金融＋房地产"的实体店，主要合作伙伴包括房地产、零售商、商场、金融机构。①

安徽的时代出版传媒，不仅实现了传统的电子音像出版社的成功转型，打造了"时光流影"互动社交自出版平台，还把信息服务纳入出版范畴，推出了为学校、医院、国家机关提供信息服务的出版产品。

国有出版企业可对标优秀民营新兴出版企业，打造适合新媒体、新技术产业发展的融合生态体系，并进而根据发展需要，基于适切性和必要性的考虑，与外部的其他生态体系有所融合。

10. 出版产业基地与融合实验室建设方面

截至2016年，全国经总局（原新闻出版总署）批准建设的新闻出版产业基地（园区）共有30家，包括数字出版类基地14家、印刷包装类基地6家、音乐类基地4家、动漫游戏类基地3家、出版创意类基地2家、出版装备类基地1家，分布在18个省市。营业收入超过百亿元的有7家，资产总额过百亿的有11家，利润总额超过20亿的有5家。北京、上海、江苏、广东、成都、青岛等地，不断通过优化基础设施建设、搭建服务平台、开通绿色通道、简化审批手续等多种手段为入驻出版产业基地的企业提供全方位服务和支撑，充分发挥科技、金融、旅游和制造等优势，深入推进新闻出版与相关产业融合，形成了"新闻出版＋科技""新闻出版＋金融""新闻出版＋旅游""新闻出版＋制造""新闻出版＋贸易"等产业发展新模式、新业态。②

---

① 参见赵琳、赵君《书还可以这么"读"》，《大众日报》2018年10月15日第2版。
② 参见穆宏志《新闻出版产业基地（园区）成创新驱动战略平台》，《中国出版传媒商报》2017年11月21日第1版。

新闻出版产业基地（园区）尚需改进管理模式，当由企业、产业专家、政府机构组成第三方机构来负责管理，建立完善的准入、退出机制，不断聚合产业链内不同企业的资源优势，解决基地（园区）入驻企业过度依赖政策扶持，市场化运作经验不足，龙头企业较少等问题。

2016年12月，原国家新闻出版广电总局公布了20家出版融合发展重点实验室的名单。批准成立此类实验室的目的在于探索和推动传统出版和新兴媒体的多方面融合，加快成果转化，提高生产力。2017年，各地以出版传媒单位为依托，以在新闻出版领域有一定实践经验和成果积累的知名科研机构为共建单位的12家出版融合发展重点实验室陆续揭牌，包括中国出版集团公司出版融合发展重点实验室、出版融合发展（武汉）重点实验室、出版融合发展（华中师大）重点实验室等。其中，咪咕数媒重点实验室施行"纸书出版、电子出版、有声出版、视频出版、衍生出版"五位一体全媒体出版模式，走在行业前列。国家出版融合发展（辽宁）重点实验室尝试"一个内容、多种创意，一个创意、多次开发，一次开发、多个产品，一个产品、多种形态"，由融媒体内容制作中心、泛娱乐文创中心、鼎籍学堂大教育中心发力，分别做数据库开发、IP化运营和数字化在线教育。国家出版融合发展（人教社）重点实验室以出版国内主流教材的人民教育出版社为依托单位，开发了课堂教学系统"人教数字校园"，该数字化教学系统全学科、全学段同步纸质人教版教材，可帮助教师缩减备课时间，提高工作效率，提升教学效果；还开发了依托人民教育出版社和人民教育电子音像出版社出版资源的"人教视易听""掌中汉语""人教点读""人教口语""人教日本语"等多个App，构建了一种信息化教学新常态。国家出版融合发展（郑州）重点实验室依托大象出版社，围绕数字出版与智慧教育打造了ADP5（Advanced Digital Publishing in HTML5）融合发展平台，为社内编辑提供数字工具和管理系统，用于生产和发布融媒数字产品和教育应用服务；同时为教育机构和学校提供教学、教研所需的数字内容，集成了大象数字资源的教育应用服务，比如平台中的应用业务"大象满分云"为师生、校长及教育部门其他工作者提供试卷定制、分数查询、大数据分析以及根据结果提出教研建议等服务。原国家新闻出版广电总局出版融合发展（武汉）重点实验室共建单位DCG数传集团自主研发了出版融合解决方案——RAYS系统。该系统以纸书为基础，自建内容平台，创造了一个出版企业、作者、编辑、读者良性循环的交互协作的生态链，开创了颇具特色的运营模式，为推动出版行业融合发展做出了一份贡献。基于此系统制作的"现代纸书"迎合移动互联网时代的内容生产要求，印有二维码，链接线上衍生内容资源与服务，是具有"交互"功能的纸质出版物。在阅读的过程中，读者可通过扫码免费享用部分衍生内容资源与服务，也可进而付费享用深度阅读内容及其他增值服务；同时，系统可在读者扫码后即时抓取读者数据、分析读者喜好，帮助出版企业持续为读者提供精准的知识与个性化的服务，促成新的消费模式。2017年开始，依托RAYS系统，DCG数传集团面向国内学术期刊行业打造OSID（Open Science Identity）开放科学计划，连接期刊、作者与读者，实现学术交流的线上延展，帮助期刊社在提升影响力的同时，促进科研诚信建设。全国已有几百家期刊社加入该计划中。截至2018年初，全国已有5.33亿册图书搭载RAYS系统成功实现变身，为出版行业创造了近3亿元额外增收，全国近2万名编辑参与纸书线上内容生产。[①] 截至2018年底，DCG数传集团已服务于全国200多家出版社，累计改造书报刊20亿册，增值纸书12亿册。[②] 2017年数博会上，国家出版融合发展（外研社）重点实验室展位上的一只小猫头鹰阅读机器人吸引参观者纷纷驻足，这个机器人是国际汉语出版中心"七色龙"跨媒介汉语学习解决方案中的产品之一。2018年6月，合肥市第八中学VR实验室揭牌，成为安徽省内规模最大、首家31人联机交互的VR实验室。该实验室由国家出版融合发展（时代出版）重点实验室提供整体解决方案，武汉和思易提供VR软件教学资源，由合肥八中提供场地、师资及教学应用示范。2019年，浙江出版联合集团与（武汉）重点实验室共建单位DCG数传集团签约成立"融合出版工作室"；同时发布"融合出版工作室"项目说明，旨在帮助更多的出版企业提升知识服务水平，推动出版融合工作迈上新台阶。

可以看到，搭建信息共享平台、研发专利技术、探索纸书现代化、推行知识服务新模式、布局教育信息化是各融合实验室发展的重点。出版融合发展重点实验室应继续结合自身优势，涉足新式出版与新型知识服务、短视频与内容营销直播、智能技术与阅读服务创新、AI赋能与数字阅读等领域，打造集内容、技术、服务于一体的创新发展模式，在今后的不同时期展现不一样的融合进化、提升发展的面貌。

从上文所述，可知各个国有传媒单位与出版企业都在努力，在出版融合方面做了不少事，出版融合正从一个概念，一步一个脚印贯穿于实践中。但影响力往往不大，总体融合成效并不显著。

报社受商业媒体的冲击十分巨大，融合转型的节奏远远赶不上形势的要求，图书出版社、期刊社因其本身进入的门槛较高，受到的冲击较小，所以融

[①] 参见贺子岳、周文斌、刘永坚、白立华《出版融合背景下现代纸书商业模式创新探索》，《科技与出版》2018年第8期。

[②] 参见王坤宁《DCG数传集团：构建知识服务新生态》，https://www.chinaxwcb.com/info/551459（中国新闻出版广电网），2019年3月29日。

合转型的步伐一直有些不紧不慢。2014年中央提倡媒体融合之后，图书出版社、期刊社的融合转型步伐有所加快，但因其本身与带有新闻属性与功能的一般媒体在内容制作、业务开展方面的差异性，更要根据不同的门类分类施策，所以只有大众出版、工具书出版等门类进展稍快些，而其他出版门类除了配置微博、微信公众号及App等新媒介外，仍基本按照原有的转型轨道在比较稳步地前进。笔者曾直接询问过一些出版社的相关负责人，他们中有的人认为要搞媒体融合，但觉得做起来很难，有的人说社内基本不提起媒体融合，实务嘛，看怎么容易奏效就怎么办，本来就是不拘套路的。

从业务角度看，图书出版是最复杂的，不但门类众多而且差异悬殊，每一门类都有分立学科的图书，而且每一本书有每一本书的讲究，其实都是独立的细分的业务，都得走全流程。现在全国每年出版几十万种图书，就是几十万笔差异悬殊的细分业务，虽然图书出版有其内在的规律与一定的流程，但很难批处理，用统一的媒体融合手段去促进出版转型，媒体融合只对一部分出版社有较大用处，还需要根据这些出版社的类型及其发展基础，有所选择、有所区别地推进融合出版。这也就是出版业界基本只看言论较多的业内报纸而较少看学界文章的原因。

其实媒体融合就是一个新的谋划出版事业的重点与推进出版事业的把手，总体是符合出版转型的发展潮流的，具有其本身的先进性与趋势性，虽不能说它好到极点，但也不能说它对所有出版社都有很大的适用性。只有面对具体的一个单位，才能说它好与否。有的出版企业适合在自身条件下，用媒体融合的手段进行转型，要切境切机，如果早了可能是蹚地雷的；方向不对也不行，可能会离目标越来越远。所以要于己适当，要时机适当，才能成功。

国有图书、期刊出版企业方面，不像一般媒体领域在树样板，向全国推行人民日报社等的融合模式，而是各自基于所长，在各种融合道路上都有所发展，这样的状况也比较符合出版的属性与特性。其总体发展与拥有数字出版业务的新媒体公司相比或许有点慢，但目前发展得还是比较稳健、扎实，相对处在一种更自然的过程之中。

总体上，国有出版企业与一般国有媒体单位、新兴媒体公司的出版融合，与业外公司的跨界融合尚处于初级阶段，比如国有出版企业并购或控股新媒体业务，特别是游戏业务、电影业务，彼此往往尚未达到紧密融合的程度，成效也不显著。

（五）国有出版企业融合转型面临的各种障碍与不足

1. 思维、观念、话语障碍与不足

（1）思维障碍与不足。树立与媒融相适配的转型思维，对融合出版发展意义重大。比如好的产品与所构建的平台应该没有必然关系或少有直接关系。不少人都有形式主义思维，喜欢折腾一些看得见的东西，方便据以发言而为宏论，却普遍忽视了无形的、内在的、更重要的东西。

当事物具有建构系统的力量时，就该配以相应的思维方式，如此才能将相关的事情办好，是为思维配套建构说。比如要办好互联网新媒体，就得具有互联网思维；要探讨算法，就得具有算法思维。较为强大的新兴数字媒体都是基于互联网思维、创新思维与逆袭思维发展起来的，而传统媒体在思维上是线性的或是树状的，基于纸质平面的思维。

国有出版企业可以考虑新老媒体优势互补，也可转变思路，考虑从一开始就单独成立新媒体出版公司，令其完全按照互联网逻辑、奥美4I或凤凰4I原则发展。人是环境动物，如果工作环境及所有的领导一开始就只在线上，员工的思维逻辑、工作思路、发展思路自然会较快适应这一环境，自然而然从一开始就有互联网的基因。如果身处传统媒介生态环境中，或者领导身处传统媒介中，那各种不适应互联网或数字媒体的融合转型问题就会层出不穷，是为环境成全论。

有人以传统出版的标准和规则来衡量出版融合及其产品，将融合仅视为一种新的手段或者形式。这种思维方式只是将融合的系统性、基础性、深厚性的事物当作面上的一个点来看待，对出版的融合发展是不利的，因此需要对此进行纠正。

（2）观念障碍与不足。进行出版融合转型，必须刷新观念。工业化生产模式与网络化传播观念的错位，使许多传统出版企业进行数字化融合转型时，遇到比新兴出版更大的困难。哈佛商学院教授克莱顿·克里斯坦森曾说：一个曾经领先的企业在面临突破性技术时，会因为对原有生态系统的过度适应而面临失败。越是以前成功的企业，转型越是艰难。这种说法不能作为普遍的规律，但若是加上观念更新容易不及时等预设条件，就有一定的道理。

有的出版企业依然停留在传统互联网"以我为中心"的阶段，没有较为明显地转到"以用户为中心"上，在推进出版融合发展过程中忽略用户体验。能否顺利地从"以我为主"的惯性思维向"关注用户体验""注重交互共享"的互联网服务思维转变是一个不容忽视的观念进化问题。

图书出版工作与报纸、广播电视新闻工作不同，不用着急抢速度，抓现场突发报道，也不需要编辑是个多面手。时效性对图书而言不是及时性，而是长

期的稳定性与有效性。可以妥善地分好工、调配好力量,稳扎稳打。2017—2019 年,中国年出版图书已达到 50 万种以上,每一本书几乎都是单独的个体,皆有各自的特点与比较适合的融合做法,图书各个门类的情况与处理各项融合的尺度、口径与轻重缓急也应当花样百出。久在象牙塔内的学者是很难深切理解或体会这些情形的,往往不能深切地明白实事求是、因事因时而变、因事因时制宜才是最紧要的。

出版企业固然需要复合型的人才,特别是在新媒体领域拓展时,但真正的纸质或数字化精品往往不是单打独斗的结果,主要还是精选人才组成团队的结果,比如做重点书,就更应该采用团队作战的方法。出版有更看重专才的特点,出版系统很多单位是做学问的地方,也产生了很多学者型编辑。以前说编辑是杂家,有人沾沾自喜或深以为然,其实编辑首先应该是专家,应该先专后博,唯其杂,只能应对加工难度较低的书稿;唯其专,能在相应领域做得特别好,被纳入精英团队,做重点项目,出版精品系列,而出版社负责业务的中上层干部的重大职责之一就是因时制宜,调配各种力量,更多的是怕你不专,而并非欣赏你杂。

出版融合转型过程中教育要理性地跟进,要避开长期形成的观念误区,坚持"无用而有大用"的人文视野教学。高校数字出版技术教学方法往往不理想,是因为比较注重传授软件制作作品的方法与技巧。要让学生通过学习知晓各种思路、事物两端过渡状态、尺度拿捏、对应做法等,不断提高逻辑思维能力、自学能力、实践应用能力、研究能力、创造能力才最重要。要改变学生的线性思维为树状思维或非线性思维,要基于思维导图,进行集成电路般的思维训练,并着重培育其养成互联网思维、用户思维等。学生到课堂上是来学习出版传媒方面的知识的,但主要目的还是超越与创新。最好令其每日上课,总有超越常人及大部分学人一二之思考与收获,总有创新思维之培养与累积,日长月久,学问自然不凡,思想自然深邃,才能自然出众。要做到这个"最好",关键并非有无名师,而是要改教学管理制度为教学服务制度,使得大部分教师能按自己的意愿来安排教学方式与教学内容,充分发挥自己的特长。

(3)话语障碍与不足。对话语进行反思、沉思,特别有价值。话语作用甚大,影响思维与决策,话语体系影响人的思考、思维、观念与乃至感情、情绪与心理状态。话语中的概念可束缚人,也可激发人。有些话语在促进环境建设与事业发展上起到极大的积极作用,比如人类命运共同体、网络空间命运共同体、"一带一路"、海上丝绸之路、网络也不是法外之地、绿水青山就是金山银山等,都对中国社会发展及传媒发展起到很好的作用。

技术发展太快,不断突破概念的边界,甚至使有些传媒概念不再适用,名不副实,但合适的新概念又来不及产生。这就意味着现时研究传媒的学者会陷入其中，不由自主地在混乱中基于不合时宜的概念表述自己的主张。

概念在话语中起到很大的作用，本由特性决定其内涵，特性发生质变，代表此概念的词本应在部分新的语境下搁置，但实际上概念使用是有沿用的惯性的，有时要过好久才会出现新的词。媒融不断加速，内容呈现有了许多新方式，而且各种新老方式汇聚表现再难分开。传统出版自从运用了电脑与网络及手机等后，已经不再那么传统，也已经走在了融合的路上。数字网络，除一部分在观感、阅听感觉上仍保留图书、报刊样子（比如在阅读器中阅读的数字图书、在网上阅读的文学作品、手机上看的报刊等几类产品）外，离出版已经比较远了。数字出版等概念是迁移过往相关名词类型化的典型结果，其本身是滞后的，内涵与边界也越来越模糊，在没有更好的概念出现之前，有些场合仍在使用，更多的内容被打散后成为微博、微信等各种帖子。它们是否该归入数字出版呢？有学者说："当互联网逻辑取代工业逻辑成为出版业的底层架构之时，'传统出版''新兴出版''数字出版'这些过渡时期的'相对概念'终将散去，出版成为自由地以各种形式呈现、传递内容的产业。"[①] 笔者同意这段话前两小句的观点，却不大同意最后一小句的观点，因为真到那时，真到那种状态，出版还是出版吗？

出版包括网络游戏，这构成了数字出版话语系统与统计系统的一部分，学者绕不过去，挣不脱，但确实不大科学。这个划分影响巨大，于出版整体效益的计算，于出版整体规模、体量的计算，于学者相关研究范围的划定，于出版中传统出版的衰退、除游戏外的数字出版增长的遮蔽，于出版各级的管理与规制都有密切的关系。以前的游戏容量小，可以拷贝在 486 电脑的 C 盘上玩，后来游戏规模大了，就放在光盘里，一开始可在 586 电脑上玩，再后来大型游戏出现了，光盘装不下了，只好放到网络上，之后又有了手游、端游的区别。游戏放在光盘里的时候，一般由出版社出版，所以游戏尽管后来跑到了网络上，运营主体并非出版社，但按旧例游戏被归到了出版范畴。这种人为的划分其实已经不合适了，游戏产业已经壮大到可与电影、新闻出版、广电等产业比肩的程度，游戏已完全与图书、报刊、电影、广播处在同一层面上，可以成为一个独立的领域。尽管道理如此，目前阶段，我们仍不得不将游戏作为出版的一员，在媒融、出版转型、出版融合中将它充分地、不客观地考虑在内。近些年，中国数字出版产业不断实现跨越式的发展。2019 年，中国数字出版年收入已经超过 9800 亿元，移动出版、网络游戏在整个数字出版产业中所占比重越来越高。拿游戏来填出版衰退的窟窿，人为的硬性的因素容易使学术研究迷

---

① 石姝莉：《出版企业数字化转型：机制模型与路径研究——基于企业基因的视角》，《编辑之友》2016 年第 4 期。

失方向，出版业界的实际情况与面貌也可能因此变得有点云山雾罩，模糊不清。

话语体系迟滞于社会变化，应逐渐进化，话语进化有利于行为的进化，行为的进化也能反过来促进话语的进化。电子书已不是书，只是概念的嫁接。有的做得还特别像纸质书，只是徒具形骸而已。介质已不同，新的介质适合对应新的、立体化的呈现形式，为何要做得像纸质书呢？有的还故意设置翻页的功能，哪有点一下链接就跳转过去方便呢？方正飞翔软件原来主要用以制作、发布电子书，并配有全国性的比赛，近4年应势而变，制作方向、比赛内容已转化成 H5。

不需要理想化地看待融合转型，要实事求是。有一种通行的观点认为，在"互联网＋"时代，媒体融合已成为发展和繁荣出版事业的必由之路。这个观点有道理，但有片面、夸大之处。首先，媒体融合对具体的传媒企业来说，像创新一样，并非必胜之道；其次，媒体分化也有很是重要的发展路径。至于平台化、全媒体出版等也只是出版融合的具体表现，它们的作用也不宜过分夸大。还有一种比较通行的观点认为，检视中国出版业数字化转型的 20 年，以"生存战略"代替"发展战略"，说到底就是只关注了数字技术给出版带来的挑战，而忽略了数字技术给出版带来的机遇。情况没那么简单，出版社首先要解决生存问题，而且在此基础上大多比较重视发展，也就比较重视技术及技术带来的机遇，只是用了新技术，未必就有好的结果，甚至会遇到挫折。比如商务印书馆早就建设了辞书在线编纂系统，因为后期更新成本很大，所以有些事情并不像想象的那样简单。

学术话语中过分崇洋的倾向也要不得。社科研究首先要有本国特色，否则就难以指导实践，实践中就难以有大开大阖的创新；何况中国的数字出版、网络出版、移动出版、融合出版，在国际上是比较先进的。美国在这些方面是比较先进，但并没有比中国先进多少，有的方面还落后于中国；至于欧洲，由于各种观念的掣肘，总体上比中国还落后一些。动辄以欧美的做法作为先进的经验来介绍，未必很必要、很客观、很正确。

有鉴于某些学者拔苗助长言论的弊端，有必要提出与生态学说相关的生长学说：产业是要在一定的生态环境下，汇融各种生长要素，慢慢地生长起来的。或者其中的某些事物在本体生长过程中，会由逐渐的、不易察觉的量变，突然有了革命性质变，从而得以涌现出来。这种可察或不可察的状态，亦是生命的状态、生长的状态。于出版融合转型而言，只有比较顺其自然的提倡、强调与推动，才能够促进其真正地发展。

2．出版体系的障碍与不足

（1）体制机制方面的障碍与不足。不能仅停留在转型的思维中，要有进化的思维,要创造良好的体制机制,形成良性联动的适合媒融纵深发展的生态环境,尽量让事物自我修正、自我进化。转型有许多人的主动性与刻意性在里面,有些主动刻意的努力是束缚当中的抗争或对应当前环境与形势的硬性突破,而进化则比较自然而然。首先应强调的是生态的优化,为各方的努力能够落到实处创造良好的条件。

国内出版企业新媒体创新发展的自生能力不强,但潜力很大。政府应着力健全现代出版市场体系,消除市场机制运转的障碍,同时在合理范围内发挥政府的作用,支持出版企业的融合创新发展。新兴网络出版商或数字终端企业以技术优势占领着出版市场的"半壁江山",且在线上顺畅地避开了传统出版业条块分割管理、地区垄断式保护主义、渠道不畅、资源和经营分散、重复建设的局面,而诸多以线下业务为主的国有出版企业还身在其中难以自拔。2010年11月,北方联合出版传媒集团、天津出版传媒集团、内蒙古新华发行集团正式签署股权合作协议,联合打造跨地区的大型出版传媒产业集团。后来这样的合作动议却没有增加,反而更为少见。

出版融合转型成功的关键之一在于理顺政府与市场的关系。国内出版企业实行许可经营制度,产业体制的壁垒较难突破,资本的跨界自由流入国有出版媒体及国有出版媒体之间的收购兼并都还存在较大障碍。与此同时,许多单位还抱持着一种迷思,那就是一旦市场失灵、经营不善,可以寄希望于政府的调控与扶持,比如要求加大财政支持的力度等。殊不知政府的调控与扶持并非全知全能,也有失灵的时候。尤其是在国有出版企业迈向数字化的融合转型发展过程中,政府政策的过度投放,不仅造成资源浪费,也在一定程度上压缩了市场作用,让一部分企业的竞争力进一步下降。因此,对政府来说,应该尊重产业发展规律,相信市场自身的修复能力,把完善、保护市场机制与政府提供必要的公共服务结合起来,少使行政手段与财政手段,多用法律手段、管理变革措施去作激励和调整,维护好市场秩序,让市场发挥其应有的作用。对出版企业来说,则应量力而行,尊重市场自身的发展规律,完善自身的体制机制,精心为用户制作产品,让产品说话;如果想做大做强,还得让市场说话。

在当前融合出版浪潮中,多数国有出版企业还受制于自身僵化的组织架构与滞后的管理体制,阻碍了融合转型发展进程,总体落后于新兴商业媒体企业的步伐。有些国有出版企业内部还强调彼此的分界与层级,层级管理过多,管理意识还是强过服务意识,另外,业务生产还有过强的本位主义。

绝大多数国有出版企业虽经转制,名为企业,但只是就从事经营活动而言,若论思想宣传、社会责任,还具有很强的事业属性,难以成为真正的市场竞争主体。但要长期发展,又不能不讲求市场利益,这样就有些难度了,需要追求一种平衡。为长期发展计划,必须认识到,基于社会主义核心价值观的出版业市场影响及相应的利益不大,也就不易将此价值观发扬光大,所以体制机制要适当放松放宽,以此来推动出版融合转型,将国有出版企业做强做大。不断做强做大,才能更有实力不断地推动出版融合转型。总之要在发展中改,在改革中前进。以体制的创新带来机制上的灵活性,让工作人员对事业发展充满信心,对事业有执着的热爱与长期的坚守,最终迎来国有出版企业灿烂的未来。

传统出版企业没有新媒体天生的融合基因,改造基因较难,因此可以先启动出版融合,再倒逼机制体制等诸多要素与相关事物走向融合与变革。新兴商业媒体往往实行层级少、重能力以及领导重赋能下属的倒金字塔组织模式,竞争力自然比较旺盛。国有出版企业如果单独成立新媒体公司,招的大都是年轻人,情况会好一些,大家的干劲也会足一些。传统出版将精干人员分流到新媒体是正途,因为在大多数国有出版企业,有必要逐渐把新媒体这一块做大,以弥补传统业务的萎缩。国有出版企业在媒融等各方面发展得慢,与管理层在数字媒体新业务方面的水平也有关,他们当中真正懂得并能驾驭数字出版的人不够多。

图书出版行业目前有比较严格的出版书号的审批和使用流程,出版企业与数字新媒体企业融合发展,在现有跨平台的内容发布审批机制下也需历经较长的工作流程。

传统出版人才缺乏,创新能力不够强,在体制机制、思维方式、管理制度、能力水平等方面存在明显不足,可能会使一些有创意的想法得不到真正实施,日积月累,也会在较大程度上对出版业转型融合发展的进程造成较大的影响。

生产要素加速流动是融合、转型的重大基础。内容于各种载体,具有较大流动性,其他要素如人才、资本等也天生有趋利性,也有流动的属性。适度保证并不断稳步推进或者适当释放各种要素的流动性,应该是管理部门服务出版的精髓和要义。2020 年 4 月 9 日公布的《中共中央国务院关于构建更加完善的要素市场配置体制机制的意见》意义非常重大,可以促进生产要素充分、自主、有序流动,也是最切中长期以来媒体融合与出版融合发展见效慢的要害的,各界要尽可能在推动出版融合转型发展的过程中作为纲领性的文件予以极大的重视和强有力的实施。

(2) 内容生产方面的障碍与不足。多年来,新书品种巨量增长,但同时存在选题高度重复、结构性需求未能予以较好满足的弊端。传统出版与逐渐变化及增长的消费者的需求不够匹配。出版供给侧问题显著,即使运营 IP,精品思维仍嫌不足,产业结构及内容业务结构面临重组与调整。中国年出版图书的品种数量虽然已是全球第一,但富有独创性的佳作较少,而且没有很好地满足消费者的个性化需求。出版业融合发展就是要更好地满足用户的需求，实现可持续发展。

用户在学习、生活、生产和学术场景下都有旺盛的知识需求，但目前较为成熟的出版融合产品主要集中在幼儿绘本、教辅、科普读物等部分场景中，其他场景下的出版融合产品普遍存在形式较单一、内容较匮乏、交互性较差、体验感较弱的缺陷，与丰富的线下场景难以匹配。

（3）平台融合方面的障碍与不足。出版融合纵深发展不易，重要前提之一是要实现部门间的数据共享，提高服务过程中获取信息的便捷度。一些出版企业限于体制机制，在产业链条上呈现不同程度的分离和割裂，良性联动运营的平台生态系统无法形成；平台融合过程中产生职能"缺位""错位""越位"等现象，造成需求对接的障碍与断裂；不同平台间融合程度较弱，渠道间也存在内容与经营的脱节；对平台融合发展的顶层设计研究得不够深透，对新的管理技术手段不够熟悉、不善应用，造成信息孤岛、数据割据，资源整合有待创新升级。

当前融合出版资源平台主要由三个主体构成：内容提供商、技术服务商、渠道运营商。国有出版企业依靠丰富的内容资源，建立起一批独立或跨行业合作的平台。由于对技术的特点与适配性把握不准，造成平台功能系统与实际需要有些脱节；由于对出版融合的理解与执行有分歧，使平台整合内容的力度小于预期……造成平台规模及影响力大多较小，更缺乏国际竞争力。

（4）出版文创方面的障碍与不足。依托众多文娱类数字出版物的精彩内容，可以借助网络开发并销售文创衍生品，比如经由动漫出版内容开发生产玩具、音像制品甚至食品、日用生活品等。如此，数字出版产业链就几乎可无止境地开发与拓展。目前市场上的出版文创大都停留在对图书资源的浅层次开发中，缺乏创意，同质化现象比较严重。大多数出版社的出版衍生品以书签、笔记本、文化衫、U盘等为主，对图书所包含的文化内容的深度挖掘比较少见。其次是产业链条短，很多出版文创只进行一次开发，没有收集市场反馈意见，并进而实施二次开发及相关开发。相对于其他文化领域的单位，目前出版文创开发的创新能力、资源转化能力、内涵挖掘能力、科技融合能力、持续开发能力都有待大幅度地提高。

目前，国内出版物的流通渠道主要有新华书店、民营书店、出版社自办书店与网上书店。新华书店作为国有图书发行单位，在经营方面受到体制机制的较大限制，不能大规模进行图书销售之外的产业化运营；并且受场地限制，开展线下活动相对困难。经营较好的民营书店如诚品书店等都有自己的文创品牌，不大愿意接受出版社文创的进入。网上书店中几个大的平台如亚马逊、当当网等也有自己的商业模式。因此，与其他行业的文创产品相比，出版文创缺少能够在市场上行销的畅通渠道,甚至比图书本身的销售渠道更为狭窄,而且出版社在文创开发方面各自为营,整体上处于散乱、自发状态,彼此缺乏合作与融合,没有形成合力。

(5)法律、法规、标准方面的障碍与不足。近年来,出版形式变化得特别快,出版行业法律法规的更新速度却没有跟上。中国仍然缺少针对数字出版的相关法律法规,也缺少与数字出版相关的专门条款,主要依靠《著作权法》《信息网络传播权保护条例》《出版管理条例》等出版通用法律法规及《音像制品管理条例》《电子出版物出版管理规定》等细分法规对数字出版予以规范。目前,直接针对数字出版的法规主要是管理规定,即自 2002 年 8 月 1 日起施行的《互联网出版管理暂行规定》、自 2016 年 3 月 10 日起施行的《网络出版服务管理规定》等。这些法律法规无法完全适应互联网模式下的数字出版与消费,对现在流行的知识分享、电子书销售等都规范得不够细致,在打击数字盗版的问题上也没有很有力的措施。

国内数字出版版权保护相关法律法规尚不够完善,传统出版社在融合发展时,就比较容易遭遇版权纠纷事件,致使经济效益和社会效益不振。出版版权形态又日趋复杂,导致其有效管理和保护面临着严峻挑战。许多优质作品一经出版,便遭到非法传播。网络自媒体"拆书""洗稿",网络图片市场长期存在版权保护盲区,"融梗"(指抄袭他人作品中的故事桥段、情节模式)问题在法律上尚无明确对应规定,人工智能生成内容的版权规制在法学界尚未形成定论,导致作者与出版机构利益受损;出版企业都知道内容资源和版权保护的重要性,但缺乏有效的路径和方法,维权成本高,大多无力旷日持久地打官司,故而难以维护自身权益。

目前,国家除了在法律法规上加强对数字出版盗版侵权的处罚措施,还委托新闻出版研究院完成了版权保护工具的研发,该工具包括了 DRM 工具、数字水印、媒体指纹等,能够通过侵权跟踪技术为侵权行为提供有力的证据,供作者、出版社等追讨侵权行为。[①]

影响数字出版发展的另一个问题是数字产品格式的统一标准一直没有产生。出版社为了满足不同平台的要求,常常需要把同一本书制成多种不同的数字格式,耗费了大量精力。鉴于这样的事实,可以寄予向好的希望,呼吁早日形成统一的行业标准,以避免各家单位各自为政和重复建设的问题,提升产业的向心力,但这是标准本身成为极其重要的竞争领域时必有的一种阵痛,是处于市场竞争群雄纷起时代"你方唱罢我登场"形势下的一种必然。数字发展

---

① 参见吴宵征、祖成浩《传统出版企业数字出版模式现状与发展探究》,《中国新闻出版广电报》2020 年 10 月 14 日第 4 版。

迅猛多变，国家也不宜贸然制定数字行业的统一标准，更不宜轻易制定统一的数字技术标准，寄希望于国家单方面克服竞争中自然出现的状况，强力推出适用性、前瞻性很强的标准是一种老旧的思维，是一种不理性的苛求，以后随着市场垄断度的提高，各种标准自然会走向相对的统一。

（6）商业模式方面的障碍与不足。传统出版的商业模式单一。当下，出版融合大势下各出版主体正不断探索新的盈利路径和商业模式，但在应用中均存在诸多问题，新兴数字化商业模式并未在出版业得到大规模推广和应用，而已经应用的出版社，盈利困难的问题依旧突出。比如在跨媒体出版方面，有学者曾指出："跨媒体出版的投入产出会直接影响到跨媒体出版业务的发展。投入大于产出会影响出版者跨媒体出版业务发展的积极性，产出大于投入则会对跨媒体出版业务的发展起积极的推动作用。从回收的有效问卷情况来看，大部分出版社尚未实现盈利，其中投入产出基本持平的图书出版社占了较大比重。"[①] 此种情况至今未有大的改观。

（7）技术与人才方面的障碍与不足。企业发展需要优秀的人才，包括技术方面的优秀人才。但各种客观条件制约着出版企业对人才的吸引力。

"全媒体出版"的出现，要求编辑与技术人员在书籍出版的策划阶段主动将内容的纸质形态和数字展示新形态在融合上加以考虑。创新型技术人才、复合型融媒体人才是融合发展的重要力量，创新型"产品经理"是新时期对人才培养提出的新要求。目前已有不少出版企业配备了 IT 研发团队，技术能力有所提高，但普遍较难吸收到高端技术人才或既懂出版又精通技术研发的专业人才，更难吸收到本就稀缺的具有宽广视野与大数据分析能力或具有市场洞察力与科技洞察力的复合型人才。

融合转型是一个系统工程，不是办一些新媒体就可以的，必须突破上述的障碍与不足，进而在观念到业务实践的各个方面都做出优化与完善，才能取得系统性的突破与提升。

（六）国有出版企业前期行动中的不利情形

1. 行动不及时或不奏效

国有出版限于发展条件的掣肘，数字化融合转型比较迟缓，需要认清问题，明确主攻方向。传统出版与新媒体融合在经营上面临的首要问题是盈利模式不清晰，盈利模式不清晰导致出版集团往往不敢大幅度加大投入，于是既无大的风险，也不可能产生大的收益。

[①] 张志林、香江波、李熙等：《跨媒体引领出版数字化变革——〈我国图书出版社跨媒体出版状况调查报告摘要〉》，《中国新闻出版报》2008 年 4 月 9 日第 9 版。

内容生产能力是传统出版媒体融合发展中为数不多的核心竞争力之一，应该成为重要盈利来源。精彩内容是盈利的基础，但要盈利，必须建立合适的高效的盈利模式。

国有出版在数字出版领域未能掌握小说、动漫等网上连载付费阅读板块的主导权，进入互联网时代，《萌芽》等原创杂志，并没有及时将内容优势成功地向线上转移；高德、百度等主导的地图导航领域，本应该是地图出版社、人民交通出版社发挥优势加以占领的；在各类生活实用小百科 App、微信公众号及旅游、菜谱等板块，本应该是相应的专业出版机构或杂志社的演进方向，但它们也没有树立优势；教育市场上比较火的教育类 App，多数由知名民营教育公司打造，很少出自国有教育出版企业；国有出版在金融、教育和医学等专业领域的平台建设也比较滞后；国有出版企业在碎片化数字出版方面表现也欠佳，过去的专业杂志、活页文选等出版物，都没有转化成适合碎片化阅读的数字形态，而且大多数国有出版企业在多媒体制作方面的力量不强。

发展太快，国有媒体因自身所处环境、路径依赖等原因有些赶不上趟，多数传统出版企业僵化的组织架构与不合理的管理体制，阻碍了融合发展进程。其存在与发展遭遇了深重危机，追赶、转型，不断地努力，与生来具备互联网基因的新媒体差距是越来越小，还是越来越大？阅文网作者六七百万，一年光稿费就要支付十几个亿，这是个什么概念？大多数国有出版企业每年的码洋都远远达不到这个数字。

上海世纪出版集团曾积极与上海文广集团合作，将数字内容与有线媒体的技术相融合，打造"有线电视电子书"，有线电视传播数字内容的不足和传播途径的特殊性使得此次尝试最终失败。2010 年应该是国产电子书发展的一个顶峰。上海世纪出版集团在数字化转型中积极探索尝试，2010 年 3 月，推出了主导开发 10 年的承载中国唯一的权威的大型综合性词典的手持阅读器——"辞海悦读器"。该电子阅读器将《辞海》（第六版）这部凝聚几代学人心血的巨著与现代出版科技相融合，一时成为"中国电纸书的领导者"之一。到了 2011 年国产阅读器电子书出版就衰退了，因为微信就在这一年诞生了，因为 Kindle 进入中国后逐渐风靡……国产电子阅读器企业发展遭遇较大挫折，2011 年辞海悦读器、读者阅读器（由《读者》杂志社推出）和大佳阅读器（由中国出版集团推出）就纷纷停产。而美国的电子书出版却一直比较兴盛，2012 年，在美国，电子图书的销售量或阅读量已开始超越纸质图书，Kindle 风靡天下，美国电子书出版从内容到终端效益显著。2016 年，民营的掌阅、京东、阅文集团相继进入电子阅读器终端领域。发展理念从"以设备为核心"转到"以内容为核心"，有了更新与进步，效益如何则仍有待进一步的观察。

智能信息技术的迅速发展带来了一系列颠覆性变化，但新兴智能技术在国有出版媒体中的应用尚不成熟，相关产品的质量参差不齐。全媒体出版搞了好几年了，却没有什么大喜报见诸书面，在经济效益上也无甚建树。所以说起来容易做起来难，因为做是要花成本的，不是那么简单的，在做的过程中还要投入更大成本，坚持到底谈何容易。"出版＋智能技术"解决方案仍在探索。

2. 行动过犹不及

以往的跨媒体出版等大多属于以我为主、比较粗放的传播，操作有点过度，今后要基于互联网思维，在出版特别是数字出版中逐渐转向以连接、社群、交互、分享、创造、引导等为"标配"的精准服务。

出版平台建设是一个需要考虑的策略问题。辽宁出版集团的做法其实是大而全，是有些超乎自身实力的。先搞平台推进出版融合转型发展，其实是值得斟酌的。是新平台还是先产品？还是先产品搞小平台，然后慢慢扩大？应该一边产出，一边用市场反响来衡量，市场反响好，再继续投入，正向收获。只有摸清读者的痛点，不断考量读者的需要，引导读者的需要，扣紧读者的需要，才能促进自身真正地进步，良性地扩展。

融合出版对产品要求高，应以品牌出版为主，衍生则是品牌开发之举。一次开发多次发布等适合高质量产品，应以高质量为前提与基础，否则徒增环节而无大益，易致投入小于产出。既然只适合一部分好产品，若普遍为之，就缺乏逻辑支撑，是注定要碰壁的。

全媒体出版也是收获了一大批赞美声，其实如果操作得不好，就是徒劳的跑马圈地，然而圈下那么多地有效益吗？维护不要成本吗？力量不是分散了吗？内容不是要重复出版或发布了吗？知识爆炸时代，读者精力都很有限，不需要那么多信息。2017年，仅微信公众号总量已超2000万个，其中"僵尸号"占大多数。那么多媒体、自媒体，巨量的内容，早已超过了读者的承受能力与需要。

2017—2018年全国图书动销品种达到了190万种左右（美国出书也多，但很多书在全球发行），过多的数量与残酷的价格竞争是低级的勤劳、低级的竞争，是典型的"内卷"。一般来说，现在应该将原用于传统出版的部分人力、物力转向数字出版，推动出版的融合转型，适合逐步减少对传统出版的投入。从2015年起，国家开始实施传统产业等的供给侧结构性改革，特别有必要。出版业也实施了供给侧改革的"三去一降一补"：去产能、去库存、去杠杆、降成本、补短板。从2018年起，全国每年都减少书号总量约10%，2019年新书品种达19.4万种，较2018年同比下降了6.70%；2020年新书品种降到了17万种，较2019年同比下降近12%。减量有利于提质，供给侧改革成为推动出版融合转型向高质量升级的重要途径。

3. 行动方向有偏差

人为硬性推动有时会变成出版磨合，磨合不了变成形合实分，比如当初成立出版集团、报业集团等，其实是组织层面上比较大的出版融合的举措，可惜属于搭积木、拉郎配，所以长期合而不融，貌合神离。出版集团本应成为指挥各方面融合及形成合力的中心，最后却往往知难而退，大多变成了管理中心，职能逐渐与新闻出版局趋同。"入世"前后国人普遍担心国有出版体量太小，被西方出版冲垮，于是各地纷纷急于组建出版集团。结果在多少形成合力的同时也消磨了部分战斗力，预想的冲击却基本上没有大规模地到来。

盈利增长点主要是要靠自己生长出来，分形原理、原有的比较优势、合理的竞争战略还是应该受到特别的重视。笔者一直赞同内涵式发展而不看好外延式发展。出版社转企后在体制内部让他们充分竞争，优胜劣汰，再吸收消化差不好吗？如何提高出版企业的体量与市场竞争力呢？内涵式发展是向外扩张，与员工的自我实现关联较大，而外延式整合伴随着磨合，内耗较大。诸多大学出版社走的正是初步的内涵式发展的道路，如华东师范大学出版社、华东理工大学出版社等纷纷基于各编辑室成立许多分社，普遍发展得较好。这方面教训其实是深刻的，总是靠外力驱动而不是内生发展，不是上策。各出版社应各自壮大自己，内涵式发展，强大之后可以兼并其他出版社，这样做是真正符合产业发展的需要的。比如汉语大词典出版社并入上海辞书出版社，是集团的指示；中西书局与上海辞书出版社合并领导班子，也是集团的指示；旗下诸多出版社并入上海人民出版社，仍旧是集团的指示。是否能增值增效？是否能很好地融合呢？

国家新闻出版署曾推进新闻出版的科技人力资源、基础科技环境、前沿技术跟踪研发等体系的建设。其中应用支撑体系是核心体系，包括三个支撑：生产支撑、数据支撑、服务支撑；国家数字复合出版系统工程的建设内容则可概括为"一系列标准规范、六大技术体系、三套系列装备、六类应用示范"，原以为可为出版发展及内容建设提供支撑，后来大多没下文，说明宏大的设想与超前的建设在变化迅速地新时代往往不能完全兑现，带有局限性的前瞻性认知、意欲努力的方向与快速变化的业界各种新生的状况及原生渐次发展壮大的产业的发展规律并不易于匹配。

二、国有出版企业融合转型发展的策略

2015年，原国家新闻出版广电总局、财政部顺势而为、应时而动，出台了《关于推动传统出版和新兴出版融合发展的指导意见》，既打出多元推动出版融合发展的"组合拳"，也注入了较高的"含金量"。文件给出了六大重点

任务：创新内容生产和服务、加强重点平台建设、扩展内容传播渠道、拓展新技术新业态、完善经营管理机制和发挥市场机制作用。无论是在加强版权、商标、品牌等的保护，将传统出版的专业采编优势、内容资源优势延伸到新兴出版，建立国家级重点平台建设等方面，还是在加大对出版项目的资金支持力度等扶持政策，加强实体书店、电子商务合作与拓展新技术新业态，鼓励网络出版以及对外专项出版领域探索实行管理股试点，支持传统出版企业控股或参股互联网企业、科技企业，引导社会力量参与融合项目的技术研发和市场开拓等方面，都为实现传统出版和新兴出版融合发展指明了方向、阐明了路径、提供了遵循。中国新闻出版研究院发布的《2017—2018 中国数字出版产业年度报告》显示，2017 年国内数字出版产业整体收入已突破 7000 亿元，移动出版（移动阅读、移动音乐、移动游戏等）达 1796.3 亿元，融合出版已达到相当大的产业规模。值得关注的是，一批传统出版机构研发数字化产品，将图书出版延伸至知识服务，以专业化和精准化为服务风格，以用户目标来驱动，围绕用户的具体问题，贯穿解决用户问题的过程，对信息和知识进行捕获、分析、重组和应用，形成相应的解决方案，不仅给用户带来了更好的线上体验，反过来还带动了相应纸质图书销量的大增，催生了不菲的营业收入。《2017 年度中国数字阅读白皮书》数据显示，用户愿意为电子书付费的意愿从 2016 年的 60.3% 上升到 2017 年的 63.8%。《2019 年度中国数字阅读白皮书》数据显示，中国数字阅读市场规模已经达到 288.8 亿元，数字阅读用户已接近 4.7 亿。未来随着阅读服务公共化、内容质量精品化、传播渠道多元化、版权运作精细化、价值评估体系化的加强，数字阅读行业将进一步蓬勃发展。

虽然出版融合转型已经形成了一股热潮，但是对于中国大部分出版机构来说，只是在顺应国家层面的期望方面有所动作，其对于出版融合转型的认知并不充分。出版领域实际的"合"很多也没有达到紧密的程度，尚处于初步融合、交叉彼此的阶段，比如书上加二维码实质上其实只是组合式的书本的内容加上链接的内容。

出版转型的说法比较宏大、开阔、明朗、清晰，主要是指出版发展模式的转型，重点就是数字化出版及其配套要素的转型，可以从各方面进行，不必受媒融概念、理论研究及过往实践经验的束缚，可以坚持稳中求进的姿态，充分吸取媒融的策略、成功经验与其他可取之处，同时避免媒融的误区、弊端、过失与不足，使出版融合得顺利，出版转型转得比以前更好。

出版融合转型策略与媒融策略在大体上是互文的关系，可以互相参照、借鉴。下文依据出版实际，将换一个表述的方法，试图表达得更务实、更贴地气、更简明、更扼要、更实用。

(一) 开拓中进取

出版融合转型大致有五条路径:一是树立互联网理念与思维,让图书成为互动的媒介;二是顺应碎片化阅读的趋势,开发掌上移动阅读微产品,大力发展大众融合出版;三是数字出版先行,应用大数据,围绕核心业务,延伸支撑体系,形成用户、产品、渠道、服务的多重集合,贯通产业价值链,营造价值圈,成就小至出版企业、大至行业的生态系统;四是顺应读者需求发展取向与趋向,参与短视频与直播市场的竞争;五是通过数据库服务模式、网络整合平台模式介入专业融合出版,再辅以移动学习定制模式等方式介入线上融合教育。

出版融合转型的目的是使国有出版企业充满强劲的动力、活力、创造力、生产力、公信力和广泛的影响力等,有三个关键点:一是优化顶层设计,改善体制机制,营造良好的外部环境与产业的小生境,激活发展动能,盘活有限资源,实施内容供给侧改革,重塑出版政策环境。二是注重开放与连接,实现彻底的互联网层次上的转型。以前主要是数字化转型,显然是不够的,不能仅仅把互联网当成工具和手段,必须进而采取"互联网+"思维,顺应互联网发展规律,开拓前行,重塑出版产业生态,提高出版的权威性与数据化的知识服务水平。三是各方面的配合演进。如制定、修订相关条例、规制文件及技术标准;适度借船出海,追求价值变现;打造图书阅读及知识服务的拳头产品及衍生产品,探索多元化经营、跨界经营等。

1. 加强生态环境建设

出版内部,早就有融合,但相对而言,数字时代以前尚比较少见,往往也不大深入。照理说,出版社不能完全停留在图书出版圈子里搞融合,出版社为什么不早去与电视台合并呢,或者不早去兼并报社呢?传统媒体内部都不曾好好地相融过,活力都未能比较充分地释放出来。现在讲求传统出版与新兴出版融合,仍然遭遇了深层、根本的体制机制的瓶颈。条块分割、条块管理、行业保护主义、地方保护主义等无不影响生产力的发展,在较大程度上消解了出版融合转型的动力。对此,着实需要在政策方面加以改革,以改善出版融合转型发展的生态环境。

出版的社会属性一向受到较大的重视,而其商品属性长期受到忽视。出版社有比较严峻的生存压力,一直在努力。互联网新媒体、民营出版的体制机制、技术优势、资金优势十分明显,对国有出版有很大的冲击。如今出版还面临着内容泛化、主体泛化、作者泛化等新问题,比较棘手。

生产关系一定要适应生产力的历史规律要求,出版体制机制一定要随着出版生产力的发展适时调整。必须构建与转型适配的机制体制与组织结构等,否则势必将国有出版置于落后的境地。要搞好就是要完善体制机制等方面的生态环境，破解投资体制、融合人才任用体制、管理体制、评价机制、考核机制、数字版权管理机制、并购整合机制、创新经营机制等方面的问题，切实为出版融合转型打好基础，并在具体工作中抓住重点进行管理，在较多非重点事项上无为而治；并且注重结果考评，加强事后管理。严厉的事后管理可以一儆百，为下一轮次事前管理减负，不能把管理部门大部分资源与精力专注于事前的细密管理，而真正出了问题又惩戒不严、执行不力，轻轻放过。还可适当放松过程管理，在过程中只要不违反规制要求即可。

总体来说，配合融合的提倡，健全法律的保障十分重要，生态建设十分重要，形成一个生产要素自由流动的，各主体充分规范、自由竞争的公平公正的环境十分重要。

政界的大力支持是出版融合的一种重要的现实环境。在国家政策层面，一要制定中长期出版融合转型战略规划；二要制定管理条例等各项具体的配套政策，对出版融合转型各个方面进行指导和引导；三要制定税收优惠等相关政策鼓励创新，加速融合转型的发展；四要部署一批出版融合转型重大项目，充分发挥项目的表率作用，推进出版融合转型在各个领域健康有序发展。

政策融合需要深化，以打通产权、股权、资本、税收、分配等产业政策的联结点，形成一个前后、上下、左右互通互联的健全的政策体系，为融合出版转型提供强有力的政策保障。

对于出版的融合转型发展，国家相关部门先后出台了一系列的政策性文件，2000年新闻出版总署颁布《互联网信息管理办法》；2002年新闻出版总署、信息产业部公布《互联网出版管理暂行规定》；2009年国务院发布《文化产业振兴规划》；同年根据中央关于深化文化体制改革的要求，新闻出版总署发布《关于进一步推进新闻出版体制改革的指导意见》，明确了新闻出版改革的"路线图"和"时间表"，以"转企改制"为重点的出版体制改革全面启动；2010年新闻出版总署先后发布《关于进一步推动新闻出版产业发展的指导意见》《关于加快中国数字出版产业发展的若干意见》《关于发展电子书产业的意见》；2012年中共中央办公厅、国务院办公厅印发《国家"十二五"时期文化改革发展规划纲要》；2014年4月原国家新闻出版广电总局、财政部联合发布了《关于推动新闻出版业数字化转型升级的指导意见》；2015年4月为了进一步提高出版业在信息化条件下的影响力、传播力和竞争实力，推动出版业更好更快发展，新闻出版广电总局、财政部联合印发了《关于推动传统出版和新兴出版融合发展的指导意见》，对出版融合转型环境的改善作出了具体的部署，明确了五大政策措施：加强相关法律法规修制工作、优化出版行政管理、加大财政政策支持力度、实施项目带动战略、强化人才队伍建设。加强相关法律法规修制工作，包括推动修订《中华人民共和国著作权法》，加快修订出台《网络出版服务管理规定》和《出版物市场管理规定》，受到各方较多关注。其后，财政方面通过安排中央文化产业发展专项资金、国家出版基金等方式，分别对列入新闻出版改革发展项目库的融合发展项目和涉及出版融合发展的出版项目给予重点支持；在中央文化产业发展专项资金申报中，明确了八大重点支持内容，即巩固文化金融扶持计划、继续扶持实体书店发展、开展新闻出版业数字化转型升级、加快推动影视产业发展、促进文化创意和设计服务与相关产业融合、支持特色文化产业发展、推动对外文化贸易发展、推动传统媒体和新兴媒体融合发展。2017年，建工社申请国家资金有十三项，获得1亿多资金，投入出版社基本的平台建设，还自主研究了一些相关的技术，比如可视化、机器翻译、数据挖掘、语义分析、人工智能基础研发等[①]，由此可见国家对国有出版的支持力度。

近年来，政府部门不断加大对文化产业的支持力度，财政部、国家广播电视总局、文化和旅游部、科技部、工业和信息化部等中央部局及各省宣传部及相关厅局，都拿出大量专项资金对传统出版业数字转型的原创精品、平台建设、流程再造、渠道拓展、数字印刷等多个领域予以支持。国有出版应当通过富有潜力的数字项目把中央及地方对数字出版的优惠政策用好、用足，落实好，用活，细化、具体化。

新闻出版广电总局的设立也是当时顺应融合发展需要的举措，缓解了数字内容产业管理职能基本分散于文化和旅游部、国家广电总局、新闻出版总署、工业和信息化部、中宣部、发改委等多个部门，多头管理难免造成相互之间的协调问题。2018年全国两会以后，党和国家机构进行了系统性、整体性、重构性的改革调整。其中与传媒密切相关的举措是新闻出版署、电影局划归中宣部管理，并组建国家广播电视总局。新组建的中央广播电视总台，对外统一呼号"中国之声"，着力构建多媒体融合发展和加强国际传播能力的重要阵地。此番调整显示了政府在传媒体制改革方面的新思路，也与2017年发布的《新闻出版广播影视"十三五"发展规划》相互关联。该规划提出了六大发展目标和十一项主要任务，可以从中看出，中国传媒未来的发展方向是：对内强调"数字化、服务、安全"；对外强调"走出去"。新闻出版、电影都划归中宣部，有利于两者的融合。与原国家新闻出版广电总局比，作了进一步分合，各有偏重，更侧重某几个方面关系的发展趋向与媒融发展的某些趋势，更有利于图书IP向电影、视频的转化，为出版更重大方面的拓展与进一步融合转型创

---

① 参见张馨怡《在知识服务领域，传统出版社可以进行哪些创新？》，http://www.bookdao.com/article/409226/（百道网），2018年7月27日。

造了一些有利条件；对加强出版与影视的协同管理也应该有好处，比如"剧本杀"剧本的盗版问题，既涉及版权，又涉及内容，新闻出版、影视管理部门都可以管，今后或可减分头管理之弊，增协同管理之利。

近年来，中央财政和地方财政对出版产业的支持重点，始终不离开技术创新应用，无论是出版技术改造、出版资源数字化加工、数字出版运营平台搭建，还是出版与影游融合以及与大数据、增强现实、虚拟仿真、人工智能、区块链等方面相关的出版项目，都在找寻高科技与出版业的有效结合点，都在力图促进科技领域最新的成果，将之应用到出版上，以"出版+技术"的方式推动融合转型的升级与突破。

出版企业不要简单地等或者依靠国家政策，一定要看准方向，大胆地闯、大胆地试，不断创新自身的体制机制；要结合自己的实际想得早一点、透一点，把融合转型工作做深做细。尽量顺应市场竞争需求，打破等级制、科层制的组织架构，构建内部组织网状化、信息传递网络化的管理架构，以创造、满足、导引用户需求为中心，基于共同和共享的价值与追求，让领导、行政管理人员、编辑、校对人员、美术设计人员、出版印制管理人员、营销推广人员等以合理的人员配比置身于较弱边界感、更强反馈力的网络组织架构中。这种网络组织架构在方便上下级之间的纵向控制之外，还强调同级部门的横向交流，从而摆脱各部门单打独斗、各自为政的传统机制束缚，促进信息资源的共享和跨部门、跨领域的合作，以匹配出版融合转型的新业态。可在这样的网络组织中以项目制、专项工作小组等形式建立灵活的联动工作机制，从而创造出更大的价值。还要不断完善用人制度，创新人才激励机制，用持股与股份激励等办法激发员工的潜力与工作热情，以知识产权、无形资产、技术要素入股的方式将出版企业所有人员聚合成一个利益共同体，助力解决"市场为导向，企业为主体"方面存在的问题，助力解决企业的内驱力、内生力、后续动力不足的问题。凤凰出版传媒集团董事长张建康曾说：集团每年拿出 3000 万～6000 万元的资金，对下属企业的出版与创新项目进行奖励。各项目不分大小，完全靠成绩说话，奖励上不封顶。[①] 长江出版传媒集团以"专业的人做专业的事"的思想为指导，采用股权激励、期权激励的方式。安徽出版集团在"使员工的付出能够得到相应的报酬""努力营造极具活力、勇于创新的新型组织形态"思想的指导下，支持旗下时代出版传媒股份有限公司引进高新技术和互联网人才团队，实行混合所有制、员工持股制。浙数文化作为国有新媒体公司，在股权激励机制、特殊管理股方面也有过探索。

---

① 参见刘积英《张建康：凤凰出版传媒集团融合发展的大布局》，http://www.cptoday.cn/news/detail/2459（出版商务网），2016 年 12 月 23 日。

美国也通过传统出版产业的互联网化（即"+互联网"）和互联网的出版产业化（即"互联网+"）两种方式形成了互联网出版业，在这个过程中，互联网出版业同其他产业一样，适用于公司法准则主义的市场准入规制。为克服市场失灵，在相对宽松的经济性规制后，美国探索了互联网出版业的言论自由规制，版权确认、许可与保护规制，儿童权益保护规制，以及互联网出版发生的诽谤、侵犯隐私行为规制等社会性规制，形成了公共权力、第三方的他律与互联网出版企业自身内部、同业协会自律相结合的规制机制，呈现出判例法、社会性规制强而经济性规制弱等特点。[1] 值得中国在使用规制手段健全出版融合转型环境时做参考。

中国出版融合在取得大量成绩的同时，存在着竞争无序、质量不高、标准混乱、侵权多发等问题，需要具体从法律法规、监理条例、规章制度及技术标准等方面优化出版的生态环境。

在提高数字出版规制效能、促进产业繁荣与发展的基本目标下，要完善法律与行业规范，维护和治理好出版融合生态。伴随数字技术发展，内容自主性与主体责任间矛盾被悬置，数字产品生产与传播的伦理体系建设欠缺，出版业主流价值观被消解。鉴于此，有关方面应强化数字产品生产与传播的伦理规范的价值建构及主流引导，推进行业协作与自律，厘清数字阅读服务提供方的责任与义务，将出版行政管理重点、伦理原则制度化为法律法规，并明确相关细节，提高针对性。

新兴出版日新月异，老的问题还没有解决彻底，新的问题又不断产生，多方面的监管与规制有些滞后，尚需不断进化。比如中国移动出版监管依据《出版管理条例》等条例规定，目前形成了专项打击监督活动与行业自律相结合的监管格局，但仍面临法规体系亟待完善、移动出版内容缺乏规范与监管方式有待优化等症结。国家有关部门当加快移动出版立法工作，快而妥善地解决相关问题。

网络出版产业的发展需要规制的变革与创新，《网络出版服务管理规定》的出台有利于改善出版融合转型的环境，也引发了关于网络出版的定义、范围及其规制权限等方面的诸多争议。数字出版产业自身的技术特点、数字出版"先出版后过滤"的模式等都加大了规制的难度。规制的滞后性、规制操作细节缺失以及多方规制职责不清等问题，导致规制在实施的过程中效力不足，对出版融合转型也造成了不利的影响。

在规制方式上，可着眼于进一步放松行政规制，但需同时加强经济规制，并强化对内容的规制和违法违规事件的事后惩罚力度。出版政策的制定应有效

---

[1] 参见饶世权《论美国对互联网出版业规制的探索》，《中国编辑》2019年第2期。

平衡安全与效率的关系，进一步扩大市场功能和进一步强化社会监管的关系，以持续增强出版的文化影响力。规章制度的前瞻性、规制的可操作性以及开展数字出版规制的多元主体培育等问题，应是出版融合转型改革的着力点之一。

可结构化的、可碎片化的、可关联的内容是建立知识本体及出版融合转型在内容方面的基础，也是实现知识服务的必要资源。为此，要适当加强内容标准的制定与修订，从而通过全流程数字化出版平台以及相关加工手段，更好地实现内容的知识化管理。目前，在互联网领域里，中文标准严重缺失，世界上4000多项国际标准中只有少数几项是由中国制定的，国内标准更是处于全面混战状态，影响了出版业融合转型的深度与广度，抑制了经济效益与社会效益。

标准化工作是新闻出版转型升级的重要领域，在传统出版领域，政府引导、市场驱动、社会参与、协同推进的标准化工作格局早已形成。但在数字出版领域，情形有些不同，长期以来，各家较有实力的数字出版商业公司或技术公司都想成为标准的制定者。比如以前电子书的格式就多种多样，形成了"割据"的局面，这主要发生在电子书阅读器领域。阅读器硬件设施方面，国内最早支持 EPUB 格式的是翰林 eReader 阅读器，汉王电纸书最新版 E920、盛大 Bam-book、爱国者半岛铁盒 Xl、辞海悦读器等电子书阅读器也支持 EPUB 格式。研发人员还特地为辞海悦读器研发出当时领先国际数字排版的辞海格式标准 CEpub，构建了由"CEpub + DRM +"转档流程相结合的中文数字平台。方正电子公司曾想绕开电子书的 EPUB 格式，与方正飞翔软件捆绑，在翔云阅读器和慧云阅读器以及橙立方阅读器中力推 DPUB 格式，但后来还是加进了 EPUB 格式，然而现在 7.0 以上的版本中已自弃了 DPUB 格式，转而与时俱进主推 H5 格式，实质上就是从 IPAD 端完全转向了手机端。国际上比较通用的电子图书格式是 PDF 格式。国内除了使用上述格式，还有由诸多国内企业如北大方正、超星、知网等自主研发的 CEB 格式、PDG 格式或 CAJ 格式等。这些实力比较雄厚的公司为了自我保护或占领更大的市场份额，各自利用技术或资金优势研发了具有自身特点或易于向其他小企业推广使用的数字出版物格式，但这会给用户带来不便，多种阅览器的下载和安装增加了用户阅读成本和阅读门槛；也会造成数字出版企业各自割据的局面，难以较快提升产业进化的速度，难以形成良性的国内竞争格局及面对国际竞争的合力。

中国已完成新闻出版业标准化工作机构的全面布局，拥有覆盖全行业的出版、印刷、发行、信息化、版权五个标准化技术委员会；已完成数字出版系列标准、电子书内容标准、绿色印刷系列标准与《图书在线信息交换（CNON-IX）》等重大标准制定工作；牵头组建了国际印后标准工作组；全国出版物发行标准化技术委员会成为国际书业标准化组织正式成员；中国主导研制的

《国际标准关联标识符（ISLI）》国际标准正式发布，注册中心落户中国。这些标准的制定以及相关国际标准的实施，理论上可以为更多更深入的融合转型打下比较全面扎实的基础，比如书与书层面的融合；不过有的标准推广得很缓慢，比如 ISLI。

在深入推进行业标准化建设中，有关部门起了很大的作用。但始终忽略的一点是，最终该推行哪种标准，该由市场竞争中胜出的强者参与决定，而不宜由官方单方面来决定。仅就提高标准的有效性而言，国家有关部门可考虑与市场中具有一定垄断地位的最强者一起来制定或改善技术标准。

2. 用互联网思维重塑出版

互联网重新架构社会结构与利益结构，导致社会各种资源的流向大变。国有出版从业人员，应积极塑造和拥抱互联网思维（包括用户思维、产品思维、服务思维、创新思维、极致思维、流量思维、大数据思维、平台思维、生态化思维、跨界思维等），顺应技术革新、读者需求和市场变化，对关乎读者、用户、传播内容、传播方式、营销服务、组织架构、管理方式乃至全部传播行为的价值链、产业链生态系统等重新加以审视与改造，推进出版产业整体优化和转型升级。

新媒体公司诞生于互联网语境，"互联网基因"要求公司运营主体按互联网市场运营逻辑去操作，其媒融路径当为"管理（机制）融合→经营融合→平台融合→渠道融合→内容融合"，简称"机制→内容融合路径"。"股权激励"和"投资经营"是新媒体公司首先要解决的问题。多数国有出版企业采取的融合路径恰恰相反，仍为"内容融合→平台融合→渠道融合→经营融合→管理（机制）融合"，这是典型的缺乏互联网思维的表现。[①]

互联网已是运转我们这个社会的操作系统，"互联网+"也成为出版融合的基本策略和途径。面对具有颠覆性的互联网传播，出版业曾出现过两种截然不同的应对思路。一种是坚持传统出版思维，强调"出版为体，互联网技术为用"，努力以各种不同方式去"数字化"成型于 19 世纪的传统出版模式；另一种思路则质疑或否定传统出版模式和核心价值在互联网环境中的适用性，主张以互联网思维为主导来改造传统出版。笔者认为，总体上应偏向后者，但这种偏向性须因出版类型不同而有程度的差别。发展大众出版，要更多地基于互联网思维。

目前，互联网的人口红利已然消失，来自 BAT 和头条系的头部 App 已将互联网上的头部流量抢占完了，它们对线上流量源的垄断，导致流量费用高

---

① 参见付国乐、张志强《中国出版传媒业的创新共生：媒介融合与特殊管理股》，《现代传播（中国传媒大学学报）》2018 年第 7 期。

涨，产品的获客成本逐步攀升，甚至已高于以往传统媒体广告的成本。出版业存在巨量没有被利用的线下流量，它们与出版社的品牌、用户数据一样，都是国有出版企业宝贵的无形资产，可以依据互联网思维，进一步大力开发、保护、妥善运营，并导流到自建的新媒体中。

过去，国有出版以诸多具体的项目及产品作为着力点，积累经验，培养人才，总结规律，在出版融合转型上进行了一些探索。比如出版社一开始搭建了不少网站，也建了一些数据库，管理及业务流程中也逐渐推进数字化的建设，看到国外阅读器电子书出版发展得好，也曾作为主攻的方向。但早期涉足电子书的出版社，将电子书的生产与营销的重心放在阅读器的研发与销售上，沉醉于电子书终端的高定价，其实是走入了"终端为王"的产品误区。2016年，掌阅、京东、阅文集团等基于互联网思维推出电子书原创平台。随着技术的发展，出现了包括有声图书在内的电子书，其产品形态多元创新，满足了日趋多样的阅读视听需求，移动端、PC端、阅读器电子书数字阅读总体上又呈现出了稳定增长的态势。由中国音像与数字出版协会编著的《2017年度中国数字阅读白皮书》显示，2017年我国国民人均电子书阅读量较2016年有较大增长，达到10.1本；用户愿意为单本电子书支付的金额从2016年的8.9元提高到2017年的13.6元，增长了52.8%。① 依据互联网思维来判断，有更多的读者转向手机阅读。预计随身多功能、私密、与人言行及生活息息相关的手机还是会长期发挥作用，手机电子书阅读市场份额存在较大的提升空间。

过去的知识生产中，百科全书是比较典型的代表，后来维基百科、百度百科打破了百科知识内容生产与组织的传统模式，而它们成功的主要方法就是基于互联网思维，最大限度地利用了世界上每个人贡献知识的可能性，这种高效率、低成本的方式很快实现了对传统百科全书的超越。这样集聚大众创造热情的"湿"的方法也正在阅文网、中文在线等大众文学在线阅读网站扩散，已经取得了丰硕的成果，诞生了一大批顶级IP。每年在电视上看着阅文网年度盛典的璀璨与辉煌，不由得令人一次次感叹国有大众文学出版的退潮与落寞。

"互联网+"时代让信息以前所未有的广度和深度流动起来，与此种情况相对应，国有出版必须在组织结构、管理方式、内容呈现场景及方式上配套。未来真正出色的企业是能使各级员工全身心投入并有能力不断学习的网络状组织，即能很好地营造学习气氛，充分发挥员工互联网创造力思维的高度柔性、扁平、有机、符合人性并能持续发展的组织；国有出版还应基于互联网思维进行商业模式创新、应用技术创新、故事讲述方式创新等，将内容创新建设和渠

---

① 参见卢凤英《新时代我国数字阅读发展趋势分析及思考》，《河南财政税务高等专科学校学报》2018年第4期。

道建设并举,抓好产品创制、服务与市场运营,积极谋求资产增值变现,在创新与融合转型中迎接出版的未来,走出一条条自有技术支撑的、资源集约高能的出版转型商业化发展道路。

3. 有策略地发扬国有出版的权威性与引导作用

提高出版的权威性是需要得到落实的。与顺应读者、用户的喜好之间的关系要处理好。出版特别是专业出版、教育出版,引导读者与满足读者应该并重。读者兼具个人化与社会性,除了满足其自我娱乐等偏向于个人化的需要,也有被引导以提高能力、才干的社会性需要。相较而言,大众出版更需要满足读者、用户的喜好,因为此种类型的读者、用户更需要彼此的陪伴与互动,更需要聊天消磨时光,更需要较多地在平常生活中表现自己,刷存在感。专业出版、教育出版应该坚持师长般的引导,最要紧的便是权威可靠。教育出版重指导、教导,单向传播多于双向互动;专业出版比较冷静专深,更重权威,与读者互动可以适当少一些。虽然大众出版的比重还将提高,有较大发展空间,但各种出版类型都能利国利民,都值得重视,需要扎实、恒久地推进融合程度不同的各类出版的转型发展。

教育大多不是非常专深,更多权威性内容深入浅出大众化是大趋势,可以根据教育导向及具体出版事项不同的层次与类型采取不同的融合方向、融合程度与融合方式,2021年7月24日教育部公布的"双减"(减少义务教育阶段学生作业负担与课外培训负担)政策给教育出版在分、合、新等方面带来了变数。策略上,重实践重思维重创新、稍轻知识稍轻记忆稍轻继承理所当然;明面上,"功利化""资本化""学区房"的"除","灌输教育""家长焦虑""学生负担""学生内卷""家庭教育开支"的"减"与"公益化""自主学习""教育普惠""教育公平""人文关怀""正确价值取向""学生综合素质"的"增"势所必然,教育出版要审时度势,有针对性地进行调整,有所为有所不为,更好地融合发展,更好地引导家长与学生,更好地助力教育的转向与变革。专业出版则可以基于国有出版社权威的把关能力,通过数据库、智库等知识汇聚、细分服务的方式进行出版转型的分合。在专业知识全学科领域的数字出版、发行方面,以中国知网为代表的专业化商业公司占据着市场的主导地位,国有图书出版业未来应更多更快地占据细分学科的专业数据库出版阵地,提高专业出版的权威性与融合发展的数字化收入比重。另外,大众、教育、专业出版三者之间也可发生关联,也应有一定程度的融合。

碎片化阅读时代,网上的海量信息需要有科学、权威的过滤方式。一方面,可以通过正则表达式、算法等对不良信息进行拦截;另一方面,可以依靠权威人士或机构进行筛选。出版社也可以利用手里丰富的作者资源(包括科研院所的导师资源等),成为帮助读者获取和筛选可靠知识与信息的权威机构。

在微信、微博等新媒体平台上也要着力塑造国有出版的权威性,更好地推进出版融合转型发展。据 2017 年 2 月 15 日至 3 月 14 日对出版社的微信公众号的调查,人民文学出版社、机工教育服务网、商务印书馆、北京大学出版社、三联书店三联书情为前五强,① 虽然影响力不是很大,但仍值得出版社在这方面做进一步的努力。

4. 提升知识服务水平,注重智能技术的应用

(1) 知识服务任重道远。

在世界贸易组织(WTO)中,出版被定义为服务业。一些世界领先的重要出版集团,已经把出版商定义为知识信息服务提供商,自觉地把出版工作融合到科技、教育、文化、社会生活之中,为使用者提供知识、信息解决方案,提供权威、精准、专业的知识和信息,帮助其节省时间,提高效率。相信这样的融合会使出版更好地与时俱进。②

国有出版的转型升级依然任重道远,不可能一蹴而就。知识服务,是出版业转型升级的重点,出版企业角色定位需要应时势而调适,是从出版商到全方位、立体化、多层次的知识服务提供商的嬗变。只有这样,才有望实现转型升级的初衷,达成提质增效的目标。

知识服务是用户目标驱动的服务。如今的出版工作不仅是让读者接受知识,更为有效的是"代加工",其主要特点是专业化和个性化,贯穿用户解决问题的始终,为特定服务对象提供近于定制的知识解决方案。出版工作者是传播针对性知识的使者,应围绕用户的具体问题,对信息和知识进行捕获、分析、重组、关联,通过分类、兴趣、热点等各种入口去帮助普罗大众乃至科研人员从海量的数据和信息中发现需要的知识。国有出版企业应基于融合发展的优势,更好地通过自己的产品及区块链、智能问答、内容聚合、内容分发、精准推送等技术支撑,以权威的知识和有用的信息推动经济社会的发展,引导人们的生活实践及教学科研工作。

中国教育出版正在实践三大商业模式,即数据库服务模式、网络整合平台模式和移动学习定制模式,已在较大程度上由图书输出转变为数字信息服务。依托数字技术,教育出版企业推出移动阅读、在线课堂、在线测试等服务,强调知识传授的互动性和个性化。学术出版企业的角色也发生相应变化,正逐渐由单纯的内容供应者转变为学术知识服务提供商,除了掌握海量文献内容,还拥有海量数据和较为强大的技术能力,在深入了解用户需求的基础上参与科研工作,帮助科研人员有效地达成研究目标并提高其成果的影响力。以学术出版

---

① 参见周建森《出版社融合发展的路径选择》,《出版发行研究》2017 年第 8 期。
② 参见邬书林《出版融合发展的历史与未来》,《出版参考》2021 年第 1 期。

为核心的专业出版的转型方向是以客户为中心，面向特定人群的信息定制模式。国外的励德爱思唯尔和国内的壹学者、百道网等出版企业或网络平台都开始进行个性化信息服务的尝试，在了解科研人员需求的基础上帮助其获得准确的科研信息，促进科研成果的传播。这样的知识服务，已成为学术出版机构新的盈利方式。

国有出版的知识服务取得了阶段性成果：知识产权出版社等单位的知识服务产品覆盖了很多专业领域，知识服务试点单位有 23 家收入在百万以上，包括新闻出版研究院。目前的产品类型仍然偏少，应多提供数字阅读服务或专业知识检索服务；对于用户的关注仍不够，个性化服务仍然比较单薄；用户更多集中在工作时间或者晚上，内容更新的节奏有待调整；有 26 家试点单位的用户总数不到 10 万，迫切需要加以提高；商业模式探索也不够，大多缺乏战略性、创新性思维，更偏重会员制的收费模式，在模式上缺乏创新。

国家知识服务体系建设加快。知识服务试点从 2015 年 3 月开始至 2018 年 3 月，原国家新闻出版广电总局共开展了三批遴选工作，计有 110 家出版企业、科研单位入选"专业数字内容资源知识服务模式试点单位"及技术支持单位，其中第三批不再强调要有专门的出版资质。国有出版企业应积极响应国家政策，不断推动知识服务的进步。

知识付费平台的行业格局已初步形成。知乎 live、分答、得到、喜马拉雅等作为知识付费的先行者，已成为行业的佼佼者，问咖、在行、知识星球、微博问答、樊登读书会等也凭借自身特点，实现了巨量用户的积累。2017 年 2 月，"36 氪"付费专栏"开氪"上线；3 月，"豆瓣时间"上线；同月，"十点读书"在北京成立分公司，打造知识付费子品牌"十点课堂"；6 月，喜马拉雅 FM 推出内容付费会员日——"66 会员日"，创造了召集 342 万会员、知识消费 6114 万元的成绩；喜马拉雅第二届"123 知识狂欢节"的内容消费总额达 1.96 亿元，较首届增长近 4 倍。① 现阶段，较为多见并在运营方面已较为成熟的知识付费模式有知识电商类、社区直播类、讲座课程类、内容打赏类、线下咨询类、付费文档类、第三方支付工具等。国有出版企业也有跻身到知识付费服务中并有出色表现的，如《三联生活周刊》围绕自身期刊品牌特色打造的知识付费产品——《中读》，2017 年 5 月上线之后，以碎片化时代的深度阅读，获得良好的市场反响；2018 年 7 月，中读推出首档精品音频专栏"宋朝美学十讲"，邀请董卿、叶放、康震等一批知名人士解读宋式生活美学。课

---

① 参见周百义《大众、专业、教育领域融合出版范例》，微信公众号《出版人周百义》，2018 年 10 月 31 日。

程上线一周,就吸引了两万多付费用户。①

国外出版业巨头在不断兼并重组的基础上,秉持互联网思维,向知识服务商转型,取得了良好的效果。中国国有出版企业的属性导致其依然很难承担完全市场化的风险,目前较能取得实效的融合转型方向还是门槛较特殊的市场,由于中国K12教育经费由本地财政支出,各省一定会扶持本地出版集团进军当地的智慧教育市场,所以各省出版集团一定要做好本省的智慧教育市场,作为融合转型中浓墨重彩的一笔,并且为进一步融合转型打下较好的经济基础。

(2)应全面、深入、细致地推进知识服务。

知识服务是依靠服务者自身的智力与数字技术、知识信息等资源来开展的,它以用户知识需求为导向,与一般信息服务不同。它既是对底层信息资源的深层次挖掘、开发与利用,又通过知识管理与传播为用户提供个性化的问题解决方案。国有出版企业应运用创新信息技术设计更完善、精准的知识服务系统,全环节嵌入用户知识检索、获取、利用与信息反馈等功能项,基于对每一环节的用户行为了解其现时或潜在的知识需求,收集、分析各种显性、隐性知识资源,对知识资源进行深层次加工与整合;在大众媒体某些方面的内容趋向于低俗化的同时,进一步发挥图书出版内容的优势与潜力,深挖专业出版、教育出版中雅致、精彩或有趣的内容,予以大众化、通俗化,将可用于知识服务的内容向通俗化与高雅化这两头不断地延展,使知识服务在内容方面有更多的层次与方法;推动内部设计和研发向多元化、个性化、精准化发展,进而创新服务模式;优化学科信息门户服务、专业化知识服务、个性化定制知识服务、参考咨询服务、虚拟咨询团队知识服务和自助式知识服务六种模式,深入推进出版融合转型与知识服务的发展。

互联网时代,知识获取方式更加多样化,主要变化趋势包括屏读、碎片化、个性化、多媒体和互动性等。对国有出版企业而言,这些变化和趋势即其所面临的机遇与挑战。国有出版企业可以出版内容为核心,在产品、渠道、服务等环节利用新技术手段、联合新媒体平台,多方面提供知识服务;可以利用行业资源优势,构建行业知识服务中心,为行业用户提供数据库查询等知识服务,发挥自身在专业出版方面的突出优势。以下两家出版社的做法可圈可点:人民交通出版社通过对全球可航行海域水文信息的及时统计与更新,加上船舶技术公司的技术支持,研发出了"全球航海信息智能服务系统",可据以解决困扰船舶近海航行时容易出现的搁浅以及由此带来的海域污染等问题;外语教学与研究出版社在网络上建成拥有广泛用户的面向小学至大学生的一站式外语

---

① 参见周百义《大众、专业、教育领域融合出版范例》,微信公众号《出版人周百义》,2018年10月31日。

教学系统，成为外语图书市场上颇具品牌效应的企业。

有较强实力的国有出版企业应在内容运营和用户沉淀的基础上，集中技术力量建立集产品制作、营销、发行于一体的数字复合出版平台、电商平台以及数字阅读平台等，如江苏凤凰传媒集团建设了凤凰学习网、知识产权出版社推出了"来出书"出版平台等；应将优质内容精加工成用户喜闻乐见的各种形式，摆脱传统出版流程的路径依赖，在大众出版等领域适当开展"一种内容多种创意、一种创意多次开发、一次开发多种产品、一种产品多个形态、一次销售多条渠道、一次投入多次产出、一次产出多次增值"的知识服务，实施一元化生产、多媒体发布和多渠道传播，全面覆盖用户多样化、个性化需求的全媒体运营。

国有出版企业应该进一步分析用户需求，投其所好，提供服务。分类标引知识、为用户画像，基于大数据分析用户习惯，不断优化其体验；进一步分析并发挥自身优势，打造品牌。将出版从传统的物流转变为信息流，从单向传递转变为双向互动，从以图书提供为主转变为以产品和服务为主，为用户提供多元化的增值服务。

在"粉丝"经济时代，公众对文化消费的需求往往更多地与情感、时尚、社交等因素连接在一起，文化氛围营造和情感归属使得都市文化空间成为都市人生活的必需品，对阅读的需求也不再局限在图书本身，更多的是生活方式的选择。新的消费观念倒逼作为文化传播者的出版企业将目光不再聚焦于出版物本身，转而成为创意生活的营造者与引领者。

出版融合转型最终要实现的是，内容创新、技术创新、与用户深度连接的知识服务模式，而非简单地升级原有产制模式。只有把服务做深、做细，才能得到较高的增值回报。全球最大的科学与医药信息出版商励德爱思唯尔集团以其所掌握的海量科研论文、科研人员信息为基础，凭借自主开发的大数据分析平台与技术工具，为客户提供增值服务。比如能辅助医生在遇到不常见的病例时迅速拿出诊疗方案。近年来，国内出版机构如法律出版社推出"交互式"图书，满足了法官、检察官、律师等检索最近似案例以资刑事审判或案件辩护参考的需要。

无数图书、期刊被大众所阅读，在数字化的阅读环境中将产生产品销售量、读者类型、市场上同类产品的销售情况等多方面海量的数据，而大数据会以不同形式根植于出版业的各个环节中。对于出版业来说，唤醒与充分利用这些数据非常有价值。可根据业务场景的需要建立数据分析和挖掘模型，运用不同的算法对数据进行计算，利用可视化技术将数据结果以聚类图形呈现。如《中国国家地理》通过对用户数据的精准分析，达成个性化广告推送与试点投放，从而获取了更高收入。世界著名的出版商企鹅集团，于 2012 年与社交数据分析站点 PeerIndex 公司合作推出了一本名为《神没有男人》的书籍，大获成功，成功原因在于企鹅出版社基于 PeerIndex 公司提供的大数据资源对主流社交媒体进行详尽的用户分析，筛选出不同领域的意见领袖，进而利用他们的舆论影响力进行了有效的营销。

  大数据时代，出版企业可基于数据对出版的各个环节进行重构，数据的资产价值日益凸显。大数据是金矿，用好互联网"算法"，重塑出版数据资产，作用巨大。对销售与拓展业务而言，找对用户是关键。借助用户数据等可使纸质图书业务突破销售天花板，并有效拓展数字业务。普适性强的内容很多，但观众、用户对其中内容的兴趣度、需求程度不一致，专业性强的内容尤其要找对用户，不然再好的内容也会被忽略、被排斥。所以说，有好内容只是说说而已，对准了人才是好内容，反之，其不受待见的程度等同于质量差的内容，由此可知精准投放的重要性。大数据也是实现出版自身深度融合发展的基础。在营销过程中，可以存量找存量：纸质图书及其线下推广活动链接的数字产品或数字服务用来收集用户数据信息；也可以存量找增量：基于数字产品的"线下店"、线下品牌线上化与矩阵传播，力求达成用户裂变传播，收集新用户信息。出版融合不仅是基于自有内容资源的整合，更应是基于用户需求的融合，出版社应以用户为中心，建设用户数据库，这是一项长期的战略，势在必行。用户数据能够武装编辑，为编辑赋能，拿到用户数据之后，互联网思维就落实为根据用户数据做逻辑判断。编辑的信息环境、决策环境因而就发生了变化，这种变化会通过蝴蝶效应与每位编辑原有的思考模型和业务模型发生化学反应，最终促成编辑们的思维模式产生进化和业务模式得以升级。只有拥有足够多的用户数据，才能更好地提升知识服务水平与人性化智能技术导引档次，才能更好地发展出版融合转型业务。

  国有出版企业除了卖书，还必须打通出版社内部长期形成的"分而治之"的经营模式，要逐渐把出版社所有的内容体系进行重新包装，体系化，可视化，数据库化，提升信息消费的模式。继内容数字化、业务管理信息化、产品营销和渠道运营互联网化之后，应使知识生产与服务自动化、智能化，并给新技术设想或找好融合的场景。使技术、内容、场景等相融相洽，使自身从原有的浅层次知识服务中解放出来，并大幅增加图像、音频、视频类知识资源的供给，扩大知识服务的应用场景，融入更多用户的工作、学习、生活中的更多场景中，进一步贴合用户需求并引导用户需求。

  场景融合，按产业链融合的角度讲，是由场景赋予的意义与内容本身的意义叠加，是为用户提供内容的升级服务，可以视作内容与渠道的纵向融合。场景营销的本质，是配合用户的生活场景，或者构建特别的场景，让用户身心愉悦地沉浸其中，不知不觉地分享，不知不觉地促成自己的购买行为，并且为生产商站台，乐此不疲。出版加实体经济，可以催生很多不一样的融合场景，比如青岛出版集团在银行、机场等地开设书店，果麦文化传媒有限公司在全季酒店开设书店，就是一种场景与营销融合的尝试。将大数据算法作为场景营销的核心要素有一定合理性，因为场景设置往往是需要比较多的成本的。如果没有将读者调查清楚就设置场景，精准投放，投入产出比的问题就可能会突显。

聚合可以产生价值，也是知识服务的一种战略。其实网站从一开始就有聚合的基因、数据库更是如此。中国知网-中国期刊网实际上已成长为知识服务综合系统，除原有的文章查检、下载功能外，已具有指数、语义分析及为其他平台或软件做进一步的语义分析提供各种格式的基础数据等多项强大的功能。比如检索媒融相关的国外的学术论文，其呈现的外文文献数量及分布状况就可以在一定程度上反映出国外媒融的情况：直接的文章比较少，离散。2020年突如其来的一场新冠肺炎疫情，将大众对数字阅读的需求推向了前所未有的高度。《辞海》恰好推出了网络版，扫纸质《辞海》上的二维码即可进入具有多种聚合功能的App查询平台，2021年又有了功能聚合的微信版。2020年8月13日上海书展期间，由上海世纪出版集团规划设计、上海辞书出版社承建研发的工具书知识服务云平台"聚典数据开放平台"横空出世。该平台旨在整合诸多权威工具书内容，具有结构化加工后构建系统的云端数据仓库，采用以API调用为主的数据分发模式，与各类数字阅读平台合作，以满足读者在不同的数字阅读场景下的知识检索需求。它聚合百万条数据，包括《汉语大词典》《大辞海》《英汉大词典》《心理学大辞典》《中药大辞典》《马克思主义大辞典》《中国历代人名大辞典》等工具书，可谓是内容聚合的宝库，它将工具书查检融于阅读过程中，为读者提供更优质、更便捷的知识服务，能够明显提升读者的数字阅读体验。可以说"聚典"是在数字阅读时代颠覆传统工具书使用方式，重新定义用户与工具书关系的数字阅读宝库。"聚典"面市后受到广大用户的热烈欢迎，至2020年11月5日访问量已突破1亿大关。[①] 还有知识产权出版社自主研发的"知识产权搜索服务平台"，基于内容资源的专业分析和深度挖掘，全面聚合了图书、期刊等出版资源，以及法院判例、复审案例、案例评析、法律法规、标准等知识产权法律性资源和新闻类信息，采用专业知识产权分类体系及先进的全文检索技术，为用户提供方便、快捷、友好的一站式检索和知识关联性浏览等服务。

（3）应以智能技术等最新数字技术提升知识服务的水平。

2018年，第二届中国数字出版创新论坛参照当年数字出版发展状况的调

---

① 参见聚典《一个亿！！！聚典数据开放平台今天实现了一个小目标》，微信公众号《辞海》，2020年11月5日。

研情况及出版融合创新技术应用的项目申报资料,同时参考今日头条、腾讯、知乎、新浪、网易、咪咕、亚马逊、得到、喜马拉雅、百度、阅文等在技术方面的应用,推出 30 项出版融合创新技术清单:集团出版业务整体支撑系统、基于大数据下期刊出版全流程智能支撑处理系统、混合媒体表达及知识解读技术、版面动态生成技术、资源结构化管理技术、全球科研数据实时共享关联传播技术、基于大数据的用户画像及内容精准分发技术、IP 评价及全产业链版权增值技术、翻阅行为采编技术、原创内容孵化增值技术、视频内容甄别审核技术、内容实时监管审核技术、智能音频降噪处理技术、ISLI 数字编码技术、基于自然语言的智能分析技术、数据全格式转换技术、云端数据无损交换技术、基于语义的多语种智能翻译辅助系统、跨学科知识图谱关联组织及认知评测系统、自然语言建模技术、混合媒体控制播放技术、基于深度学习的视频字幕智能匹配技术、基于音频和文本的阅读情感检测技术、基于神经网络的多特征文本分类方法、基于语义的动态页面生成技术、基于深度学习的动态页面生成技术、选题智能发掘和专项资源自动召回技术、视频高效分发技术、基于区块链的视频版权校验技术、基于 5G 的智慧分发。这些技术在近年内支持出版业转型升级,深入应用到数字出版经济的各个领域,已成为数字出版产业链融合发展与提升知识服务水平的有力支撑。

《2016—2017 年中国数字出版产业年度报告》指出,人工智能技术将重塑出版流程。笔者认为,应继续扩充智能手机的操控种类,提升其方向传感器、加速传感器、重力感应器、震动感应器、环境光感应器、距离感应器、GPS、多屏互动、屏幕指纹识别、话筒感应吹气、陀螺仪配合全景展现等响应功能;加强听觉、视觉、空中打字、虚拟键盘等人机交互技术;提升手形识别、指纹识别、面部识别、语音识别、虹膜识别、签名识别、按键力度识别等生物识别技术。应继续开发叙事学软件、语义计算与分析软件,推进自然语言处理、深度学习、认知计算等新兴技术发展;继续开发用于新闻制作、智能教育、智能科普、图书馆智能盘点、媒体服务的机器人;大力建设传感网、人联网、物联网、智联网;更多利用无人机、GPS 定位、LBS(Location Based Service)、可穿戴设备等进行出版场景服务;完善智能音响、智能汽车、智慧城市的系统功能;完善区块链、分布式计算技术、云计算、边缘计算等技术;完善 VR、AR、MR、SR、裸眼 3D、3D 全息投影、光场技术、全息演示等视觉技术;由"3D 模型库、AR 编辑器、输出展示系统"等构建出版产业链。这些智能技术可以不断加快传播速度,加大传播效用,增进用户社交功能及个性表达,深化出版融合转型,提升知识服务的水平与档次。其中的机器人作品创作技术特别亮眼。2010 年 10 月 20 日中央一台晚电视"智慧过人"节目—绘画机器人画虾有齐白石的神韵,完胜在场挥毫 PK 的两位青年画家。微软小冰通过反复自我学习到一定程度后,当受到某个灵感激发源的刺激,就会在原来积累的基础上产生新的创造,比如首部人工智能原创灵思诗集《阳光失了玻璃窗》,2017年5月19日"18岁"的微软小冰举行了此书的发布会,震惊了世人。

  以人机结合为取向的人工智能技术的应用是出版融合的一种发展趋势。人工智能,能拓宽媒介空间,深化媒介作用,促成个性化媒介、服务化媒介,正在推动新一轮出版业生态的重构,加速了出版内容、载体、发行、服务的升级。随着大数据、云计算等与出版业场景的深度融合,机器人、人工智能系统或平台将发挥越来越大的作用。哈珀·柯林斯的Facebook账户中添加了两个向读者推荐本集团图书的机器人,将人工智能引入图书推荐流程,使出版商对更多读者的需求有更多的了解,从而帮助出版商在出版物类型、销售和营销等方式上作出更明智的决策。亚马逊"花园服务"(Garden Service)系统通过电脑算法与图像识别技术分析用户上传的花园照片,辨认其中的蔬菜和植物,将专业知识与对用户的了解结合在一起,为用户提供一对一"鲜活"的服务,提供种植、烹饪和购买的建议。国内的龙源数字传媒集团旗下有一个人工智能平台"知识树",当编辑定义了部分内容之后,系统会自动帮他组成剩下的内容;而且"知识树"利用龙源背后数千万篇文章的积累,能够让旧的内容焕发新的活力。在"知识树"的帮助下,编辑可以用1.5小时编辑一本书,再用一天时间去发行。龙源已经与当当、京东、亚马逊对接,可将内容输出到数字出版几乎所有的分发渠道,包括今日头条等。

  上述丰富多样的智能技术与新兴数字编辑技术,在知识服务、数字出版领域的渗透逐渐加深,使国有出版企业知识服务产品的类型越来越丰富多彩,主要有:①知识电商、知识社区、知识库、行业智库。如科学出版社的中国生物志库、人民卫生出版社的临床知识库、社科文献出版社的皮书数据库等。知识资源的语义化趋势逐渐显现,基于知识对象关联、知识可视化的数据库产品逐渐涌现。②整体解决方案。如人民法院出版社的"法信"平台、社会科学文献出版社的"学术科研"平台,简化了用户获取、使用知识的流程,提高了知识价值的转化效率。中南出版传媒集团、上海译文出版社等在IP孵化、版权保护、有声书制作等方面与喜马拉雅FM达成深度的整体性战略合作,共同拓展市场。科学出版社着力推进"图书数字产品集成平台""期刊整合业务集成平台""专业数据库集成平台"三大平台建设,力图缩小与国际上先进同行之间的差距,引领中国科技出版产业的发展。③移动客户端。如人民教育出版社的"人教口语"App、中信出版社的"中信书院"App,为用户提供不受时空限制的知识服务。外语教学与研究出版社、复旦大学出版社、华东师范大学出版社依托"阅门户"全媒体融合出版公共云服务平台,打造了系列知识服务App。④3D与虚拟现实、增强现实产品。仍是以纸质图书为中心,但通过扫描二维码,与数字化的3D虚拟场景连接了起来，确实可以进行较大的开拓，可给予用户一定程度的沉浸式体验。如人民卫生出版社与华域天府数字科技有限公司合作推出的人卫3D虚拟医学实验室、童趣出版有限公司开发的3D涂色书《开心超人联盟之超时空保卫战》、辽宁出版集团旗下的科技出版社与西班牙派拉蒙出版集团合作打造的AR图书《小王子》、山东教育出版社链接教学动画、视频的《不一样的数学故事》、电子工业出版社的VR图书《梵高地图》、北京少年儿童出版社的《大开眼界恐龙世界大冒险VR丛书》等，大大丰富了读者对知识内容及新的呈现方式的认知。⑤网络讲座、课程。如高等教育出版社的爱课程（iCcurse）网站、人民卫生出版社的人卫慕课。人民教育出版社的"人教数字校园"覆盖中小学生学习全链条——课前预习、课堂学习、课后辅导、复习巩固，其教师备课系统则包括素材搜集、案例参考、同行交流、课件制作等教师备课的全场景。

科大讯飞高级副总裁杜兰说：科大讯飞开展了智慧教育与智慧医疗等，2020年收入增速迅猛，其智能学习机可以通过后台收集学生学习过程化数据，通过大数据算法进行分析，找出并针对学生学习的薄弱环节，对学生加以精准化的练习训练与引导，快速提高学生的成绩；科大讯飞希望通过自己的努力，让全国2亿孩子减少重复无效的付出，提高学习效率，每天节约1个小时的学习时间。[①] 科大讯飞的"智医助理"高效赋能普通医生，也正在广受欢迎地推向全国。该科技巨头公司开展知识服务的表现及后续举措值得国有出版企业重点关注、比照。

国有出版企业知识服务需要改进的有三个方面：①数字资源语义化处理明显滞后。目前大多数出版社虽然完成了图书、期刊等从纸质载体向数字载体的形式迭代转换，但资源的标准化、语义化处理程度仍不高。知识资源与其标注之间的关联不够规范和深入，因而大多得不到深加工。知识的结构化、碎片化、关联化不充分，导致知识的后期匹配耦合度不够高，妨碍资源的进一步开发利用，比如难以实现高精准度的知识服务。应加快知识资源向语义化、智慧化升级。②知识服务应用升级与信息技术更新速度不够匹配。新兴信息技术在出版社知识服务中的利用程度不够深入，且知识服务应用的升级速度明显跟不上信息技术的更新速度，较为迟缓。今后应建立知识服务行业智库，成立技术应用创新联盟，理顺各方利益的分配机制，提高社会多元主体参与度，提高关键技术特别是共性技术的转化能力，加快较为成熟的最新技术的应用，在下一代人工智能技术的驱动下，将知识服务系统向智能化、全媒介、多模态的"知识服务大脑"升级。③精准化嵌入式知识服务不足。嵌入式知识服务的特

---

① 参见秦朔专访科大讯飞杜兰《用人工智能成就美好生活》，第一财经电视频道《解码财商（318）》，2021年8月5日22：00－22：23。

点是融入用户生活、工作环境和具体操作场景中,根据动态的需求提供即时知识或信息服务。未融入用户遭遇问题的具体场景,就无法自动获取具体场景中相关信息并对用户特定知识服务需求进行感知,解决用户切实面临的问题。目前知识服务主体在为用户精准提供全程不受时空限制的知识推送、专家指导、协同创新、交流互动等一系列服务上尚有较大的改进空间。中国移动旗下咪咕数媒的数字阅读产品"咪咕阅读"已实现多场景、多角色的智能配音,对人的话语进行模仿,可让不同的用户选择自己所喜欢的语音语调,让100个读者有100个哈姆莱特,可谓是有益的尝试。

5. 知识服务数据化助力出版跨媒介融合与跨界融合

媒融时代,出版产业的基础不仅包括内容,也包括用户数据。创造用户、经营用户和服务用户,同步收集、分析用户数据是传统国有出版企业融合转型发展的必由之路。

知识服务体系的建立不只是为了简单地收获双效益,为长期持续发展计,更重要的是尽量多地获取销售数据、竞争对手的数据与用户的需求、行为及反馈的数据。这些带有根本意义的数据可以使出版的闭环价值链循环起来。出版企业与读者的接触不止于销售,更需在知识服务体系中了解读者的潜在需求,从而迭代出新的产品和服务。亚马逊服务用户的三个特色:个性化推荐、数字资产的管理、最快捷送达客户渠道,就是基于强大的大数据分析能力等形成的。

当前,数据正在成为驱动产业发展的重要资源。有媒体形容大数据"无所不在,无所不知"。世界经济论坛的报告更称大数据为新财富,价值与功用堪比石油。近年来,国际主流观点正逐步从重技术的数字革命向重数据的数据革命转变。海量数据已成为智能媒体时代最有价值的资源;用算法计算新闻数据将是媒体未来重大的工作。在此背景下,出版业也需要引进大量数据分析师、数据科学家。

出版全流程的数据化、内容的数据化和消费者洞察的数据化,必然引起图书出版管理模式与组织结构、业务流程的变革,图书的流通模式、存储模式也将发生相应变革。舍恩伯格等认为,数据化的核心是量化一切,文字、方位、沟通等都可以成为数据,并用于测量、记录和分析世界……一旦世界被数据化,就只有你想不到,而没有信息做不到的事情了。[①]

数据化是大数据时代出版行业发展的新趋势,出版观念相应地需要从数字化向数据化转型。人所处的环境及在此环境中所处的地位严重影响自己的思想

---

① 参见[英]维克托·迈尔-舍恩伯格、肯尼斯·库克耶《大数据时代》,盛杨燕、周涛译,浙江人民出版社2013年版,第105～125页。

和言行，而数据化将大大提升生产目的性及客观地把控用户和市场的能力，成为构建新的决策环境、业务环境和竞争环境的重大要素。

基于大数据、云计算等技术，国有出版企业可从出版产业链的终端获取数据，对读者阅读相关的环境、题材、时长、强度以及情绪变化等主观感受进行具体的量化统计与分析，对读者精准定位；对图书信息、作者信息、销量信息、反馈信息及竞争对手的信息等一系列数据进行整合和分析。进而开展选题策划的探究，在更短的时间内智能化抓取热门话题，找到切合市场需求的出版内容，对作品篇幅、角色定位、情节发展、题材风格等方面进行客观评价，从而提高选题与读者需求的契合度，降低单纯由经验判断带来的风险，构建出版企业自己的与市场竞争对接的素材库等储备资源。大数据时代，数据为王，数据甚至有了"第一生产力"的地位。有了足够的业务、用户数据，出版企业可以在存量内容的基础上进行二次策划加工，找到真正需要这些内容的用户，以适合用户需求的形式和渠道卖创意、卖产品、卖服务。出版企业还可以在数据建设的基础上前进一步，争取成为数据服务公司。当然出版企业同时要做好用户隐私的保护工作，在平台底层对用户数据特别是关键核心的数据做好脱敏与加密处理，对数据使用保持敬畏的心态，合理合法地使用。2021年8月20日，全国人大常委会通过了《中华人民共和国个人信息保护法》，自2021年11月1日起施行。这是中国首部针对个人隐私保护的法律，立法的严格程度堪比欧盟的《通用数据保护条例》（GDPR）。

国有出版企业若借船出海，与其他平台商、终端商的合作约定中应着重提出后台数据开放以及适当的透明化与定制化的要求，对诸如电子书阅读量和下载量等销售数据进行及时的监控与适切的把握，从而对自己的用户及自己的经营状况了然于胸。后台的数据经过分析，可助力出版企业敏捷地反应；可助力出版社拓展数字业务；可助力纸质图书业务销售突破天花板；可助力出版人改变思维模式和业务模式，重塑内容分发机制，向用户作智能分发和个性化推荐，及时地服务用户，有效地推进事业发展，不断地扩大优势，累积发展；可助力出版企业进行适切的战略决策、业务决策、选题营销决策，避免盲目性，在较大程度上做到有的放矢。相较于大数据决策分析，传统的策划、规划方式没有以前那么重要了，尤其是挺进无人区，新事物涌现本不在预想范围之内时。

用户数据战略开始之后，出版社真正需要经营的是那些想学习、想阅读、想提升、想体验的用户，是社群、关系和数据。只有加强社群的建设与运营，出版社才更能获得长期的价值。通过线上或线下、产品、知识、服务、活动等方式找到用户群体，只有比别人更懂用户，才能持续提供用户最需要的产品和服务，才能构筑出版社的长期价值和长期发展的护城河。图书和知识产品自然就成为出版社和用户在某些层面上建立、维持、增强联系的工具之一。以前出版社经营的方式是制作、销售图书,用户不过是用于完成码洋任务的工具,将来应将用户关系运营作为核心,将图书只看作运营用户的一种介质。出版社实现数据化转型升级之后,将不再单纯是一家内容生产公司,更是一家"内容+用户"的数据服务公司。出版业最大的优势在于其内容能力,而内容又是出版业换取用户数据性价比最好的途径之一,以信息、内容作为敲门砖,换取用户数据,进而可以用户需求为核心发展各种业务。

现在是融合的大时代,产业链延伸正成为融合发展的重点方向。以用户需求为核心,通过融合及合作并且共创价值将是文化产业的发展趋势,与实体经济深度融合才是出版媒体发展的制高点和战略高地。随着互联网的快速发展,主流出版媒体确实应该跳出本位主义及其思维,把媒体能量放得更大。不能过于聚焦、关注、停留在内部或跨媒介的融,也要注重跨界的融。积极地拥抱实体经济、政务民生,行更多的融合事宜。在积极推进出版融合之外,还应在避免范围不经济的前提下,奋力践行以出版为核心的大融合,包括发挥规模经济效应的横向融合与追求范围经济的纵向融合及混合两者的融合。既然办的是内容产业,出版社、报社、期刊社等就应善于在各媒介领域及与内容相关的其他产业领域大力拓展。

2015年,李克强总理在《政府工作报告》中提出了"互联网+"的战略思想,其核心就是利用数字技术和互联网平台加速融合传统行业和新兴行业,创造新的产业生态,实质上就是跨界融合的思想。出版企业也只有树立共赢意识,树立"大文化""大传媒""大出版"观念,树立融合一体化意识,树立开放共享的理念,强化产业共赢意识,放宽眼界,放开思维,通过用户数据驱动,积极开展跨地域、跨领域、跨行业、跨产业合作,破除组织文化的隔阂,才能真正有效地实现融合发展,走进更大的天地。

出版企业只要善于利用用户数据,就有可能实现对相关产业领域的赋能,甚至有机会占据该领域的入口,只有这样,出版业才能与外部产业实现平等、有价值的跨界融合,把出版的触角、出版的主阵地延伸到国民经济的各个领域,极大地拓展自身的发展空间,从而更有效地促进出版业的融合转型,促进出版与其他媒介融合、出版与外部产业深度跨界融合,促成出版跨越式发展,促进文化与社会的发展。

掌握了大数据,好比就是掌握了跨界的"万能钥匙",出版就可融通各行各业,超越媒融,在更广阔领域中融合;就可进行多元化拓展,使产业链得以延伸,从而得以跨界并更加深入地融入百姓的生活。2018年6月2日,由山东出版集团、泰山体育产业集团、山东体育学院共同建设的"文化+体育/健康"综合服务平台——"山东出版健康体测中心",有能力开展线上线下的深度融合，实施权威、精准、个性化的健身健康管理和服务，这是一个比较成功的例子。

基于数据化，将来出版还可进而融通万物，跨入万物互联互融的泛媒体时代。人周遭的很多物体都可能配备传感器，都能以人为中心，感应人的言行与需求，并配合服务业服务单位服务人员，给予最贴心、最到位的信息服务。室外很多物体上都可能随处可出现AR的虚拟屏幕，展现各种内容；通过各种设备刷脸进入自己的个人平台，只要简短输入自己的需求或说明接下来要干什么，就会有各种相配合的信息或素材出现，充分辅助个人完成各种个人事项和工作任务。

（二）务实观念中融合

1. 人是出版融合的根本

所有的改革中，人是排在第一位的要素。可以直接说，以人为本才是融合成功的关键。人是决定因素，但最终还是人的思路决定出路。如华为、阿里、爱尔眼科、碧桂园等优秀企业及读客、新经典、果麦等民营书商纷纷采用合伙制，其成功有以人为本的组织基因的作用，并非偶然。所以有人总结说：雇佣时代已经结束，合伙人时代已经到来。

《关于推动传统出版和新兴出版融合发展的指导意见》指出，出版融合过程中需要"推动内容生产向实时生产、数据化生产、用户参与生产转变，实现内容生产模式的升级和创新。顺应互联网传播移动化、社交化、视频化、互动化趋势，综合运用多媒体表现形式，生产满足用户多样化、个性化需求和多终端传播的出版产品"。由谁来推动？推动的目的指向？无疑都必须是人。

出版融合转型的首要一点是工作人员的转型。传统出版人应适时转换角色定位，更新观念、转变认识、加强数字素养，用互联网思维与数字技术武装自己，才能合力助推企业成功实现跨媒介、跨界转型。

具体而言，大力发展融合出版，需要培养一批领军人才及技术前瞻眼光和思维兼具、能起到示范和引导作用的高层管理人员，需要培养一大批了解出版、富有主观能动性的数字技术专业人才及专业数字编辑人才。要求编辑具有大出版、大编辑、大文化产业的理念和格局，有产品经理的思维方式和角色意识，能强化基于大数据的产品策划创新意识，提升自身专业化的审美选择能力、多出版形态的内容构建能力、多渠道的内容推广运营能力及"互联网+""出版+"的创新能力。国有出版正在这方面努力，比如国家新闻出版署出版融合发展（武汉）重点实验室抓住了两大事项：一是每年覆盖6000人的线下培训和覆盖2万人的线上培训，与编辑的日常工作紧密结合；二是出版运营基金模式很好地解决了利益问题,激发了编辑的主观能动性。①

国有出版企业现有的工作环境氛围、薪酬标准和绩效激励效果很难满足知识型专业技术人才的需求,加上互联网商业媒体较多的薪资福利及多样化的绩效考核制度更具竞争力,对人才更具吸引力,使得国有出版企业人才流失严重。出版业必须深化市场化改革,改善用人环境,优化员工工作环境,改革人才工作机制、选拔机制和评价激励机制,引进人才,留住人才,组建满足出版融合转型发展所需的各类技术研发团队、数字业务生产团队和新媒体市场运营团队等人才队伍,为企业内容输出和技术创新研发提供动力保障。有家主营出版的著名文化传媒公司专辟一室养一"公主"猫,供员工缓解工作压力,在员工生日时赠予金饰品,这样的细节安排值得30年来在严格管理上不断加码的国有出版企业有所借鉴。

培养人的效果往往不如用股权激励人,令其自驱动;激励人有时不如直接换人,令单位跟上时代发展。很难想象年龄偏大、欠缺互联网思维的一把手或外行领导能引领好出版企业的融合转型工作。新时代对领导的专业能力、学习能力、观念与知识更新能力、引领能力提出了更为迫切的要求,毕竟人是要靠领导来安排、为工作所用的。然而学界对普通编辑提出的要求太多,却很少有提高出版企业领导专业素养的言论,这其实也是一种本末倒置。

当然企业文化建设也很重要,创新迸发、活力纷呈的文化环境,积极向上的人性化工作环境,长期传承与发扬的认真负责的工作作风,企业的愿景与发展蓝图,员工群体的理想与情怀,团队精诚合作与奋发图强的精神,于企业健康发展及员工的身心发展而言,是一种物质之外重要的精神力量,也是不可或缺的。

还应转变传统的层级制、标准化管理方式,建立开放式、平等式、扁平化管理模式,真正实行现代企业制度,与市场接轨,在内容、渠道、运营等方面加强与互联网领域的融合,充分尊重员工的个性和价值观,为员工提供自由宽松的成长环境和更好施展才能的平台,设计灵活的考核方式和晋升渠道,提升出版企业内部的信息流通速度以增强各部门之间的分工协作能力,排除原有的传统经营管理权威者的不利影响,使员工团队处于出版企业的核心地位,提升员工的工作成就感,最大限度地激发其创造力和活力,以此促进出版企业的发展,顺利地实现融合转型升级。

因编辑细分类型多,笼统言之往往有问题,必须分而言之。还有以前强调或称赞编辑是杂家,在某些情形下也是有问题的,对专业出版而言,首先要有

---

① 参见李婧璇《"现代编辑":从加工把关到制造创造》,http://media.people.com.cn/n1/2019/0410/c14677-31022681.html(人民网),2019年4月10日。

专长，部门领导可以组合有各种专长的员工，让他们强强联合，切实提高书稿质量；大众出版内容比较通俗、浅显，可以强调从业人员的知识结构的复合程度，要求编辑兼具内容加工、营销、技术等多种能力，成为多面手，以降低生产成本，提高工作效率。

美国出版大公司的图书审校工作一般由责任编辑主持，与具有不同特长的内容编辑、特聘的专业人士、统稿编辑、文字编辑等配合完成的，[①] 强调的是专业层面上的人员合作而非部门合作及层级合作，这是值得国内出版社留意并加以思考的。

名人办报刊、办出版社的好传统需要传承和发扬光大。其实最厉害的一招就是聚天下英才共拓传媒"疆域"，这在民营文化出版公司有稍多的体现。国有出版企业也应大力塑造作者品牌，提升作者知名度和社会影响力；或尽量联络有经营能力的文化名人，与他们深入合作，推举他们出来独当一面，成为出版融合转型发展业务方面面向社会的领军人物。

人与人之间沟通、交流、分享的关系也是生产力，社交是建立关系的必要方式。编辑通过数字新媒体等与服务对象的交互是出版融合转型的基础之一。现在每个年轻人平均每天在移动互联网上将大部分时间用在社交和娱乐上，通过与他们及时的交互，编辑可以真正抓住读者、用户的需求，才能真正地向产品经理角色转型。编辑与作者的交互、作者与读者、读者与读者的交互也很重要，都应该适当加强或促进，以便迸发出版融合转型的各种活力与影响力。交互会带来更多的流量，还会带来其他互惠互利的好处，比如读者、用户可以得到更多的服务与有益的指导；作者在版税之外或可获得流量带来的渠道分成，提高整体收入；出版社也可借这些流量资源进行更加充分的营销等。

互联网扁平、开放、去中心化的特质扭转了传播者与受众的不对等关系，提升了关系的层次，被动的受众被赋予更多主动性，这也就提升了出版整体的生产力。出版市场由生产主导型渐变为消费者主导型，将彰显了用户的价值，出版企业吸引用户、亲近用户、聚集用户的能力将成在互联网时代生存和发展的根本。虽然在出版的各个领域尚不宜由用户来主导，但以用户需求为中心已成为大家的共识，此乃大势所趋。国有出版企业当洞悉人性，以互联网思维、用户思维、数据思维、极致思维、迭代思维为指导，以人本主义推动体验经济，为用户提供完善的社交功能、精致的产品服务与贴心的情景感知，讲求实效地推进出版融合转型的发展。具体可围绕特定用户，打造一体化基于知识服务的多元生活平台，充分挖掘用户间社群影响力，提升用户间的黏性，构建独

---

① 参见柳明《编校过程对图书质量的影响——对中美图书出版编校流程的比较分析》，《出版发行研究》2008 年第 9 期。

特的文娱生活体验生态圈;或在数据聚合、数据分析的同时,采取内容标引、智能匹配以及标签聚类等相关方式,更为全面地掌握用户的需求与喜好,并逐渐为用户提供更适配的场景与更为精准的个性化内容。

以读者需求为中心、以市场为导向一直是国有移动网络服务商与民营出版企业进行图书营销或知识信息服务的依据与根本。这种与读者之间的关系正是它们区别于国有出版企业最大的不同,更是其优势所在。中国移动在运营手机阅读平台时依托较为强大的支撑平台,比如客服系统、计费系统、经营分析系统,能比较准确地分析读者的阅读和消费行为,进而推荐读者感兴趣的书。这种针对性强的贴心服务无形中会加强读者对平台的好感甚至依赖感,也是对平台品牌的一种有力维护。有的民营出版商基于数字化平台,在产品营销中设立与用户互动的环节,以小游戏、有奖问答以及多种形式的奖励措施等调动读者的参与热情,进而提升读者对其的认知度和忠诚度;有的民营出版商通过阅读的应用程序分析了解读者的阅读行为、兴趣与偏好,在用户登录时推送匹配读者的书单,还特地为有共同兴趣的读者创造了彼此自由沟通交流的空间,满足了人际关系拓展的需求,提高了读者的留存率与黏着度。今后国有出版企业在推动数字出版转型时,也应像移动网络服务商或民营出版一样,将读者需求至上的思维渗透到数字出版产业价值链的各个环节。

如同医生不仅要将求医者看作患者,更要看作需要爱护照顾的人一般,今后出版工作人员还要往前跨上一大步,不仅要将受众看作用户,更要将他(她)看作是具备独立思想、人格、精神的活生生的、主动的个体。在服务用户时分对象、多层次,更贴心、更细腻,讲求系统性、结构性与适切性,每个经营细节均争取实现价值赋予,升级用户的让渡价值。逐渐完成以下的转变:从独白式思维到对话式思维、从畅销书到"轻学术"、从数字化出版到数据化出版。最终给用户超出期待的数字产品与个性化服务、场景服务,满足用户实用、夸耀、休憩、逃避等各方面的需求及交互式的阅读需求,形成基于阅读兴趣的趣缘性共同体,从而提升用户情感层面的认同感和热度。

产量大小、销量多少、成本高低似乎是三个具有独立性的问题,但从本质上来讲,可以归结成一个问题,那就是是否得到用户的信赖与追捧。从这个角度讲,大家看重的盈利模式等其实也只是表面化的后续事项。用户信从产品的价值,并喜悦产品所赋予的价值,产量、销量就高;产量、销量越高,成本就越低。所以只要得到用户的认可与爱戴,能很好满足用户的需要,能有效提升用户的体验,盈利模式自然不在话下,好多事项都不在话下。所以要融在根子上,能较好地满足读者、用户的需要的才融,这样也才能在自身顺利发展的同时达到主流价值观引领的目标。不能较好地满足读者、用户的需要的融了没用,摊子铺得再大,平台建得再多,阵地占得再多,再重视媒融,都没有用,都是空的、虚的，徒具形式与具有较大规模而已。

2. 精彩内容是出版融合的源泉

出版的长期价值仍在于内容整合与创新能力，内容资源是全面提升数字出版盈利能力的基石。传统出版的内容优势是拓展数字出版业务的竞争优势，要令其在出版融合转型发展过程中得到充分发挥。

凤凰出版传媒集团领导所秉持"书比天大"的理念，值得肯定，说明了图书出版的高超地位。做好了图书，以其内容为圆心，持开放态度，还可以向四周发散拓展，拥抱互联网，进行多方面的融合发展，覆盖普天下各个传媒领域及产业领域："＋技术"（互联网、数字技术）、"＋平台"、"＋产品形态"、"＋商业模式"（B2C、B2B、O2O、众筹等）、"＋渠道"、"＋市场"、"＋读者"、"＋其他行业"，整固或突出出版业务，营造新的业态和生态圈，实现内容、业务、商业模式等方面的创新。

多次开发、IP、文创等更适用于上佳的作品或作品中精彩的部分。精彩内容是出版融合的源泉，有了它们，渠道才有充分的价值；精彩内容好比是燃料，它不仅点亮出版业，还点亮影视、游戏等其他创意产业；精彩内容始终是出版企业的核心价值，出版企业要盘活和深耕优势内容资源，根据不同的需求分层次进行加工，提供阶梯式产品矩阵，不可局限于老套的路数，应通过内容与呈现形式的持续更新满足用户多层次、细分化、多场景化的内容获取需求。技术使精彩内容有更多的延伸，但没有精彩内容，所谓新技术也将没有太多的用武之地。

民营出版在文学图书、教辅图书等方面已逐渐壮大，壮大的源泉就在于其对内容建设的极端重视及高效的、富有市场感的工作方式，长期以来，优秀的民营公司不断以高版税"掐尖"优质内容，不断邀请名作家、新锐作家加入，甚至给予作家股份，从而不断地提升自己的内容优势与核心竞争力。

网络上，品味不高的大众类内容越来越多，而高端的学术、专业类内容所占比例则越来越小，导致知识文化总体变得庸俗化、娱乐化，削弱了出版本应具有的对民众的指导、引导作用，以至于社会文化氛围及民风也有逐渐走向低俗、浅薄的迹象，正需要通过出版的融合转型来加强内容建设、文化建设。国有出版媒体必须在优质内容各方面抢得先机并不断扩大成果，在满足用户需求的同时引领社会风尚向健康的方向发展。

美国漫威在2008年即规划好往后10年间各个英雄角色的出场顺序与故事发展的逻辑，贯穿"电影""漫威短片""电视剧"等，通过故事线的重复利用各个英雄的IP改编价值，使各个英雄的IP内容价值达到了最大化。而中国IP运营现阶段多数施行一次性改编模式，拓展路线过短。日本"制作委员会"由电视台、电影公司、广告公司、音像公司等多家企业组成，共同出资向作品原创者支付版税，获取作品的共同使用许可来投资电影和动画片等作品，一起管理作品版权及改编品质、共同运营作品制作及发行放映——这种投资运作方式，可以分散巨额投资的风险，保证作品的质量。由于中国 IP 改编的买卖双方不属于利益共同体，因此卖方更在乎改编方为获得授权付出的费用而非作品改编后的质量，这是目前中国有些 IP 改编授权费天价成交而改编作品质量却没跟上的关键原因。腾讯等部分商业媒体已开始对旗下的 IP 版权进行金字塔分层管理，并针对金字塔顶端的 IP 进行全版权规划开发，以确保 IP 泛娱乐开发后的作品质量一致性。国有出版企业应及时赶上，从而通过健全的 IP 运营将优质内容的商业价值充分挖掘出来。

在内容上只有摒弃千篇一律、做出高质量和特色来，才能收获更多用户的青睐，并在细分市场占据一席之地，为进一步的发展奠定较好的基础。民营书商世纪金榜有高质量内容，每年出书上千种，并通过七审七校严把质量关，凸显了编辑把关的价值，为优质内容的衍生拓展创造了很好的条件。如今，不少传媒单位都试图提供独家的原创内容，吸引受众、增加流量，独家原创内容的价值日益显现。这一趋势在网络视频播放网站得到了最好的诠释，优酷、腾讯、爱奇艺等都通过自制剧、自制综艺节目及独播剧等方式，建设内容壁垒，进而换得可观的流量和关注度。

数字化普惠技术降低了写作的门槛，人人都可借助网络平台来追求自己的作家梦，草根写手队伍逐渐壮大并具备了与传统作家分庭抗礼的能力。在数字出版转型过程中，长期策划全国写作赛事，注重对包括草根写手在内的原创作者及其作品的挖掘和开发，并以此为契机打通传统出版、数字出版及其他文化形态的产业链，是素有"造星工厂"美称的民营的磨铁图书公司融合转型发展的一大法宝。而这种对内容的运营是吸引流量和用户的基础，也为进一步将流量转化到其他相关服务领域提供了可能。

20 世纪 90 年代末至 21 世纪初，由于硬件技术的限制，整个美国出版业界对电子书业缺乏信心。2009 年，亚马逊成立出版部门 Amazon Encore，挖掘亚马逊网站上那些广受读者好评的自助出版书籍，出版其电子版。此外，亚马逊还收购 Avalon Books 等大众出版商，整合上游资源，形成电子书的内容供应端。基于不断丰富的内容资源，亚马逊在读者付费阅读体验与技术开发上下足功夫，终于取得了很大的成效。

2010 年 11 月之前，烟台日报传媒集团研发的全媒体数字复合出版系统，包括九个功能模块，以及待编稿库、历史资料库和成品库三个数据库，实现了用户管理、内容管理、线索管理、选题管理、任务管理和数据库管理的统一。该集团通过全媒体数字复合出版系统的研发以及机构、机制的调整，从集团层面再造了采编流程。打造了一条包括"内容采集—内容编辑加工—内容多次发布—内容数据库存储—内容多次出售"等环节的内容产业化链条，通过整合产业链的上下游资源，创造出符合数字报业发展规律的新的价值模式，体现集团内容经营的集约化增值效应。① 这种做法的预设前提是要有精彩的内容。国有出版企业要抓住读者付费阅读意愿明显增强的发展机遇，深化内容融合，不断提高内容创新水平，提升出版质量，强化精品意识，持续推出反映世界关切、引起人类共鸣、表达中国精神的优秀出版物。

一批大型出版传媒集团，由大型文化工程、原创出版项目来牵引，以优质纸书内容为依托，深度挖掘纸书中有价值的内容，实现 IP 内容的一次出版、多次开发，打造集在线教育、影视制作、游戏动漫为一体的出版融合产业链。《狼图腾》（长江出版集团 2004 年出版）等诸多热门图书 IP 被用于影视开发，产生了丰厚的收益，也带动了线下图书的销售。

有了精彩内容，就可以进行 IP 运营，围绕 IP，从单一的纸质图书扩展到电子书、有声书、视频动漫、影视剧乃至网游、手游等全媒体、全载体形态，多角度、多层次、多领域地广而深细地传播、使用版权资源。2015 年网络文学蓬勃发展，BAT 也加入其中，相继成立百度文学与阿里文学、阅文集团。2016 年阅文集团提出"IP 合伙人"概念，基于优质 IP，将作家、粉丝、影游开发方、资本方串联起来，连接产业上下游，贯通、构建整条产业价值链。2017 年 4 月，阿里文学联手优酷、阿里影业推出"HAO 计划"，为网络电影生产制作者提供开放平台、IP 等资源及相关服务。基于百度大数据的百度文学成立时宣布自己运营优质 IP，其后一直比较注重 IP 链下游，采取不用参与开发或主导的开放版权、对项目进行实际投资两种 IP 开发模式。国有出版企业可从中借鉴，以图进一步从内容 IP 运营角度取得突破与发展。

内容其实是液态的，流到哪里就融到哪里，还可无限组合。早先的融合都是挑选精彩内容为之的，成功几乎指日可待，而现在的融合在挑选内容上就差一点了，有的甚至为融合而融合，比如铺开来搞全媒体出版，成败实难推断。有些民营文化传媒公司本就有文学书稿掐尖策略，又进一步掐尖拍成一部部电影，不急不躁，效益良好，值得称道。尽管于它们自身而言，自然而然，水到渠成，也没多少融合的难度，但这个才是真正的制胜之道。

有不少人提出以内容为本，这是很实在的，并不是口号。真正占领阵地不容易，绝对要靠精彩内容，从本质上说，精彩内容就是阵地，没有精彩内容，就没有阵地。以为搭个平台就是阵地，以为入驻抖音、App Store 等就是阵地，这种停留在实物形体层面的占地思维可以休矣。没有精彩内容，不提质出新，技术带来的便利、快捷、交互、分享等功能都会没有用武之地，何谈阵地，更

---

① 参见陈伟军《媒介融合视野中的新闻出版强国建设》，《中国出版》2010 年第 21 期。

何谈盈利？

国有出版企业在一定程度上尚处优势地位：内容资源积淀较多、专业资源丰富，有较好的读者基础。必须持续在内容生产上追求专业性与权威性，进一步实施精品出版、精准出版、精细出版，切实提高图书内容质量，有策略地进行动漫、游戏、影视等领域多重开发，发展以"内容为圆心"的产业链，实现优质内容的多维传播。柳斌杰先生在政界提倡媒体融合之前就主张融合出版，现在又十分强调内容质量。

在出版业长期不断发展壮大的同时，出版物的质量水平呈现出不稳定、参差不齐的局面。进入数字时代后，必须处理好速度、规模、效益与质量的关系，并根据不同的选题、读者对象，掌握好"广"与"专"、"浅"与"深"、"慢"与"快"之间的分寸；必须严格执行出版质量管理制度和保障体系，以科学发展观指导工作流程，合理规划，分类指导，统筹兼顾，实现内容质量与产能协调发展。其实传统铅印时代，图书的文字质量并没有传说的那么高，有些书排印等错误不少。进入数字时代后，因为编校、排印条件的极大改善，只要留得住优秀的审稿人才，出版物的文字质量是有望明显超过以往的。

融合出版既要满足、引导人们对优质内容的需求，又要改变内容的呈现方式和传播方式，优质的内容与切合的呈现方式能够构成出版物特别的调性，读者能否被作品吸引，与作品的调性有较大的关系。国有传统出版企业要努力通过内容与基于技术的呈现形式的融合发展，使自身的内容优势得到充分发挥，并延伸、拓展至新兴媒体；国有新媒体公司要注重分众化互动式内容的推送，既要提供满足市场共性需求的产品和服务，又要根据用户的不同需求，在内容和服务供给上做到量身定制、精准传播，丰富人们的阅读体验。

2008年12月，长江文艺出版社、中文在线、移动梦网、汉王、华谊兄弟等机构基于冯小刚所著同名长篇小说，联手在纸质出版物、网络、阅读客户端、手机阅读器、影坛上一起推出《非诚勿扰》，启动了跨媒体出版；其后2009—2013年国内有较多全媒体出版的实践：出现了《贫民窟的百万富翁》《我的兄弟叫顺溜》《义犬》《十月围城》《孔子》《画皮II》《警犬汉克历险记之初次探险》等全媒体作品，又逐渐增加了动画、有声读物、舞台剧等展现形式。甚而至于，在2011年1月，由人民邮电出版社（北京）推出了i尚漫中国原创漫画全媒体出版平台。2014年以后，出现了《花千骨》《呵护生命，平安成长》《足球梦中国梦》等多种媒体发布的作品，增添了音频广播剧的形式；又出现了《迪士尼大电影双语阅读》《迪士尼英文原版》《迪士尼青少年双语读物（美绘本）》《迪士尼经典漫画故事（中英对照）》《星球大战》《爵迹》等全媒体作品，还出现了《图解政府工作报告（2016）》《马克思恩格斯全集》《列宁专题文集》《改革开放元勋画传丛书》等扫码看视频的图书作品。

书影联动也有了更多的实践,如《致我们终将逝去的青春》《步步惊心》《左耳》《乘风破浪》《后会无期》《万物生长》等。总体上跨媒体作品多终端出版、发布有其可取之处,但实践结果并不理想,影响大、效益好的还是太少,而且经过多年的实践,全的程度与实践的次数有所减少,全媒体出版热潮有所消退,已转而进入更为理性的、相对求稳求实效的操作阶段。全媒体出版容易分散单位的战斗力,要量力而行,切勿一味追求形式上的全与同一时段推出的壮观阵容。正确的操作方法应该是在某一媒体上一炮打响精彩内容后,再考虑是否深入开发,进行全媒体出版。所以精彩内容才是出版融合发展的源泉,无此源泉,流不成大河。

国有出版企业在内容生产有长期积累、传承的经验,并有一定的创新能力,只要多加努力,可以将内容做得比以前更好。内容做得好,后续转型一切都会比较顺,尤其在大众出版、大众阅听领域。专业出版社的转型应该有所不同,应该注重权威性,以知识服务为突破口,着重向数据库、智库、知识服务转型。出版内容数据化就是将图书出版内容进行结构化、知识化深加工,利用思维导图等对知识体系进行数据化展现,其中比较高端的就是建设智库。中国2018年以来大力支持智库发展,国家出台了纲领性文件《关于加强中国特色新型智库建设的意见》指引发展方向,目前行业的高峰论坛正在交流建设经验,行业自发组织的智库发展势头良好。这种发展方向的预设前提也是要有精彩的内容。

国有出版企业并购新业态只是一时所为,长期深度发展应以内容为本,着重进行横向拓展;国有出版企业基于大IP改编而成的图书,有部分质量不高、品位不高;国有出版企业的自建平台和自建渠道展示的作用大,远未在内容策划、营销上实现其用途;国有出版企业跨媒体内容资源整合度与其丰富的线下使用场景、完备的内容体系架构不大匹配,尚不足以满足不同领域用户分场景、分层次的知识消费需求。所以尽管有很多精彩内容,国有出版企业仍要作较多的配套与分层次的开发等,才能充分发挥其作为源泉的作用。

3. 在融合中注重差异化发展

数字出版时代来临之前之初,差异化发展一直为出版业所重视与提倡。如今提倡出版融合,尽得时势之利的同时,也不该忽略或遮蔽差异化发展的重要性。按日本学者增成隆士的阐释:"某个事物为某个确定的任务而被构成为系统,那么它的系统的特性越强,则必然对于其他别的课题越是低效的,甚至会成为它们的障碍。"[①] 融合谈得越多越成系统,越有可能在大家不知不觉之中挤压了"分"与"新"。

---

① 张立伟:《媒介融合:犹如带橡皮的铅笔》,《新闻记者》2010年第8期。

出版社类型可从多角度划分，于出版融合转型而言，都是不同的场域。媒融的策略中适合出版融合转型的部分，有观念、技术、内容、渠道、人才、产品、服务、营销模式的相融等。出版企业具体怎么融合转型？具体的出版企业适合不适合转、有没有能力转、能否转得出效果？"＋互联网""互联网＋""出版＋""融合＋""手机＋""＋平台""＋生态"等都是思考的角度和实践的途径。

要谨记逐步发展的道理。目前实力较弱的出版企业先将新媒体作为营销融合的窗口引流就可以了，不要想一蹴而就。取长补短，不断加强自己的优势才是有效融合，各个层次上全效、求大求全只是发展得很强健的出版企业的事，一般的出版企业各自宜有差异化的目标与行为。

至 2018 年，中国内地有图书出版企业 584 家，报纸出版企业 1894 家，期刊出版企业 10084 家，广播电视播出机构 2578 家。在传统媒体与新兴媒体融合发展的进程中，总计有 1.5 万多家新闻出版传媒机构。[①] 不同融合途径、不同单位有不同的转型结果，合适就是最好的，应该鼓励百花争艳，以待春色满园。总体是以传统出版还是以新成立的新媒体为主，还是暂时以传统出版为主，不断转型，最后以新媒体为主并反向融合，仍然可以有不同的选择。再扩展开去，出版企业推进融合应谋划具有自身特色的发展策略。要注意出版本身的特色，与一般传媒的不同之处尤其需要注意，在融合发展中妥善把控。基于共性进行借鉴，基于差异进行创新。基于相同之处或差异的可互补性，出版与一般媒体也有可融之处；窘于差异的不可互补性，则要坚决分开，分得彻底，让出版的某些部分不做不适用于自己的一般媒融的某项事，或者做出一般媒融无法企及的事情来。比如一次采集、多次生成、多元传播的做法，不宜在出版中全面推广。太多种内核相同的同一内容在各个平台、端口重复出现，加剧互联网信息过载现象，也可能干扰用户对有效信息、优秀作品的获取。必须差异化，必须做出优势与特色来，避免低级的重复。全媒体做与否、做不做全没多大考虑或讨论的意义，关键是凝聚力量，精选项目，努力做好，做得很有影响力。在关注呈现形式多样化、传播渠道多元化的同时，更要注重内容在差异化意义上的丰富性与精彩程度。应遵循新兴出版的传播规律，根据新兴出版的特点进行内容加工，根据不同的产品形态、传播方式、传播渠道对内容予以差异化的对待。

国际国内也要差异化发展，做出各自的特色。比如书找人的方式，与中国市场不同，美国出版商高度重视电子邮件的使用；美国出版业的代理制度和书探运作模式已极为成熟，产生了大量十分专业的"书探"和"文学经纪人"。

[①] 参见李祖平《全媒体中心之"传媒综合体"再思考》，《传媒》2018 年第 7 期。

这两种做法暂时不能或不能简单地照搬到中国来，目前的适用性比较弱。全球范围内的听书市场均风头正盛，但中国与欧美的听书习惯也有所不同。读者的习惯不同，转型为场景出版等，自然也会有所差异。

强调差异化发展能够避免或减少恶性竞争，出版单位实施久了，各自的竞争力与彼此的质量、品牌就树立起来了，这是出版原有的比较理性的发展观念。这个观念虽然与融合发展形势与时代发展要求似乎不相配套，有点不合时宜，但为传媒事业长期健康发展计，仍应该注重，仍应该加以强调。

必须在融合的同时注重"分"，形成各具特色的分与合，走不同的转型发展之路。计算机底层的0和1可以使各种内容按序分细、碎片化储存，可整合性强，自然可分性亦强，这也是很辩证的。在"精准出版、精细出版、精品出版"的"三精"出版理念下，就要进行数据分析，就要将内容精细入库，随时可抽取，这里就有合有分，分与合难以切割。数据库供检索查询，用户较主动；在线知识服务平台、教育培训平台等精准分发，对用户予以个性化满足，用户较被动，两者也有差异。

目前，出版媒体的目标受众已在一定程度上呈现出分众化、趣缘化的特征。受众根据自己的个性化需求对媒介进行选择。因而从传播效果而言，跨媒体、全媒体不应是原封不动地平移内容，而应将同样的内容根据不同平台用户的趣缘化特点和传播规律进行重新调整、编排、设计，从而开发出有差异且相互补充的内容。这样做的目的是更好地满足受众的需求，使信息传播效果最优化。其中的分寸需要出版企业加以把握。一是要控制数量，仅选精彩内容进行多重开发；二是差异化要有层次，要精心地按照读者对象作不同的设计与制作。

内容要多而分，汇聚内容是合，抵达是分，合是过程，分是手段，满足用户个性化需求是目的，说明合与分常常协同发挥作用。融合在出版的各个层面，可以有合有分，也可以又融又分，每一种情况、每一个阶段都可能在内外部产生有关联的新或涌现少量的没有关联、跨界逆袭的新。融与分与新可以在同一层面，也可以在不同层面。

合、分、新不但是变化的三种方式，而且可以成为推进事业发展与项目创新的常规路径或思维方式，在工作中，面对具体的事项，可以想想从这三个方面各自可以做些什么，是否可以对事业有所促进。偏重于合是现时传媒发展的需要，数字化也确实可以为"合"拓开空间，提供很多发展的机遇，现时强调"合"是对技术影响传媒时势的一种必要响应，响应中可以有很多创造与发挥，但"合"到一定阶段、比较丰足的情况下，就应三者并重，甚至更重视分与新。

相对而言，国人擅合不擅分，擅分不擅新。不管怎样，在真正的竞争层面、实战层面,怎么有利怎么来,是媒介(体)融合也好,还是媒介(体)分化也好,都可看作做事情时的一种自然交替或同时呈现的状态,不一定要刻意为之,但须思考配套条件是否足够或成熟,能否有好的效果、好的结果,胜算如何。

新闻传播为了突破时空的限制、节目播放的线性约束,势必增加新的媒介,在新的媒介上最快地呈现最新的新闻信息。出版在时效性的要求上远不及新闻传播,一切都显得平缓,内容总在斟酌中不断优化、深入,不要在融合上太着急。少数实力强的单位与优秀图书项目,可以走向全媒体,甚至可以走向各个可相关的产业,以提高整体及各方面的效率、效用。

传统出版与新媒体融合发展是大势所趋,融合出版包括很多环节,涉及众多领域,对于大部分出版企业而言,没有能力也没有必要涉及每个环节、每个领域。不同领域、不同经营规模的传统出版企业的内部发展状况、外部发展条件都各有不同,不一定都要有宏大的计划,更要紧的是立足自身业务特点、整体实力,根据自身资源、技术能力和市场介入程度、业务成熟程度等实际情况,选择合适的融合目标、融合时机、融合方式,制定自己的转型发展战略,校准自己的发展路子,找到适合自己的融合转型升级的方向、路径和发展模式,量力而行、采取切实有效的举措,细耕分类市场,适当作业务板块定位、发展程度定位、产品线定位,有选择、有重点地走好、走稳融合发展之路,有序而又深入地推进融合转型,以便充分发挥自己的优势,做出自己的特色,多快好省地获取社会效益与经济效益的双丰收。比如《现代快报》为赶上以移动互联为特点的新传播时代,由最初的"一纸风行",朝着以集纸媒、网媒、客户端、屏媒、产业为一体的新兴媒体集群的方向发展,摊子越铺越大,运营成本越来越高,经营收入与利润不增反降。至2015年底,终因不堪经济重负脱离新华社,被江苏凤凰传媒集团收购,隶属江苏省委宣传部主管,从"央媒"变成了"省媒"。

现在通过大数据分析,出版企业就大致能看得见、摸得着自身融合转型发展的一些具体情况。基于如此好的条件,自可选择明显有利于自身发展的平台或项目进行投资,而且自当逐渐投入,看到其能逐渐改善、能逐渐成长,再加大投入。传媒乃至出版门类实在太多,各有特性,笼统地讲媒介(体)该怎么融合,出版该怎么转型,确实有指导作用,但有时并不适合实际应用。相对而言,细分门类实事求是、具体问题具体分析、分寸拿捏得当的言论才比较可贵。在实践中,也不应该照搬国内、国外现成的模式,不同出版组织机械模仿、跟风不大合适,只可以相互借鉴、取长补短,如此才能促成或发挥各自的出版优势,提高出版生产力。

"出版+互联网""出版+大数据"是出版本位,可以尽量发挥传统出版优势。"互联网＋出版""大数据＋出版"是互联网本位，主要用互联网、大数据的逻辑来打造产品，可以尽量发挥互联网的优势。前者是传统媒体对互联网与大数据的利用与融合，后者是互联网与大数据对传统媒体的消解、吸收或改造，性质完全不一样，也不能够一样，但完全可以并存。出版融合发展可以多点开花，行"出版＋教育""出版＋知识服务""出版＋文化创意""出版＋生活""出版＋新兴技术""出版＋资本运营""出版＋实体经济"等模式，也可以分别在它们前面都添上"互联网＋"或"大数据＋"并付诸行动。

出版传媒集团在基础教育领域面临着租型教材和自有版权教材拓展的限制。因此，在制度框架不可更改的条件下，教育出版应进一步细分领域，开发各具特色的全国市场的在线教育产品，比如职业资格认证、高教领域的在线专业课程，这应该成为教育类出版传媒集团未来构建融合发展核心竞争力的主攻方向之一。

在科学知识通俗化方面，可以采用科学知识普及互动平台和专业知识社交互动平台两种网络运营模式，图书出版集团还可进一步细分学科领域，围绕知识的供给方和需求方营造平台特色。比如中国科传通过整合国内知名医疗机构与上千位专家的临床资源以及大量的医学图书期刊资源，建立医疗健康大数据平台，为医患双方带来最新的医学信息，与其他出版集团的融合转型发展相比较，明显具有自身的特色。

差别定价是实际出版工作中较典型的定价策略之一，也称为歧视性定价，这是要分，是典型的分，而不是要合。学术书比较小众，定价自然高些。艺术书也偏贵，少儿书价格可能也较高。以后尚可在价格差别上做更多层次的合理安排。

分化之下做精准投放的个性化服务，收费的可行性便大大提高，在自身发展比较完备的情形下，可供用户选择付费的 VIP 高级服务或升级服务，并给予高质量内容的精准提供与分析服务，现在已有公司在做了，比如腾讯视频、喜马拉雅等，或许将来可成为国有出版企业的一种普遍的盈利模式。与视频网站合作将成为"互联网＋"思维下出版企业创新盈利的另一种模式。借助视频网站的助力，出版社将从图书销量增加、品牌价值提升等方面直接受益。

期刊工作人员对期刊出版的融合发展、困境与出路的讨论较多，超乎其本身的地位。期刊大多附属于某个传媒单位或科研院所，在创收方面本无大的要求，在经济等方面也只是处于从属与被动的地位；大多实力太小，较难承受全方位融合转型的巨大成本，做不起很大的平台，只能慢慢来。很有名、很有实力的期刊可以通过融合手段做大、做强，一般专业期刊最好联合起来搞融合发展。总之必须因刊而异，分层推进。

转型也好、融合也好、创新也好，都可能做得好也可能做得不好，所以它们都不是效用层面的东西。应该回归常识，依据自身的条件与优势找对方向来慢慢地扩张。做自己能做、适合做、做得好的事，多用融合手段，多发挥融合的长处，同时又注重差异化发展策略，不为融而融，自然就能走上良性发展的道路。

（三）协作中共进

1. 各界的协作共进

出版企业融合转型发展，不能单打独斗。出版企业需要顺应时代发展的潮流，在巩固自身优势和品牌的基础上，积极开展对外协作，拓展业务版图，不断做强、做大主业。在2008年，即国内"数字出版"呼声最高的时候，中南传媒与华为联合投资3.2亿元，成立了天闻数媒科技（北京）有限公司。这是一家独立的数字出版公司，也是中南传媒数字内容资源的唯一运营主体和数字资源对外合作的唯一窗口，还是传统出版企业与技术厂商的第一次合作的实体。2010年4月，浙江出版集团和阿里巴巴共同打造了新型纸媒《天下网商》杂志。2011年9月，二十一世纪出版社与麦克米伦出版（中国）有限公司在北京合资成立双方各持50%股权的北京麦克米伦世纪咨询服务有限公司，之后4年此合资公司引进出版了300余种麦克米伦出版公司的精品图书。2016年3月22日，二十一世纪出版社集团与麦克米伦世纪出版国际有限公司"深化战略合作联合声明"签约仪式在伦敦举行。[①]

技术公司可以向出版企业提供业务开拓的技术支撑。上海触讯信息科技有限公司主推的"阅门户"是一站式可定制的融合出版平台，号称可像玩拼图一样组成融合出版的业务形态。该公司自称2020年，为超过100家出版机构、1000种图书和期刊提供了包括私域平台搭建、超媒体电子书阅读、有声书、视频微课、题库、微型数据库、互动课程等各类手术刀式的精准解决方案。产品数突破500款、使用量突破1亿人次、转化率突破6%。[②]"闻道书田"的融合出版服务建立在大数据分析基础上，以"网梯云眼"为技术依托，实时掌握阅读数据，为出版企业生产更优质的内容提供决策支持；其融合出版服务的目标是帮助出版企业为读者提供个性化的阅读内容，帮助出版企业成为各自知识传播领域的"今日头条"，智能推荐内容，并在垂直领域开展专业技能的个

---

① 参见《二十一世纪出版集团与麦克米伦深化战略合作》，微信公众号《麦克米伦世纪》，2016年3月23日。

② 参见《2021新春寄语｜阅门户融合出版研究中心》，微信公众号《阅门户》，2021年2月10日。

性化培训服务，进而从版权模式过渡到用户模式，深度挖掘读者全生命周期价值。[①] 数传集团与中国出版协会正式签署战略合作协议，建立了长期、全面、稳定的战略合作关系，内容包括编辑培训、重要活动、技术服务。技术、服务纳入协会主办的编辑赛事当中。除数传集团的 RAYS 系统外，同方知网的腾云融媒体出版平台也是面向出版企业的融媒体出版的一体化技术平台，提供二维码的管理、数字资源的管理、融媒体资源发布展示、图书正版验证、纸电协同销售、读者服务等功能，可以实现出版企业的纸书和数字资源的融合出版。腾云融媒体出版平台可部署在出版企业本地，也可采用云服务架构，通过云平台为出版企业提供融媒体在线浏览、数据分析、读者支持等服务。"方正畅享全媒体新闻采编系统"则入选了国家新闻出版署 2020 年中国报业深度融合发展创新案例。该系统作为"方正超融合智慧媒体解决方案"的核心产品，自正式发布以来，在全国 300 多家媒体得到了广泛应用。为前沿技术应用作出了积极有益的探索，取得了扎实有效的经验，推动了报业深度融合发展。[②]

国有出版企业应进一步加强与 BAT、抖音、今日头条等头部公司的合作，推动出版与科技融合，拓展数字出版业务。国有出版媒体单位之间更应互相扶持。2018 年 12 月 27 日，新华网股份有限公司与人民出版社在北京举行战略合作协议签约仪式，宣布将围绕党政类学习云平台及数字阅读业务开展全方位战略合作。有条件的国有出版企业，还要逐渐提高技术的自主性。知识产权出版社全资成立了中献电子技术、中知智慧科技等多家技术公司，开发出"来出书""知了网"等数十个平台产品，坐拥许多具有自主知识产权的专有技术和软件，包括面向数字出版的机器翻译技术、全文检索、跨语言检索技术、断版图书电子化和印前处理系统、高分辨率照相扫描和图像处理技术等。

国有出版企业可与民营书店、自媒体、文化传媒科技公司等开展多方合作，与时俱进，赶上潮流。在"视频无处不在，万物皆可播"的时代，视频营销带货以迅雷不及掩耳之势席卷出版业，疫情则使得这种营销模式更加常态化、规范化。尤其是书店直播，不少民营书店和独立书店的创始人亲自上阵，更有嘉汇汉唐等要求所有门店一线员工全员开通抖音，全面开展以书评、直播为主要内容的阅读推广行为。这些情形对国有出版社而言，也是一种提示，国有出版社自当不断更新自我，提升与各种新生力量主动合作的能力，提高自身在各种新空间中的运作水平。

另外，通过产研合作，可以促进业界专家与科研院所学者的研究水平与实

---

① 参见张震《融合出版助力出版社 打造全媒体商业生态》，《出版参考》2018 年第 8 期。

② 参见鲜虹《技术创新无止境 媒体融合在路上》，《中国传媒科技》2021 年第 3 期。

践水平的提高。这方面的事例不少，限于篇幅，仅举一例：2018年11月23日，南京大学信息管理学院、南京大学人文社科大数据研究院以及南京大学出版社三方经多次交流、友好协商，成立"大数据——融合出版研究平台"，并在南京大学出版社举办了签约仪式。通过产学合作，可以加强对出版专业学生及出版从业人员的培训。产学共谋、联动、互补、互通，立足于关键点，可不断优化、提升联合培养的质量与应用于实际的有效性。业界工作人员可进入高校接受定向培养，高校则可联手业界采用项目制、竞赛制、招标制等各种方式培养学生。

2. 政界、业界、学界言论的协同与互为补充

基于以下图表，可以考察三界言论的协同与互为补充的情况，可以知晓某些方面的不足，并予以改进。

表8-8 政界、业界、学界15种C刊、13家报纸三主题发文量分布

三界	主题媒融篇数	占比（%）	主题"出版+融合"篇数	占比（%）	主题"出版+转型"篇数	占比（%）
政界	93	3.67	106	6.44	89	5.35
业界	1416	55.81	1143	69.44	1220	73.41
学界	1028	40.52	397	24.12	353	21.24
总篇数	2537	100	1646	100	1662	100

注：三主题即在中国知网中搜索的媒融、"出版+融合""出版+转型"这三个主题。

从各界发文量来看，学界关注媒融特别多，关注出版融合、出版转型却较少。出版融合转型方面大部分言论出自业界。

表8-9 政界、业界、学界15种C刊、13家报纸主题"出版+融合"发文数量

三界	登载的报刊	2009年之前（篇）	占比（%）	2010—2014年（篇）	占比（%）	2015—2019年（篇）	占比（%）	2019年12月31日之前（篇）	占比（%）
政界	中央级报纸	2	4.35	7	1.71	35	2.72	44	2.67
	C刊	1	2.17	17	4.84	44	3.52	62	3.77
业界	中央级报纸	16	34.78	153	43.87	531	42.59	700	42.53
	C刊	10	21.74	66	18.80	367	29.38	443	26.91

续表 8-9

三界	登载的报刊	2009年之前（篇）	占比（％）	2010—2014年（篇）	占比（％）	2015—2019年（篇）	占比（％）	2019年12月31日之前（篇）	占比（％）
学界	中央级报纸	—	—	3	0.85	4	0.32	7	0.43
	C刊	17	36.96	105	29.91	268	21.46	390	23.69
	总计	46	100	351	100	1249	100	1646	100

表 8-10 政界、业界、学界 15 种 C 刊、13 家报纸主题 "出版＋转型" 发文数量

三界	登载的报刊	2009年之前（篇）	占比（％）	2010—2014年（篇）	占比（％）	2015—2019年（篇）	占比（％）	2019年12月31日之前（篇）	占比（％）
政界	中央级报纸	1	0.60	17	2.41	13	1.65	31	1.87
	C刊	5	2.98	25	3.54	28	3.55	58	3.49
业界	中央级报纸	106	63.10	358	50.71	322	40.86	786	47.29
	C刊	40	23.81	187	26.49	207	26.27	434	26.11
学界	中央级报纸	—	—	4	0.57	6	0.76	10	0.60
	C刊	16	9.52	115	16.29	212	26.90	343	20.64
	总计	168	100	706	100	788	100	1662	100

从以上三表可以看出，原本以新闻传媒为主要研究对象的媒融研究热潮也覆盖了出版，出版界对出版融合的研究也得到了较多的开展，其成果自 2010 后不断地在报纸、学术期刊上得到发表，2015 年后数量尤多。与新闻传媒业界不同的是，出版业界在 CSSCI 学术期刊及报纸上皆发声较多，基本没有报纸以政界、业界声音为主，CSSCI 学术期刊以学界人士声音为多的明显区分。学者在出版融合问题上，仍基本在学术期刊上发声。学者因为考核等方面的因素，一般都将研究所得及想法写成论文，发表在学术期刊上。这对发展新闻出版事业而言，是一个比较大的缺陷，学者应该将自己的所思所想，不拘于论文形式，尽快地发表在报纸上，与政界、业界文章互相交流，互补长短，促进业界读者的思索。业界读者大都看报纸而不看学术期刊，学界人士主要将言论发

表在学术期刊上,业界读者一般不看,就变成了学界的自娱自乐,对新闻出版事业有多少真正的意义与价值呢?学界在出版融合、出版转型这两个主题上,发文量都偏少,2019年12月31日之前占比都只有百分之二十几(出版转型21%多一点,出版融合24%多一点,对出版融合关注得稍多一点,是因为学界对媒融十分关注的影响所及),说明学界对出版的关注是不够多的,关注度有待提升,希望学界以后对出版有更多的研究,以促进中国出版业的进化与发展。与学界形成鲜明对比的是业界在这两个主题的研究或建言上都占了大头,这一方面说明出版业界人士对自身行业的发展尤其关心,有特别多的关注与思考,而且说明出版业界学者型的工作人员特别多,建言、研究的能力也特别强。其实这也不奇怪,出版业界人士往往几十年如一日都从事某个专业领域的工作,所以专业能力特别强,在专业领域的出版方面特别熟悉且特别有想法,其想法不但触及的范围特别广,而且特别务实,其言论对实际工作的有用程度、促进程度,往往是一直待在象牙塔之中的学者们所不及的。

表8-11 政界、业界、学界15种C刊、13家报纸主题"出版+融合"文章篇名三词性比例

三界	形容词数量	占比(%)	名词数量	占比(%)	动词数量	占比(%)
政界	16	15.09	206	7.95	86	11.07
业界	76	71.70	1757	67.81	490	63.06
学界	14	13.21	628	24.24	201	25.87
总计	106	100	2591	100	777	100

注:基于清博词频统计的分词结果制成,截至2019年12月31日,下表同。

表8-12 政界、业界、学界15种C刊、13家报纸主题"出版+转型"文章篇名三词性比例

三界	形容词数量	占比(%)	名词数量	占比(%)	动词数量	占比(%)
政界	9	9.38	184	9.16	81	8.77
业界	72	75.00	1266	63.05	616	66.67
学界	15	15.63	558	27.79	227	24.57
总计	96	100	2008	100	924	100

基于以上五表,基于如下认识:某一词性词占比高则说明某一方面的烈度强,形容词、名词、动词占比分别有质性地体现在态度、关注范围或行动等上

面的标举意义,可以得出以下总体结论。

"出版+转型"业界发文量占三界总发文量的比重为73.4%,而文章篇名用词中形容词占比达到了75%,居然反超,说明业界撰文确实有特别多、特别广的性情、态度的表达。另两个词性词的占比比形容词少,但动词占比也比较高,与发文量占比比较,少得有限;名词占比则符合一般的情形。说明在出版转型方面,业界正在或希望采取的举措确实比较多而广。

学界"出版+转型"发文量占比只有21%多一点,名词、动词占比高一些,名词占比明显比发文量占比多,形容词占比明显比发文量占比少,说明学界比业界明显重视篇名的学术风格,在性情、态度表达上十分收敛(这一点与学界在"出版+融合"方面的表现一致),而且希望业界等对较多的对象采取较多的行动。

政界"出版+融合"发文量占比仅6.44%,相形之下,形容词占比明显提升得很高,是前者的2.34倍,超出一般的差距,说明政界对情状与程度乃至性情与态度有特别多的表达与流露,对出版融合发展寄予了特别殷切的期望和要求。业界"出版+融合"发文占比69.44%,形容词占比反超,达到71.70%,说明业界对发展出版融合的迫切心情在深、厚、广等方面自觉向政界看齐;名词占比与发文量占比很接近,动词占比与发文量占比算是拉开了距离,说明相较于心情、姿态的迫切以及关注方面、关注对象的多而广,业界对行动与举措的考虑、实施和期望相对薄弱,在发展途径、方向、手段上不是很清晰、很多样,而且在落实的思路、规划上或采取行动方面存在一定疑惑,有些踟蹰,不是很坚定。以上五表反映的情况不止这些,限于篇幅,不再赘述。

还可基于上述15种C刊、13家报纸"出版+融合""出版+转型"主题三界三时段文章篇名50个高频关键词的共现关系,作ROST CM6语义网络比较分析。因篇幅所限,就不将各界各时段细分生成的24幅语义网络图都展示出来了,仅将其中三界总体与三界第三时段的语义网络图分别展示如下(图8-9—图8-20),并分别予以简要的分析。

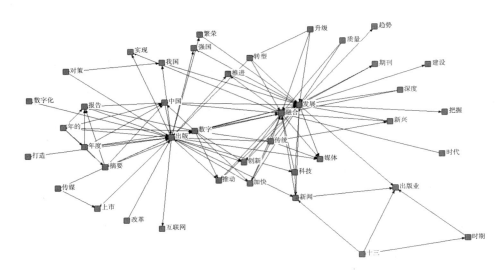

图 8-9 "出版+融合"主题政界话语语义网络

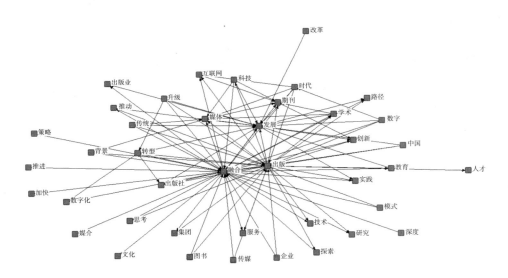

图 8-10 "出版+融合"主题业界话语语义网络

第八章 出版融合转型状况与发展策略

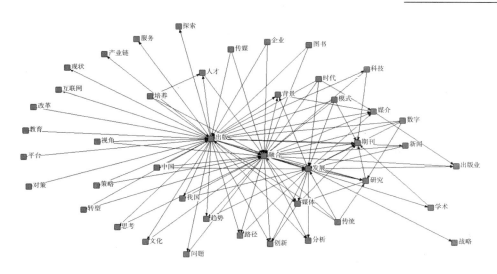

图 8-11 "出版+融合"主题学界话语语义网络

① "出版+融合"方面。从以上三图，可以看出：学界、业界都较多讲融合背景，都重视融合创新、融合路径、期刊发展等。业界更重视互联网，相关问题研究得较多，较多谈实践。学界重视分析，更重研究，研究的方面亦多，特别关注发展趋势等。业界的语义网络与政界的语义网络比较相像，说明业界对政界主张的响应程度较高，或者说业界的建议和想法对政界影响较大。业界、政界都注重推动、推进、加快出版融合，升级、发展出版。政界对出版融合的意义、价值与作用的衡量，是在深重关切国家强大与社会繁荣的层面上进行的。

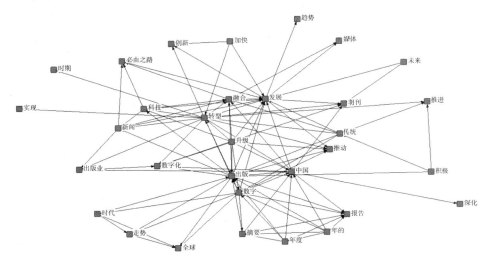

图 8-12 "出版+转型"主题政界话语语义网络

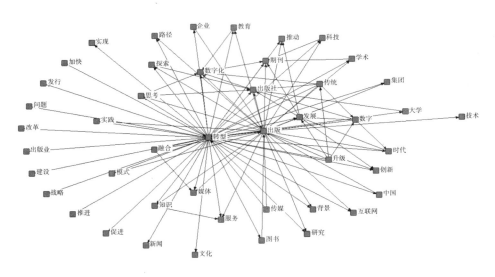

图 8-13 "出版+转型"主题业界话语语义网络

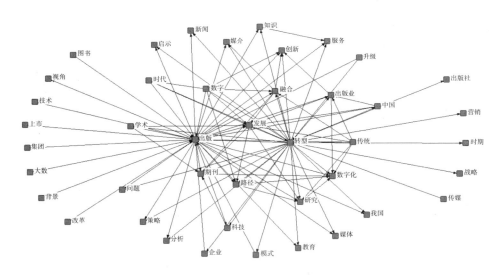

图 8-14 "出版+转型"主题学界话语语义网络

② "出版+转型"方面。从以上三图,可以看出:学界重学术问题的研究,重路径的研究;业界重实践、探索、思考,要求加快、推进、推动、促进出版转型发展并实现某些好的结果。学界业界皆重视创新,皆重视数字化出版转型发展及升级,皆重视知识服务。政界则强调基于科技的新闻出版转型融合发展是必由之路,认为出版、出版业数字化与其转型发展关系比较直接、密切,而且面向未来,要求不断推动、推进、加快与深化、升级出版转型。

第八章 出版融合转型状况与发展策略

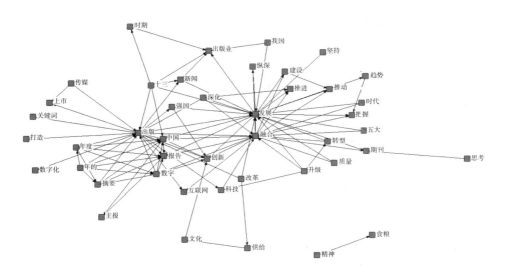

图 8-15 "出版+融合"主题第三时段政界话语语义网络

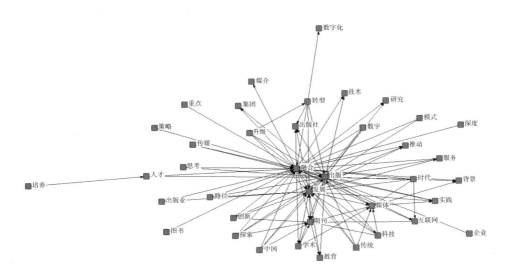

图 8-16 "出版+融合"主题第三时段业界话语语义网络

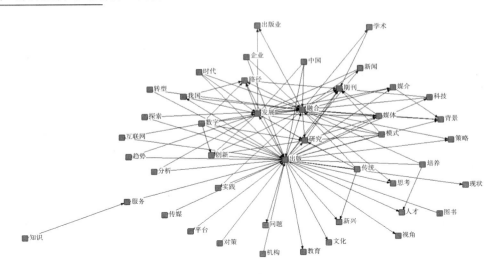

图8-17 "出版+融合"主题第三时段学界话语语义网络

③第三时段"出版+融合"方面,基于对以上三图的观察,可以得出结论:学界重点分析、研究、探索在媒介(体)融合的时代下、背景下,中国新闻、期刊、出版数字化融合创新发展的模式、路径,对知识服务也有些研究,而且这个研究明显有待深入;对出版借助科技等的发展转型策略与趋势、人才培养等也给予了较多的关注。业界在融媒时代与背景下,重点关注融合出版的创新发展与升级,对出版社的数字化转型、出版业的发展路径、学术期刊出版的发展、出版融合发展的科技与教育依托也有较多的关注。政界对新闻出版融合的建设、创新与发展有重点关注,对推进出版的转型融合以及融合的纵深发展与升级发展有较强烈的推进、把握的意愿。

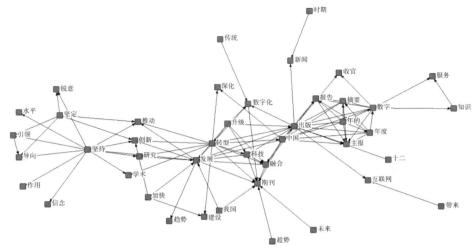

图8-18 "出版+转型"主题第三时段政界话语语义网络

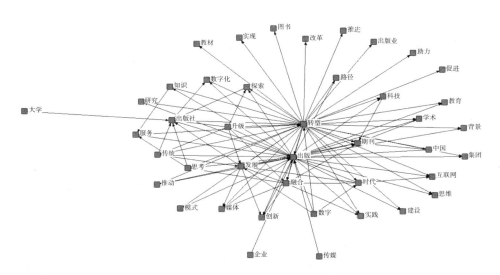

图 8-19 "出版+转型"主题第三时段业界话语语义网络

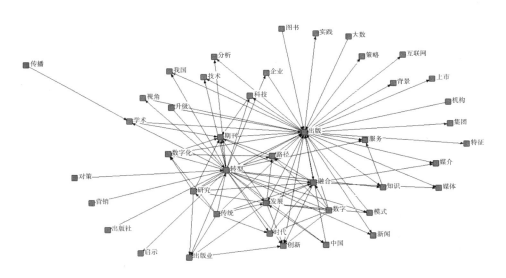

图 8-20 "出版+转型"主题第三时段学界话语语义网络

④第三时段"出版+转型"方面，基于对以上三图的观察，可以得出结论：学界的研究表明，在数字时代传统出版的转型发展与融合关系密切。学界较多关注科技、技术，重点分析研究了学术期刊、图书出版的数字化转型升级、出版转型融合的路径及转型发展模式、出版业的数字化创新等，还对知识服务较第二时段有了增量的分析与研究，对出版企业上市等也予以关注与研究。业界与学界此一阶段的语义网络大同小异，区别主要在于业界更注重实

践，而且表达了更多推进、推动、促进、助力、探索、实现出版融合转型各方面建设与升级发展的意愿。政界强调"坚持"，号召各界坚持导向，坚持信念与官方媒体的引领作用，坚持创新与学术研究，推动并加快、深化出版的数字化转型升级及与科技的融合发展，相对而言，对期刊的融合发展有较多探讨，对数字化知识服务也予以了明显的关注。总体来看，三界彼此观察的对象、范围与重点同中有异，需要对彼此关注的观点有更多的关切，使彼此之间有更多的交流与沟通。

2021年5月7日，国家新闻出版署下发了《关于组织实施出版融合发展工程的通知》："为贯彻落实习近平总书记关于推动媒体融合发展的重要论述，按照《中华人民共和国国民经济和社会发展第十四个五年规划和2035年远景目标纲要》有关部署要求，经研究论证，国家新闻出版署启动实施出版融合发展工程……推动出版业深度融合发展是一项系统工程，需要全面推进和重点突破相结合，在全面规划部署出版业融合发展的同时，以出版融合发展工程为重要抓手，聚焦重点领域和关键环节打造示范样本，引导带动全行业深化认识、提高站位、主动推进、系统谋划，形成融合发展、高质量发展的内驱动力和有效行动。坚持示范引领、分类指导、突出重点、扶优助强的原则，综合运用绩效评估、资金资助、宣传推广、案例教学、政策支持等多种手段，培育出版融合发展第一方阵……2021年，国家新闻出版署优先实施数字出版精品遴选推荐计划和出版融合发展示范单位遴选推荐计划，同时将研究拓展出版融合发展工程内容，后续公布其他有关子计划，更好地示范带动全行业提升融合发展的能力和水平。"政界的这番言论在推动出版融合向纵深发展的同时，进一步给学界的研究、业界的实践起到了很好的指导与引领的作用。

（四）调整中强化

国有出版要强化自己，有各种层次、途径。要做强国有新媒体，催生头部新媒体公司，就要适当调整，加强品牌建设、版权保护、企业文化建设、组织建设及出版融合转型发展研究；强化商业模式与盈利能力；强化资本运作及适度有序的多元化；强化集团整合及收购兼并的有效性，从而推进融合转型发展，提升出版的地位与正面作用。

1. 加强品牌建设与版权保护

出版社对自身相关品牌的挖掘、建设与保护是很不够的，人出品牌可靠直播等，书出品牌可运营IP等。国有出版应基于自身的政治优势、业务优势、信息优势等，通过常规出版、主题出版、智库建设等具体工作，逐渐将出版社品牌、书的品牌、编辑的品牌、作者的品牌、产品的品牌、营销服务的品牌等发展壮大起来。

产业链条的各个环节是可以联动发展的，先集中力量把产业链的某一环节做强，做成品牌，然后向产业链的其他环节延伸，进而实现赢家通吃，是许多互联网企业惯用的策略，也应该成为国有出版企业整合转型的发展策略。

出版品牌小猪佩奇 IP 在 2017 年实现 12 亿美元零售额，仅上半年，它在中国的授权商品的销售，同比增幅就超过了 700%，包括玩具、服装、毛绒产品、图书、零食、玩具等。[①] 可见优质 IP 的价值与延展性有多大。

在 IP 不断涌现的同时，文学作品抄袭现象也屡见不鲜，对知识产权的强力保护，是 IP 健康运营，带动数字出版产业发展的关键所在。国内 1990 年通过的《著作权法》历经多次修改，对应媒融带来的新闻传播方式及载体的改变引发的各种各样越来越多的版权纠纷，仍然相对滞后。版权就是发展的主动权、谈判的话语权。碎片化也好，专业化也好，创作的积极性必须得到保护。版权环境不佳自然会令仍然偏传统的国有出版企业前行打滑，困难重重。

国内碎片化版权交易机制不够细致明确、细粒度知识资源保护力度不足等问题，严重影响了出版优质原创内容的生产、再生产与广泛传播。多元主体间协同合作的利益分配机制也不够完善，导致其中的任务承担、利益分配、版权归属等不清不楚，不利于跨领域的企业合作和服务调度，直接对新型知识服务产品的研发造成了负面影响。

版权保护滞后，导致出版融合生态脆弱芜杂，不断经受考验。今后应完善数字版权的出版商代理、著作权集体管理、超星交叉许可等模式，进一步将法定许可、授权要约与著作权集体管理机制有机结合，解决好数字时代的海量版权授权问题，减少纠纷，并大大降低寻找著作权人的成本。版权管理机构自当建立公平、公开、准确、可靠的许可费分配机制，充分公开账目，接受权利人与社会的监督，确立起自身工作的专业性、规范性与权威性。

以前国内在数字出版具体发展过程中以及数字版权纠纷案件处理中都倾向于把专有出版权和数字版权作为独立的部分来看待，这就为之后的版权运营埋下了隐患。

随着移动终端的兴起，国内数字有声书市场也进入高速发展阶段。司法实践中将有声书认定为录音制品，由于授权过程复杂、权利主体众多、用户侵权等原因，有声书出版市场侵权纠纷虽较其他类型的大众产品少一些，但也处于频发的状态。

随着数字出版产业链的延展，那些以平台、技术为优势的市场参与者开始向内容提供商转型，绕过出版商，直接与作者签约获取信息网络传播权。这些

[①] 参见许雅健《精品 IP 全媒体产业链建设思考——以〈开心幼儿〉为例》，《新闻前哨》2020 年第 12 期。

主体的加入在推动数字出版产业进步的同时也使版权形态日趋错综复杂。相较于传统出版出现的抄袭、盗版等版权侵权案件，数字出版在技术力量的支持下，侵权形式的多样化程度、侵权过程的便捷化程度及案件发生的比例、频率更高。随着技术的更迭，盗版的模式变得更加多元而难以监管，论坛、贴吧、BBS、网盘、文档分享平台等都可成为盗版资源的集散地，以至于版权管理和保护面临着比以往更严峻的挑战。盗版的横行不仅使内容的社会创造能力及价值得不到最大释放，也制约着整个数字出版融合的良性发展。对国有出版与民营出版而言，盗版都是一块挥之不去的"阴霾"。许多优质作品一经出版，便遭到网络自媒体的"拆书""洗稿"，其进行的非法传播严重损害了作者和出版企业的利益。

不少出版企业至今对内容资源和版权保护不够重视，版权开发与运营意识不强，版权收益微薄；即使有些出版企业充分意识到版权保护的重大意义，却缺乏有效的路径和方法来应对侵权，维权成本高，导致自身权益保护难以实现。

出版企业强化数字版权管理机制势在必行，应主动联手版权保护部门和网络服务提供商，加强对盗版内容的打击。在技术上，应建立、健全数字内容版权保护查询和授权系统，推广DRM数字版权保护技术和数字水印、指纹技术，用先进的数字加密手段使正版内容免受被破解及恶意复制、分发之扰，并实现对盗版者的追踪及可能盗版的内容的查重；在传播途径上，对盗版资源收录网站、网盘、P2P、搜索引擎等盗版传播节点进行监控，鼓励举报，严加惩处，切断盗版资源的传播链条。

社会力量在版权保护上起到了一定的作用。2017年4月19日，中国版权协会版权监测中心官网正式上线，版权方可在线上进行版权认证、监测、预警等系列维权工作。2019年1月，中国网络视听节目服务协会发布《网络短视频平台管理规范》，明确了网络平台的版权保护责任。

国家层面的版权保护力度较大。在国际上，中国加入了《伯尔尼公约》《世界版权公约》《世界知识产权组织版权条约》等公约。在国内，官方长期采取行政执法与司法保护并行的"双轨"结构，并逐步加强后者，不断加大版权保护的范围与优化的力度。2001年、2010年、2012年、2014年、2017年，《中华人民共和国著作权法》皆有修订版发布，努力与时俱进，不断明确行政执法的职能，细化执法内容。2002年《著作权法实施条例》颁布；2003年《著作权行政处罚实施办法》颁布；2004年《著作权集体管理条例》颁布；2005年《互联网著作权行政保护办法》颁布；2006年《信息网络传播权保护条例》颁布。最高人民法院2002—2014年颁布了《关于审理涉及计算机网络著作权纠纷案件适用法律若干问题的解释》在内的四份司法解释文件；

国家版权局 2015 年 4 月发布《关于规范网络转载版权秩序的通知》，2015 年 10 月发布《关于规范网盘服务版权秩序的通知》，2016 年 11 月发布《关于加强网络文学作品版权管理的通知》，2017 年 4 月 26 日，公布 2016 年度全国打击侵权盗版十大案件；2018 年，国务院、最高院、北京市高院、四川省高院各自发布实用性、针对性强的具体版权审判规则。2019 年 11 月，中共中央办公厅、国务院办公厅联合发布知识产权保护工作的纲领性文件——《关于强化知识产权保护的意见》，明确至 2025 年分两步走，解决侵权易发多发、权利人维权难等问题，构建机制良好的保护知识产权的生态。2020 年 11 月 11 日，第十三届全国人民代表大会常务委员会第 23 次会议通过了《全国人民代表大会常务委员会关于修改〈中华人民共和国著作权法〉的决定》。随后颁布的新的《中华人民共和国著作权法》（2020 年国家主席令第 62 号）在著作人及其权利、著作权归属、权利的保护期、权利的限制、著作权许可使用和转让合同、与著作权有关的权利及其保护等多个方面做出了明确的规定，为出版融合转型发展进程中著作权人的权利、数字版权保护等提供了法律保障。

　　技术的力量也要用在版权保护上。区块链被认为是一个具有颠覆性潜力的技术，将重新定义世界，改变经济、社会和生活，也将为出版领域带来革命性影响。区块链是分布式数据存储、点对点传输、共识机制、加密算法等计算机技术在互联网时代的创新应用模式。上链数据可将原创信息生成为唯一数字 DNA 存于链中。William Mougayar 在《商业区块链》中对区块链的概念进行了进一步深化，他认为，区块链的概念具有技术、商业、法律三个层面的含义，其在技术层面是公开的分布式账簿后台数据库，在商业层面是个体之间价值转移的交易网络，在法律层面则是不需要中介的交易验证系统。区块链的基本特征主要包括：分布式、去信任、不可篡改、加密安全性。区块链技术正逐步成为保护数字版权的利器之一，能够有效响应数字内容的确权、用权、维权等问题，助力落实版权登记、交易与检测等功能。在学术成果版权保护与学术不端行为治理、学术出版同行评议、出版物影响力评价、科研的可重复性、期刊价值功能改造等方面应用具有较强的可行性。[①] 有助于解决版权问题、内容的自由组合与分发问题（比如在组合分发过程中的利益分配问题），有利于保护著作权人合法权益，激发其创作动力与潜力，进而保障出版内容的原创性与高质量。2019 年 7 月，人民在线与微众银行依托区块链技术、联合研发的"人民版权"一站式版权保护平台发布。2020 年 4 月，马栏山视频文创产业园管委会签署《数字文创产业知识产权保护长沙宣言》，致力于建设基于区块链技术

[①] 参见陈晓峰、云昭洁《区块链在学术出版领域的创新应用及展望》，《情报工程》2017 年第 2 期。

的版权生态交易平台。此外，阿里巴巴、百度等企业分别推出了"蚂蚁链""百度超级链"等版权保护解决方案。① 区块链技术公开透明，能给予版权更好的保护，但也存在一定问题，如区块链技术本身的规范与标准问题，它并不一定能完全有效遏制侵权现象，并且技术条件下的绝对控制可能引发表达自由的问题。有鉴于此，有必要从法律或政策层面对区块链技术运用进行规制，首先国家层面应尽早出台区块链技术规范标准，其次要对区块链系统中的智能合约进行法律规范化处理，最后应在区块链中推行适当的监管模式。

维护版权，不仅是国有出版单位的事情。早在2005年，由中文在线牵头成立了"在线反盗版联盟"，就陆续开展了一系列反盗版维权行动。2011年3月15日，50位作家公开发布《中国作家声讨百度书》后，"百度文库侵权门"再次掀起热潮，此次维权行动产生了很好的示范效应，值得国有出版单位借鉴。

遭遇盗版，实力较强的国有出版单位理应为行业良性发展多做贡献，冲在前面。维权有各种途径，可基于著作权法及反不正当竞争法等展开行动。若发现实体店铺在卖盗版内容，比较简单，可以请一名律师、一名公证员前往取证（碰到高仿的情形，可将元素提取出来证明其表达侵权），然后起诉。发行渠道有盗版问题处理起来复杂一些，若发现微信等私域流量中在卖盗版内容或其他侵权内容，通过民事诉讼解决比较麻烦，可通过行政举报的方法让文化执法部门去管，或通过刑事举报的方法，让公安部门去管；若发现电商平台或其他数字平台上有盗版或其他侵权的情况，可向平台投诉，让平台方迅速下架盗版内容。

2. 加强企业文化建设与组织建设

国有出版企业的文化氛围趋向保守，缺乏大胆开拓和创新精神，决策机制一般求稳妥，对具有一定风险或短期内预期不能产生收益的新出版项目、新营销方式，不允许冒太大的风险。需要更加重视企业文化，基于组织建设等，通过容错的企业文化建设，推动各种积极因素的作用更多地发挥到新事业的创建上。

行政人员要充分意识到市场竞争的残酷性与企业盈利的重要性，依托信息技术，和企业战略及企业文化建设需要相联系，由明确的方法论指导，加强服务意识，基于组织资源、经济资源等，从根本上重新分析、设计、再造组织结构及组织内部的业务流程，在最大程度上变管理为服务，进一步加大对一线编辑工作人员的赋能力度，尽量便利他们开拓业务或努力工作，尽量少打搅他

---

① 参见周蔚华、陈丹丹《2020年中国出版融合发展报告》，《科技与出版》2021年第6期。

们。可变人事处为人才赋能办公室、变总编办公室为综合赋能办公室、变社长室为赋能总干事办公室等，并分别挂牌予以体现，在基本概念上助力观念的转变，时刻提醒自己放正位置。这样做还不够，比如人力资源的潜力，还要靠制定短、中、长期相结合的薪酬体系，股权期权激励为主体的多种激励方式、晋升通道的拓展、完善培训机制等以人为本的办法来激活。

在当前出版融合浪潮中，国有出版企业受制于僵化的组织架构及相应的不合理管理机制，总体落后于中文在线、阅文集团、掌阅科技等新兴出版企业前进的步伐。国有出版企业直线职能型结构或金字塔式的组织架构多环节、多层级，按照传统出版物生产流程而设置的各个部门各自为政，缺少横向联系，成为相对独立的信息孤岛。有些部门为了完成自己的考核目标，不愿主动与其他部门共享资源，致使产业链条诸方面呈现出不同程度的分离和割裂，与出版融合转型的要求显然不相匹配。部门内部岗位的职能边界区隔不尽合理，容易造成职能缺位、错位、越位；严格专业分工的组织成员缺乏处理全局性的融合问题的能力，不利于培养出版融合转型的高层次领军人才。

以前全国各地纷纷硬性整合成立出版集团，因为这样的组织变革不是自然发生的，就发展而言，反而有一些欲速则不达的情形。反而是大学出版社，纷纷在内部成立分社，设很多社社长，走内涵式发展道理，发展得更快、更好。让出版企业走内涵式发展道路，将单位成长与个人成长密切地结合起来，提升组织的活力，催生员工较大的工作积极性，并且创造条件为内涵式发展的组织跨地域、跨媒介、跨行业充分扩张壮大铺平道路，才可能造就中国出版实力真正强大的巨无霸，走向世界，与西方的出版集团相抗衡。

出版融合发展过程中，与"一次采集、多种生成、多元传播"三步骤相对应的组织结构调整将成为国内出版集团部分单位融合变革的重点之一。

3. 强化商业模式与盈利能力

出版融合商业模式正不断完善丰富。一些出版企业已经探索出比较成功的商业模式，内容运营广泛合作模式、增值服务模式、"社群平台—社交—电商"模式、技术整合模式、"产品＋终端拓展"模式、跨界的文旅融合等横向延伸模式、众筹模式等出版金融模式，得到了一定程度的推广和普及。比如，2011 年，中国首个众筹平台——点名时间上线。2013 年，众筹模式也渗透到出版领域，将图书能否出版的部分权力让渡给普通读者，让他们直接参与、分享以及分成，从根本上颠覆传统出版的生产、发行和消费模式，一度成为行业热议的焦点。

民营出版在创立之初，其经营的业务就不局限在单纯的图书策划出版方面，而是将文化相关的其他活动也涵盖在内，常见的业务范围包括文化传媒、出版策划、内容提供、粉丝经济及文化服务等。这样的业务模式使其经营比体制内的国有出版企业更加贴近市场需求、更加灵活,更能够有所创新和突破,有时甚至能够引领行业的发展。在"跨媒体""全媒体"出版的推广以及数字出版产业链的扁平化拉伸等方面,民营出版走在了前面。

国外的兰登书屋在内部建立"Affiliate Progaram",或被称作"Share Asale",是一种流行的互联网商业营销模式,也称为分销联盟计划、联署营销计划、网站联盟等,鼓励、吸引作家、作家组织、图书爱好者、博主、图书评论员、粉丝团的加入,在其构建的平台上销售、经营其著名图书品牌。现在通过微店销售图书的主播在小红书、抖音上都可以看得见,实质上是类似的。果麦文化传媒有限公司开了 2040 书店,也鼓励用户在此店的线上空间自开微书店。

国有出版企业经营融合转型不可贸然进行,一定要基于自身定位,跳出传统经营的思维定式,强化 IP 运营能力与场景的作用,注重出版文创等方面的创新,适当加强平台建设,进而建构符合自身特色的商业模式,强化价值的创造,找寻到合适的盈利途径。毕竟融合转型投入不小,不清晰的商业模式只会让投入的资金有去无回。最终如何才能盈利,是国有出版企业需要好好思考和妥善解决的问题。

(1)强化 IP 运营能力与场景的作用。

与"知识产权""版权"这两个法律概念相比,"IP"的外延更丰富,它可以是一个文本故事、一个角色、一个概念,也可以是其他任何一个被大量用户喜爱的事物。近年来,在出版界掀起了以内容为核心,进行全媒体出版与泛媒体开发的热潮,在局部范围内形成了"一种内容,多次开发,反复消费"的商业模式。在较大程度上改变了出版流程,图书不再是出版的最终环节和唯一盈利方式,其中的精品成为核心 IP,并以知识产权为基础衍生了巨大的经济价值,比如精品图书 IP 在影视、音乐、动漫、游戏等领域的全方位开发就取得了较高的收益。热门网络文学未完成时,就可以同步进行电影、动漫等其他形式的开发,往往可以形成更为强烈的市场效应。在多种媒介构成的产业链中,图书成为一种蕴含创造力的"原材料",优质 IP 成为出版机构强大的无形资产。对于传统出版企业而言,IP 运营是探索和推进融合向纵深发展的重要抓手。出版机构可以通过"IP +"策略逐步实现融合转型发展。

出版企业要提升优质 IP 内容原创力,立足、盘活优质 IP 内容,进行无形资产价值的深入开发。具体要顺应出版融合趋势,对 IP 运营制定相应策略予以鼓励,推动越来越多原创 IP 内容的生产和孵化,在综合考虑传媒市场需求的前提下思考 IP 价值挖掘的方式、方法,从中培育出更多基于 IP 运营的增长点,增强 IP 化运营的高效化与持续性。IP 化运营不是优质 IP 与外在资源的简单相加,而是能够产生巨大市场价值的彼此相乘,出版机构有必要通过多元化途径强化自身的IP矩阵，实现IP化运营的长效化与常态化，不断孵化新的商业引擎。近年来，很多成功的影视、动漫作品，如《花千骨》《芈月传》《琅琊榜》《西游记之大圣归来》等都由图书IP衍生、开发而来。IP的价值不断攀升，IP运营的手段正日益成熟。2017年爆火的《人民的名义》，从一本纸质小说起头，逐渐衍生出电子书、有声书、电视剧，成为书剧联动、IP一体化的成功案例。通过IP运营，传统出版企业不仅有望获得图书销售难以企及的内容增值收益，而且IP内容增值的巨大影响力亦可反哺纸质图书的出版与销售，带动图书总销售额上升。

媒融时代，卖书可以，但最终不一定靠书赚钱。IP运营正在加速重构出版的商业模式。以图书IP为切入点，传统出版企业可以介入外部媒体的运作过程，熟悉和掌握多媒体运营模式，为融合转型发展积累经验和资源。更重要的是，IP运营既能充分体现优质内容的价值，又能通过不同形态的衍生、开发使出版业务突破原有的限制，使出版企业在传媒市场上形成以IP价值深度开发为引领的多元化经营，也是出版企业立足自身内容优势激发内容资产价值、从媒体融合转型中突围、抢占市场先机的重要举措。

不过需要注意的是，当前IP运营的主导权大多掌握在新媒体企业、影视公司及游戏公司手中，国有出版企业处于较为边缘的位置。同时，就图书IP而言，其拥有者是作者，这也在一定程度上限制了国有出版企业的发挥空间。对此，国有出版企业一方面要进一步提高版权意识，建立完善的全版权签约机制和保护机制，协助或联合知名作者建立工作室，维护和争取作者的合法权益，尽量多地获得作者的授权，集聚优秀作者与优质版权资源；另一方面要强化与数字阅读平台、影视公司、游戏公司在IP运营方面的合作，综合开发数字图书、有声读物、影视作品、动漫游戏等多种媒体产品，在合作中大胆探索，分步介入，逐渐提高自身IP运营的能力，尽量多地掌握IP运营的主导权和话语权。

国有出版企业固有的运营模式不适应现阶段IP内容衍生开发的要求，国有出版企业需要对互联网思维规律加强学习和应用，掌握移动互联网时代传播规律的变化，更加熟练地驾驭云计算、大数据、社交网络等先进技术与平台，实现与用户尤其是年轻用户的深入交流，为丰富IP运营手段的多元化与适切性做必要的积累与准备。

国有出版企业主管部门需要从政策法规的制定、市场监管等方面加大引领力度，积极创造有利于IP化运营的基础环境。虽然出版正通过行业力量推动版权保护，出版企业也正通过各种可能的途径提升自身IP的保护能力，但更需要主管部门从宏观层面强化相应的法制建设，并引导市场机制与行业自律机制的进一步完善。

2016年前后，巨量的网文改编影视剧在互联网和电视霸屏。网络文学IP之所以受到资本市场的青睐在于其日积月累形成的稳固粉丝群体和丰富的变现渠道。由知名网文改编的作品极易笼络大量核心粉丝，具有强大的市场号召力，而且在"粉丝经济"的作用下制作方还能节约大量营销成本。网络文学IP具有多样的衍生、增值方式，可在跨媒介联动中打通传媒全产业链，可在跨界联动中打通传媒业与各个产业。可以说，IP开发的背后是一条完整的文化产业链，拥有IP，就等于拥有了长链条或广域范围各环节变现的可能。

围绕IP布局传媒全产业链将是数字出版重要的盈利模式，但对于专业的国有图书出版企业而言却显得多少有点力不从心，投资成立广电公司、影视公司有政策阻隔，在出版策划与影视、动漫、游戏改编等角色中轻松切换身份并非易事，将成熟的出版圈资源顺利转化成泛娱乐资源对国有出版企业而言更是一大挑战。

PC互联时代争夺流量，移动互联时代争设场景。场景是出版融合实现跨越式发展的突破口和有效途径，也是出版企业IP化运营、文创经营的一种途径。PC互联网时代的流量逻辑在移动化融合背景下作用趋小，用户参与媒体互动的出发点逐步转化成场景逻辑。基于场景，出版企业能够激发用户参与IP消费与再创造的积极性，进而带动自身的多元化发展，由此场景也成为出版企业提升优质IP在融合生态中的影响力，逐步从被动参与数字出版竞争到主动引领出版传媒市场。在以社群、分享、移动为主要特征的融合出版趋势中，合适的"场景+优质"IP运营是一对高效的组合，对彼此而言，都是如虎添翼的事情。加大场景的融合作用，可以强化IP的运营能力，反之亦然。如今，代表着受众信息消费习惯的各种场景入口已成为传媒市场IP运营竞争的焦点，IP与场景在出版融合中的意义因而得以彰显。

国有出版企业应在产品思维、用户思维并重的基础上强化场景思维的应用，并将IP化运营的理念贯串其中。有效的IP化运营方案更加看重面向场景的研发能力，国有出版企业要在专注于发掘新场景的基础上思考IP化运营的布局策略、开拓策略，而不仅仅是产品层面的开发和衍生。

互联网思维下真正的出版融合转型，必须构建用户社群，重新建立起自身特有的入口价值。国有出版企业应基于不同场景的个性化特征，强化社群运营，为IP化运营创造更具黏性的基本推动力。随着融合发展的深入，应用渐趋广泛的数字技术将不再是区分新兴媒体与传统媒体竞争实力的基础标准，渠道与平台的决定性作用也将逐步降低，而能够掌握优质IP并使IP在用户互动中充分发挥作用的竞争者将在增强场景入口的黏性中获胜，从而掌握发展的主动权。

国有出版企业应进而强化个性化场景中不同要素和参与者连接的紧密度，

提升场景主体与 IP 内容相互依存的程度；还要通过适当的多维度用户之间的连接，提高本场景对其他场景的辐射力，进而扩大 IP 内容的传播空间。场景力便是以上两个方面的合力，强大的场景力意味着场景与 IP 内容、用户的连接有着很高的契合度，从而能为出版融合转型发展提供一个较高的起点。

深度介入社会生活、帮助用户解决问题，逐步从出版内容生产者到 IP 运营者再到社会生活服务者，是场景融合背景下出版企业融合转型发展的方向，也是 IP 运营实现落地和持续发展的基础。出版企业并不能解决受众生活场景中所有的问题，但通过 IP 运营，可以在有限范围内发挥自身优势、为用户提供有益的、力所能及的服务。

主题出版天生就有配合宏大场景的作用。国有出版理应围绕关乎国家发展的重大理论、热点事件和重点题材等，以融合理念、场景思维办好一系列主题出版活动。

（2）注重出版文创等方面的创新。

面对困境，如何顺应互联网传播移动化、社交化、互动化、视频化、个性化趋势，创新内容生产、营销和服务，拓宽传播渠道，扩展新技术、新业态、新的呈现方式，谋求新路径、新发展，是当前国有出版融合转型发展的重点之一。

不少人都说图书出版缺乏创新，几成套话，说得有点过，其实就最重要的内容创新而言，新品图书总体上一直是层出不穷的，出版社那么多编辑都在努力创新，一定的创新力度始终是有的。当然这还不够，还需要进一步注重内容生产、传播方式等各方面的创新，在产品内容和形式上融入新技术、新思维、新方法，打造立体化产品线；在原有产品市场的基础上，不断裂变、延伸，突破原有的业务边界，通过搭建技术平台、内容平台、营销平台、服务平台及与相关方合作开发 App、游戏、音频、视频等，谋划内容的多平台放送和产品服务的立体覆盖；打破旧边界，延伸新服务，整合更多资源，向内容生产的上下游、周边等方向延展产品价值圈；利用渠道优势、资源优势，升级产品形态、服务方式，打造特色品牌，扩大影响力。这些都是融合创新发展的有益探索，而出版文创正是其中比较重要的环节。

出版衍生品，是出版文创 1.0 模式；结合科技和创意，进行"出版＋教育""出版＋影视""出版＋金融"等方面的跨界融合开发，是出版文创 2.0 模式；个性化定制，是出版文创 3.0 模式。这三个模式分别对应工业时代、互联网时代和体验经济时代，各有理论支撑（见表 8-13）。

表 8–13　出版文创的主要模式①

模式	基本特征	产品形式	对应理论	盈利模式
出版衍生品模式	依托图书开发周边实物产品，大规模机械复制	纪念品、明信片、文化衫、文化用品、玩具等	亚当·斯密等专业分工理论、钱德勒等规模经济、范围经济理论	传统批发、零售盈利，可与出版物捆绑
跨界融合模式	基于数字科技，打通出版与教育、金融、影视等领域的界限	在线教育、影视动漫开发、手游开发等	对应生产、传播流程的波特价值链理论，对应平台生态圈的共同价值理论	搭建大小平台，整合多方资源，连续顺势造势获利
个性化定制模式	基于大数据分析，提供精细化产品和服务	自出版、微信书、个人图书馆等	社群经济理论、创客经济理论	构建企业、用户、渠道商共同获利的价值矩阵

精彩内容是出版文创信息价值与体验价值的生成基础，"平台＋内容＋终端＋应用"的全产业链垂直生态布局及跨界价值圈生态布局是数字化出版文创的价值传播方式。

出版文创的开发权并不一定只属于出版企业，出版企业可以借鉴博物馆文创开发较为成熟的经验，包括两岸故宫文创的成功之处，通过授权、合作等方式引进社会力量进入开发领域，提高资源配置效率，从源头上为出版文创注入动力与活力。

从政策、法律等方面为出版文创营造健康发展的基础条件是非常必要的。应加大财政对出版文创的资金扶持力度，通过文化产业发展专项资金的杠杆作用引导更多社会资金进入出版文创开发领域；应将批发零售行业的增值税减免政策扩大到出版文创领域，减轻文创经营者的税收负担，提高投资者的收益，培育出版文创的发展；应规范内容知识产权归属问题，对同一 IP 内容进行多领域、多角度、多层次的开发利用，扩大出版文创市场规模，并为提高原创者收益扫清障碍。

数字出版市场中存在智猪博弈现象，大企业引领创新而小企业等待着模仿创新举措。当大企业的创新动力与成本、风险等问题对冲时，政府要及时通过

---

① 参见宋朝丽《跨界融合背景下出版文创的产业布局》，《出版广角》2017 年第 22 期。

补贴等鼓励大企业创新,这是解决"大猪"创新不积极的现实方案。若市场上缺少大企业,创新行为将变得不可预期,需要通过培养有潜质的小企业,使其变成大企业,再由大企业引领创新①,各地出版业管理者在推进国有出版数字化融合转型与出版文创时需注意到这些情况,予以适当的安排。

(3) 适当加强平台建设。

互联网赋予平台新的意义,催生了很多平台型企业和基于平台的商业模式,进而形成平台经济与集成经济。淘宝、支付宝、微信等平台型产品渗透到我们生活的方方面面,这些平台一般不直接从事生产,而是为生产、流通、交易各种产品提供服务。它们在互联网上运行,主要功能是在一定的空间场所,或者系统、环境里,集成各种生产要素,通过为客户提供各项互动功能,按照一定的交易规则,满足客户的服务要求,从中获得经济收益。其关键在于连接与互动基础上充分发挥中介、聚集的作用,促成交易。

近年来,出版业涌现出了一些平台型企业和平台型出版模式。与传统出版单向、直线式的产业链不同,线上出版平台让涉及出版的各要素相互连接,可促成更开放、立体的产业价值网。按建设主体划分,主要有三类平台:第一类是技术方建立的平台,如苹果 App Store、汉王书城等基于终端技术建立的平台;龙源期刊等基于数据库技术建立的平台;方正阿帕比、中文在线等基于传统出版物数字化建立起来的电子书平台。第二类是由渠道方建立的数字出版平台,如中国移动数字阅读基地、中国电信天翼阅读基地、中国联通沃阅读平台等。第三类是由内容提供商建立的数字出版平台。为了摆脱传统出版流程中的路径依赖,一些大型出版企业积极构建集出版、营销、发行等于一体的出版平台,实现海量用户的集聚和数字内容的运营。如中国出版集团牵头建设的大佳阅读、凤凰传媒集团建设的凤凰学习网,知识产权出版社的"来出书"出版平台、中国建筑工业出版社的"中国建筑全媒体资源库与专业信息服务平台"等。融合发展对传统出版和新兴出版都带来了很大的考验,为应对革命性的变革,国有出版应进一步拓展多元运营终端,打造平台与文化产业集群。

互联网时代的商业不再是传统单体意义上的大规模制造与售卖,而是多边平台的搭建及传受双方力量共同投入的超大规模的传播与营销。依据迈克尔·波特的价值链理论,企业的发展需要平台来实现产供销的一体化、垂直化。2012 年查理斯·安德森在《创客时代》一书中提到创客经济。核心观点是用价值矩阵取代价值链理论,即构建一个企业、用户、渠道商各方都能获利的价

---

① 参见闫伟华《数字出版市场中的智猪博弈分析——以技术创新为例》,《出版发行研究》2015 年第 11 期。

值矩阵，实现各方利益共享。① 现在更要通过平台加大对外界的开放，与外界互动及推动内外合力制作与传播，共建价值的平台生态圈，使各方的价值都得到和谐的提升，各方需求都得到互相促进层面的满足。

目前，国内的出版融合大多是整合不同媒体、媒介进行一般意义上的互动与合作，或是在同一个经营主体内打破不同媒介的界限，将不同形式的内容组织到同一平台上去策划、制作、生产，然后再由不同的媒介发布，实力较强的国有媒体在这一深化过程中既需要搭建平台，又需要顺应多种媒介文化的不同特点。不同经营主体基于紧密合作、收购兼并等方式的深度融合还比较少见，为今后出版平台融合留下了巨大的空间。

应创建国有出版大平台，比如国家知识服务平台、全民阅读公共服务平台、农家书屋工程管理服务平台。前台要有大连接、大社交、互动、共享、用户创造内容，后台要有云计算、大数据、算法，前后台智能运行。还应创建各种功能分平台，比如出版行业云平台、出版业生产技术服务平台、出版业数据管理与服务平台、出版行业信息数据库、基于社交和个性化的自出版平台、版权服务和增值平台、辅助决策和生产的智能出版平台等，满足出版业各方面的需要。也应在网上或落地做场景服务，适切而又精准地满足用户即时即地的需要。在这样做的过程中，出版自然而然就会不断融合。

综观国内外市场，在数字出版领域盈利的公司，其发展正是基于已搭建的，具有聚合性、规模化、互动性的数字出版平台，如德国斯普林格出版社的"Springer Link"平台、中国知网为代表的学术期刊数字出版平台等。通过平台的搭建，内容的潜力得到充分释放并有了更多变现的可能，同时由聚合效应吸引用户点击登录，而用户在平台浏览搜索形成的数据又指引着平台拥有者进一步生产和提供用户需要的内容。在具体的实践操作中，先前传统的"作者—（民营书商）—出版社—分销商—读者"的出版流程被缩短为"作者—平台—读者"。清华大学出版社完全按照市场化方式开发、采用新媒体内容营销模式运营的"书问"项目是一个开放的聚合媒体阅读平台，不仅聚合出版机构优质的内容资源，联合多家主流互联网媒体和电商平台通过技术在互联网上为100余家出版社提供图书推广业务，为读者提供纸书的搜索、试读、导购和电子书阅读服务，扩大了作品和作者的影响力，还通过直接销售电子图书增加了出版社的收入，获得了良好的社会效益和经济效益。②

---

① 参见宋朝丽《跨界融合背景下出版文创的产业布局》，《出版广角》2017 年第 22 期。

② 参见庄红权、温蕴辉《以内容为体，以技术创新和体制创新为翼——清华大学出版社出版融合初探》，《出版广角》2018 年第 1 期。

线上与线下融合的平台应成为国有出版企业推广产品、提供服务的重要载体,然而,目前多数国有出版企业仍处在单打独斗阶段,或在较大程度上依附于少数大规模聚合用户、商品、知识内容等资源的第三方平台。国有出版很少研发、运营出具有较强影响力和盈利能力的聚合平台。即使一些国有出版企业建立起独立或跨行业合作平台,也由于对技术特点把握不准,各自采用的技术工具、数据格式与功能设计等规范标准不统一等缘故,彼此之间缺少融合,难以形成合力,而且少有单独的出版平台能充分发挥出内容优势,将渠道间的内容与经营彼此和合,较好地满足用户需求。最终国有出版平台往往因规模有限、消耗不起出版资源、业务对接不利等缘故在一定程度上成为摆设,导致出版平台融合在一定程度上流于形式。

平台是一种比较重要的基础设施,但对于成功而言,平台的作用不是最主要、最关键的,好的作品、好的效益主要来自内在的因素比如作者、编辑的智力投入以及机制体制对业界工作人员的激励,而不是主要来自外在的配置。建平台不难,难的是要能吸引到巨量用户,并不断地运营、维护、升级。建立平台并不一定能实现利益最大化。不是每一个出版企业都要建立自己的平台,但有特色的出版企业应及早建立自己的平台。人民军医出版社、社科文献出版社等都用一己之力建立数据库、搭建平台并实现盈利,说明目前国有出版企业依据自身优势建立特色平台是完全可行的。不同的出版企业也可将同类知识资源加以整合,共同建立平台,集约化经营,实现某一类知识资源的集中化。还可深入研究市场中现有平台渠道的特点,结合自身情况,选择成熟的第三方平台合作。民营的果麦文化传媒有限公司等除了自建的自媒体平台,还入驻诸多流量大的新媒体平台,合成了新媒体矩阵,主要是做营销宣传和导引流量的事情,效果很好,但至今并未建立自己的出版融合大平台。自建大平台的价值和风险并存,只适合业务种类多、实力十分强劲的出版企业。对于部分在平台化转型过程中有心无力的传统出版机构而言,专注深耕既有出版业务即可,在传播方面完全可以借船出海,看到大的流量在哪里,就将内容呈现在哪里。

(4)强化价值的创造。

出版融合背景下,国有出版企业正积极谋求转型升级、增值增效,比如一次产出多次增值,并探索出以内容整合为基础的内容增值服务模式、以资本杠杆运作为依托的出版金融化模式和由编辑及作者对读者社群进行构建和运营的社群—社交—电商模式等商业模式,但因种种问题互相缠绕、共同制约,在实践中,国有出版企业仍面临内容和平台资源开发运营力度不足、组织结构和管理机制僵化、高精尖专业人才匮乏等问题。有的出版企业是为转型而转型,有的只能行积木式的整合,有的并没有将融合向纵深推进;大多数商业模式模糊,价值创造不顺,走一步算一步,步履比较沉重,在收益上或发展后劲上仍难与优秀新兴商业媒体相抗衡。建议从融合知识内容和平台渠道、变革组织结构和管理机制、加强人才队伍建设和企业文化建设等几个方面下功夫,推动出版融合商业模式的创新发展。

数字出版产品的形态多种多样,有电子书、网络原创文学、网络教育出版物、网络游戏、网络动漫等,不同产品形态可望通过网络营销、在线广告、订阅付费、按需印刷、自出版支持、在线互动教育或数据库知识服务等构成盈利增长点,但要真正成为盈利增长点绝非易事。大部分国有出版企业仍然依靠线下纸书销售盈利,或与亚马逊、京东、当当等第三方平台合作,开展线上销售。此种"线上+线下"的销售模式并没有让纸书的销售利润有突破性增长。面对移动互联网的冲击,实体书店若无政策扶持,势必进一步萎缩;第三方平台通过压低纸书利润换取销售数量的增长,虽一定程度上增加纸书传播力与影响力,但国有出版企业的盈利状况并不会因此显著增长。

知识服务的本质,是内容生产商向用户输出有价值的知识内容及适切的服务以换取酬劳。国有出版企业可以通过与外部优秀平台合作,或自行搭建相关平台,建立细分化、垂直化的出版产品矩阵,实施在线知识服务用户付费模式。从已上线的国有出版融合产品来看,真正能够盈利的不多;线上知识服务盈利模式仍较少,常见的有会员付费、课程付费、电子书销售以及付费专栏等模式,且很多内容因深度不够、格调不高或趣味不够等难以激发用户的购买欲望。此外,国有出版企业自有平台的建设与维护也举步维艰,比如 App 的前期开发以及后期维护所需经费与其所能带来的回报普遍未超盈利平衡点。

在音频、视频变现和知识付费领域以及文化产业项目上,大多数国有出版企业议价能力不强,也无法发挥统筹能力,仅仅作为生产链中内容提供商的角色参与市场利益分配。知识付费时代来临,微课、听书、在线教育、网络文学、语音问答、头条付费专栏等日益丰富的线上内容变现形式又加剧了对纸书的冲击。

拥有优质内容价值、使用户不断能够有所收获从而形成黏性是决胜出版行业未来的关键,由此决定了出版行业在知识付费领域的创新,必然不是彻底抛弃传统经验及其优势,而是应该为已有资源赋能,进而创造出更大价值。用户黏性的形成则来自良好的用户体验和对服务细节的好感,而这往往是建立在用户差异化需求和内容垂直细分的基础之上的。没有任何一家知识付费平台可以精通所有门类,去满足所有用户的差异化需求,为知识付费模式的形成提供所有可能。国有出版企业在自身原有的赛道上都有着丰富的内容资源与工作经验,以及写作、翻译、书评等方面的人际资源,应将自身的优点和用户的痛点结合起来,在自身擅长和具备潜力的领域内开发相应的阅读服务。

大众出版的盈利模式是有效"盘活"能被市场消费的"存量资源"及可

开发的"增量资源",通过内容的关联、整理、挖掘等工作开发出符合用户需求与期望的产品和服务,在内容的基础上有产品、有服务、有引导,并且知道产品的需求点与热点在哪里,用户在哪里,用户的需求点与痛点在哪里,能以何种方式在何种渠道"被消费"。以前出版与广电的融合可圈可点,广播中的"黑猫警长"等转换为图书,电视中的百家讲坛内容衍生出诸多图书,还有影、游、书之间的互动融合,都是拓展大众出版媒体的重要路径,即跨媒介的融合本身是拓展大众出版媒体产品品类的重要途径。专业出版由于在内容方面的"独家"优势,可以有效结合各种行业考试和用户"刚性"需求,建立基于专业内容的增值模式,迅速实现数字化融合转型。国有教育出版企业必须与技术商深度融合,抓学校数字教学产品的市场布局,争取教育方面政府资源的行政支持,在教育信息化新秩序建立过程中构建可行的盈利模式。

难点在于不但要出成果,而且要出效益,社会效益固然要重视,但要长远发展,不断壮大,不出经济效益更不行。一般谈论媒体融合意义与作用的文字,都回避谈经济效益,致使有些议论华而不实,甚至沦为话术。短中期不盈利可以接受,但势必要有长远的前瞻的眼光,能够有底气推断出在不远的将来一般能够盈利。20世纪90年代有社会效益经济效益的争论,当时重视社会效益的某出版社领导认为思想性强、专业性强的大部头书虽然不能盈利,但有社会效益,大众图书钱赚得多,但只有经济效益而没有社会效益。而重视经济效益的领导认为主要就是要出受市场欢迎的适销对路盈利的书。双方都有些偏执,其实盈利丰厚的大众图书只要没有不健康或违规违纪的内容,就具有双效益。出版融合发展中这方面的观念要及早调适到位,使员工可以放开手脚为单位创造利润。

从传统出版到数字出版又到现在的融合出版、智能出版,出版经历了巨大的变化。在价值创造方面,则从重"码洋"到重"流量"再到重"转化率",从重"大规模制造"到重"多平台一体化、产供销垂直一体化"再到重"人本主义、情景感知、个性化定制、共生共赢"。关注重点的变化说明单单讲传统价值链已经落后于形势,数字时代最终需要的是协同虚拟价值链,是构建一个企业、用户、渠道商各方都能获利的以价值链为主轴的价值矩阵、价值网或平台生态圈、跨界价值圈,实现各方利益共享。

越来越多的国有出版企业积极主动地适应用户多样化、个性化、分众化的消费需求,进行融合发展,多载体、多元化拓展盈利途径。围绕若干个著名IP,从单一的纸质图书扩展到电子书、有声书、视频、影视剧或网游、手游等多载体形态;借助新媒体风潮,拓展社群营销、网络直营,创新宣传推广方式,拓展图书销售的新天地,提升销售收入。以当红主播、知名作家为主开展营销活动,取得了立竿见影的效果。2021年2月,海燕出版社的《爱旅行的小兔菲利克斯系列绘本》通过直播间销售，2分钟售出12万册，销售额达500万元。① 中国建筑工业出版社在融合出版方面，通过开放性的书网互动，为每年报考注册建造师的230万人群体提供在线知识服务。这一服务在2018年上半年实现爆发式增长，获得2000万元的营收，累积用户150万人次。② 国有出版企业的数字付费阅读、影视IP转化、音频知识服务等都是基于出版的后起的形式，都是通过创新形成的增值模式，一经普及又变成了通常的事物。未来的价值创新要基于出版，又超越出版，借助人工智能等新技术，不断搭建新平台、铺设新路径、寻找新载体、挖掘新用户、引领新方向，以各种适切得体的呈现方式最大化地传播优质出版内容，发挥其价值。

除了采取并购措施，传统出版企业也应就自身入手，通过深度改革，集中整合内外部资源、强化内容相关业务能力，为提升盈利能力打好扎实的基础。比如可基于"内容创业"的价值视角，通过打造优质内容，进而建设内容分享平台，吸引特定用户群体进行知识服务，延伸图书出版的产业链条。

在融合转型升级的语境下，通过二维码、微信公众号、网站或关联数据库平台，为用户提供一般图书知识之外的增值知识服务，是低附加值向高附加值转变的体现之一。在功能上，传统出版提供的主要是整体阅读功能，新兴出版却向着碎片化阅读、查询、知识关联和知识图谱的方向进化，这是试图提高附加值的重要体现。

传统出版企业的生产方式和盈利模式较为粗放，以静态的"册、种、套"作为主要盈利点，以单本图书作为盈利最小单元，通过扩大销售数量的方式来实现营业收入和利润增长；新兴出版则将最小盈利单元进一步细化，以"篇、章、节"甚至是"条目"作为最小销售单位，适应某类群体的需求或用户个性化的需求，开展数字化、碎片化、数据化的知识服务。

由于互联网的开放性，人们获取信息的途径大量增加，获取难度大为降低。免费获取信息早就成为互联网用户的习惯，而互联网内容供应商也乐于将部分信息免费向用户开放，以增加用户量，提升关注度和美誉度，进而在增加用户数量的基础上寻求新的盈利模式。后来数字出版商常常利用交叉补贴的方式来实现盈利，即以付费用户补贴免费用户的方式跨过盈利平衡点；用户面对海量信息，有了更多的个性化和精准化阅读的要求，又推动付费的项目逐渐从信息内容转变成了知识服务。

就数字出版来说，现阶段商业模式主要有以下几种：数字书刊销售模式、

---

① 参见《2分钟卖出12万册，直播卖童书是门好生意吗》，微信公众号《36氪》，2021年6月14日。

② 参见周百义《传统出版企业的融合发展之道》，《出版参考》2019年第3期。

数据库模式、教育服务模式、移动增值服务模式、网络原创模式、广告模式、用户创造内容模式、按需出版模式等。这些商业模式有的已经非常成熟，做得特别好的企业已具比较稳定的盈利规模；有的形成不久，成熟尚需时日。总体来看，各有优劣，各具特色，需要在融合转型过程中加以选择、组合与优化。

国有出版企业在转型的过程中，首先需要分析自己在市场竞争中的优劣势，评估自身所处的竞争环境与所拥有的各种资源，并根据自身特点和战略发展目标，选择最适合自己的商业模式；或者根据自身定位对现有商业模式加以改造创新，使其更具适切性；或者经过综合调研评估，创造新的商业模式；或者组合采用多种商业模式。

在销售终端，搭建自有销售交易平台，大力开拓社区平台，直接面对消费者，这或许是尝试破茧飞升的方式。在数字化发展过程中，较多的国有出版企业受制于销售渠道，受制于产品批发中盘商、经销商或者电商平台，对直接用户数据和在途产品情况不甚清楚，融合转型只是组织、产品等表面形态的改变，没有体现互联网经济的"用户体验和交互性"，没有根据市场和用户的变化及时调整，这原是一种很尴尬的状况。在组建自己的销售平台后大多运行效果与影响力欠佳，与用户交互也很不够，这是一种更尴尬的现状。

在产业融合过程中，国有出版企业的盈利模式出现了单一化、线性化、边缘化和低增值化的缺陷。根据出版产业链在产业融合中的变化特征，可以采取产业链的核心价值创新、存量环节增值、分拆与重构、价值延展等策略，以增强盈利能力。

根据出版物的功能划分，出版业中出现的融合类型有补充式融合、替代式融合、协同式融合和智能式融合，多数属于替代式融合，即新型产品对传统纸质图书的替代，较少是互补型融合，国有出版企业需就不同业务项目选择合适的融合方式，丰富盈利模式。

数字化使各类出版物的界限迅速消失，基于数字化的图书、报刊或音像电子出版物等，可制成一个个数据单元或数据库，可供用户随时在网络上浏览或下载，这就对纸介质图书造成了较大的挑战。在一些特殊的产品领域，比如信息服务和工具书领域的数字新产品由于其特有的检索方便、易于更新和价格低廉等优势，对传统对应出版物构成巨大威胁。特别是面对网上免费阅读商业模式仍然盛行，数字新兴媒体的读者数量大幅增长的局面，国有出版如果不变革现有的盈利模式，盈利来源日益边缘化的风险就会逐渐加大。只有重新整合、优化产业链，建构起顺应市场的激烈竞争以及非线性变化着的融合转型环境的盈利模式，才能巩固自身的核心能力，树立竞争优势。

国有出版应顺着个性化、交互式、跨媒体、跨产业等演变方向，对出版资源进行全方位的开发利用，强化不同媒介内容信息的相互利用，优化内容生产的流程与质量；借助融合平台，开发具有集成功能的产品，拓展出版物除自身信息和文化价值外的功能价值和体验价值，实现产业链的核心环节盈利能力的显著提升。

有较强实力的国有专业出版企业应对整个出版流程进行重新改造，建设融合化、智能化、协同化的智能出版平台，建构起集智能的生产、交互、呈现、体验、管理、营销、服务为一体的出版新业态。逐渐通过收集大量用户信息、用户评论等，分析用户画像，跟踪用户需求，进行个性化定制生产和精准营销。

每一本书都是一个产品，都要在平台背后收集大量用户信息、用户评论等，分析用户画像，跟踪用户需求，进行个性化定制生产和精准营销吗？答案应该是否定的，这样工作量太大，也没有必要。比较可行的办法，还是抓重点，将工作人员的精力与时间集中投放到数量有限的、优质适销的图书上。按销售结果得出的二八定律也可以反过来作为一种具有倾向性的资源投放规律。我们必须精细化操作，利用大数据早作精准预判，尽量将大部分资源比较精准地主动投放在20%左右的图书上，来创造80%左右的利润，这样才符合产业发展规律，才是明智的。

4. 强化资本运作及适度有序的多元化

财政资金是有限的，没有能力也没有必要"包打天下"，尤其是对企业、产业的支持，主要还是发挥杠杆和撬动作用。财政部实施文化金融扶持计划，2013年安排4.6亿元，撬动社会资金770亿元；2014年安排6.7亿元，撬动社会资金830亿元，[①] 做到了"四两拨千斤"。而且财政政策本应避免对市场机制造成冲击，避免造成产业发展对政府资金的依赖，避免干扰市场的运行规律甚至引发不正当竞争。这就要求国有出版业在推动出版融合转型发展过程中，借助市场的力量，吸引和利用金融资本、社会资本和民间资本的介入。最近十几年来，磨铁、果麦、读客、新经典等民营书商先后与资本市场对话，吸引风投，启动或加速数字出版融合转型，做得顺风顺水，彰显了资本的驱动作用。

国有出版企业积累的原始资本，远远不够供给数字出版所需的投入。要继续扩大数字出版的业务版图，特别是需要资本的助力，否则转型的规模和速度就会受到制约。这种资本的合作有时带来的不仅是资金，还有内容资源、出版平台的互通有无和业务上的交流合作、互相促进。应注意把握融合转型的关键节点，积极通过资本的引入和上市融资等多元融资手段汇聚发展资本，加快出

[①] 参见金晶《资本为纽带 此长彼也长——相关部门负责人谈推动出版融合发展工作》，《经济日报》2015年4月10日第3版。

版资本与金融资本、文化资本、社会资本的快速对接，从而突破自身发展的瓶颈，将融合转型推到新的高度。资本的来源渠道包括国有的大型出版集团及其他产业集团、互联网公司以及影视传媒公司等。

众筹出版是中国较早吸纳社会资本的出版金融化模式。众筹即向众人筹集资金，让大众广泛参与进来，为有价值、感兴趣的项目顺利进入市场进行投资，延伸了传统出版业的产业链，较好地缓解了出版方的资金压力，有望创造新的利润空间。中国率先试水众筹出版商业模式的是腾讯公司一员工撰写、磨铁图书公司出版的《社交红利》一书，2013年8月，该书在众筹网上预售3300本，成功筹到出版资金10万元，上市一个月即加印3次，实现了月售5万册的佳绩。①

国有出版企业不像西方某些媒体，能受到不少基金会及用户的资助，所以应特别重视资产证券化建设。2006年5月，上海新华发行集团收购华联超市45.06%的股份，成为华联超市的控股股东，同时将新华传媒股份公司的100%股份置换到上市公司中，率先实现"借壳上市"，成为中国出版物发行业上市融资第一股。2007年，辽宁出版集团打造出"中国出版传媒第一股"——北方传媒，引领出版业转企改制、上市发展新风潮。② 近些年，随着中国对资本市场的限制逐渐放开，国有出版传媒集团如南方传媒、凤凰出版、时代出版、中文传媒、中国科传、中国出版、山东出版等在上海、深圳证券交易所接连挂牌上市，运用资本运营手段实现部分或整体资产的金融化，从资本市场获得大量资金，以此发展更多融合出版项目，展开收购兼并，扩大企业规模，尽管从其在资本市场的表现就可以看出，发展得不够理想，但毕竟是做了改革的先锋队，驰上了发展的快车道。

资产、资本、资金是三个不同的概念。出版企业要做好资本运营，就是要善于把资产变资本、资金变资本，然后通过资本，将国内外的优势企业与自身的产业链、价值链、产品链连接到一起，构建出强健的价值圈与生态圈。

基于现代纸书的出版融合产品挂牌销售的金融化运作模式已初具雏形，因现代纸书可持续衍生知识服务收益，就给金融的介入提供了良好的前景。出版企业选择优质纸书数字衍生内容资源，并对其未来一段时间内的收益进行科学评估，之后于第三方交易服务平台进行挂牌招标，出版运营基金资方经过评估、竞价后，将大于或等于挂牌价的成交费用支付给出版企业。2017年2月，"中国出版融合内容交易服务平台"在武汉成立，并在全国率先开始现代纸书

---

① 参见李鲆《2014年，编辑应该关注的10个问题》，《中国出版传媒商报》2014年1月3日第33版。
② 参见刘拥军《中国出版体制改革的主线条》，《出版与印刷》2018年第1期。

衍生内容交易。长江少年儿童出版社率先将58本图书4个月的数字衍生产品收益进行挂牌招标，获得多家基金青睐并最终以688.91万元成功交易，较挂牌价增值18.8%。[①] 这种"出版+金融"的商业模式以资本为杠杆撬动图书资源变现，以资本和产业结构优化激发了出版企业创新的活力，可催生更多优质图书，并有效减轻运营风险。

国有出版企业可跨媒体、跨界进行投资，通过多元化发展壮大自身，在主业的基础上，不断开展新业务，进而形成相得益彰的文化产品格局。可实行水平多元化模式，对出版资源进行综合开发利用，采用不同的媒介、媒体发布传播，其本质就是跨媒体经营。也可实行同心多元化模式，以出版产业为圆心，辐射相关产品及相关领域。同心多元化非常注重产业与外围产业的关联度，尽量避免不熟悉的业务领域。江西出版集团建立多个利润中心，进行多元化投资，以旅游、房地产投资等及资本运作等促进出版主业的发展，收益可观；安徽出版集团的多元化发展，涉及医药医疗、旅游服务、文化置业等多个领域，以资金优势大力助推出版主业迅速融合进化。

各出版集团的多元化程度不同，凤凰传媒集团等多元化程度较高，上海世纪出版集团多元化程度原本较低。据世纪出版园运营推进工作领导小组拟定的《园区搬迁简报》第1期所言，自2021年9月15日起，上海世纪出版集团旗下所有单位将陆续整体搬到七宝地区办公。原办公地将进行商业运作，这就意味着该集团将成为以地产与图书出版双轨发展为主的复合型产业集团。原办公场所皆处于市区较好的地段，有的处于黄金商业地段，有的处于幽静优雅地段，有的具有深厚文化底蕴，有的内部西洋房屋还是文物保护建筑，应该加以分类梳理，区别开发，可以将部分场所打造成高档的文化地产，以提高出租的附加值，更好地反哺图书出版主业；同时这次搬迁也是集团内部改革的重大契机及融合发展的转捩点，可以趁此时机，优化人员组成与组织结构，将精简下来的部分人员安排到地产经营与物业管理部门中去。

5. 强化集团整合及收购兼并的有效性

西方传媒业的收购兼并往往是具有实质意义的大媒融。从企业的组织结构来看，欧美很多大型企业都是通过某种程度、某种方式的并购成长起来的，其成长、壮大的历史在较大程度上是一部并购史、融合史，而且大多并购资源相近、业务相通的企业，实现专业化经营。传媒企业包括出版企业也不例外。从全球文化传媒业的发展趋势与结果来看，西方传媒巨头，如迪士尼、新闻集团、贝塔斯曼、时代华纳等，无一不是通过一系列兼并、收购等资本手段，壮

---

① 参见贺子岳、周文斌、刘永坚、白立华《出版融合背景下现代纸书商业模式创新探索》，《科技与出版》2018年第8期。

大企业规模、拓展海内外业务,成为国际化传媒集团的。这些国际化传媒集团体量一般都很大,而且拥有全球市场。19世纪末20世纪初,欧美报业的兼并之风兴起,产生了一批报业集团;20世纪20年代后,欧美各类传媒企业进一步并购,形成了一批综合性的传媒集团;20世纪90年代之后,传媒业、文化娱乐业、信息产业等因数字化发展而互相交融,彼此之间的并购渐趋增多。另外,西方传媒企业与对方企业建立合作关系也比较普通,也起到了延伸出版产业链的作用。

在英国,传统出版积极地主导数字出版,甚至在很大程度上就是数字出版的主力和支撑,因此英国的传统出版与数字出版不仅不会存在双方的二元分化,反而自始至终就是一家之内的分内事。只有让出版企业自由扩张,按需收购兼并,才比较容易出现这种情况。

出版企业通过投资并购扩大企业规模、打造产业链条、拓展海外市场,是快速实现产业升级转型的重要手段之一。被称为文化传媒业"并购元年"的2013年之后,国有控股企业华闻传媒、浙报传媒与民营的华策影视等传媒行业上市公司发起了多起并购。2015年文化传媒行业共发生并购事件166起,并购总规模约1499.04亿元,同比增长50%。2016年6月,集合互联网出版、图书策划发行和影视改编于一体的新华先锋被中南文化以4.5亿现金并购,成为中国民营出版业历史上最高额的一起收购案。通过此次并购,中南文化吸收了新华先锋最核心的IP内容孵化能力,向出版、电影、电视等领域布局,挖掘新的业务增长点。[①]

国有出版企业应进一步结合业务发展需要,选择适宜的关联领域的数字技术公司、内容创作平台、营销渠道等,开展跨媒体、跨产业并购,以增强数字业务的综合能力。科学出版社成功收购了万方数据的部分股权,成为第三大股东,实现了从产品到资本的全方位合作。四川的博瑞传播4.41亿元收购成都梦工厂网络信息有限公司100%股权;[②] 浙报传媒以35亿元天价收购盛大旗下杭州边锋、上海浩方游戏对战平台;[③] 凤凰出版传媒公司以3.1亿元溢价10倍收购了慕和网络64%股权,进军网游行业;江西出版集团则以26.6亿元并购

[①] 参见段鹏、孔令皓《出版业态融合与体制机制创新》,《现代出版》2017年第1期。

[②] 参见首席财务官杂志《[案例1]博瑞传播:外延式发展搭建新媒体布局》,微信公众号《首席财务官》,2014年5月6日。

[③] 参见新浪游戏《[头条]浙报传媒亿元入股两家竞技游戏公司》,微信公众号《传媒评论》,2014年3月5日。

北京智明星通①，还入主了主板影视上市公司慈文传媒。这些并购举措的效果是否值得期待，关键在于被收购过来的公司本身是否还有增长潜力。处于成长期或本身是现金奶牛公司，人家肯放手让你收购？更大的问题是，这些公司收购过来都是独立运作的，与母公司的关系大致处于"听调不听宣"的状态，好比就是一个子公司，而且这个子公司的业务是母公司原先没有的，母公司都不知道怎样很好地驾驭它，怎样很好地去管理它，更别说去有效地经营它。硬要去管的话，结果可能更糟。这些收购来的业务本身不是自己原有业务的自然延伸，不是发展优势的扩大化，结果可想而知。这些被收购的公司大都前几年效益尚可，往后就不大行了，本来有名的公司也变得默默无闻了。比如博瑞传播收购梦工厂后，对赌协议前几年，梦工厂借原有的发展实力，创造的效益尚可，但很快就走了下坡路。还比如江西传媒收购智明星通后不久，后者风靡全国的"开心农场"游戏产品就淡出了人们的视线。公司收购过来，名称可以在，但内在的不利变化可以有很多。民营公司新媒体公司中文在线 2018 年收购游戏公司也没吃到什么好果子。国有出版企业虽应强化资本运作，开展并购举措，但更应谨慎从事。

另外，除了让国有出版企业上市，增强经济实力，生发一些收购兼并举措之外，为什么不在国有出版内部鼓励、提倡内涵式发展及充分有效的竞争，从而产生巨量级，可以大规模参与国际竞争的出版传媒集团呢？

6. 加强出版融合转型发展的研究

如今传媒市场竞争大开大阖，赢家通吃的结局一再上演。一般的路数真是不行，不行就可能带来不幸。看来各个国有出版集团不但要强化技术力量，而且要强化研究力量，在业务中心、技术中心之外还应该配置研究中心。学界更应加强对出版融合转型发展的研究。比如可基于图 8-21、表 8-14，结合高频关键词的密度及每个高频关键词的中心度、接近中心度、中心中间度做进一步的深入研究。

---

① 参见《五趋势驱动出版业"互联网+"》，微信公众号《出版大资讯》，2015 年 6 月 9 日。

第八章 出版融合转型状况与发展策略

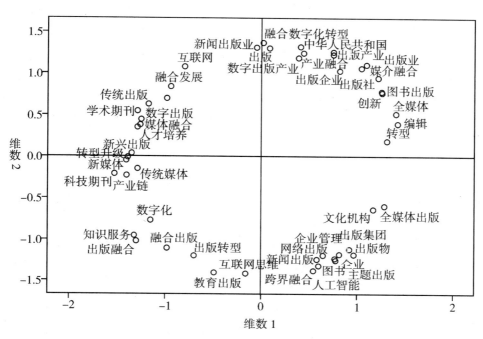

图 8-21 基于 15 种 C 刊主题 "出版 + 融合" 文章题录关键词相异矩阵的多维尺度图谱

表 8-14 基于图 8-21 的关键词聚类类团梳理

类团	共现关键词
中国出版数字化媒介融合转型类团	媒介融合 出版 出版业 融合 中华人民共和国 产业融合 新闻出版业 出版产业 数字化转型 数字出版产业 出版企业
图书出版创新转型类团	出版社 全媒体 创新 图书出版 编辑 转型
新老媒体融合发展类团	媒体融合 数字出版 融合发展 学术期刊 科技期刊 传统出版 互联网 转型升级 新媒体 产业链 人才培养 新兴出版 新兴媒体 传统媒体
"互联网 + 出版融合" 升级为知识服务类团	知识服务 出版融合 融合出版 教育出版 数字化 互联网思维 出版转型
图书出版企业出版物类团	出版物 人工智能 全媒体出版 文化机构 新闻出版 主题出版 出版集团 图书 网络出版 跨界融合 企业 企业管理

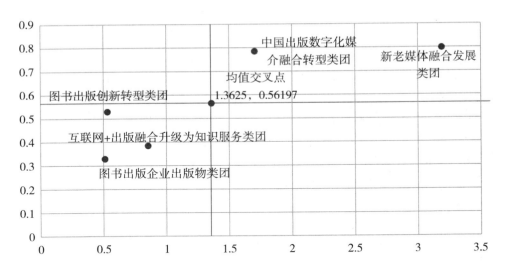

图 8-22 基于关键词聚类与共现矩阵的"出版+融合"主题言论战略坐标图

从图 8-22 可以看出,在出版融合研究领域,新老出版媒体融合主题研究已成核心;图书出版创新转型主题研究有些后缩,知识服务主题研究则可大大加强。

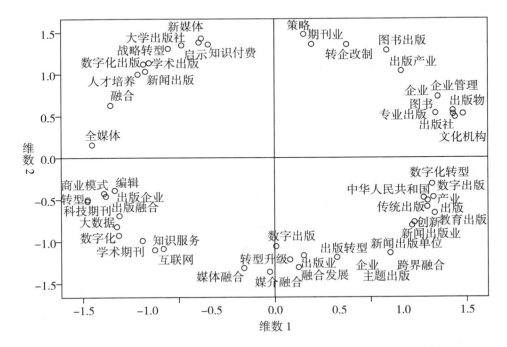

图 8-23 基于 15 种 C 刊主题"出版+转型"文章题录关键词相异矩阵的多维尺度图谱

表8-15 基于图8-23的关键词聚类类团梳理

类团	共现关键词
出版业数字出版融合转型类团	数字出版 转型升级 出版业 出版转型 融合发展 媒体融合 媒介融合
中国新闻出版业创新转型类团	数字化转型 出版 传统出版 教育出版 中华人民共和国 创新 新闻出版业 数字出版产业 新闻出版企业
传统出版组织管理变革类团	出版社 文化机构 出版物 图书 图书出版 企业 企业管理 专业出版 出版产业 策略 期刊业 转企改制
新闻出版战略转型途径类团	全媒体 大学出版社 新闻出版 融合 人才培养 学术出版 启示 战略转型 数字化出版 新媒体 知识付费
出版企业数字化转型融合模式类团	转型 数字化 知识服务 学术期刊 科技期刊 互联网 大数据 出版企业 编辑 商业模式 出版融合

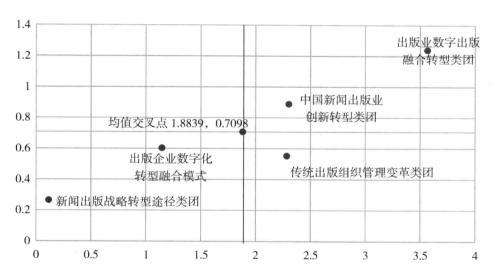

图8-24 基于关键词聚类与共现矩阵的"出版+转型"主题言论战略坐标图

从图8-24可以看出，在新闻出版业融合转型研究领域，创新转型已成核心主题。传统出版组织管理变革也是核心，但研究的成熟度有待提高，属于潜力研究主题。数字化转型融合模式主题研究、战略转型途径主题研究相对处于边缘位置，有待加强，以利出版融合转型向纵深发展。

加强出版融合转型发展的研究还涉及其他好几个方面，不再赘述。在此只强调关键的两点：第一，理论、研究结论或建议来源于实践，并服务于实践。理论、研究结论或建议应用于实际对象，一定要符合该对象所处的生态环境，才会有实际的效果。好比心理咨询师提的建议，都要符合咨询者本人所处的生态环境，换言之，咨询者本人离不开自身特有的生态环境，只有听取心理咨询师的建议并付诸行动，才会有针对性，才会取得明显的正面的疗效。这是对加强出版融合转型等展开研究时必须明白的道理。第二，既然生态环境具有那么重大的决定性作用，就应该将它作为研究的极其重大的对象，并为优化、改善它向政界献计献策。

结　　语

笔者写作本书，除了对概念、定义等根本性问题做了较多探讨外，并未过多强调理论，不管是自己提出的，还是他人提出的；力求务实、接地气，意在为业界媒融、出版融合、出版转型持续健康发展并且发挥巨大作用尽上一份绵薄之力。

讲了这许多，最核心的一点还是以人为本，不以事为本。以人为本的"人"，既可指众人，又可指各方面的人。以人为本，万善自然集聚融合，一切当然怡然理顺，各环节管理自然也无须太多细则。若欲成事，须记因人成事之古训。否则总要磕磕绊绊，甚至在实际工作中缘木求鱼，南辕北辙，越努力，离目标越远。制度建设、企业文化建设固然重要，其目的也是更多、更好地发挥人的作用。内容固然重要，但若不能更多、更好地发挥人的作用，就没有更多、更好的内容。

立场与所处生态处境对观点影响很大，很多情况下决定着各种关系及言行。处理好各种关系，避免言行的不当，发挥言行的正面作用，具体问题具体分析具体解决，因地制宜因势制宜因自身发展条件制宜，让媒融更好地促进社会的发展、更多地增进人类的福祉，是传媒业界人士与传媒学者的共同责任。

从发展趋势看，传媒将向媒介智能化、内容精品化、营销场景化、传播大众化、服务个性化、监管自律化、广告程序化、产业泛娱化、行业跨界化、市场集中化、运营国际化等方向发展。未来网络发展和传媒竞争的高地就是对于广域网络空间中的人与人、人与物、物与物实现基于人工智能的高效率、高适切性的价值匹配、关系再造与功能整合。

信息科技发展日新月异，新功能、新应用层出不穷，使得媒体的结构和分类持续处在动态变化当中，曾经的"新"媒体过不了多久就可能变成"传统"媒体。媒体融合要与时俱进，但其本身不是目的，目的是更好地传递正能量、传播好声音。融得好不好，最终要看传播得好不好，有没有起到好的作用。

技术的短期成效可能掩盖了某些中长期的问题，比如人的社会性、主体性问题，人的尊严与需求满足之间的平衡问题等，所以要处理好传媒、技术、文化、社会与人的关系，以及人与人之间的关系，使它们彼此均衡发展，有所融而有所不融，互惠互利，一起进化。还要把握好世界万物媒介化以及现实世界、虚拟世界交织融合、互操作的趋势，把控好人在其中的"元宇宙"的发展方向与发展基调。特别是要处理好人与技术的关系，适当压制技术"迫使人需求它的威力"①，控制好技术异化人类、俘获人心智、影响人思维的程度，避免人无知无觉地成为技术的伺服系统。适度发展人工智能等技术，把握好技术的"制空权"，尽力使技术发展不损害文明、不降服文化，更好地服务内容生产与传播，共筑良好生态，共建人类美好生活。媒融、出版融合、出版转型的重心也需要放在如何利用媒体技术为社会、用户提供更好的服务上，而不是聚焦于形态是否跨媒体、是否跨界、融到什么程度。如果不能够为用户带来便捷与舒适，带来价值提升，跨媒体、跨界运营以及具体的融合本身就没有存在的意义。

传媒及其技术要有温度，通过连接、应用等，增进个人的知识与能力，将万物互联的数字智能世界带给每个人、每个家庭、每个组织。其实传媒与技术解决的不仅是商业问题，它更应该是普惠的。

在数字化传媒日渐深入发展的时代，受众迭代为用户。但对用户的说法仍不到位，在观念上理当更进一步，要将传授各方的每个人，都看作一个个完整的生命，一个个具有独立思想、精神、人格，具有全方位需求的主体。对这样的个体，如亲友一般地对待才最合适，给用户带来与原先不一样的有乐趣、有意义的生活，才能使传播高效地产生非同一般的黏性。

连通人类世界和物理世界并使之趋向于无缝对接的智能物联网技术承载着人类的更高理想应运而生。物联网引领的新一轮科技浪潮即将袭来，"物体即信息即媒介，媒介即物体""物物通信，感知世界"将把人的主体性、超现实性、想象力、构造力和实践性前所未有地、比较理想地释放出来，深刻影响传媒演进、认知发展、思维进程与实践活动。人不甘于时空、万物的束缚，而是想成为操控它们的主人，进入自由而充满自我力量的境界，人有这种渴求，自古以来就在不断努力，如今已是硕果累累。将物媒介化，是很大的进步，通过对物理世界每个元素的唯一标识和随时感知，可以有效破解自然主体之间信息传播的虚拟间性难题，使人们不懈追求的人类世界与物理世界的直接对话成为可能。可以预见，随着物联网技术的逐渐成熟，其理性的构造功能、解释功能、引导功能、简化功能、预示功能等优秀传播模式的鲜明特点必将彰显无遗。但同时又易使万物跌入媒介化的深渊，在一定程度上统一万物，难以避免地会在一定程度上以媒介性替代、挤占或遮蔽万物各自的物性与特性，降低万象纷繁、万物竞美的充分自由，妨碍它们随性呈现各自本性、各自精彩纷呈的感性的魅力。这是人的自由与物的自由之间充满矛盾的关系问题。

---

① [加拿大] 马歇尔·麦克卢汉：《理解媒介——论人的延伸》，何道宽译，商务印书馆 2000 年版，第 104 页。

结　语

要使事业有所创新与发展，领军的一方掌控话语、调动话语、创新与发展话语是一种比较根本性的做法，顺着事物发展的新情况与新趋势，及时提出科学合理具有前瞻性的新名词、新概念，促进、引领事物及人们思想观念的发展进化，是非常重要的一条发展要诀，具有金子一般的价值与火车头一样的作用力，技术重要，话语建构同样也很重要。

中国媒体大力加强社交媒体传播力和话语体系建设，对从根本上扭转自身在中西信息和文化交流的被动局面至关重要。2019年1月25日，习近平总书记在十九届中央政治局第十二次集体学习时讲："我们要把握国际传播领域移动化、社交化、可视化的趋势，在构建对外传播话语体系上下功夫，在乐于接受和易于理解上下功夫，让更多国外受众听得懂、听得进、听得明白，不断提升对外传播效果。"① 2021年5月31日，中共中央政治局就加强我国国际传播能力建设进行第三十次集体学习。习近平总书记在主持学习时强调："讲好中国故事，传播好中国声音，展示真实、立体、全面的中国，是加强我国国际传播能力建设的重要任务。要深刻认识新形势下加强和改进国际传播工作的重要性和必要性，下大气力加强国际传播能力建设，形成同我国综合国力和国际地位相匹配的国际话语权，为我国改革发展稳定营造有利外部舆论环境，为推动构建人类命运共同体作出积极贡献。"②

1919年11月14日，徐宝璜先生为《新闻学》一书写下自序，有以下振聋发聩之话语："本书所言，取材于西籍者不少，然西籍中亦无完善之书，或为历史之纪述，或为一方之研究，至能令人读之而窥全豹者，尚未一见也。本书仍不完备，然对于新闻学之重要问题，则皆为有系统之说明，而讨论新闻纸之性质与其职务，及新闻之定义与其价值，自信所言，颇多为西方学者所未言及者……吾国之报纸，现多徘徊歧路，即已入迷途者，亦复不少。此书发刊之意，希望能导其向正当之方向而行，为新闻界开一新生面。"当吾国新闻学初萌未兴之际，宝璜先生竟有如此气概、如此见地、如此自信，可敬可佩，堪为楷模。迄今百年有余，吾辈传媒学人岂可仍复屈于西学而不自醒、怡怡然亦步亦趋乎？

2020年承上启下，是媒融、出版融合、出版转型的新开端。中国移动与中国广电共建共享5G，为传统媒体进一步融合发展、应用最新技术升级换代奠定了一定的基础。防范新冠肺炎疫情扩散的需求催逼数字视听阅读、在线教育传播等长足发展，物理流动性下降伴随虚拟流动性上升。商业、产业数字化与媒介化程度越来越高，进一步培养了读者、用户阅听电子书、有声书、网络

---

① 习近平系列重要讲话数据库，http://jhsjk.people.cn/article/30978511。
② 习近平系列重要讲话数据库，http://jhsjk.people.cn/article/32120102。

文学、知识服务内容的习惯，普遍提高了网上教学的适应性。

媒体融合正在向纵深发展。2020年1月24日除夕之夜，全国第一档以"新冠肺炎疫情"为主题的网络直播节目《人民战疫》正式开播，全国75家媒体、区县级融媒体中心记者参与出镜连线，251家平台参与直播，大手笔纵深、真实呈现全国各地疫情防控情况，累计超过5亿人观看。① 2020年5月全国两会期间，人民网人民视频利用5G技术手段搭建虚拟演播厅，推出10期线上对话节目《两会云客厅》，颇受大众欢迎。2020年8月26日，由陕西省委宣传部、陕西省委网信办指导，西安市委宣传部、人民网人民视频、陕西广电融媒体集团、陕文投集团共同主办，娱跃文化、西安电视台、曲江新区管委会、云创科技联合承办，由京东作为活动总冠名商的全国首创24小时不间断大型活动"十二时辰长安秀"完美收官，浏览总量收获全网5.15亿次。"十二时辰长安秀"不仅是一场文化大秀，更是"文化+电商+城市"的传承与创新。以"十二时辰"的时间维度、"长安"的空间维度、"城市秀"的展示维度，呈现文化赋能消费的新模式，秀出精彩西安，秀出大美陕西，秀出活力中国。②

2020年9月29日，中国互联网信息中心发布的第46次《中国互联网络发展状况统计报告》显示，截至2020年6月，中国的网民规模达到9.40亿，互联网普及率达67%，中国手机网民规模达到9.32亿，使用手机上网的比例达到99.2%。另外，在电商直播领域，截至2020年6月，中国电商直播用户规模为3.09亿，较2020年3月增长了16.7%，成为上半年增长最快的个人互联网应用；在短视频领域，截至2020年6月，用户规模达到8.18亿，占网民整体的87%。短视频通过激发用户需求来提升商品转化效率，已经成为主流电商平台的标准配置。这样高的各项普及率意味着民众主要注意力之所在，很清楚地告诉了各家媒体与出版社的经营者应该着力往哪个领域融。往手机融、往短视频融在眼前肯定是对的，将来人工智能水平大大提高之后，必定更多地往机器人身上融，物联网普及之后，又必定会更多地往各种物体上融。

2021年4月25日，国家互联网信息办公室发布《数字中国发展报告（2020）》，截至2020年底，网民规模增长到9.89亿，互联网普及率提升到70.4%，已建成5G基站71.8万个，5G终端连接数据超过2亿，互联网协议活跃用户数达4.62亿。高速度、大带宽、低时延的5G的普及，将会使超高

---

① 参见人民视听公司《〈人民战"疫"〉按下防疫快捷键》，微信公众号《新闻战线》，2020年2月25日。

② 参见《24小时城市大秀"十二时辰长安秀"，流量超5亿》，https://www.sohu.com/na/415640832_100148203（搜狐网），2020年08月30日。

清、虚拟态、碎片化、沉浸式的融媒体产品成为信息传播的主力军之一；将会使人机交互进入新的境界，带来大量的数据交换，进一步促进人工智能的升级迭代；也将会给媒融、出版融合、出版转型带来越来越广阔地发挥作用的空间。

国内对传媒产业性质的认识经过了第三产业、信息产业和文化产业三个发展阶段，这也说明媒融、出版融合、出版转型的边界在不断扩大，可以进化到文化层面即文化的各个领域；也说明媒融、出版融合、出版转型或传媒跨界研究与实践的空间十分巨大。

移动互联、社交媒体、大数据改写了商业规则，产业结构和竞争格局斗转星移，每一个企业都面临着重新开始，对一般媒体与出版企业而言，融合转型是发展的必由之路。身处变化剧烈的时代，一次融合转型远远不够，还需要随着形势、相关科技、自身发展基础的变化，融合再融合，转型再转型，融合转型早已开始，但永远没有止境。

相对于新闻传媒，出版学科的地位需要提高。出版是人类记录、研究、整理信息，传播系统性的理性与感性思维成果，传承并创造文明的重要载体与手段，出版学若对应出版学界、业界长期之呼声，得以升格成为一级学科，势必对出版融合转型发展产生巨大的促进作用。

一般媒体融合转型、出版融合转型永远在路上，这是就事实而言，是否永远在话语中提倡，将视社会的需要、发展的需要而定。我们的文化基因中缺的主要是分而不是合。强调媒体融合可以乘风气之盛，因数字技术底层的融通而有较大的实施价值、必要性与现实意义，但长久而言，出版企业除了融合，还应该强调分与新，以切实促进国人的创新，促进传媒的分工与细化发展。眼下，出版企业须积极响应"一带一路"倡议，更好地融入国际传媒市场，可先力争取得局部优势。

凡是过往，皆为序章。传媒维系社会，出版关乎信仰。媒融、出版融合、出版转型发展意义重大，前路宽广，但并不平坦，波折起伏之中，亟须同志们互为支撑，并各勉其力。思虑及此，行文至此，感慨兴起。特向大力支持相关学术研究的中山大学出版社领导与本书策划编辑邹岚萍女士、责任编辑靳晓虹女士致以崇高的敬意！

参 考 书 目

专题报告

［1］北京市新闻出版工作者协会．中国媒体融合发展报告：2015［M］．北京：社会科学文献出版社，2015．

［2］北京市新闻出版工作者协会．中国媒体融合发展报告：2016［M］．北京：社会科学文献出版社，2017．

［3］北京市新闻出版工作者协会．中国媒体融合发展报告：2017—2018［M］．北京：社会科学文献出版社，2017．

［4］北京市新闻出版工作者协会．中国媒体融合发展报告：2019［M］．北京：社会科学文献出版社，2019．

［5］梅华宁，支庭荣．中国媒体融合发展报告：2020［M］．北京：社会科学文献出版社，2020．

［6］北京市新闻工作者协会．中国媒体融合发展报告：2012［M］．北京：中国铁道出版社，2013．

［7］北京市新闻工作者协会．中国媒体融合发展报告：2013［M］．北京：中国铁道出版社，2014．

［8］丁亚韬，耿瑞林．中国媒体融合发展报告：2010［M］．北京：《新闻与写作》编辑部，2010．

［9］刘牧雨，丁亚韬．中国媒体融合发展报告：2011［M］．北京：《新闻与写作》编辑部，2012．

［10］新华社新媒体中心．中国新兴媒体融合发展报告：2014—2015［M］．北京：新华出版社，2015．

［11］新华社新媒体中心．中国新兴媒体融合发展报告：2015—2016［M］．北京：新华出版社，2016．

［12］新华社新媒体中心．中国新兴媒体融合发展报告：2017—2018［M］．北京：新华出版社，2018．

［13］唐绪军，黄楚新．中国新媒体发展报告 No.11：2020［M］．北京：社会科学文献出版社，2020．

［14］林小勇．中国未来媒体研究报告：2019［M］．北京：社会科学文献出版社，2019．

［15］人民日报社．融合元年：中国媒体融合发展年度报告：2014［M］．北京：人民日报出版社，2015．

［16］人民日报社．融合坐标：中国媒体融合发展年度报告：2015［M］．北京：人民日报出版社，2016．

［17］人民日报社．融合平台：中国媒体融合发展年度报告：2016—2017［M］．北京：人民日报出版社，2017．

［18］人民日报社．深度融合：中国媒体融合发展年度报告：2017—2018［M］．北京：人民日报出版社，2018．

［19］人民日报社．融合体系：中国媒体融合发展年度报告：2018—2019［M］．北京：人民日报出版社，2020．

［20］黄晓新，刘建华，卢剑锋．中国传媒融合创新研究报告：2018—2019［M］．北京：中国书籍出版社，2019．

［21］黄晓新，刘建华，卢剑锋．中国传媒融合创新研究报告：2019—2020［M］．北京：中国书籍出版社，2020．

［22］范军，李晓晔．2018—2019中国出版业发展报告［M］．北京：中国书籍出版社，2019．

［23］范军，李晓晔．2019—2020中国出版业发展报告［M］．北京：中国书籍出版社，2020．

［24］吴基传，李德毅，林润华．云计算技术发展报告［M］．北京：科学出版社，2011．

国内专著

［25］钱晓文．跨学科视野中的媒介融合与传媒转型［M］．广州：中山大学出版社，2021．

［26］刘通．在线文本数据挖掘：算法原理与编程实现［M］．北京：电子工业出版社，2019．

［27］彭兰．网络传播概论［M］．4版．北京：中国人民大学出版社，2017．

［28］付晓光．互联网思维下的媒体融合［M］．北京：中国传媒大学出版社，2017．

［29］汪曙华．媒介融合趋势下的出版变迁与转型［M］．北京：中国传媒大学出版社，2016．

［30］李宝玲．全媒体时代传统出版业数字化发展研究［M］．北京：企业管理出版社，2016．

［31］中共中央宣传部新闻局．中国媒体融合发展的实践与探索［M］．

北京：学习出版社，2015.

［32］喻国明. 媒介革命：互联网逻辑下传媒业发展的关键与进路［M］. 北京：人民日报出版社，2015.

［33］王润珏. 媒介融合的制度安排与政策选择［M］. 北京：社会科学文献出版社，2014.

［34］邵培仁，等. 媒介理论前瞻［M］. 杭州：浙江大学出版社，2012.

［35］吴小坤，吴信训. 美国新媒体产业：修订版［M］. 北京：中国国际广播出版社，2012.

［36］黄楚新. 媒介融合背景下的传媒创新［M］. 杭州：浙江大学出版社，2011.

［37］黄金. 媒介融合的动因模式［M］. 北京：中国书籍出版社，2011.

［38］石磊. 分散与融合：数字报业研究［M］. 北京：中国社会科学出版社，2010.

［39］黄楚新. 媒介融合背景下的新闻报道［M］. 杭州：浙江大学出版社，2010.

［40］傅玉辉. 大媒体产业：从媒体融合到产业融合［M］. 北京：中国广播电视出版社，2008.

［41］孙光海，陈立生. 传媒博弈论［M］. 北京：生活·读书·新知三联书店，2008.

［42］罗以澄，秦志希. 新闻与传播评论［M］. 武汉：武汉出版社，2004.

［43］钱穆. 从中国历史看中国民族性及中国文化［M］. 香港：香港中文大学出版社，1982.

国外专著

［44］莱考夫，约翰逊. 肉身哲学：亲身心智及其向西方思想的挑战［M］. 李葆嘉，等，译. 北京：世界图书出版公司，2018.

［45］福柯. 福柯说权力与话语［M］. 陈怡含，编译. 武汉：华中科技大学出版社，2017.

［46］本科勒. 企鹅与怪兽：互联时代的合作、共享与创新模式［M］. 简学，译. 杭州：浙江人民出版社，2013.

［47］克里斯塔基斯，富勒. 大连接：社会网络是如何形成的以及对人类现实行为的影响［M］. 简学，译. 北京：中国人民大学出版社，2013.

［48］舍恩伯格，库克耶. 大数据时代［M］. 盛杨燕，周涛，译. 杭州：浙江人民出版社，2013.

[49] 詹金斯. 融合文化：新媒体和旧媒体的冲突地带［M］. 杜永明, 译. 北京：商务印书馆，2012.

[50] 麦克卢汉. 理解媒介：论人的延伸［M］. 何道宽, 译. 增订评注本. 南京：译林出版社，2011.

[51] 凯利. 失控［M］. 东西网, 编译. 北京：新星出版社，2011.

[52] 舍基. 未来是湿的［M］. 胡泳, 沈满琳, 译. 北京：中国人民大学出版社，2009.

[53] 波兹曼. 娱乐至死：童年的消逝［M］. 章艳, 吴燕莛, 译. 桂林：广西师范大学出版社，2009.

[54] 桑斯坦. 信息乌托邦：众人如何生产知识［M］. 毕竞悦, 译. 北京：法律出版社，2008.

[55] 莱文森. 莱文森精粹［M］. 何道宽, 编译. 北京：中国人民大学出版社，2007.

[56] 费尔克拉夫. 话语与社会变迁［M］. 殷晓蓉, 译. 北京：华夏出版社，2003.

[57] 尼葛洛庞帝. 数字化生存［M］. 胡泳, 范海燕, 译. 海口：海南出版社，1996.